L'effectivité des libertés publiques dans un contexte de lutte contre le terrorisme au Cameroun

Samuel Mathieu TANG

L'effectivité des libertés publiques dans un contexte de lutte contre le terrorisme au Cameroun

Préface de Jean Didier BOUKONGOU

L'Harmattan
Cameroun

5-7, rue de l'Ecole-Polytechnique, 75005 Paris

http://www.editions-harmattan.fr

ISBN : 978-2-336-41406-5
EAN : 9782336414065

Chers amis, en particulier, Père Alfonso sj, Marie-Thérèse GENDRON, Eric DEROSNY sj, Sr Marie ROUMY, Père Xavier DIJON sj., Père Yvon ELENGA, sj, Pr ROSSATANGA Guy-Rignault, Pr Sylvie SAROLEA, Michel Lacroix, Paul-Edouard KOUM, UM TANG, Ngo MBEM Marie Christiane, Philippe NANGA, Denise LACROIX, Maxime MONTAGNIER, AMANDINE ROZET, Pr Magloire ONDOA, Prof. Jean Didier BOUKONGOU, Dr Hilaire KAMGA, Père Pr. Epiphane KINHOUN sj., Rev. Père Pr Jean Bertrand SALLA, Dr Jacques Deboheur KOUKAM, KAMOKOUE KUNGNE B. Lafortune, je me souviens encore comme si c'était hier, des discussions que nous avions sur la liberté humaine. L'appréhension de l'homme libre en occident est différente de celle de l'africain. Sans entrer dans les stéréotypes, vous vous gardiez à l'époque des condamnations hâtives ou de faire l'inquisition ou de tout jugement de valeur sur la manière dont l'africain conçoit sa propre liberté. La sagesse demandait d'apprendre pour mieux connaître ! J'espère que ces travaux vous aideront ainsi que tous les lecteurs à mieux comprendre les défis de la liberté dans le contexte terroriste en Afrique.

SOMMAIRE

PRÉFACE

Le travail de Monsieur TANG Samuel Mathieu peut être considéré comme un sujet complexe d'une grande actualité. Bien qu'étant une notion controversée, les libertés publiques n'ont de sens que si elles peuvent être exercées dans un État en droit et en fait. Elles tirent leurs origines lointaines de grands principes du droit naturel et sont protégées par de nombreux instruments juridiques tant en droit international qu'en droit national. Le terrorisme, un phénomène très ancien, s'est développé considérablement pour devenir de nos jours la première menace contre la paix et la sécurité dans le monde. Ce n'est donc pas une mince affaire ! Les États sont souvent contraints de prendre des mesures solides pour contrer cette nébuleuse. Pour autant, ces mesures, qui sont parfois prises dans l'urgence pour répondre au péril terroriste, peuvent devenir elles-mêmes périlleuses pour les libertés publiques. L'attitude des États est très souvent ambivalente. Les mesures juridiques et opérationnelles pour contrer le terrorisme ne sont pas adoptées pour un temps limité. La menace s'atténue ou disparait ; pour autant les mesures restent créant une situation d'exception permanente dans l'ordre juridique.

Ce sujet revêt un intérêt tout à fait significatif pour le lecteur. En effet, l'auteur cherche à concilier la liberté et la sécurité dans le contexte de lutte contre le terrorisme. Aussi, il se demande où placer réellement le curseur entre la nécessité du respect des libertés publiques d'une part, et d'autre part la préservation de l'ordre public, l'intérêt supérieur de l'État et la sécurité publique dans le contexte antiterroriste au Cameroun. Ce dilemme n'est d'ailleurs pas propre à l'État camerounais puisque tous les États du monde en particulier les États africains font face à ce même défi. L'auteur fait d'ailleurs la remarque selon laquelle la notion d'actes de terrorisme telle qu'appréhendée par la loi camerounaise antiterroriste de 2014 est à peu près similaire à celle donnée par la quasi-totalité des pays africains. Ces législations d'exception font suite à la demande du Conseil de sécurité de l'ONU d'adopter une série de résolutions, qui demandent aux États membres de modifier leur législation nationale afin de mener la « guerre mondiale contre le terrorisme » sur des bases communes.

Il est donc logique de s'interroger sur le degré d'effectivité des libertés publiques dans le contexte de lutte contre le terrorisme au Cameroun. L'auteur défend l'idée selon laquelle l'effectivité des libertés publiques est paradoxale dans ce contexte, car il postule qu'il existe une effectivité des libertés publiques au plan juridique tandis qu'elle reste mitigée au plan pratique pour des raisons politico-sécuritaires et culturelles. Pour démontrer son hypothèse, M. TANG Samuel a su mettre à contribution plusieurs connaissances juridiques, militaires, sociologiques, politiques, anthropologiques et historiques.

Le travail est présenté en deux grandes parties. Premièrement, il démontre qu'il y a théoriquement un cadre juridique international et national qui intègre d'une façon effective les libertés publiques – libertés de réunion et de manifestation publiques dans le cadre de la lutte contre le terrorisme au Cameroun.

Secondement, il met en exergue les contraintes juridiques, sécuritaires, sociologiques, politiques et culturelles qui freinent la jouissance effective des libertés publiques. L'auteur aborde par exemple la problématique de l'instrumentalisation du phénomène terroriste à des fins politiques.

D'autres problèmes sont également abordés dans ce travail à l'instar de la banalisation de la menace terroriste, l'exception en droit, le rapport de conflictualité entre la tradition et la modernité, la subversion, le droit pénal de l'ennemi, la politique de l'ennemi invisible, le déficit d'éducation en matière des droits de l'homme, etc.

De sa richesse suscitera réactions et réflexions. M. TANG Samuel s'en félicitera. Il apporte une contribution essentielle à la protection des libertés dans le contexte de lutte contre le terrorisme.

Prof. Jean Didier BOUKONGOU,
Professeur Titulaire de droit international
Directeur de l'Académie Africaine de la Pratique du Droit international
Chef de département de droit Public et Directeur de l'École doctorale de la Faculté de Sciences juridiques et politiques de l'Université Catholique d'Afrique Centrale
Membre du Conseil Scientifique de l'Université Catholique d'Afrique Centrale

AVANT-PROPOS

Quel regard peut porter un vieux juriste belge sur le travail qu'un jeune camerounais méritant consacre audacieusement à *l'effectivité des libertés publiques dans un contexte de lutte contre le terrorisme au Cameroun* ?

Le vieux professeur y lira d'abord le courage dont a dû faire preuve l'auteur en affrontant un thème aussi difficile, traversé par le dilemme bien connu de la protection des droits fondamentaux (dont le premier s'appelle *droit à la vie*) qui finit par tuer les libertés publiques, telles que le droit de se réunir ou de s'exprimer. Alors que le terrorisme est très certainement contraire au droit, faut-il lui répondre par des mesures, elles aussi, contraires au droit ? Jusqu'où le pouvoir peut-il se permettre d'aller trop loin ? Alors que le droit a pour but de trouver les meilleurs équilibres au sein du corps social, le voici, ici, obligé de relever le redoutable défi d'assurer la sécurité des personnes sans (trop) porter atteinte à leurs libertés et de garantir leurs libertés sans que soit (trop) mise en danger leur sécurité.

Indépendamment de cette difficulté théorique qui se rencontre, finalement, dans la majorité des questions de droit où se cherche la meilleure *balance des intérêts en présence*, venons-en à l'aspect pratique.

À qui s'adresser pour patronner un travail qui devra toucher non seulement le contenu juridique inscrit dans les textes de droit (national, régional ou international), mais encore l'effectivité sur le terrain des garanties données dans ces textes, et peut-être aussi les courants culturels qui sous-tendent la problématique abordée ? Faut-il recourir au juriste ? ou au sociologue, voire au philosophe ? Dans l'idéal, les trois disciplines devraient travailler ensemble puisque la *validité* du droit repose sur une dialectique nouée entre une *effectivité* qui s'appuie sur la force et une *légitimité* qui vise un idéal, l'une et l'autre articulées dans la forme de la *légalité*. Mais, en Afrique comme en Europe, le travail interdisciplinaire n'a pas nécessairement bonne presse auprès des juristes qui préfèrent le confort de leurs textes.

Quant à l'élaboration formelle du travail lui-même, le lecteur belge en vient à se demander si le modèle de rédaction hérité de l'Université française ne constitue pas un carcan, somme toute assez artificiel, plus qu'une aide pour le récipiendaire à qui une grille est d'emblée imposée avec des hypothèses et sous-hypothèses qui finissent par l'emprisonner dans un exercice formel, alors qu'il s'agit de laisser émerger le problème lui-même en vue de le résoudre selon des voies originales. Un autre juriste belge, François Ost, tenait d'ailleurs en 2006 le propos suivant, au sujet, cette fois, du célèbre découpage du texte en deux parties, dont chacune comporte deux titres, et chacun comportant deux chapitres, et ainsi de suite : Plus fondamentalement, ce que révèle cette méthode, c'est l'absence de véritable problématique de recherche, comme si l'exercice se limitait à l'exposé d'une question toujours déjà résolue. Point ici de questionnement vivant, suivant autant d'étapes que nécessaire, mais plutôt l'arpentage d'un domaine prédécoupé, balisé par le savoir en place, ne réservant aucune véritable découverte, se bornant à déployer, selon un ordre convenu et immuable, les arguments *pro et contra* qui font l'équilibre des controverses académiques (Fr. Ost, *La thèse de doctorat en droit : du projet à la soutenance* :https://dial.uclouvain.be/RequestCopy/request/add?pid=boreal%3A139311&datastream=PDF_01) Dans ces conditions, peut-être est-il temps que l'université africaine entame sa décolonisation académique pour trouver ses propres manières de mener une recherche de haut niveau.

Sur le fond de la question de l'équilibre à trouver entre *sécurité* et *liberté*, le travail de Samuel Tang indique en tout cas deux menaces touchant les deux piliers qui encadrent la légalité du droit, à savoir l'effectivité de la force qui ne poursuivrait plus sa raison d'être éthique ou, dans l'autre sens, l'idéal éthique qui ne correspondrait pas au vécu effectif de la population.

Du côté de la force, en effet, on redoute la ruse du pouvoir qui, pour se maintenir en place, pratiquerait une application discriminatoire – et donc contraire au droit – des mesures prises pour lutter contre le terrorisme : inappliquées lorsqu'elles devraient sanctionner les libertés excessives que prennent les gens du parti au pouvoir, elles s'imposeraient lourdement aux opposants qui voudraient profiter des mêmes libertés pour s'exprimer à leur tour. D'où le risque de détournement du droit, partant d'une légitime lutte contre le terrorisme pour aboutir à une volonté beaucoup moins légitime de faire taire l'opposition politique. L'effectivité n'est plus alors celle du droit, mais de la force.

Du côté de la légitimité, le livre évoque en de brèves pages – qui mériteraient d'ailleurs d'être développées – le fossé culturel qui sépare la conception occidentale et la conception africaine des droits de l'homme et libertés publiques. Alors que les droits pléniers que détient l'individu dans l'*état de nature* restent la référence fondamentale des philosophes libéraux qui ont construit le *Contrat social* pour mieux garantir ces droits individuels, l'importance que confère l'Africain à sa famille, à son ethnie et jusqu'à ses ancêtres dans le monde invisible le conduit tout naturellement à donner la priorité aux mesures qui protègent et renforcent ces liens.

Les deux menaces peuvent donc se cumuler dans la mesure où cette culture du lien familial, ethnique et même sacral donnerait d'emblée raison aux autorités en place, lesquelles profiteraient alors de cette mentalité-là pour exercer leur pouvoir dans le sens de leurs propres intérêts... Comme il est donc difficile de viser le bien commun ! Le terrorisme l'attaque de front par la violence, cherchant à casser le lien social en désorganisant la société ; mais le pouvoir peut l'entamer aussi, certes de façon plus discrète, en prenant, à la faveur de la lutte contre cette brutalité, des mesures discriminatoires à l'égard de ses opposants.

Toute société politique se fonde sur un bien commun. Le vieil Aristote le disait déjà en définissant l'homme comme un animal politique ; de son côté, la tradition africaine en est intensément persuadée, elle qui se refuse à séparer l'individu de son groupe. S'il en est ainsi, n'est-ce pas cette conscience du bien commun dans la tête et le cœur de chaque citoyen (y compris des autorités elles-mêmes) qui permettra de trouver les meilleurs équilibres à garder entre *sécurité* et *liberté* dans la lutte contre le terrorisme ?

On aimerait que ce livre de Samuel Tang, mené courageusement dans des conditions difficiles, soit pour lui, au plan personnel, un puissant stimulant à poursuivre ses travaux pour contribuer au bien de son pays et qu'il puisse, au plan général, confirmer non seulement les juristes, mais aussi les autorités et les citoyens dans leur désir de travailler à la grande cause de la paix par la reconnaissance de ce bien qui leur est commun.

Xavier DIJON

Professeur émérite Faculté de droit, Université de Namur
Ancien Professeur invité à l'Université Catholique d'Afrique Centrale

INTRODUCTION GÉNÉRALE

L'avènement des lois de 1990 sur les libertés publiques suivi quelques années plus tard de la loi constitutionnelle n° 96/06 du 18 janvier 1996 portant révision de la Constitution du 02 juin 1972, a permis l'instauration d'une véritable société de droit au Cameroun[1]. Ces réformes législatives et constitutionnelles ont permis de passer d'une approche *développementaliste* de l'État[2] où les libertés publiques étaient reléguées au second plan[3] à une approche libérale où sont pris en compte les principes qui fondent la préservation et l'épanouissement permanent de l'être humain. Ce nouveau régime des libertés publiques va participer au processus de renforcement de la protection des droits et libertés. Cependant, avec l'arrivée du terrorisme, l'effectivité des libertés publiques va poser problème. Il est donc important de voir, si les libertés publiques sont respectées dans le contexte de la lutte contre le terrorisme au Cameroun.

Le présent ouvrage est circonscrit à la liberté de réunion et de manifestation publique, car ces libertés publiques sont hypothéquées dans le contexte de lutte contre le terrorisme puisque l'exercice illégal de réunion et de manifestation peut être qualifié d'infraction terroriste en droit camerounais[4].

L'objet de cette publication porte sur l'adéquation entre la protection des libertés publiques et la lutte contre le terrorisme au Cameroun. Autrement dit, la possibilité d'une préservation du droit des libertés publiques et, conjointement, l'application d'une législation anti-terroriste. Cette législation anti-terroriste dominée en interne par la loi n° 2014/028 du 23 décembre 2014

---

[1] Alain Didier OLINGA, « Vers une garantie constitutionnelle crédible des droits fondamentaux », *in* Stanislas MELONE, Adolphe MINKOA SHE, Luc SINDJOUN, *La réforme constitutionnelle du 18 janvier 1996 au Cameroun : aspects juridiques et politiques,* Fondation Friedrich EBERT, Yaoundé, 1996, p. 345.

[2] Maurice KAMTO, *Pouvoir et droit en Afrique : essai sur le fondement du constitutionnalisme dans les États d'Afrique noire francophone,* Paris, LGDJ, Bibliothèque africaine et malgache, 1987, pp.325 et s.

[3] Jacques GICQUEL, « Le présidentialisme négro-africain : l'exemple camerounais » *in* Georges BURDEAU (Mel.), *Le pouvoir,* Paris, LGDJ, 1977, p. 703 ; Joseph OWONA, « L'influence du constitutionnalisme soviétique en Afrique », *RJPIC*, 1983, pp. 740-762 ; Ziemer KLAUSS « Le phénomène de parti unique » *in* Daniel BACH et Anthony KIRK-GREENE (dir.), *Etats et sociétés en Afrique francophone*, Paris, Economica, 1993, pp. 110-117; Augustin KONTCHOU KOUOMEGNI, « Le droit public camerounais, instrument de construction *de l'unité nationale »*, *RJPIC,* n°4, 1979, pp. 415 – 419. Dans le même sens, Guillaume PAMBOU TCHIVOUNDA, *Essai sur l'Etat africain postcolonial,* Paris, LGDJ, 1987.

[4] À titre d'illustration, on peut citer l'affaire Jugement n° 152/CRIM/018 du 25 mai 2018, affaire ministère public contre Mancho bbc et six autres.

portant répression des actes de terrorisme au Cameroun a pour dessein de préserver l'ordre et la sûreté intérieurs de l'État afin de faire face aux menaces de déstabilisation du pays tout entier.

Les mesures de lutte antiterroriste permettent à l'État d'endiguer le phénomène terroriste. Autrement dit, dans une telle situation d'exception, le système juridique international et national est complètement modifié pour être adapté à la lutte contre la menace terroriste. Pourtant, ces mesures, qui sont parfois prises dans l'urgence pour répondre au péril terroriste[5], peuvent également constituer une sérieuse menace pour l'exercice des libertés publiques au Cameroun. Les mesures juridiques et opérationnelles pour contrer le terrorisme ne sont pas adoptées pour un temps limité, mais ont vocation à s'étendre dans une durée parfois illimitée créant une situation d'exception permanente dans l'ordre juridique.

Dans ce contexte, elles vont creuser un grand écart entre la sécurité et la liberté en faisant primer la première au détriment de la seconde. C'est ce que pense d'ailleurs BASILIEN-GAINCHE Marie-Laure. Selon elle : « *Il n'en demeure pas moins que le couple liberté / sécurité pose question dans le contexte de (lutte contre le terrorisme) qui vient bouleverser un équilibre déjà sensible et délicat en période normale* »[6].

Ces travaux permettent de trouver un équilibre entre protection des libertés publiques et lutte contre le terrorisme en droit camerounais.

Présenter brièvement la situation générale dans laquelle évoluent les libertés publiques parait important. Cela permet de dégager par la suite l'intérêt de cet ouvrage.

Sur le plan spatio-temporel, la présente étude part des années 1990 à nos jours dans le territoire camerounais. Les libertés publiques vont être effectives à partir des années 1990 au Cameroun. En effet, l'année 1990 marque l'arrivée d'une ère nouvelle pour les libertés publiques au Cameroun parce que les réformes législatives de 1990 et constitutionnelles de 1996 ont permis la mise en place d'un cadre juridique favorable à la jouissance des libertés publiques en droit camerounais[7]. Seulement, ces réformes ne sont pas arrivées par

---

[5] Emilie ROBERT, *L'État de droit et la lutte contre le terrorisme dans l'Union européenne : Mesures européennes de lutte contre le terrorisme suite aux attentats du 11 Septembre 2001*, Thèse de doctorat en droit, Université Lille 2, 2012, p.14.

[6] Marie-Laure BASILIEN-GAINCHE, « État d'urgence et lutte contre le terrorisme. La mécanique de l'entropie », *DA, Journal du droit administratif*, 2016, p.1, disponible à l'adresse : http://www.journal-du-droit-administratif.fr, (consulté le 19.05.2021).

[7] Alain Didier OLINGA, « Les défis de l'émergence d'une culture des droits de l'homme dans les sociétés d'Afrique centrale », *in* Denis MAUGENEST, Jean Didier BOUKONGOU, *Vers une société de droit en Afrique centrale*, Yaoundé, Presses de l'UCAC, 2001, p. 289 ; Éric-Adol T. GATSI, « L'ordre public en droit public français et camerounais : regards croisés sur un labyrinthe juridique », *in Revue internationale de droit comparé*, Vol. 69 N°4, 2017, p.966.

hasard. Il y a eu un contexte international et un contexte national qui ont permis l'arrivée de ces multiples changements[8].

Au cours des années 1990, le contexte international change. De même, les bouleversements de l'année 1989 en Allemagne et en Europe ont suscité l'envie d'une ère démocratique dans de nombreux pays africains[9]. On l'a appelée : « le vent de l'Est »[10]. On peut citer entre autres évènements, la chute du mur de Berlin et l'effondrement des pays communistes de l'ancien bloc de l'Est[11].

Ensuite, la conjoncture instable au plan interne a été aussi un facteur de pressions pour l'évolution du cadre juridique des libertés publiques au Cameroun. Certainement, au début des années 1990, plusieurs leaders politiques et sociaux ont lancé des mouvements de contestation pour contraindre le pouvoir à convoquer une conférence nationale souveraine[12]. On peut citer entre autres, les marches organisées par les chauffeurs de taxi, et les vendeurs à la sauvette en mars 1991 pour exprimer leur ras-le-bol sur la hausse du carburant, l'opération « *villes mortes* » ou encore la campagne pour la désobéissance civile pour paralyser l'activité dans les grandes villes du pays, de manière musclée au besoin[13].

Tous les facteurs externes et internes sus-cités vont favoriser la mise en place d'un dispositif juridique de protection effective des libertés publiques en droit camerounais.

Mais elles connaissent une période tumultueuse avec l'arrivée du terrorisme que ce soit Boko Haram à l'Extrême-Nord ou encore la crise au Nord-ouest et Sud-ouest.

Les mouvements terroristes peuvent être d'abord des groupes organisés. Ceux-ci opèrent dans certaines zones précises au Cameroun notamment dans

---

[8] Gérard CONAC dir., *L'Afrique en transition vers le pluralisme politique*, Acte du colloque, Centre d'Études Juridiques et Politiques du Monde Africain, Paris, 12-13 décembre 1990, p.11, disponible à l'adresse : https://storage.googleapis.com/cantookhub-media-eden/6d/511c3634374dcdba2f5f5117cdf93f1708977b.pdf, (consulté le 20.06.2021).

[9] Mamoudou GAZIBO, « L'instabilité en Afrique et ses déterminants », *in Introduction à la politique africaine*, Presses de l'Université de Montréal, 2010, publié sur Open Edition Books : 23 Janvier 2018, p. 167 s., disponible à l'adresse : https://books.openedition.org/pum/6388?lang=fr#ftn2, (consulté le 08.06.2021).

[10] Samuel HUNTINGTON, *The Third Wave. Democratization in the Late Twentieth Century*, Norman, University of Oklahoma Press, 1991, p.15 et s., DW, « 9 novembre 1989 : le vent de l'Est souffle sur l'Afrique », disponible à l'adresse : https://www.dw.com/fr/9-novembre-1989-le-vent-de-lest-souffle-sur-lafrique, (consulté le 26.05.2021).

[11] Babacar GUEYE, « La démocratie en Afrique : succès et résistance ». *Le Seuil* | *« Pouvoirs»*, 2009/2 n° 129 | p. 5.

[12] Patrice BIGOMBE LOGO et Hélène-Laure *MENTHONG*, « Crise de légitimité et évidence de la continuité politique », *Politique africaine*, 1990, p.17; Alain Didier OLINGA, *La Constitution de la République du Cameroun*, 2ème édition revue et corrigée, PUCAC, Yaoundé, 2003, pp. 26-27.

[13] Patrice BIGOMBE LOGO et Hélène-Laure *MENTHONG*, *Ibidem.*, pp.16-18.

l'Extrême Nord, le Nord-ouest et le Sud-ouest et enfin dans l'Est. Mais le nouveau terrorisme est plutôt organisé à travers des réseaux et des relations personnelles[14]. Les réseaux terroristes tissent rapidement des liens avec d'autres réseaux du crime organisé pour faire prospérer leurs affaires criminelles[15]. Ces réseaux se développent grâce à la complicité ou la participation d'acteurs locaux, qui tirent des bénéfices dans ces trafics illicites[16]. Dans de telles conditions, il est difficile de circonscrire géographiquement la lutte contre le terrorisme au Cameroun étant donné qu'aucune localité ou région ne peut dire qu'elle n'est pas concernée par la menace terroriste. Le champ géographique retenu portera par conséquent sur tout le territoire camerounais.

Aussi, ces travaux ont un champ large, car la lutte contre le terrorisme au Cameroun s'intéresse ou s'applique à « *toute situation de crise au sein des populations* » comme prévu dans l'article 2 al. b de la loi n° 2014/028 du 23 décembre 2014 portant répression des actes du terrorisme au Cameroun. Ladite loi avait été adoptée au départ pour répondre au problème du terrorisme de la secte islamiste Boko Haram qui sévit dans la région septentrionale (l'Extrême-Nord du Cameroun). Toutefois, il peut arriver que la loi sur le terrorisme soit étendue à d'autres crises sécuritaires en plus de la lutte contre Boko Haram au cas où l'infraction commise entre dans le champ d'application de celle-ci. C'est le cas notamment de la crise anglophone, et des activités des bandes armées venant de la République Centrafricaine à l'Est du Cameroun.

Pour trouver une réponse adéquate à la nébuleuse terroriste, le Gouvernement camerounais a mis en place une législation anti-terroriste. Ces lois antiterroristes ont une vocation nationale ; il s'agit là du caractère général et impersonnel de la loi. Tel est le cas par exemple de la loi anti-terroriste de 2014. Cette législation anti-terroriste camerounaise instaure des mesures d'ordre préventif telles que la vidéosurveillance, les écoutes téléphoniques, les contrôles des courriers électroniques privés, la limitation périodique de la circulation dans certaines parties du territoire, l'instauration du régime préventif, etc.

La situation du terrorisme va-t-elle éprouver cette effectivité des libertés publiques sur le plan concret ?

En effet, les difficultés à mener à bien une telle recherche sont assez nombreuses. Tout d'abord, la collecte des données juridiques n'est pas aisée dans les zones en crise. Ces informations ne sont pas très disponibles puisqu'il faut un certain nombre d'autorisations pour les obtenir.

---

14 Friedrich Ebert Stiftung (FES), Bureau du Cameroun, *Piraterie et terrorisme : de nouveaux défis sécuritaires en Afrique centrale*, Presses Universitaires d'Afrique, Mars 2010, p.13 et s.

15 Serigne BAMBA GAYE, *Connexions entre groupes djihadistes et réseaux de contrebande et de trafics illicites au Sahel*, Friedrich Ebert Stiftung, Centre de Compétence Afrique Subsaharienne, Sénégal, 2017, p.14 et s.

16 *Idem.*

sur les libertés publiques à l'Assemblée nationale du Cameroun. Ces textes seront adoptés par l'Assemblée nationale camerounaise et promulgués par le Président de la République. Les libertés publiques seront également reconnues par le Préambule de la loi constitutionnelle n° 96-06 du 18 janvier 1996 portant révision de la Constitution du 02 juin 1972.

Les instruments juridiques relatifs aux droits de l'homme procèdent, pour la majorité, à l'énumération des droits protégés et indiquent la manière d'assurer leur respect. Généralement, ils instituent des systèmes de « promotion » et parfois de « protection » des droits, sans que ces termes soient obligatoirement employés[41]. Dans cette rubrique, l'on verra qu'il existe d'une part un système international de protection des libertés publiques (**Chapitre 1**) et d'autre part un système national de protection des libertés publiques (**Chapitre 2**).

[41] KEBA M'BAYE, *Les droits de l'homme en Afrique*, Paris, Ed. A. Pedone, 1992, p.69.

CHAPITRE 1.

EXISTENCE D'UN SYSTÈME INTERNATIONAL DE PROTECTION DES LIBERTÉS PUBLIQUES

L'on constate un attachement de l'État du Cameroun aux instruments internationaux en matière de protection des droits de l'homme depuis son accession à la souveraineté internationale[42]. Cet attachement n'a pas changé avec le contexte de lutte contre le terrorisme. L'internalisation des instruments juridiques de protection des droits de l'homme démontre à suffisance l'influence notoire de la politique internationale sur le droit interne au Cameroun[43]. Cela est perçu à travers le rapprochement et l'harmonisation des textes internationaux avec la législation nationale camerounaise[44]. Beaucoup d'instruments juridiques de protection des droits de l'homme s'accompagnent d'un certain nombre de mécanismes visant à garantir l'effectivité juridique des droits consacrés ou solennellement reconnus sur le plan international.

Au niveau international, il existe une pluralité de normes de protection consacrée des libertés publiques (**Section 1**). Ensuite, l'on retrouve aussi une diversité de mécanismes de protection des libertés publiques également reconnus par l'État camerounais (**Section 2**).

Section 1. Consécration d'une pluralité de normes internationales de protection des libertés publiques

Sur le plan historique, la protection internationale des libertés publiques découle de diverses protections nationales, comme l'illustrent bien la Déclaration des droits (*Bill of Rights*) anglaise de 1689 et la Déclaration

---

[42] Alain ONDOUA, « L'Internalisation des Constitutions en Afrique subsaharienne francophone et la protection des droits fondamentaux », *Revue trimestrielle des droits de l'homme*, ISSN 0777-3579, Année 25, N°. 98 (Avril 2014), 2014, p. 437.

[43] Luc SINDJOUN, « Les nouvelles constitutions africaines et la politique internationale : contribution à une économie internationale des biens politico-constitutionnels », *Études internationales*, Volume 26, numéro 2, 1995, p.331 et s., disponible à l'adresse : https://www.erudit.org/en/journals/ei/1900-v1-n1-ei3067/703666ar.pdf, (consulté le 19.06.2021).

[44] Alain ONDOUA, *op.cit.*, p.438.

française des droits de l'homme et du citoyen de 1789[45]. Depuis la fin de la Seconde Guerre mondiale et l'élan donné par la Déclaration universelle des droits de l'homme de 1948, les droits humains ont progressivement été garantis par des traités internationaux[46].

En droit international, les droits correspondant aux droits des personnes sont également appelés « *libertés publiques* ». Leur reconnaissance internationale fait de ces libertés des règles de droit positif international[47]. Elles deviennent des obligations pour l'État une fois que celui-ci les a contractées[48]. De fait, l'idée d'internationalisation des droits de l'homme est venue quelque peu bouleverser l'ordre ancien qui était fondé sous le modèle Westphalien. Ce modèle est axé sur la coexistence entre les États. Aucune autorité n'est au-dessus des États. Avec le droit international des droits de l'homme, les États vont toujours rester des acteurs majeurs du droit international puisqu'ils restent libres de conclure les traités internationaux en fonction de leurs intérêts nationaux. Une fois qu'un État a ratifié un traité, il est cependant tenu de le respecter.

Aujourd'hui, les traités internationaux des droits de l'homme confèrent des droits aux individus. Les libertés publiques ne sont plus de la sphère exclusive de l'État, elles ne relèvent plus uniquement de la compétence nationale, mais aussi de la compétence internationale. Le droit international a donc évolué d'un droit qui est axé sur les États vers un droit qui protège les droits des personnes.

Après son accession à l'indépendance le 1er janvier 1960, l'État du Cameroun a reconnu au fur et à mesure une pluralité des normes juridiques de protection des libertés publiques au plan universel (**Paragraphe 1**) ainsi qu'une diversité de normes sur le plan africain (**Paragraphe 2**).

Paragraphe 1. Consécration juridique des libertés publiques au niveau universel

Comme tous les États membres du Système des Nations Unies, l'État camerounais devait participer à l'atteinte des buts et objectifs de l'Organisation des Nations Unies (ONU). Au lendemain de la Seconde Guerre mondiale, le Système universel des droits de l'homme prend son envol avec

---

45 Fatima NIANG et Frédéric BERNARD, *Colloque sur les droits humains Mécanismes régionaux et mise en œuvre universelle*, Genève : Université de Genève - Global Studies Institute, 2014, p. IX.

46 *Idem.*

47 Karel VASAK, *Les dimensions internationales des droits de l'homme*, Manuel destiné à l'enseignement des droits de l'homme dans les universités, UNESCO, Paris, 1978, p.21.

48 *Idem.*

la création de l'ONU par la Charte de San Francisco de 1945[49]. Cette Charte offre un cadre aux États pour assurer leur coopération dans la poursuite d'objectifs fondamentaux d'intérêt commun[50]. L'un des buts de cette organisation est *« de développer et d'encourager le respect des droits de l'homme et des libertés fondamentales pour tous, sans distinction de race, de sexe, de langue ou de religion. »*[51]. La Charte des Nations Unies précise également dans son article 55 que le respect effectif des droits de l'homme est l'un des fondements essentiels de la coopération entre les États sur le plan universel[52].

Pour donc rendre effectives les valeurs universelles en matière des droits humains qu'il a reconnues, l'État camerounais a d'abord ratifié des instruments universels relatifs aux droits de l'homme et libertés publiques (**A**), puis il a internalisé la législation anti-terroriste universelle en matière de protection des libertés publiques (**B**).

A. Reconnaissance des instruments universels relatifs aux libertés publiques

Les textes internationaux ayant pour objet la proclamation universelle des libertés publiques sont aujourd'hui très nombreux. Certains ont un caractère général puisqu'ils abordent les libertés publiques de manière générale (1) tandis que d'autres ont un caractère sectoriel (2). La liberté de manifestation et la liberté de réunion sont principalement protégées au niveau international à partir de la liberté de réunion[53]. Elles font à ce titre l'objet d'une consécration particulièrement généralisée qui démontre leur universalité parmi les libertés publiques[54].

[49] Stéphanie HENNETTE-VAUCHEZ et Diane ROMAN, *Droits de l'Homme et libertés fondamentales*, Dalloz, 3e édition, 2017, p.113.

[50] Jean-Pierre COT et Alain PELLET dir., *La CHARTE DES NATIONS UNIES Commentaire article par article*, Economica/Bruylant, Paris, 2005, p.327, disponible à : https://www.sfdi.org/wp-content/uploads/2016/03/cot-Pellet.pdf, (consulté le 20.06.2021).

[51] Voir article 2 de la Charte des Nations Unies.

[52] L'article 55 de la Charte des Nations Unies dispose qu' « *en vue de créer les conditions de stabilité et de bien-être nécessaires pour assurer entre les nations des relations pacifiques et amicales fondées sur le respect du principe de l'égalité des droits des peuples et de leur droit à disposer d'eux-mêmes, les Nations Unies favoriseront le respect universel et effectif des droits de l'homme et des libertés fondamentales pour tous, sans distinction de race, de sexe, de langue ou de religion* ».

[53] Julie FERRERO, « La liberté de manifestation en droit international : illustration des limites de l'emprise du droit international sur les pratiques nationales », *op.cit.*

[54] *Idem.*

1. Textes généraux

Au chapitre de la proclamation universelle des libertés publiques, il faut compter en premier lieu la Déclaration universelle des droits de l'homme (a) et ensuite les pactes internationaux et leurs protocoles facultatifs (b). Tous ces textes universels font partie intégrante de la Charte internationale des droits de l'homme.

a. Déclaration universelle des droits de l'homme

La Déclaration universelle des droits de l'homme adoptée le 10 décembre 1948 par la troisième session de l'Assemblée générale de l'ONU constitue le document central pour la cause des droits de l'homme[55]. Justement, après son adoption au lendemain de la Seconde Guerre mondiale, cette Déclaration a posé les premières bases ou fondements du droit international des droits de l'Homme. Ce texte universel se présente à la fois comme une synthèse et un compromis[56] : synthèse entre les diverses techniques nationales en matière de formulation des droits de l'homme, compromis entre les deux grandes conceptions qui divisent les États sur ce point : libéralisme et marxisme[57]. La Déclaration universelle des droits de l'homme a une portée symbolique et une immense influence, découlant notamment du fait qu'elle contient à la fois des droits civils et politiques et des droits sociaux, économiques et culturels[58]. Toutefois, cette Déclaration demeure une autorité morale sans aucune valeur contraignante pour les États puisqu'en droit international, elle ne saurait servir de fondement à une décision de la Cour internationale de justice[59]. Elle constitue en fin de compte un document dont la force est légèrement plus grande que celle d'une *« recommandation »*[60].

Dès son accession à l'indépendance, le jeune État du Cameroun a intégré la Déclaration universelle des droits de l'homme dans son bloc de constitutionnalité. Le Préambule de la Constitution camerounaise du 04 mars 1960 dispose que : « *Le peuple camerounais, Proclame que l'être humain,*

---

[55] Karel VASAK, *Les dimensions internationales des droits de l'homme*, *op.cit.*, p. 24.

[56] Jean RIVERO, *Les libertés publiques*, Tome 1 : Les droits de l'homme, Presses Universitaires de France, 1er Octobre 1991, p.107.

[57] Il est important de souligner que malgré les nombreuses concessions qui ont été faites par les Nations Unies pour parvenir au consensus, huit États se sont abstenus au moment de l'adoption de la Déclaration universelle des droits de l'homme : Arabie Saoudite, Biélorussie, Pologne, Tchécoslovaquie et Ukraine, Afrique du Sud, URSS, Yémen et Yougoslavie). Et deux n'ont pas pris part au vote de la Déclaration : Honduras et Yémen.

[58] Fatima NIANG et Frédéric BERNARD, *Colloque sur les droits humains Mécanismes régionaux et mis en œuvre universelle*, p.3 ; Xavier DIJON, *Les droits tournés vers l'homme*, Éditions du CERF, Paris, 15/09.2009, pp.9-18.

[59] Roseline LETTERON, *libertés publiques, op.cit.*, p.55.

[60] Karel VASAK, *op.cit.*, p. 25.

sans distinction de race, de religion, de sexe, de croyance, possède des droits inaliénables et sacrés : Affirme son attachement aux libertés fondamentales inscrites dans la Déclaration universelle des droits de l'homme… ». Ceci est resté une constante jusqu'aujourd'hui, car toutes les constitutions, qui ont suivi après celle de 1960, affirment leur attachement à la Déclaration universelle des droits de l'homme[61].

Selon l'économie de ce texte, « *Toute personne a droit à la liberté de réunion et d'association pacifiques.* » (Art. 20). Ce texte se limite à la simple proclamation de cette liberté sans donner aucune précision sur les modalités d'exercice de cette dernière.

b. Conventions à portée générale : les pactes internationaux de 1966

Les États membres de l'ONU ressentirent la nécessité de renforcer la protection juridique des droits de l'homme. Ils décidèrent donc de compléter la Déclaration universelle des droits de l'homme par des instruments juridiques dotés d'une valeur juridique contraignante. Or, c'est seulement à partir du 16 décembre 1966 que deux pactes internationaux vont voir le jour. Il s'agit du Pacte international relatif aux droits économiques, sociaux et culturels qui est un traité international multilatéral adopté le 16 décembre 1966 et le Pacte international relatif aux droits civils et politiques adopté à New York lui aussi le 16 décembre 1966. Les deux pactes internationaux entreront en vigueur en 1976 après avoir obtenu les trente-cinq ratifications nécessaires[62]. Ces instruments juridiques universels sont ensuite complétés par des protocoles facultatifs qui organisent la procédure d'examen des plaintes[63].

L'État du Cameroun a ratifié le Pacte international relatif aux droits civils et politiques le 27 juin 1984. L'Article 21 de ce texte précise que : « *Le droit de réunion pacifique est reconnu. L'exercice de ce droit ne peut faire l'objet que des seules restrictions imposées conformément à la loi et qui sont nécessaires dans une société démocratique, dans l'intérêt de la sécurité*

---

[61] On peut également citer entre autres : a) le Préambule de la Constitution du 1er Septembre 1961 modifiée et complétée par les lois n°s 69/LF/14 du 10 novembre 1969 et 70/LF/1 du 04 mai 1970 qui stipule que : « *La République fédérale du Cameroun affirme son attachement aux libertés fondamentales inscrites dans la déclaration universelle des droits de l'homme et à la Charte des Nations Unies* ». b) le Préambule de la Constitution du 02 Juin 1972 précise que : « *Le Peuple camerounais, Affirme son attachement aux libertés fondamentales inscrites dans la Déclaration universelle des droits de l'homme* ». Puis le Préambule de la loi n°96/06 du 18 janvier 1996 portant révision de la Constitution du 02 juin 1972, modifiée et complétée par la loi n°2008/001 du 14 avril 2008 stipule que : « « *Le Peuple camerounais, Affirme son attachement aux libertés fondamentales inscrites dans la Déclaration universelle des droits de l'homme* ».

[62] Roseline LETTERON, *libertés publiques*, *op.cit.*, p.56.

[63] *Idem.*

nationale, de la sûreté publique, de l'ordre public ou pour protéger la santé ou la moralité, ou les droits et les libertés d'autrui ».

En dehors du Pacte international relatif aux droits civils et politiques, l'État du Cameroun a également ratifié le Protocole facultatif se rapportant au Pacte international relatif aux droits civils et politiques le 27 juin 1984. Ce protocole prévoit la possibilité pour les États parties de reconnaître que le Comité des droits de l'homme est compétent pour recevoir et examiner des communications émanant des particuliers[64]. En vertu de ce Protocole, tout particulier qui se prétend victime d'une violation des droits de l'homme peut adresser une communication écrite au Comité des droits de l'homme[65].

2. Textes sectoriels

À côté des textes généraux assurant la protection universelle des libertés publiques, des traités sectoriels, c'est-à-dire s'intéressant à la problématique particulière au sein des libertés publiques, se sont multipliés dans le cadre de l'Organisation des Nations-Unies. Il existe aujourd'hui un corpus foisonnant de plus de 100 conventions[66]. De nombreuses conventions ont été ratifiées par l'État du Cameroun. On peut citer différents exemples, entre autres la Convention contre la torture et les autres peines ou traitements cruels, inhumains ou dégradants (a) et d'autres traités internationaux (b).

a. Convention contre la torture et autres peines ou traitements cruels, inhumains ou dégradants

Cette Convention adoptée par l'Assemblée générale des Nations-Unies dans sa résolution 39/46 du 10 décembre 1984 est entrée en vigueur le 26 juin 1987 et ratifiée le 19 décembre 1986 par l'État camerounais. Ce texte juridique protège également les libertés publiques. Selon l'article 2 de ce texte : « *1. Tout État partie prend des mesures législatives, administratives, judiciaires et autres mesures efficaces pour empêcher que des actes de torture soient commis dans tout territoire sous sa juridiction. 2. Aucune circonstance exceptionnelle, quelle qu'elle soit, qu'il s'agisse de l'état de guerre ou de menace de guerre, d'instabilité politique intérieure ou de tout autre état d'exception, ne peut être invoquée pour justifier la torture* ».

Les mesures demandées aux États ayant ratifié ladite convention comprennent non seulement l'interdiction sans équivoque des actes de torture en tout temps y compris en période de lutte contre le terrorisme, mais aussi la formation du personnel de police et de sécurité au respect de la dignité humaine. L'alinéa 2 de ladite convention, qui interdit le recours à la torture,

---

[64] KEBA M'BAYE, *Les droits de l'homme en Afrique*, *op.cit.*, 1992, p.82.
[65] *Idem.*
[66] Stéphanie HENNETTE-VAUCHEZ et Diane ROMAN, *Droits de l'Homme et libertés fondamentales*, *op.cit.*, p.115.

quelles que soient les circonstances permet de garantir l'intégrité physique des personnes qui exercent leurs droits à une réunion ou à une manifestation publique dans une période de lutte contre le terrorisme. Lorsque ces personnes sont détenues dans un lieu de privation de liberté, elles ne sauraient d'une quelconque manière être soumises à un acte de torture même en période de lutte contre le terrorisme. Aucune circonstance ou situation exceptionnelle ne peut non plus justifier de recourir à la torture contre un manifestant dans le cadre du maintien de l'ordre.

b. Autres traités internationaux spécifiques

On peut citer d'autres conventions sectorielles qui protègent les libertés publiques en particulier la liberté de réunion et de manifestation publique, entre autres :

i. Convention relative au statut des réfugiés

Elle a été adoptée en 1951 et entrée en vigueur le 22 avril 1954. L'État camerounais est partie à cette Convention de 1951 sur le Statut de Réfugiés depuis le 23 juin 1961. Selon l'article 15 de ce texte, *« Les États contractants accorderont aux réfugiés qui résident régulièrement sur leur territoire, en ce qui concerne les associations à but non politique et non lucratif et les syndicats professionnels, le traitement le plus favorable accordé aux ressortissants d'un pays étranger dans les mêmes circonstances »*. Cette disposition juridique protège indirectement la liberté de réunion et de manifestation publique. Attendu qu'il est possible d'établir un lien entre la liberté d'association, la liberté syndicale et l'exercice de la liberté de réunion et de manifestation publique. Dans le cadre de leurs activités de formation, de sensibilisation, de mobilisation, de collecte d'information, de lobbying, de communication, etc., les associations et les syndicats ont besoin de tenir des réunions et de manifester pacifiquement.

ii. Convention internationale sur l'élimination de toutes les formes de discrimination raciale

Ce texte juridique a été adopté le 21 décembre 1965, il a été ratifié par l'État du Cameroun le 24 juin 1971. L'article 5 dispose que : « *Conformément aux obligations fondamentales énoncées à l'article 2 de la présente Convention, les États parties s'engagent à interdire et à éliminer la discrimination raciale sous toutes ses formes et à garantir le droit de chacun à l'égalité devant la loi sans distinction de race, de couleur ou d'origine nationale ou ethnique, notamment dans la jouissance des droits suivants : ix) Droit à la liberté de réunion et d'association pacifiques* ».

iii. Convention sur l'élimination de toutes les formes de discrimination à l'égard des femmes

Elle est adoptée le 18 décembre 1979 et est entrée en vigueur le 3 septembre 1981. Elle a été ratifiée par le Cameroun le 23 août 1994. Cette Convention dispose dans son article 3 que : « Les *États parties prennent dans tous les domaines, notamment dans les domaines politique, social, économique et culturel, toutes les mesures appropriées, y compris des dispositions législatives, pour assurer le plein développement et le progrès des femmes, en vue de leur garantir l'exercice et la jouissance des droits de l'homme et des libertés fondamentales sur la base de l'égalité avec les hommes* ».

iv. Convention relative aux droits de l'enfant

Elle est adoptée le 20 novembre 1989 et entrée en vigueur le 2 septembre 1990. Elle est ratifiée par le Cameroun le 11 janvier 1993. Son article 15 précise que : « *1. Les États parties reconnaissent les droits de l'enfant à la liberté d'association et à la liberté de réunion pacifique. 2. L'exercice de ces droits ne peut faire l'objet que des seules restrictions qui sont prescrites par la loi et qui sont nécessaires dans une société démocratique, dans l'intérêt de la sécurité nationale, de la sûreté publique ou de l'ordre public, ou pour protéger la santé ou la moralité publique, ou les droits et libertés d'autrui.* ».

L'État du Cameroun a aussi ratifié le Protocole facultatif à la Convention relative aux droits de l'enfant, concernant l'implication d'enfants dans les conflits armés le 04 février 2013. L'article 5 de ce texte dispose que : « *Aucune des dispositions du présent Protocole ne peut être interprétée comme empêchant l'application de dispositions de la législation d'un État Partie, d'instruments internationaux et du droit international humanitaire plus propices à la réalisation des droits de l'enfant* ».

v. Convention relative aux droits des personnes handicapées

Cette Convention a été adoptée à New York le 13 décembre 2006 et entre en vigueur le 3 mai 2008. Le Cameroun a signé cette Convention le 13 décembre 2006. L'article 4 al. 1 de cette Convention impose des obligations générales à l'État partie. Selon cet article : « *Les États Parties s'engagent à garantir et à promouvoir le plein exercice de tous les droits de l'homme et de toutes les libertés fondamentales de toutes les personnes handicapées sans discrimination d'aucune sorte fondée sur le handicap* ».

B. Internalisation de la législation anti-terroriste universelle en matière de protection des libertés publiques

Le terrorisme est encore aujourd'hui la plus grande menace à la paix et à la sécurité internationales[67]. La nature et les effets du problème sur le développement de l'Afrique sont profonds[68]. Pour lutter efficacement contre ce fléau, le Cameroun a adhéré à de nombreux instruments juridiques qui lui permettent de se conformer au cadre universel de lutte contre le terrorisme. L'expression « *cadre juridique universel contre le terrorisme* », si elle ne correspond pas à une notion juridiquement définie, constitue néanmoins une formule générale qui renvoie à un ensemble d'instruments adoptés à l'échelle mondiale et qui contiennent une série de normes juridiquement contraignantes pour permettre aux États de prévenir et de combattre le terrorisme international[69].

Ces instruments juridiques prennent la forme de traités ou encore de résolutions du Conseil de sécurité et de l'Assemblée générale de l'ONU. Il existe une panoplie d'instruments juridiques universels en matière de lutte contre le terrorisme[70]. Mais seules seront prises en compte ici des normes juridiques qui protègent les libertés publiques. L'internalisation de ces instruments se fait au Cameroun de deux manières : l'applicabilité directe des résolutions du Conseil de sécurité (1), la reconnaissance des règles élaborées par l'Assemblée Générale des Nations Unies (2).

1. Applicabilité directe des résolutions du Conseil de sécurité

Bien que la notion d'applicabilité directe soit elle-même controversée, on peut traditionnellement la définir comme « *l'aptitude d'une règle de droit*

---

[67] Revue africaine sur le terrorisme, *une Revue du centre africain d'études et de Recherche sur le terrorisme*, vol. 7, publiée par le Centre Africain d'Études et de Recherche sur le Terrorisme (CAERT), Alger, Algérie (ci-après dénommé le centre), décembre 2019, p.7.

[68] *Idem.*

[69] Office des Nations Unies contre la Drogue et les Crimes (UNODC), *Programme de formation juridique contre le terrorisme (Module 2 Le cadre juridique universel contre le terrorisme)*, Nations Unies New York, 2010, p.17.

[70] Pour être précis, les instruments juridiques constituant le cadre juridique universel contre le terrorisme peuvent être classés en deux catégories : premièrement les résolutions du Conseil de sécurité (en vertu du chapitre VII de la Charte des Nations Unies) et celles de l'Assemblée générale. Il s'agit de résolutions du Conseil de sécurité relatives au terrorisme, contenant des termes contraignants à l'intention de tous les États Membres et leur imposant certaines obligations et les textes ou résolutions issus de l'Assemblée générale qui sont des règles de *soft-law*. Ensuite les instruments universels contre le terrorisme. Il y a 16 instruments universels relatifs au terrorisme, aux termes desquels il est demandé aux États d'ériger en infractions pénales des actes terroristes reconnus au plan universel (Office des Nations Unies contre la Drogue et les Crimes (UNODC), *Programme de formation juridique contre le terrorisme (Module 2 Le cadre juridique universel contre le terrorisme), op.cit.*, p.17).

international à conférer par elle-même aux particuliers, sans requérir aucune mesure interne d'exécution, des droits dont ils puissent se prévaloir devant les autorités (juridictionnelles) de l'État où cette règle est en vigueur »[71]. Les résolutions du Conseil de sécurité de l'ONU sont assez contraignantes dans le droit camerounais. Ceci crée sur le plan du droit des effets juridiques notamment l'application complète et immédiate des résolutions du Conseil à l'intérieur de cet État. Avant de rechercher le fondement juridique de l'applicabilité directe (b), il y a lieu de rappeler le caractère obligatoire desdites résolutions (a).

a. Caractère contraignant des résolutions du Conseil de sécurité

En ce qui concerne le caractère obligatoire des résolutions du Conseil de sécurité, la Charte des Nations Unies de 1945 reconnaît à ce Conseil le pouvoir de faire adopter des résolutions sous l'autorité du « *Chapitre VII* ». Tous les pays membres, dont le Cameroun, sont ensuite dans l'obligation de se plier à ces résolutions[72]. D'une façon générale, ces dernières sont prises dans le cadre de la sécurité collective notamment l'« *action en cas de menace contre la paix, de rupture de la paix et d'acte d'agression* »[73]. Parmi les préoccupations majeures concernant la sécurité collective, figure le terrorisme qui constitue l'un des problèmes majeurs de sécurité pour la planète au cours du XXIe siècle. Or, il convient de préciser que toutes les résolutions du Conseil de sécurité ne sont pas obligatoires. Certaines parmi elles restent souvent imprécises quant à leur fondement juridique[74]. Elles n'indiquent pas toujours les dispositions de la Charte qui constituent ce fondement, bien qu'on puisse parfois le déduire des termes qui sont employés, du contexte et des travaux préparatoires[75].

Toutefois, lorsqu'il est précisé d'une manière explicite que ces résolutions tirent leur fondement juridique du Chapitre VII de la Charte des Nations Unies, elles ont un caractère impératif pour tous les États. Autrement dit, cela implique qu'une fois adoptées par les membres du Conseil de sécurité de l'ONU, les résolutions deviennent, pour tous les États membres des Nations Unies, immédiatement contraignantes d'un point de vue juridique[76].

---

[71] Joe VERHOEVEN, « La notion d'applicabilité directe du droit international », *in Revue belge de droit international (ci-après, RBDI)*, 1980, n.° 2, p.243.

[72] Kim Lane SCHEPPELE, « Le droit de la sécurité internationale, Le terrorisme et l'empire sécuritaire de l'après-11 septembre 2001 », *Actes de la recherche en sciences sociales2008/3 (n° 173)*, p.33.

[73] cf. chapitre 7 de la Charte des Nations Unies.

[74] Paul TAVERNIER, « Le caractère obligatoire de la résolution 598 (1987) du Conseil de sécurité relative à la guerre du golfe », *EJIL (1990) 278, p.1 et s.*, disponible à l'adresse : http://www.ejil.org, (consulté le 29.06.2021).

[75] *Idem.*

[76] Kim Lane SCHEPPELE, « Le droit de la sécurité internationale, Le terrorisme et l'empire sécuritaire de l'après-11 septembre 2001 », *op.cit.*, p.33.

L'on peut néanmoins constater que le juge international s'est quelque peu éloigné du schéma découlant de la Charte des Nations Unies, invitant à examiner au cas par cas les résolutions du Conseil de sécurité, afin de déterminer leur portée exacte[77]. Dans l'avis consultatif rendu au sujet de la Namibie, la Cour internationale de justice se prononce sur le pouvoir de décision découlant de l'article 25 et énonce, dans un passage fréquemment cité : « *il faut soigneusement analyser le libellé d'une résolution du Conseil de sécurité avant de pouvoir conclure à son effet obligatoire. Étant donné le caractère des pouvoirs découlant de l'article 25, il convient de déterminer, dans chaque cas, si ces pouvoirs ont été en fait exercés compte tenu des termes de la résolution interprétée, des débats qui ont précédé son adoption, des dispositions de la Charte invoquée et, en général, de tous les éléments qui pourraient aider à préciser les conséquences juridiques de la résolution du Conseil de sécurité* »[78].

En d'autres termes, quand bien même une résolution ne serait pas expressément fondée sur le Chapitre VII, elle pourrait, compte tenu des termes employés, de son but, de son contexte, emporter des effets obligatoires[79]. Il existe une distinction classique entre résolutions-décisions et résolutions-recommandations, étant entendu que les résolutions-décisions sont seules et incontestablement obligatoires[80]. De même, il peut arriver que le comportement des États vienne influencer la portée d'une résolution du Conseil de sécurité. Par exemple, l'État peut considérer une résolution comme contraignante alors qu'elle ne l'est pas. Cela a d'ailleurs été confirmé par le juge[81] en acceptant expressément que les États puissent modifier les effets des résolutions du Conseil de sécurité ; celles-ci ne sont plus de simples recommandations, mais de véritables actes juridiques[82].

Le caractère obligatoire de résolutions du Conseil de sécurité concernant la lutte contre le terrorisme à l'instar de la résolution 1373, la résolution 2178, la résolution 1249, la résolution 1566 ou encore la résolution 1624 vient du

---

[77] Marie-Pierre LANFRANCHI, « La valeur juridique en France des résolutions du Conseil de sécurité », *in Annuaire français de droit international*, volume 43, 1997. p.34, disponible à l'adresse : https://www.persee.fr/docAsPDF/afdi_0066-3085_1997_num_43_1_3433.pdf, (consulté le 30.06.2021).

[78] CIJ, Avis consultatif du 21 juin 1971, conséquences pour les États de la présence continue de l'Afrique du Sud en Namibie (Sud-Ouest africain) nonobstant la résolution 276 (1970) du Conseil de sécurité, Recueil, 1971, p. 53, cité par Marie-Pierre LANFRANCHI, « La valeur juridique en France des résolutions du Conseil de sécurité », *op.cit.*, p.35.

[79] Mélanie ALBARET, Emmanuel DECAUX, Nicolas LEMAY-HEBERT, Delphine PLACIDI-FROT, *Les grandes résolutions du Conseil de sécurité des Nations Unies*, Dalloz, - 1e édition, 11/2012, p. XXXIV. Marie-Pierre LANFRANCHI, « La valeur juridique en France des résolutions du Conseil de sécurité », *op.cit.*, p.

[80] *Ibidem*, p.34.

[81] CIJ, Arrêt du 25 mars 1948, Détroit de Corfou, Recueil, 1948, p. 26.

[82] Patrick DAILLIER, Alain PELLET, *Droit international public*, LGDJ, 5e édition, 1994, p. 361.

supra législatif»[98]. Cela traduit indéniablement le monisme avec primauté du droit international postulant l'unité du système juridique camerounais et la supériorité du droit international sur le droit interne dont l'échelle de normativité dans la hiérarchie des normes est aujourd'hui fortement établie[99].

De cet article 45 de la Constitution sus-évoqué découle alors un effet d'applicabilité directe des décisions du Conseil de sécurité. Ces décisions peuvent d'abord donner lieu à l'adoption de mesures d'exécution immédiate au niveau national tant qu'elles sont en conformité avec l'esprit de la Constitution. Dans ce contexte, l'État camerounais a alors l'obligation de prendre des mesures nécessaires à l'application effective de ces résolutions. Nul doute qu'agissant de la sorte, il obéit à une obligation juridique, laquelle trouve nécessairement son origine dans la Constitution[100]. Tel semble bien être le cas des décisions du Conseil de sécurité qui sont constamment rédigées à l'intention des États[101].

Le Conseil de sécurité peut, ensuite, rédiger une résolution avec l'intention que celle-ci soit auto-exécutoire ou d'applicabilité directe à l'intention des États sans que cette résolution ne confère directement pour autant un quelconque droit aux particuliers. En France, par exemple, le juge a eu, à certaines reprises, l'occasion de se prononcer à ce sujet. À titre d'illustration, dans l'affaire Héli-Union, le Commissaire du gouvernement, après avoir constaté que la résolution 748 du Conseil de sécurité de l'ONU satisfaisait sans doute aux exigences matérielles de l'applicabilité directe, ajoutait toutefois : « *Cette résolution, dans sa forme comme dans son contenu, n'adresse ses prescriptions qu'aux États, et n'entend créer aucune obligation ou aucun droit pour les particuliers* »[102].

Cette position est également confirmée dans la célèbre décision rendue par la Cour d'Appel du District de Columbia aux États-Unis dans l'affaire Diggs v /Richardson, commentant la résolution 301 adoptée le 17 décembre 1971 avec le vote positif des États-Unis : Les dispositions de la résolution « *ne s'adressent pas aux tribunaux. De par leurs termes..., elles ne confèrent aucun*

[98] Adolphe MINKOA SHE, *Droits de l'homme et droit pénal au Cameroun*, Paris, Economica, 1999, p. 85.

[99] Thérèse ATANGANA-MALONGUE, « le juge camerounais et le droit international », *in* ATANGANA AMOUGOU J-L. dir., *Le Cameroun et le droit international*, Pedone, 2014, p.301.

[100] Marie-Pierre LANFRANCHI, « La valeur juridique en France des résolutions du Conseil de sécurité », *op.cit.*, p.51.

[101] *Idem.*

[102] CE, arrêt du 29 décembre 1997, conclusions pp. 9-10, cité par Marie-Pierre LANFRANCHI, *op.cit.*, p.51.

droit aux individus ; elles s'adressent aux gouvernements pour qu'ils adoptent certaines mesures... »[103]

En définitive, l'on peut reconnaitre qu'au stade actuel, les décisions du Conseil de sécurité ne peuvent pas directement conférer des droits aux particuliers. En effet, le droit international met un accent particulier sur la souveraineté des États. Le juge international a toujours fait du consentement un critère décisif en droit international[104]. Soumettre l'applicabilité directe au droit international, c'est en effet préciser la portée d'une obligation internationale ; ce n'est pas en préjuger les modalités d'exécution[105].

La difficulté en l'état actuel pour les particuliers de pouvoir exciper une décision du Conseil de sécurité devant le juge national constitue une limite à la protection des libertés publiques parce que l'État peut prendre comme prétexte une résolution du Conseil de sécurité pour restreindre l'exercice des libertés publiques. Ainsi, si la possibilité est donnée à l'État d'invoquer une décision du Conseil de sécurité en cas de menace à son intégrité territoriale, cette même possibilité peut être donnée aussi aux particuliers d'invoquer cette même résolution devant le juge interne en cas d'atteinte à leurs droits. Aussi, selon la Cour Permanente de Justice Internationale dans l'affaire de la compétence des Tribunaux de Dantzig, le juge rappelle dans un premier temps que « *selon un principe de droit international bien établi, un accord international ne peut, comme tel, créer directement des droits et des obligations pour les particuliers* »[106]. Puis, il ajoute qu'« *on ne saurait contester que l'objet même d'un accord international, dans l'intention des parties contractantes, puisse être l'adoption par les parties, de règles déterminées, créant des droits et obligations pour les individus et susceptibles d'être appliquées par les tribunaux nationaux* »[107].

Une prospective n'est pas exclue pour l'avenir puisque le juge camerounais reste encore muet sur cette question. En fait, n'est-il pas possible dans un avenir proche ou lointain que le juge camerounais rende une décision de justice au profit des particuliers en se fondant directement sur une résolution du Conseil de sécurité ?

---

[103] *Ibidem,* p.55

[104] Marie-Pierre LANFRANCHI, *Ibidem*, p. 54.

[105] Joe VERHOEVEN, « La notion d'applicabilité directe du droit international », *op.cit.*, p.258.

[106] Avis du 3 mars 1928, série B, n° 15, p. 17, cité par Marie-Pierre LANFRANCHI, « La valeur juridique en France des résolutions du Conseil de sécurité », *op.cit.*, p.54.

[107] *Idem.*

terrorisme »[127]. Elle permet de créer aussi un véritable partenariat entre les États Membres et les institutions onusiennes, car elle traduit une volonté de prévenir et de lutter contre les menaces terroristes en se fondant sur le droit international des droits de l'homme et la primauté du droit.

Le Cameroun comme beaucoup de pays, coopère de manière effective avec l'ONU dans la mise en œuvre de cette résolution[128]. Malgré l'absence d'une force obligatoire, les résolutions de l'Assemblée générale demeurent une source d'inspiration pour le législateur dans l'ordre interne tout en ayant une force juridique légèrement plus grande que certaines recommandations. De l'avis d'Alain PELLET, les recommandations ou résolutions de l'Assemblée Générale de l'ONU *« jouent un rôle de plus en plus manifeste dans la formation de la coutume (internationale), au point que l'on peut se demander si elles n'en occupent pas tout le champ* »[129]. Tel est dans une certaine mesure le sentiment de la Cour Internationale de Justice dans l'arrêt *Nicaragua c. États-Unis* de 1986 dans lequel la Cour semble, à plusieurs reprises, voir dans les résolutions de l'Assemblée générale une coutume internationale[130].

Paragraphe 2 : Consécration juridique des libertés publiques au niveau africain

Le lien entre le terrorisme et les libertés publiques a seulement été établi dans le continent africain à la Conférence mondiale de Vienne sur les droits de l'homme du 14 au 25 juin 1993[131]. Ce fléau a été considéré, à cette occasion, comme un défi pour la paix, la démocratie et l'État de droit tout en constituant également une importante menace pour les droits de l'homme[132]. Aujourd'hui encore, le terrorisme prospère en s'implantant dans la plupart des pays du continent africain, en particulier sur le territoire du Cameroun. L'expérience montrant que le continent ne peut pas vaincre durablement le terrorisme par l'unique voie armée, des instruments internationaux ont été adoptés par les États africains dans le sens de concilier la lutte contre le terrorisme avec le respect des libertés publiques. Ainsi, l'État camerounais a adhéré à cette vision en acceptant d'une part des règles de protection des

---

127 Office contre la Drogue et le Crime des Nations Unies (UNIDOC), *Symposium sur la mise en œuvre de la Stratégie antiterroriste mondiale des Nations Unies*, Centre international de Vienne, Autriche, 17 et 18 mai 2007, p. iii.

128 Bureau de lutte contre le terrorisme des Nations Unies, *Droits de l'homme et application de la loi, op.cit.*

129 Alain PELLET, « La formation du droit international dans le cadre des Nations Unies », *op.cit.*, p.416.

130 *Idem.*

131 Martial JEUGUE DOUNGUE, « Lutte Contre Le Terrorisme et Droits De L'homme : Une Perspective Nationale et Africaine », *in* Revue africaine sur le terrorisme, *une Revue du centre africain d'études et de Recherche sur le terrorisme, op.cit.*, p.1 et s.

132 *Idem.*

libertés publiques de l'Union Africaine (A) et d'autre part en acceptant des stratégies et résolutions de protection des libertés publiques de l'Union Africaine (B).

A. Acceptation des règles de protection des libertés publiques en Afrique

Le Cameroun a reconnu plusieurs instruments internationaux de protection des libertés publiques en Afrique. Il s'agit premièrement de la Charte africaine des droits de l'homme et des peuples (1) deuxièmement des autres textes sectoriels africains (2) et troisièmement des instruments de lutte contre le terrorisme au niveau de la CEMAC (3).

1. Charte Africaine des droits de l'homme et des peuples

La Charte africaine des droits de l'homme et des peuples est le principal instrument de promotion et de protection des libertés publiques en Afrique. Du moins, l'on peut affirmer préalablement qu'à la création de l'Organisation de l'Unité Africaine (OUA), les libertés publiques ne faisaient pas explicitement partie de l'agenda originel des pères fondateurs de cette organisation[133]. L'OUA se préoccupait d'une manière sélective à travers une approche anticolonialiste d'avoir une production normative sur des questions spécifiques[134]. C'est seulement à partir de la fin des années 1970 qu'un changement d'orientation va s'opérer graduellement pour culminer, le 27 juin 1981, avec l'adoption de la Charte Africaine des droits de l'homme et des peuples par la XVIIe Conférence des Chefs d'État et de Gouvernement de l'OUA à Nairobi[135].

Puis, à la faveur de l'avènement de l'Union Africaine au début de l'année 2002, la promotion et la protection des libertés publiques sont inscrites au cœur des objectifs de l'Union qui entend, au terme de l'article 3 alinéa h de l'Acte constitutif de l'Union Africaine *« promouvoir et protéger les droits de l'homme et des peuples conformément à la Charte Africaine des droits de l'homme et des peuples et aux autres instruments pertinents relatifs aux droits de l'homme »*[136]. La référence à la Charte africaine des droits de l'homme et des peuples dans l'Acte constitutif de l'Union Africaine dénote à suffisance

---

133 Hermine KEMBO TAKAM GATSING, *Le système africain de protection des droits de l'homme, un système en quête de cohérence*, Harmattan, Paris, Mars 2014, p.13.

134 *Idem.* Comme cela, l'on peut citer par exemple la Convention sur les aspects propres des réfugiés en Afrique du 10 décembre 1969 et entrée en vigueur en 1974, la Charte culturelle de l'Afrique du 05 juin 1976 et entrée en vigueur le 19 Septembre 1990 ou encore la Convention sur la protection des ressources naturelles en Afrique adoptée le 15 Septembre 1968 et entrée en vigueur en juin 1969.

135 Hermine KEMBO TAKAM GATSING, *op.cit.*, p.13.

136 *Ibidem*, pp.13-14.

de l'importance capitale que revêt cette Charte dans le système juridique africain[137].

L'État du Cameroun a ratifié la Charte africaine des droits de l'homme et des peuples le 20 juin 1989. Ce texte juridique protège les libertés publiques en particulier la liberté de réunion et de manifestation publique. L'article 11 de la Charte stipule que : « *Toute personne a le droit de se réunir librement avec d'autres. Ce droit s'exerce sous la seule réserve des restrictions nécessaires édictées par les lois et règlements, notamment dans l'intérêt de la sécurité nationale, de la sûreté d'autrui, de la santé, de la morale ou des droits et libertés des personnes* ». Cet article reprend également les dispositions de l'article 21 du Pacte international relatif aux droits civils et politiques[138]. Il y a donc lieu de constater la forte influence des instruments internationaux en particulier la Déclaration universelle des droits de l'homme de 1948 sur la Charte africaine des droits de l'homme et des peuples.

2. Textes sectoriels en Afrique

Parallèlement à la Charte africaine des droits de l'homme et des peuples, il existe une panoplie d'instruments sectoriels s'intéressant à une problématique au sein des droits de l'homme. Parmi ces textes sectoriels, certains ont un caractère contraignant (a) et d'autres qui ne sont que des règles de *soft law* (b).

a. Textes sectoriels ayant un caractère obligatoire

Il existe plusieurs traités sectoriels ayant un caractère contraignant en matière de protection des libertés publiques en Afrique. L'on peut citer entre autres :

i. Charte africaine des droits et du bien-être de l'enfant

La Charte africaine des droits et du bien-être de l'enfant a été ratifiée par l'État camerounais le 05 septembre 1996. L'article 8 de cette Charte protège la liberté de réunion et de manifestation pacifique en reconnaissant à tout enfant le « *droit à la libre association et à la liberté de rassemblement pacifique, conformément à la loi* ».

ii. Protocole à la Charte africaine des droits de l'homme et des peuples relatif aux droits des femmes en Afrique

Ce protocole a été adopté par la deuxième session ordinaire de la Conférence de l'Union Africaine à Maputo, le 11 juillet 2003. L'État du Cameroun a ratifié ce texte juridique en mai 2009. Son article 3 alinéa 1

---

[137] Maurice KAMTO, *La Charte africaine des droits de l'homme et des peuples et le protocole y relatif portant création de la Cour africaine des droits de l'homme, Commentaire article par article*, Bruxelles, Bruylant, Editions de l'université de Bruxelles, 2011, p.18

[138] Jean-François FLAUSS et Elisabeth Lambert ABDELGAWAD, *L'application nationale de la Charte africaine des droits de l'homme et des peuples*, Bruyant, Bruxelles, 2004, p.18.

dispose que toute femme *« a droit au respect de la dignité inhérente à l'être humain, à la reconnaissance et à la protection de ses droits humains et légaux »*. Cette disposition juridique impose à l'État de reconnaitre et de protéger le droit à la liberté de réunion de manifestation des femmes.

iii. Charte africaine de la jeunesse

La Charte africaine de la jeunesse a été adoptée par la septième session ordinaire de la conférence de l'Union Africaine le 2 juillet 2006 à Banjul, capitale de la Gambie. L'État camerounais a signé cette Charte le 15 décembre 2009 à Addis-Abeba. Plus tard, elle a été intégrée dans le corpus juridique camerounais à la faveur du décret du 11 janvier 2011 portant ratification de la Charte africaine de la jeunesse. Bien que ne la mentionnant pas directement, la liberté de réunion et de manifestation publique est reconnue à travers deux articles de la Charte Africaine de la jeunesse. D'entrée de jeu, l'article 4 al. 1 dispose que : « *Tout jeune jouit du droit de constituer librement des associations et de la liberté de se réunir pacifiquement conformément aux règles prescrites par la loi* ».

iv. Charte africaine de la démocratie, des élections, et de la gouvernance

La Charte africaine de la démocratie, des élections, et de la gouvernance a été adoptée par la huitième session ordinaire de la conférence des Chefs d'État et de Gouvernement tenue le 30 janvier 2007 à Addis-Abeba (Éthiopie). Le Cameroun a ratifié cet instrument juridique en juillet 2011.

L'article 3 alinéa 1 recommande aux États parties de s'engager *« à mettre en œuvre la présente Charte conformément aux principes énoncés ci-après : 1. Le respect des droits de l'homme et des principes démocratiques »*. De même, l'article 4 alinéa 1 du même texte dispose que : « *Les États parties prennent l'engagement de promouvoir la démocratie, le principe de l'État de droit et les droits de l'homme* ». Toutes ces dispositions juridiques protègent la liberté de réunion et de manifestation publique.

b. Textes non contraignants

Ils sont essentiellement composés des lignes directrices de l'Union africaine.

i. Lignes directrices sur la liberté d'association et de réunion en Afrique

En tant que règles de *Soft law* en matière de protection de liberté de réunion ou de rassemblement pacifique, les lignes directrices sont non obligatoires. Elles sont adoptées par l'Union Africaine lors de la 60e Session ordinaire tenue à Niamey au Niger du 8 au 22 mai 2017, faisant suite à sa Résolution 319 (LVII) 2015, qui a donné mandat au Groupe d'étude sur la liberté d'association et de réunion, supervisé par la Rapporteuse Spéciale sur les défenseurs des droits de l'homme en Afrique de les élaborer[139].

Ces lignes directrices reconnaissent que les droits à la liberté d'association et de réunion demeurent « *des droits fondamentaux qui devraient sous-tendre toute société démocratique dans laquelle la personne humaine pourrait faire entendre librement sa voix sur toute question de société* »[140]. Elles recommandent aux États que les législations nationales mettent en place un cadre juridique favorable au libre exercice de la liberté de réunion. De la sorte, « *Chaque fois que les États promulguent des lois sur la liberté de réunion, celles-ci visent essentiellement à favoriser la jouissance de ce droit. La législation et les réglementations en matière de réunion sont élaborées et révisées sur la base d'un large processus inclusif consistant notamment dans le dialogue et une consultation judicieuse avec la société civile* »[141].

Les lignes directrices sur la liberté d'association et de réunion en Afrique ont mis en place quelques principes fondamentaux dans l'exercice de la liberté de réunion et de rassemblements pacifiques que tous les États membres de l'Union Africaine doivent prendre en compte dans leurs différentes législations nationales :

« PRINCIPES FONDAMENTAUX SUR LA LIBERTÉ D'ASSOCIATION EN AFRIQUE

**Présomption en faveur du droit :*
La présomption est en faveur de l'exercice des droits à la liberté d'association et de réunion.
** Cadre habilitant :*
Tout cadre juridique mis en place ou toute autre mesure prise relativement aux droits à la liberté d'association et de réunion a pour objectif premier de permettre l'exercice des droits.
** Participation politique et sociale d'une société civile indépendante :*
L'indépendance de la société civile et de la sphère publique est assurée et la participation des individus à la vie politique, sociale et culturelle de leurs communautés est facilitée.
** Respect des droits humains :*
Toutes les mesures constitutionnelles, législatives, administratives et autres respectent l'intégralité des obligations régionales et internationales en matière de droits de l'homme découlant du droit à la liberté d'association et de réunion et de tous les autres droits garantis.
** Impartialité des organismes de gouvernance :*

[139] cf. Lignes directrices sur la liberté d'association et de réunion en Afrique, p.4, disponible à l'adresse : https://www.icnl.org/wp-content/uploads/ACHPR-Guidelines-French.pdf
[140] Lignes directrices sur la liberté d'association et de réunion en Afrique, *Idem.*
[141] cf. Lignes directrices sur la liberté d'association et de réunion en Afrique, *Ibidem,* p.24.

Les autorités chargées du contrôle de la gouvernance exercent leur tâche en toute impartialité et de manière équitable.
** Procédures simples et transparentes :*
Les procédures relatives à la gouvernance des associations et des réunions sont claires, simples et transparentes. »[142].

ii. Directives et principes sur le droit à un procès équitable et à l'assistance judiciaire en Afrique, 2003

Les Directives et principes sur le droit à un procès équitable et à l'assistance judiciaire en Afrique sont adoptées par la Commission Africaine des Droits de l'Homme et des Peuples, réunie en sa 26e Session Ordinaire, tenue à Kigali, Rwanda, du 1er au 15 novembre 1999. Le paragraphe L de ces directives reconnait le droit des civils à ne pas être jugés par les militaires. Elles ne sont pas obligatoires parce que l'État du Cameroun ne les a pas encore transposées dans le droit national. De cette manière, ces directives disposent que : « *b) Dans l'exercice de leurs fonctions, les tribunaux militaires sont tenus de respecter les normes du procès équitable énoncées par la Charte et les présentes Directives* ». Ce texte protège la liberté de réunion et de manifestation pacifique dans la mesure où les manifestants ne peuvent pas être jugés devant les tribunaux militaires au cas où ils ont manifesté sans armes.

iii. Résolution 475 sur la nécessité de protéger l'espace civique et la liberté d'association et de réunion - CADHP/Rés.475(XXXI) 2021

La Résolution 475 sur la nécessité de protéger l'espace civique et la liberté d'association et de réunion est adoptée par la Commission africaine des droits de l'homme et des peuples réunie lors de sa 31e Session Extraordinaire, tenue virtuellement du 19 au 25 février 2021. À travers cette résolution, la Commission exhorte tous les États membres de l'Union africaine *« à veiller à honorer leurs obligations en matière de droits fondamentaux et à ce que les forces de l'ordre, lorsqu'elles gèrent des mouvements de protestation et des manifestations, n'utilisent la force qu'en dernier recours et toujours de façon légale, proportionnée et nécessaire »*.

3. Instruments de lutte contre le terrorisme au niveau de la Communauté économique et monétaire de l'Afrique centrale (CEMAC)

Sous l'égide de la CEMAC, les États ont adopté plusieurs instruments juridiques sur la prévention et la lutte contre le terrorisme en Afrique centrale. Ces instruments protègent aussi les libertés publiques dans le cadre de la lutte

[142] Ces principes fondamentaux sont tirés des Lignes directrices sur la liberté d'association et de réunion en Afrique, *op.cit.*, p. 8.

antiterroriste. Certaines règles communautaires sont obligatoires tandis que d'autres ne le sont pas. Il est possible de citer entre autres :

a. Règlement n° 1/CEMAC/UMAC/CM portant Prévention et Répression du Blanchiment des Capitaux et du Financement du Terrorisme et de la Prolifération en Afrique Centrale

Adopté à Bangui le 11 avril 2016, ce Règlement communautaire rappelle que la lutte contre le financement du terrorisme en Afrique centrale doit être conforme au droit international des droits de l'homme. De cette manière, il considère que la crédibilité et la pleine efficacité de la lutte contre le blanchiment des capitaux et le financement du terrorisme et de la prolifération en Afrique centrale *« commandent d'introduire dans les États membres un cadre juridique inspiré des normes et standards internationaux en la matière... »*. En se référant aux textes juridiques cités par le Règlement N° 1/CEMAC/UMAC/CM portant Prévention et Répression du Blanchiment des Capitaux et du Financement du Terrorisme et de la Prolifération en Afrique Centrale, que ce soit la Résolution 1373 du Conseil de sécurité de l'ONU, la Convention de Palerme et ses protocoles additionnels ou encore la Convention internationale pour la répression du financement du terrorisme du 9 décembre 1999, l'on constate que tous ces instruments prennent en compte la protection des libertés publiques dans la lutte contre le financement du terrorisme[143]. Ce règlement communautaire est obligatoire dans tous ses éléments. Celui-ci est directement applicable dans tout État membre de la Communauté économique et monétaire de l'Afrique centrale.

b. Convention entre les États membres du Comité des chefs de police de l'Afrique centrale (CCPAC) en matière de lutte contre le terrorisme

Cette Convention est adoptée le 7 février 2005 dans le cadre du Règlement CEMAC N° 08/05-UEAC-057-CM-13 portant adoption de la Convention relative à la lutte contre le terrorisme en Afrique Centrale. Elle a alors un caractère contraignant pour les États d'Afrique centrale dont fait partie le Cameroun. Elle place la protection des droits des personnes au centre de la coopération entre les États de la zone CEMAC en matière de lutte contre les infractions à caractère terroriste. De la sorte, l'article 4 de cette Convention précise qu'aux fins de combattre efficacement les infractions à caractère terroriste, *« les États parties conformément à leurs droits et procédures internes, s'engagent à 6) mettre en place une coopération efficace entre les services de lutte contre le terrorisme et les citoyens ; (7) garantir les droits de la défense en rendant obligatoire l'assistance des suspects »*.

---

[143] Cf. Le Règlement n° 1/CEMAC/UMAC/CM Portant Prévention et Répression du Blanchiment des Capitaux et du Financement du Terrorisme et de la Prolifération en Afrique Centrale, p.2.

B. Acceptation des stratégies et résolutions de protection des libertés publiques dans la lutte antiterroriste en Afrique

Les actes terroristes se sont multipliés en Afrique particulièrement en Afrique subsaharienne portant gravement atteinte à la paix et à la sécurité des populations. À titre d'illustration, depuis l'annonce proclamée de la fin du califat en 2019, l'organisation État islamique a revendiqué plus de 5500 opérations militaires dans 30 pays, dont la plus grande majorité a eu lieu en Afrique[144]. Le terrorisme islamique est incarné par des groupes connus dans chacune des régions du continent : les *Chababs* en Somalie, au Kenya et dans tous les pays de la Corne et de l'Est ; *Boko Haram* au Nigéria et dans les pays du bassin du lac Tchad ; *Al-Qaida* au Maghreb islamique (AQMI) et ses nouveaux démembrements plus ou moins autonomisés au Mali et dans tout le Sahel ; le *Mouvement pour l'unicité du djihad* en Afrique de l'Ouest (MUJAO) et *Ansar Dine* ; et tous les groupes armés qui prolifèrent en Libye et dans le reste de l'Afrique du Nord, se réclamant qui d'Al-Qaida, qui de l'État islamique[145]. En termes de bilan humain, *Boko Haram* et les *Chababs* font partie des groupes terroristes les plus meurtriers à l'échelle mondiale[146].

Pour faire face à cette nébuleuse, l'Union Africaine a adopté plusieurs instruments juridiques régionaux en matière de lutte contre le terrorisme[147]. Ces instruments recommandent également de prendre effectivement en compte les libertés publiques dans la lutte contre le terrorisme. Ils sont subdivisés, ici encore, en deux catégories à savoir les textes contraignants (1) et les textes non contraignants (2).

1. Textes contraignants

Nous pouvons citer entre autres la Convention de l'Organisation de l'Unité Africaine sur la prévention et la lutte contre le terrorisme (Convention d'Alger) (a) ainsi que le Protocole à la Convention de l'OUA sur la prévention et la lutte contre le terrorisme (b).

a. Convention de l'Organisation de l'Unité Africaine sur la prévention et la lutte contre le terrorisme (Convention d'Alger)

La Convention sur la prévention et la lutte contre le terrorisme (Convention d'Alger) est adoptée en juillet 1999, en Algérie, lors la 35e session ordinaire

---

144 Franceinfo Afrique, « Le point sur les franchises de Daech qui frappent en Afrique », publié le 31/03/2021, disponible à l'adresse : https://www.francetvinfo.fr/monde/afrique/mali/le-point-sur-les-franchises-de-daech-qui-frappent-en-afrique_4354447.html, (consulté le 06.07.2021).

145 Martial JEUGUE DOUNGUE, « Lutte Contre Le Terrorisme et Droits De L'homme : Une Perspective Nationale et Africaine », *op.cit.*, p.2.

146 *Idem.*

147 *Idem.*

des chefs d'État et de gouvernement de l'OUA, aujourd'hui UA. Ladite Convention est entrée en vigueur le 6 décembre 2002. L'article 22 alinéa 1 de ce texte dispose que : « *Aucune disposition de la présente Convention ne peut être interprétée comme dérogatoire aux principes généraux du droit international humanitaire et en particulier à la Charte Africaine des Droits de l'Homme et des Peuples* ».

b. Protocole à la Convention de l'OUA sur la prévention et la lutte contre le terrorisme

Le Protocole à la Convention de l'OUA sur la prévention et la lutte contre le terrorisme a été intégré dans le corpus juridique camerounais à la faveur du Décret N° 2014/606 du 31 décembre 2014 portant ratification du protocole à la Convention de l'OUA sur la prévention et la lutte contre le terrorisme, adopté le 8 juillet 2004 à Addis-Abeba (Éthiopie). Ce protocole dispose dans son article 3 alinéa 1a que les États parties s'engagent « *à mettre intégralement en œuvre les dispositions de la Convention. Ils s'engagent également, entre autres, à prendre toutes les mesures nécessaires pour protéger les droits fondamentaux de leurs populations contre tous les actes terroristes* ».

2. Textes non contraignants

Plusieurs règles protègent les libertés publiques dans la lutte antiterroriste aujourd'hui. Cependant, elles sont non contraignantes. L'on peut citer entre autres :

i. Principes et directives sur les droits de l'homme et des peuples dans la lutte contre le terrorisme en Afrique

Les Principes et directives sur les droits de l'homme et des peuples dans la lutte contre le terrorisme en Afrique ont été adoptés par la Commission africaine des droits de l'homme et des peuples lors de sa 56e session ordinaire à Banjul, en Gambie (21 avril au 7 mai 2015). Les Principes et directives ont été développés sur la base de l'Article 45(1)(b) de la Charte africaine, qui donne mandat à la Commission pour formuler des normes, des principes et des règles sur lesquels les gouvernements africains peuvent fonder leur législation[148]. Ces principes et directives invitent les États à ne pas se servir de la lutte antiterroriste « *comme prétexte pour restreindre les libertés fondamentales, notamment la liberté de religion et de conscience,*

[148] Commission Africaine des droits de l'homme et des peuples, *Les Principes et directives sur les droits de l'homme et des peuples dans la lutte contre le terrorisme en Afrique*, p.5, disponible à l'adresse : https://www.achpr.org/public/Document/file/French/principes_et_directives_sur_les_droits_de_lhomme_et_des_peuples_dans_la_lutte_contre_le_terrorisme_en_afrique.pdf, (consulté le 07.07.2021).

d'expression, d'association, de réunion et de mouvement et le droit au respect de la vie privée et de la propriété en tenant dûment compte du Principe 1(M), Dérogations et restrictions aux droits de l'homme et aux libertés »[149].

ii. Résolution 274 sur l'élaboration de directives sur les droits de l'homme et la lutte contre le terrorisme - CADHP/Res.274 (LV) 2014

Cette résolution est adoptée par la Commission africaine des droits de l'homme et des peuples (la Commission), réunie à l'occasion de sa 55ème Session ordinaire tenue du 28 avril au 12 mai 2014 à Luanda en Angola. Elle souligne la nécessité impérieuse pour tous les États africains *« de prendre toutes les mesures nécessaires pour protéger leurs populations contre les actes de terrorisme et de mettre en œuvre tous les instruments internationaux et régionaux relatifs au droit humanitaire et aux droits de l'homme »*.

Ces résolutions, directives et recommandations de la Commission africaine des droits de l'homme et des peuples ont seulement une autorité de la chose constatée. Autrement dit, ces actes juridiques sont tout simplement des invitations ou exhortations envers les États membres. L'une des raisons qui peut être évoquée pour justifier cette position est relative au fait que la Commission n'est pas *« un organe juridictionnel, puisque ses décisions n'ont pas de force obligatoire... »*[150]. Néanmoins, les États membres de l'Union africaine doivent tenir compte ou prendre en compte les actes de cette Commission en vertu de l'article 18 de la Convention de Vienne sur le droit des traités 1969. Selon cet article : *« Un État doit s'abstenir d'actes qui priveraient un traité de son objet et de son but : a) Lorsqu'il a signé le traité ou a échangé les instruments constituant le traité sous réserve de ratification, d'acceptation ou d'approbation, tant qu'il n'a pas manifesté son intention de ne pas devenir partie au traité ; ou b) Lorsqu'il a exprimé son consentement à être lié par le traité, dans la période qui précède l'entrée en vigueur du traité et à condition que celle-ci ne soit pas indûment retardée »*.

À ce titre, les États peuvent de bonne foi prendre des actes en interne permettant l'exécution de ces règles en les internalisant. Les juges nationaux ont également la possibilité d'invoquer celles-ci dans leurs décisions judiciaires. Tout cela peut conférer alors un caractère contraignant aux décisions de la Commission africaine des droits de l'homme et des peuples.

---

[149] *Ibidem*, p.15.

[150] Nisrine EBA NGUEMA, « La Commission africaine des droits de l'homme et des peuples et sa mission de protection des droits de l'homme », *La Revue des droits de l'homme* [En ligne], 11 | 2017, pp.2-3, mis en ligne le 05 janvier 2017, (consulté le 08 juillet 2020). URL : http://journals.openedition.org/revdh/2844 ; DOI : https://doi.org/10.4000/revdh.2844.

Section 2. Existence d'une pluralité de mécanismes internationaux de protection des libertés publiques

Les libertés publiques constituent aujourd'hui une grande préoccupation sur le plan international. D'une façon particulière, cette préoccupation se révèle importante, face à leurs violations massives et répétées[151]. Dans cette dynamique, l'examen des mécanismes internationaux de protection des libertés publiques a une importance fondamentale[152]. C'est en effet par le biais de ces mécanismes que le droit international des droits de l'homme assure une protection plus ou moins active et tente de franchir l'abîme qui existe souvent entre les préceptes et la pratique[153]. De ce fait, la justiciabilité d'une règle de droit conditionne en quelque sorte l'efficacité de la garantie et de sa sanction[154]. Autrement dit, aucune protection sérieuse en matière de protection internationale des libertés publiques ne peut être faite que s'il existe des mécanismes de protection appropriés. L'État camerounais collabore pleinement à ces différents mécanismes en participant aux différents travaux des instances internationales et en répondant également aux plaintes ou interpellations. À côté des mécanismes de contrôle universel des libertés publiques (**Paragraphe 1**), il existe des mécanismes de contrôle des libertés publiques dans l'Union Africaine (**Paragraphe 2**).

Paragraphe 1 : Mécanismes de contrôle universel des libertés publiques

Avec l'arrivée du terrorisme, le système onusien de protection des droits de l'homme s'est enrichi. Il existe déjà une grande diversité de mécanismes de contrôle des libertés publiques. Ce corps de règles est très hétéroclite. Certainement, comme presque tous les problèmes humains intéressent les droits de l'homme, tous les principaux organes des Nations Unies à savoir l'Assemblée générale, le Conseil de sécurité, le Conseil de tutelle, la Cour internationale de justice et le Conseil économique et social abordent, d'une façon ou d'une autre la question des libertés publiques[155]. Les mécanismes de

---

[151] Parfait OUMBA, « Les mécanismes de contrôle et de garantie des droits de l'homme », *archives-ouvertes (HAL)*, Master. Droit international des droits de l'homme, Cameroun. 2016, p.1, disponible à l'adresse : https://hal.archives-ouvertes.fr/cel-01319645/document, (consulté le 07.07.2021).

[152] *Idem.*

[153] *Idem.*

[154] Frédéric SUDRE, *Droit international et européen des droits de l'homme*, 3e Édition, Paris, PUF, 1989, p. 13.

[155] Parfait OUMBA, « Les mécanismes de contrôle et de garantie des droits de l'homme », *op.cit.*, p.3.

contrôle onusiens peuvent être subdivisés en deux catégories à savoir les mécanismes non juridictionnels (**A**) et les mécanismes juridictionnels (**B**).

A. Mécanismes non-juridictionnels de contrôle universel des libertés publiques

L'Organisation des Nations Unies a mis en place des organes non-juridictionnels ou quasi-juridictionnels. L'on peut toujours les scinder en deux grandes catégories à savoir la protection universelle instaurée par les organes de traités (**1**) et les mécanismes spéciaux de protection des libertés publiques créés dans le cadre de la lutte antiterroriste (**2**).

1. Protection universelle instaurée par les organes de traités

Les organes de la Charte de l'ONU sont prévus par son article 13 qui investit l'Assemblée générale des Nations Unies du pouvoir de provoquer des études et de faire des recommandations dans le but de « *développer la coopération internationale dans les domaines économique, social et culturel, et dans celui de l'éducation et de la santé publique, afin de faciliter pour tous, sans distinction de race, de sexe, de langue ou de religion, la jouissance des droits de l'homme et des libertés fondamentales* »[156].

Dans cette rubrique, on peut parler du Conseil des droits de l'homme (a) suivi de nombreux comités onusiens d'experts (b).

a. Conseil des droits de l'homme de l'ONU

Successeur de la défunte Commission des droits de l'homme, le Conseil des droits de l'homme est créé par la résolution 60/251 de l'Assemblée générale de l'ONU, le 25 mars 2006. Cette création, malgré la réticence des certains pays[157] vis-à-vis d'une telle initiative, a été saluée tant par les défenseurs des droits de la personne que par les différentes institutions onusiennes[158]. Ce nouveau mécanisme a permis de mettre un terme aux procédures confidentielles instaurées par la Commission des droits de l'homme étant donné que ces procédures étaient devenues une sorte de paravent derrière lequel s'abritaient les États, en vue d'éviter toute condamnation en procédure publique[159]. Il existe deux types de procédures

---

[156] *Idem.*

[157] Il s'agit principalement des États-Unis d'Amérique et d'Israël.

[158] Mamoud ZANI, « Le Conseil des droits de l'homme des Nations Unies : un mécanisme d'affaiblissement ou de renforcement des procédures de contrôle ? », *Études internationales, 39(3),* 2008, p.433, disponible à l'adresse : https://doi.org/10.7202/019308ar, (consulté le 08.07.2021).

[159] *Idem.*

devant le Conseil des droits de l'homme de l'ONU : l'examen périodique universel (i) et les procédures spéciales (ii).

i. Examen périodique universel

La création du Conseil des droits de l'homme s'est accompagnée de la création d'un nouveau processus : l'Examen périodique universel (EPU), qui, selon les mots du Secrétaire général des Nations Unies M. Ban Ki-Moon « *est plein de promesses en ce qu'il ouvre un nouveau chapitre dans la promotion des droits de l'homme et en souligne l'universalité* »[160]. L'Examen périodique universel est un processus unique en son genre. Il consiste à passer en revue toutes les quatre années, les réalisations de l'ensemble des 193 États membres de l'ONU dans le domaine des droits de l'homme[161].

Sur le plan procédural, l'Examen périodique universel se fonde sur des renseignements provenant de trois sources distinctes :

- *la première est un rapport présenté par l'État examiné lui-même, ce qui met en doute l'objectivité, la fiabilité et l'impartialité des informations avancées et ainsi contreviendrait à la résolution 60/251, par. 5, let. e ;*
- *pour y remédier, la résolution 5/1 prévoit, comme deuxième source d'information, une compilation des renseignements issus des rapports des organes conventionnels, des procédures spéciales et d'autres documents officiels des Nations Unies ;*
- *la troisième source est constituée d'autres informations crédibles et dignes de foi provenant d'autres parties prenantes à l'Examen périodique universel*[162].

L'exposé écrit de l'État et les résumés établis par le Haut-commissariat aux droits de l'homme de l'ONU doivent être prêts six semaines avant l'examen effectué par le groupe de travail de façon à pouvoir être distribués simultanément dans les six langues officielles de l'Organisation des Nations Unies, conformément à la résolution 53/208 de l'Assemblée générale, en date du 14 janvier 1999[163]. Le rapport de l'État concerné peut être présenté par écrit ou oralement. Par ailleurs, ce rapport doit également être conforme aux directives du Haut-commissariat des Nations Unies aux Droits de l'Homme. Selon ces dernières, l'État peut organiser des consultations d'envergure nationale avec les parties prenantes concernées précisément les organisations non gouvernementales (ONG), les défenseurs des droits de

---

160 Stéphanie HENNETTE-VAUCHEZ et Diane ROMAN, *Droits de l'Homme et libertés fondamentales*, *op.cit.*, p.116.

161 *Idem.*

162 Bastien DUREL, *L'Examen périodique universel du Conseil des droits de l'homme, à l'exemple de celui de mai 2008 concernant la Suisse*, Mémoire de Master, Faculté de droit, Université de NEUCHÂTEL, Janvier 2009, p.29.

163 A/HRC/RES/5/1, annexe, par. 17.

l'homme, les instituts universitaires ou de recherche, des organisations régionales et des représentants de la société civile peuvent participer à certaines étapes de l'élaboration du rapport national présenté au Conseil des droits de l'homme[164].

ii. Procédures spéciales

L'État camerounais a reconnu les procédures spéciales devant le Conseil des droits de l'homme. Établies par l'ancienne Commission des droits de l'Homme et maintenant assumées par le Conseil, les procédures spéciales surveillent, examinent, conseillent et font des déclarations publiques sur des questions thématiques ou des situations des droits de l'Homme dans des pays spécifiques[165]. Les titulaires de mandats au titre de ces différentes procédures sont des rapporteurs spéciaux, des experts indépendants ou des groupes de travail composés de cinq membres nommés par le Conseil et qui siègent à titre personnel[166]. Pour cette qualité, ils mènent des activités suivantes :

- *« effectuent des visites dans les pays ;*
- *s'occupent de cas individuels et de préoccupations de nature générale et structurelle en envoyant des communications aux États et à d'autres acteurs pour leur signaler des violations ou des abus présumés ;*
- *mènent des études thématiques et organisent des consultations d'experts ;*
- *contribuent à l'élaboration des normes internationales relatives aux droits de l'homme ;*
- *mènent des activités de plaidoyer et de sensibilisation ; et fournissent des conseils pour la coopération technique »*[167].

Les experts désignés doivent faire la présentation de leurs conclusions et recommandations au moins une fois par an au Conseil des droits de l'homme et à l'Assemblée générale des Nations Unies. Ils constituent parfois le seul mécanisme d'alerte des Nations Unies sur certaines questions relatives aux droits de l'homme[168]. Il existe plusieurs procédures spéciales telles que celles portant sur l'eau et l'assainissement, la détention arbitraire, les droits des

---

164 Cf. Le Conseil des droits de l'homme en bref, disponible à l'adresse : https://www.ohchr.org/Documents/AboutUs/CivilSociety/Chapter5_fr.pdf, (consulté le 10.07.2021).

165 Organisation Internationale de la Francophonie, *Le Conseil des droits de l'homme : guide pratique*, Palais des Nations8-14 Avenue de la Paix1211 Genève 10, Suisse, Février 2015, pp.17-18.

166 Conseil des droits de l'homme de l'ONU, *Procédures spéciales*, disponible à l'adresse : https://www.ohchr.org/FR/HRBodies/HRC/Pages/SpecialProcedures.aspx, (consulté le 11.07.2021).

167 *Idem.*

168 Conseil des droits de l'homme de l'ONU, *Idem.*

migrants, les violences contre les femmes, la torture ou encore la traite des êtres humains, et les mandats par pays[169].

b. Comités onusiens d'experts

Il existe de nombreux comités chargés du contrôle du respect des libertés publiques. L'on peut citer d'une part, le Comité des droits de l'homme de l'ONU (**i**) et d'autre part, les autres comités de l'ONU (**ii**).

i. Comité des droits de l'homme de l'ONU

Le Comité des droits de l'homme a pour mission de veiller à l'application des droits et libertés inscrits dans le Pacte international relatif aux droits civils et politiques. Aux termes de l'article 28 alinéa 1er dudit pacte, il est « *institué un Comité des droits de l'homme (ci-après dénommé le Comité dans le présent Pacte)* ». Ce Comité est composé de dix-huit membres encore appelés des « *experts* ». Les membres sont ressortissants des États parties au Pacte qui proposent leur candidature. La plupart des membres du Comité ont une expérience juridique. Ils siègent à titre individuel pour un mandat de quatre ans.

Cet organe assume quatre grandes fonctions. Premièrement, il reçoit et examine les rapports périodiques des États parties sur les mesures qu'ils ont prises pour donner effet aux droits énoncés dans le Pacte[170]. Deuxièmement, il émet par ailleurs des observations générales par lesquelles il analyse et interprète dans le détail les obligations de fond et de procédure qui incombent aux États parties[171] (à titre d'illustration, le Comité a délivré le 30 novembre 2017, les observations finales concernant le cinquième rapport périodique du Cameroun adoptées par le Comité à sa 121e session du 16 octobre-10 novembre 2017). Troisièmement, le Comité reçoit et examine des plaintes émanant des particuliers (appelées « communications ») qui affirment être victimes d'une violation par un État partie des droits qui leur sont reconnus dans le Pacte[172]. Quatrièmement, le Comité est compétent pour examiner les plaintes émanant d'États à l'encontre d'autres États ne s'acquittant pas des obligations qu'ils ont contractées en vertu du Pacte[173].

Le Comité a également un règlement intérieur. Il indique que, dans le cadre de son fonctionnement, le quorum est constitué par douze (12) membres, chaque membre ayant une voix. Tel qu'il est prévu dans le Protocole facultatif se rapportant au Pacte international relatif aux droits civils et politiques, les

---

169 *Idem.*

170 Stéphanie HENNETTE-VAUCHEZ et Diane ROMAN, *Droits de l'Homme et libertés fondamentales*, *op.cit.*, p.117. Pour le Cameroun, l'on peut citer les observations finales du Comité des droits de l'homme sur le cinquième rapport périodique : (CDH, le 29 décembre 2016, CCPR/C/CMR/5).

171 *Idem.*

172 *Idem.*

173 Stéphanie HENNETTE-VAUCHEZ et Diane ROMAN, *Idem.*

plaintes individuelles peuvent être déposées par un particulier au cas où il estime que ses droits et libertés reconnus par le Pacte sont violés par un État partie. Si la plainte est jugée recevable, le Comité adopte des constatations sur le fond de la requête[174].

Ces constatations peuvent être soit une violation, soit une non violation, soit un mélange des deux si la requête comporte plusieurs allégations[175]. Une fois que la décision est prise, le Comité la communique à l'auteur de la requête et à l'État partie. La décision est également rendue publique. Ainsi, dès que le Comité constate une violation dans un cas particulier, l'État partie est invité à accorder réparation à la victime, conformément au paragraphe 3 de l'article 2 du Pacte international relatif aux droits civils et politiques qui garantit que la victime d'une violation doit disposer d'un recours utile[176]. Ce recours peut prendre la forme par exemple d'une indemnisation, ou de l'abrogation d'un texte juridique. La mise en œuvre de cette décision est assurée par le Rapporteur spécial chargé du suivi des constatations qui prend le relais et communique avec les parties afin que l'affaire soit résolue de manière satisfaisante compte tenu des constatations du Comité[177].

ii. Autres comités de l'ONU

Il est important de relever que la plupart des traités sectoriels ont institué des comités en charge de la surveillance de leur mise en œuvre. On peut citer par exemple, le Comité pour l'élimination de la discrimination à l'égard des femmes, le Comité contre la torture, le Comité des droits de l'enfant et le Comité des personnes handicapées.

De manière générale, tous ces comités mènent une action de surveillance, essentiellement par le mécanisme des rapports périodiques remis par les États, et parfois également par celui des plaintes ou communications individuelles. Ces comités sont soumis à l'acceptation des États : ils ne peuvent « rapporter » que sur les États qui ont expressément reconnu leur compétence pour ce faire[178]. L'État camerounais a reconnu la compétence de tous les comités

Précités. Cependant, il y existe encore une structure de protection des droits humains nouvellement créée au sein de l'Organisation des Nations Unies. Cette structure-là s'appelle le Sous-Comité des Nations Unies pour la Prévention de la Torture. Il s'agit d'un nouveau type d'organe conventionnel

---

174 Droits de l'homme, *droits civils et politiques : Comité des droits de l'homme*, fiche n°15 (Revue 1), p.28 et s., disponible à l'adresse : https://www.ohchr.org/Documents/Publications/FactSheet15rev.1fr.pdf, (consulté le 13.07.2021).

175 *Idem.*

176 *Idem.*

177 *Idem.*

178 Stéphanie HENNETTE-VAUCHEZ et Diane ROMAN, *Droits de l'Homme et libertés fondamentales*, *op.cit.*, p.118.

du système de protection des droits de l'homme des Nations Unies. Son mandat de prévention est axé sur une approche proactive de la prévention de la torture et des mauvais traitements. Le Sous-Comité a un double mandat :

- Surveiller les conditions de détention et de traitement des personnes privées de leur liberté par le biais de visites dans les pays ;
- Donner des conseils sur la mise en œuvre de l'OPCAT, en particulier soutenir la mise en place et le fonctionnement des mécanismes nationaux de prévention. Le Sous-Comité aura la liberté de choisir les personnes qu'il rencontrera et pourra s'entretenir avec elles en privé et sans témoins (art. 14-1-d).

Il s'agit ici d'une structure de veille permanente contre les crimes de torture et de mauvais traitements que peuvent subir des personnes arrêtées dans le cadre des réunions et des manifestations pacifiques au Cameroun sans oublier les leaders politiques, les acteurs de la société civile, les syndicalistes, les leaders d'opinion, etc. Ce mécanisme de veille s'avère indispensable dans le contexte anti-terroriste au Cameroun. En fait, les lieux de détention sont de plus en plus difficiles d'accès pour les organismes de protection des droits de l'homme au Cameroun.

Les États qui ratifient le Protocole facultatif se rapportant à la Convention contre la torture et autres peines ou traitements cruels, inhumains ou dégradants donnent au Sous-Comité pour la prévention de la torture le droit de se rendre dans leurs lieux de détention et d'examiner le traitement des détenus qui s'y trouvent[179]. Le Gouvernement du Cameroun n'a pas déposé les instruments de ratification de l'OPCAT, malgré l'acceptation de recommandations pour le faire. Le Cameroun a signé le 19 novembre 2010 le décret portant ratification du Protocole facultatif se rapportant à la Convention des Nations Unies contre la torture et autres peines ou traitements cruels, inhumains ou dégradants (OPCAT)[180]. Néanmoins, les instruments de sa ratification ne sont toujours pas déposés aux Nations unies, même si le gouvernement camerounais avait accepté les recommandations de l'Argentine et d'Haïti pour le ratifier.

---

[179] ONU, *Sous-Comité pour la prévention de la torture*, disponible à l'adresse : https://www.ohchr.org/fr/treaty-bodies/spt (consulté le 02.08.2023).

[180] Réseau des avocats camerounais contre la peine de mort ECPM (Ensemble contre la peine de mort, *Cameroun, 30e session du Groupe de travail sur l'EPU - Peine de mort* - avril-mai 2018, p.5, disponible à l'adresse : https://www.upr-info.org/sites/default/files/documents/2018-05/ecpm_epu_cameroun_rapport_complet.pdf, (consulté le 02.08.2023).

2. Mécanismes spéciaux de protection des libertés publiques créés dans le cadre de la lutte antiterroriste

Dans le cadre de la lutte contre le terrorisme, les États sous l'égide de l'ONU, ont mis en place certains mécanismes permettant de prévenir et de lutter contre le terrorisme. Ces mécanismes protègent également les libertés publiques. Ces derniers organes onusiens sont non juridictionnels. On peut d'ailleurs les regrouper en deux grandes catégories : les organes créés par l'Assemblée générale de l'ONU (**a**) et ceux émanant du Conseil de sécurité de l'ONU (**b**).

a. Protection des libertés publiques dans la lutte antiterroriste par l'Assemblée générale de l'ONU

L'Assemblée générale a mis en place plusieurs organes spécifiques sur la protection des libertés publiques dans la lutte contre le terrorisme. Cependant, l'on ne peut retenir que quelques organes essentiels. Il s'agit de l'Office des Nations Unies contre la Drogue et le Crime (**i**) et le Rapporteur spécial sur la promotion et la protection des droits de l'homme et des libertés fondamentales dans la lutte antiterroriste (**ii**).

i. Office des Nations Unies contre la Drogue et le Crime (ONUDC)

L'ONUDC est créé en 1997 par le Secrétaire général de l'ONU pour *« répondre aux questions connectées avec le contrôle des drogues, la prévention de la criminalité et le terrorisme international sous toutes ses formes »*[181]. Il est basé à Vienne (Autriche), couvrant plus de 150 pays. Cette agence onusienne joue un rôle capital dans la protection des libertés publiques en période de lutte contre le terrorisme. Depuis 2002, l'Assemblée générale de l'ONU a élargi les compétences de cette organisation au service de la prévention du terrorisme. Dans ce cadre, elle fournit, à la demande des États membres de l'ONU, un appui juridique et opérationnel concernant, par exemple, les aspects liés à la protection des libertés publiques dans la lutte antiterroriste. Depuis 2013, cette agence apporte son soutien au Cameroun particulièrement en ce qui concerne le renforcement des capacités des agents publics sur le respect des libertés publiques, dans les réponses de la justice pénale au terrorisme, ainsi que l'assistance technique nécessaire pour répondre efficacement aux questions de prévention et de lutte contre le terrorisme que ce soit sur les plans pratique ou théorique.

---

[181] cf. Office des Nations Unies contre la drogue et le Crime (ONUDC), disponible à l'adresse : https://idpc.net/fr/incidence-politique/incidence-politique-mondiale/systeme-mondial-controle-drogues/onudc, (consulté le 12.07.2021).

ii. Rapporteur spécial sur la promotion et la protection des droits de l'homme et des libertés fondamentales dans la lutte antiterroriste

Le poste de Rapporteur spécial sur la promotion et la protection des droits de l'homme et des libertés fondamentales dans la lutte antiterroriste est créé par la Commission des droits de l'homme en avril 2005. À travers la Résolution adoptée le 18 décembre 2013, l'Assemblée générale prie le Rapporteur spécial *« ... de continuer de faire des recommandations, dans la limite de son mandat, en vue de prévenir et de réprimer les violations des droits de l'homme et des libertés fondamentales commises dans le cadre de la lutte antiterroriste et d'y remédier, et de continuer de présenter des rapports et de participer à des échanges tous les ans avec elle et le Conseil des droits de l'homme, conformément à leurs programmes de travail »*[182].

Dans la même résolution, il est demandé aux États (dont le Cameroun), « de coopérer pleinement avec le Rapporteur spécial de sorte qu'il puisse s'acquitter des fonctions et missions qui lui ont été confiées, notamment en répondant rapidement à ses appels urgents et en lui communiquant les informations qu'il demande, d'envisager sérieusement d'accueillir favorablement ses demandes de visite et de coopérer avec les autres titulaires de mandats au titre des procédures spéciales et mécanismes compétents du Conseil des droits de l'homme pour ce qui est de promouvoir et de protéger les droits de l'homme et les libertés fondamentales dans la lutte antiterroriste »[183].

En définitive, les missions du Rapporteur spécial sont entre autres :

- Recenser, diffuser et promouvoir les meilleures pratiques concernant les mesures antiterroristes respectueuses des droits de l'homme et des libertés fondamentales ;
- Se pencher également sur les allégations de violation des droits de l'homme dans le cadre de la lutte contre le terrorisme[184].

L'adoption de ce nouveau mécanisme d'alerte des Nations Unies permet de lutter contre toutes les violations des libertés publiques dans le contexte de lutte contre le terrorisme. Il s'agit donc d'un dispositif efficace en matière de protection des libertés publiques.

---

[182] Cf. la Résolution 68/178 de l'Assemblée Générale de l'ONU, *Protection des droits de l'homme et des libertés fondamentales dans la lutte antiterroriste*, Nations Unies, paragraphe 13, adoptée le 18 décembre 2016, p. 7.

[183] *Idem.*

[184] Haut-commissariat des Nations Unies aux Droits de l'homme, *Droits de l'homme, terrorisme et lutte antiterroriste*, Fiche information No 32, publié par la Section de la paix et de la sécurité du Département de l'information – DPI/2439B/Rev.2 –Décembre 2007, p.70.

b. Protection des libertés publiques dans la lutte antiterroriste par le Conseil de sécurité de l'ONU : le Comité contre le terrorisme et sa Direction exécutive.

Avec la Résolution 1373 (2001), le Conseil de sécurité des Nations Unies a mis sur pied un Comité contre le terrorisme (CCT) investi de la mission de suivre, avec l'aide d'experts, l'application de la Résolution 1373 (2001) sur la base des rapports communiqués audit Comité par les États Membres[185]. Ces rapports sont d'autant plus importants qu'ils sont l'occasion d'un examen approfondi des normes et institutions antiterroristes nationales[186]. Le Comité peut ainsi identifier les carences d'un État en la matière et faire des propositions pour y remédier[187]. Cette assistance peut prendre la forme de la mise à disposition d'informations, l'organisation de sessions de formation, conférences séminaires, groupes de travail ou ateliers à l'échelle bilatérale ou régionale[188]. Les fonctions du Comité se limitaient uniquement à l'analyse des rapports soumis par les États membres des Nations Unies. Cependant, face à l'urgence de la menace terroriste, il s'est avéré nécessaire de renforcer la mise en œuvre des recommandations adressées aux États par le Comité contre le terrorisme.

C'est ce qui a incité le Conseil de sécurité de l'ONU à adopter le 26 mars 2004 la Résolution 1535 conférant au Comité contre le terrorisme un caractère plus institutionnel par la création de la Direction du Comité contre le terrorisme (DCCT)[189]. Elle est instituée en mission politique spéciale, avec un personnel appartenant à la fonction publique internationale[190]. En tant que mécanisme de surveillance des résolutions du Conseil de sécurité, le Comité contre le terrorisme et sa Direction exécutive ont les compétences pour veiller à l'application des résolutions, précisément à leurs dispositions relatives à la protection des libertés publiques dans la lutte antiterroriste.

Ces deux organes continuent de prendre en compte les impératifs des droits de l'homme dans leurs programmes de travail axés sur l'application des résolutions 1373 (2001) et 1624 (2005) du Conseil de sécurité[191]. À ces

[185] Walter GEHR, 2012. "Le cadre juridique universel de la lutte contre le terrorisme nucléaire", *Bulletin de droit nucléaire, Éditions OCDE*, vol. 2007(1), pp. 6-7.
[186] Michel MAHOUVE, « Le cadre juridique international et national de lutte contre le terrorisme : une perspective camerounaise », *op.cit.*, pp. 85-86.
[187] *Idem.*
[188] *Idem.*
[189] Walter GEHR, "Le cadre juridique universel de la lutte contre le terrorisme nucléaire", *op.cit.*, p.7
[190] Michel MAHOUVE, « Le cadre juridique international et national de lutte contre le terrorisme : une perspective camerounaise », *op.cit.*, p. 86.
[191] Nations Unies, *Protection des droits de l'homme et des libertés fondamentales dans la lutte antiterroriste*, Rapport du Secrétaire général de l'ONU à la Soixante-cinquième session de l'Assemblée générale de l'ONU, 4 Août 2010, p. 5, disponible à l'adresse :

résolutions, on peut encore ajouter les résolutions 1456, 2178, et 1566 du Conseil de sécurité de l'ONU. Elles protègent également les droits de l'homme dans la lutte antiterroriste. Conformément au mandat que lui a donné par l'Assemblée générale dans sa résolution 64/168, la Direction exécutive du Comité contre le terrorisme entretient des contacts avec le Haut-commissariat aux droits de l'homme, le Rapporteur spécial sur la promotion et la protection des droits de l'homme dans la lutte antiterroriste et d'autres organismes chargés de la protection des droits de l'homme[192].

B. Mécanismes juridictionnels de contrôle universel des libertés publiques

L'État du Cameroun en tant que membre des Nations Unies a reconnu l'importance d'une justice internationale. Cette dernière peut être définie comme *« l'ensemble des juridictions qui concourent à la résolution de litiges internationaux, à l'exception des juridictions internes »*[193]. Cette rubrique est consacrée aux juridictions universelles en matière de protection des libertés publiques. Il est question d'aborder d'une part la Cour pénale internationale (**1**) et d'autre part, la Cour internationale de justice (**2**).

1. Cour pénale internationale

Il y a lieu de parler d'abord de la compétence de la Cour pénale internationale (**a**) avant d'aborder ensuite la problématique du rôle de cette Cour en matière de protection des libertés publiques (**b**).

a. Compétence de la Cour pénale internationale en cas de violations graves des libertés publiques

Selon l'article 5 du Statut de Rome, la Cour pénale internationale a compétence à l'égard des crimes suivants : « *crimes de génocide, crimes contre l'humanité, crimes de guerre et crimes d'agression* ». L'État camerounais n'est pas partie au Statut de Rome de la Cour pénale Internationale[194]. Il a préféré prendre plutôt en compte dans sa législation interne, les crimes qui relèvent de la compétence de cette juridiction universelle (génocide, crime contre l'humanité, crime de guerre)[195]. N'étant

---

https://www.iom.int/sites/default/files/jahia/webdav/shared/shared/mainsite/policy_and_research/un/65/A_65_224_F.pdf, (consulté le 12.07.2021).

[192] *Idem.*

[193] Joël ANDRIANTSIMBAZOVINA, Hélène GAUDIN, Jean-Pierre MARGUENAUD, Stéphane RIALS, Fréderic SUDRE, *Dictionnaire des droits de l'homme*, *op.cit.*, p.585.

[194] Le Cameroun a été l'un des premiers signataires du Statut le 17 juillet 1998 mais n'a pas encore ratifié le Statut de Rome qui reconnait la Cour pénale internationale.

[195] Cette prise en compte a été matérialisée par l'article 8 al. a et b de la loi n°2017/012 du 12 juillet 2017 portant Code de justice militaire au Cameroun. Selon ce texte : « *le tribunal*

donc pas partie au Statut de Rome, la Cour pénale internationale n'est donc pas *a priori* compétente pour juger les affaires concernant le génocide, le crime contre l'humanité ou le crime de guerre. Néanmoins, pour ne pas soumettre cette Cour à compétence permanente aux caprices des États souverains, d'autres mécanismes de contournement juridique sont prévus par le Statut de Rome[196].

Le premier mécanisme de contournement est la possibilité offerte au Conseil de sécurité de l'ONU de saisir directement cette juridiction concernant un État même en l'absence de ratification du Statut de Rome par ce dernier. Dans ce cas, le Conseil de sécurité use de ses prérogatives en vertu de l'article 13 al. 2 du Statut de Rome. Cette disposition juridique stipule que : « *La Cour peut exercer sa compétence à l'égard d'un crime visé à l'article 5, conformément aux dispositions du présent Statut si une situation dans laquelle un ou plusieurs de ces crimes paraissent avoir été commis est déférée au Procureur par le Conseil de sécurité agissant en vertu du Chapitre VII de la Charte des Nations Unies* »[197].

Le second mécanisme de contournement est le pouvoir reconnu par le Procureur de la Cour d'ouvrir une enquête *proprio motu*[198]. Selon l'article 15 al. 1 du Statut de Rome, « *le Procureur peut ouvrir une enquête de sa propre initiative au vu de renseignements concernant des crimes relevant de la Compétence de la Cour* »[199]. Ce pouvoir reconnu au Procureur de la Cour est strictement encadré, car il n'a pas le droit d'ouvrir une enquête sans requérir préalablement l'autorisation de la Chambre préliminaire de la Cour[200]. Au cas où le Procureur conclut qu'il y a une base raisonnable pour ouvrir une enquête, obligation lui est faite de présenter à la Chambre préliminaire de la Cour une demande d'autorisation en ce sens, accompagnée de tout élément justificatif

---

militaire est seul compétent pour connaitre a) des infractions militaires et des crimes de guerre ; b) des crimes contre l'humanité et du crime de génocide ».

[196] ISSAKA DANGNOSSI, *La cour pénale internationale à l'épreuve de la répression en Afrique : des préjugés aux réalités*, Harmattan, Coll. Etudes africaines, Paris, 2015, p.113.

[197] Les exemples concernant cette première voie de contournement sont légion. L'on peut citer par exemple le cas du Darfour où la Cour pénale internationale avait émis deux mandats d'arrêt contre l'ancien Président soudanais Omar Al-Bashir respectivement le 4 mars 2009 et le 12 juillet 2010. Ensuite, le Conseil de sécurité a également requis de la Cour, l'émission des mandats d'arrêt contre le Guide Libyen Mouammar Kadhafi, son fils Seif al-Islam Kadhafi et Abdullah al-Senoussi, le chef des services des renseignements militaires de la Libye au début de la révolution du printemps arabe. Il faut d'ailleurs dire que ni le Soudan ou encore la Libye ne sont parties au Statut de Rome et n'ont également pas reconnu la compétence de la Cour pénale internationale.

[198] ISSAKA DANGNOSSI, *op.cit.*, p.114.

[199] Le Procureur de la Cour a également usé de ce pouvoir pour ouvrir une enquête en mars 2010. Et cela a permis d'aboutir à l'émission des citations directes contre des citoyens kényans en avril 2011.

[200] ISSAKA DANGNOSSI, *op.cit.*, pp.114-115.

recueilli[201]. Le pouvoir est laissé à la chambre d'autoriser ou non l'ouverture d'une telle enquête[202].

b. Rôle de la Cour pénale internationale en matière de protection des libertés publiques

La Cour pénale internationale est une réponse à l'impunité concernant les violations graves ou massives des libertés publiques au plan universel. En effet, il y avait nécessité de créer un système de justice international global visant à prévenir l'impunité pour les pires atrocités en jugeant non seulement les auteurs de ces crimes graves, mais aussi en permettant aux victimes de participer aux procédures judiciaires et de demander réparation[203]. De telles atrocités sont surtout commises dans des situations de crise.

La problématique de la protection des libertés publiques par la Cour pénale internationale en période de lutte antiterroriste reste encore polémique étant donné qu'il n'existe pas encore une définition du terrorisme sur le plan universel. En fait, au cours des travaux préparatoires du statut de la Cour Pénale Internationale, le terrorisme fut un sujet à controverse. Il y avait une crainte que : « l'inclusion *de ce crime dans sa compétence politiserait la Cour pénale internationale »*[204]. Cependant, des réflexions ont été amenées par la doctrine quant à la possibilité de concilier les crimes reconnus par la Cour et le terrorisme. Les actes individuels de terrorisme peuvent toutefois figurer dans la catégorie des crimes de guerre ou celle des crimes contre l'humanité s'ils réunissent les critères fixés dans les dispositions portant leur interdiction[205]. En outre, par leur caractère excessif et contraire à la loi, certaines réponses des États face au terrorisme peuvent aussi engager une responsabilité pénale individuelle et équivaloir à des actes qui relèvent de la définition des crimes internationaux[206].

2. Cour internationale de justice

L'État camerounais a reconnu la compétence de la Cour internationale de justice. Il a également accepté de se soumettre à un règlement de litige devant

---

201 *Idem.*

202 *Idem.*

203 SANG-HYUN SONG, *Le Rôle de la Cour Pénale Internationale pour Mettre Fin à l'Impunité et Instaurer l'État de Droit*, Chronique de l'ONU, disponible à l'adresse : https://www.un.org/fr/chronicle/article/le-role-de-la-cour-penale-internationale-pour-mettre-fin-limpunite-et-instaurer-letat-de-droit, (consulté le 15.07.2021).

204 Karine BANNELIER et Théodore CHRISTAKIS dir., *Le droit international face au terrorisme : Après le 11 septembre 2001*, *op.cit.*, p.97.

205 Office des Nations unies contre la Drogue et le Crime, *Questions les plus fréquemment posées sur les aspects du droit international touchant la lutte contre le terrorisme*, Nations Unies New York, 2009, p. 41 ; BANNELIER Karine et CHRISTAKIS Théodore (dir.), *op.cit.*, pp. 95-105.

206 *Idem.*

cette Cour avec son voisin le Nigéria[207]. Créée en 1945, la Cour internationale de justice (CIJ) est l'organe judiciaire principal des Nations Unies[208]. Son statut est annexé à la Charte des Nations Unies, dont il fait partie intégrante[209]. Tous les États Membres de l'ONU sont parties au statut, mais ils doivent consentir à la compétence de la CIJ avant de pouvoir être invités à participer aux affaires dont elle est saisie[210]. Cette justice interétatique généraliste n'a pas vocation à traiter particulièrement de la question des droits des individus, ou des droits de l'homme en général[211]. Cela indique clairement que les individus ou les personnes privées n'ont pas la capacité de saisir la Cour.

Nonobstant le fait sus-évoqué, les personnes privées peuvent être indirectement présentes devant la Cour que ce soit par le biais de la protection diplomatique ou plus simplement lorsque les questions afférentes à la protection des biens, au droit des étrangers, au droit humanitaire ou aux droits de l'homme sont soulevées[212]. La Cour internationale peut également apporter une contribution importante en matière de protection des libertés publiques à travers sa compétence en matière consultative. Bien qu'ils ne soient point contraignants, les avis consultatifs de la Cour constituent un précédent juridique de poids en ce qui concerne les questions de droit international[213] notamment concernant la protection des libertés publiques dans un contexte de lutte antiterroriste. Les institutions spécialisées des Nations Unies ont la possibilité de solliciter la Cour pour des avis consultatifs[214]. Ces institutions ou organes onusiens peuvent par exemple demander à la Cour d'interpréter une convention internationale de lutte contre le terrorisme pour analyser un aspect particulier de la protection des libertés publiques dans ledit traité. Dans ce sens, la Cour peut jouer un rôle indéniable dans la protection des libertés publiques en période de lutte contre le terrorisme au plan universel.

---

[207] cf. Frontière terrestre et maritime entre le Cameroun et le Nigéria, exceptions préliminaires, arrêt, C.I. J. Recueil 199.

[208] Parfait OUMBA, *« La Cour internationale de justice et la problématique des droits de l'homme », Humanité et liberté en Afrique centrale*, 2009, *archives-ouvertes (HAL)*, Tome 1, p.148, disponible à l'adresse : https://hal-auf.archives-ouvertes.fr/hal00831419/file/la_cour_internationale_de_justice_et_la_probla_matique_des_droits_de_l_homme.pdf, (consulté le 15.07.2021).

[209] Office des Nations Unies contre la Drogue et le Crime, *Questions les plus fréquemment posées sur les aspects du droit international touchant la lutte contre le terrorisme*, *op.cit.*, p.25.

[210] *Idem.*

[211] Joël ANDRIANTSIMBAZOVINA, Hélène GAUDIN, Jean-Pierre MARGUENAUD, Stéphane RIALS, Fréderic SUDRE, *Dictionnaire des droits de l'homme*, *op.cit.*, p.585.

[212] *Idem.*

[213] Office des Nations Unies contre la Drogue et le Crime, *Questions les plus fréquemment posées sur les aspects du droit international touchant la lutte contre le terrorisme*, *op.cit.*, p.26.

[214] Les États parties et les particuliers, les organes des Nations Unies n'ont pas le droit de saisir la Cour internationale de justice pour l'interprétation d'un traité.

Paragraphe 2 : Mécanismes de contrôle des libertés publiques dans l'Union Africaine

Il existe deux types de mécanismes de contrôle des libertés publiques en Afrique à savoir d'une part les mécanismes non-juridictionnels de contrôle des libertés publiques (**A**) et d'autre part, un mécanisme juridictionnel de contrôle des libertés publiques (**B**).

A. Mécanismes non-juridictionnels de contrôle des libertés publiques

Dans un rapport d'analyse intitulé : « L'anti-terrorisme à l'épreuve des droits de l'Homme : les clés de la compatibilité », la Fédération internationale pour les droits humains relève qu' : « à la lecture du Protocole, aucun des mécanismes en charge de coordonner la lutte contre le terrorisme au niveau africain n'est spécifiquement mandaté pour contrôler le respect des droits de l'Homme dans le contexte de terrorisme »[215]. Or, si un tel mécanisme spécifique avait été créé, cela aurait contribué à l'efficacité de la protection des libertés publiques dans la lutte antiterroriste partout sur le continent africain. Cependant, même en l'absence de ce mécanisme spécifique, l'Union Africaine a renforcé les prérogatives de deux mécanismes déjà existants sur les questions liées à la prévention et de lutte contre le terrorisme en Afrique. Il s'agit de la Commission de l'Union Africaine (1) et la Cour africaine des droits de l'homme et des peuples (2).

1. Commission de l'Union Africaine

La Commission de l'Union Africaine (CUA) est le secrétariat de l'Union africaine et assure les activités quotidiennes de l'Union[216]. Elle est basée à Addis-Abeba, en Éthiopie[217]. Elle joue un rôle essentiel dans la lutte contre le terrorisme en Afrique en préparant des traités internationaux pour la signature ou la ratification par les États membres de l'Union Africaine et en encourageant ces États à prendre en compte des normes internationales de protection des libertés publiques dans la lutte contre le terrorisme. Elle agit principalement à travers le Conseil de paix et de sécurité de l'Union Africaine (a), le Centre africain d'études et de recherche sur le terrorisme (b) et le Comité pour la prévention de la torture en Afrique (c). Il est donc question de

---

[215] FIDH, *L'anti-terrorisme à l'épreuve des droits de l'Homme : les clés de la compatibilité, Violations des droits de l'Homme en Afrique subsaharienne au motif de la lutte contre le terrorisme : une situation à hauts risques*, Impression FIDH - Dépôt légal Mai 2008 - N°483, Paris – France CCP Paris, Novembre 2007, p.8.

[216] Cf. Union Africaine, *Commission de l'UA*, disponible à l'adresse : https://au.int/fr/commission, (consulté le 17.07.2021).

[217] *Idem.*

souligner dans ces deux instruments, un rôle de protection des libertés publiques en période de lutte contre le terrorisme.

a. Conseil de paix et de sécurité de l'Union Africaine

Le Conseil de paix et de sécurité a été créé par l'Union Africaine, le 09 juillet 2002 dans la ville de Durban (Afrique du Sud) à travers l'article 2 du Protocole à la création du Conseil de paix et de sécurité de l'Union Africaine. Les États africains ont compris qu'ils avaient une responsabilité collective dans le cadre de la prévention et de la résolution des conflits en Afrique. Il s'agit surtout d'une conscience que la responsabilité de gérer les conflits en Afrique incombe d'abord aux Africains et aux mécanismes mis en place dans l'optique de maintenir la paix, la stabilité et la sécurité sur le continent[218]. L'Afrique est devenue son propre remède[219] face aux nombreux conflits qui a déjà causé des millions de pertes en vies humaines avec de nombreux droits fondamentaux et libertés publiques bafoués.

Les décisions du Conseil de paix et de sécurité n'ont pas un caractère de chose jugée, mais revêtent une portée politique majeure. Le Conseil de Paix peut aussi recommander à la Conférence des chefs d'États et de gouvernement, le déploiement dans les pays membres d'une force militaire dans trois cas différents : la commission du crime de génocide, des crimes de guerre et des crimes contre l'humanité, selon les termes du Protocole créant le Conseil de Paix et de sécurité[220]. Dans un contexte où l'on tend à rapprocher ou établir un lien entre les actes terroristes d'une part, et d'autre part les crimes de guerre et les crimes contre l'humanité, ce Conseil a un rôle important dans la garantie des libertés publiques dans le contexte de lutte contre le terrorisme en Afrique. Cela peut permettre d'éviter que certains crimes horribles soient commis en période de lutte contre le terrorisme.

b. Centre africain d'études et de recherche sur le terrorisme

La nature et les effets du terrorisme sur le développement de l'Afrique sont profonds[221]. Le Centre Africain d'Études et de Recherches sur le Terrorisme (CAERT) a été créé en 2010 afin de mieux connaître ce phénomène et l'environnement dans lequel il évolue. Il entreprend des recherches de pointe sur le terrorisme en Afrique en vue de guider les différents acteurs (États, organisations internationales, société civile, communautés, etc.) qui travaillent sur les problèmes de prévention et de lutte contre le terrorisme en Afrique[222].

---

[218] Parfait OUMBA, *« l'effectivité du rôle du conseil de paix et de sécurité de l'Union africaine dans la résolution des conflits », Revue africaine d'études politiques et stratégiques*, 2014, p.139.(hal-01319654).
[219] *Idem.*
[220] *Idem.*
[221] Revue africaine sur le terrorisme, une *Revue du centre africain d'études et de Recherche sur le terrorisme*, op.cit., p. iii.
[222] *Idem.*

Ce centre est une structure de la Commission africaine. Parmi ses buts, deux peuvent avoir un lien avec la protection des libertés publiques en période de lutte antiterroriste, à savoir :

- *Aider à l'application intégrale des conventions internationales relatives au terrorisme ;*
- *Assurer le rôle d'outil de veille et d'alerte en intégrant dans sa démarche le concept de gestion préventive des situations*[223].

En ce qui concerne, le premier but, en veillant, par exemple, au respect intégral des conventions internationales relatives au terrorisme, cela permettrait de protéger au mieux les libertés mentionnées par ces différentes conventions internationales. Les violations massives ou répétitives des libertés publiques et l'impunité peuvent être à l'origine des conflits.

b. Comité pour la Prévention de la torture en Afrique

Le Comité pour la Prévention de la torture en Afrique en abrégé « CPTA » a été appelé à l'origine le Comité de suivi de Robben Island, qui a été créé par l'adoption de la Résolution 61 à la 32ème Session ordinaire tenue à Banjul, Gambie, en octobre 2002[224]. Cette structure promeut les libertés publiques dans le sens où elle sensibilise, alerte et invite les États et les acteurs non étatiques à lutter contre les atteintes graves aux libertés publiques à l'instar des actes de tortures et autres traitements cruels, inhumains et dégradants contre les manifestants pacifiques, les défenseurs des droits de l'homme, militants de la société civile, acteurs politiques et toutes les populations en général y compris les réfugiés, les apatrides, les migrants, les étrangers et les déplacés internes, etc. Ce Comité est une structure.

Le mandat du CPTA est le suivant :

- Organiser, avec le soutien d'autres partenaires intéressés, des séminaires pour diffuser les Lignes directrices de Robben Island auprès des acteurs nationaux et internationaux.
- Développer et proposer à la Commission africaine des stratégies de promotion et de mise en œuvre des Lignes directrices de Robben Island au niveau national et régional.
- Promouvoir et faciliter la mise en œuvre des Lignes directrices de Robben Island au sein des États membres.

[223] Centre africain d'Études et de Recherches sur le Terrorisme, à propos du CAERT, disponible à l'adresse : http://caert.org.dz/fr/?page_id=32, (consulté le 17.07.2021).
[224] Union Africaine, *Comité pour la Prévention de la Torture en Afrique*, disponible à l'adresse : https://achpr.au.int/index.php/fr/taxonomy/term/531, (consulté le 02.08.2023)

- Faire rapport à la Commission africaine, à chaque session ordinaire, sur l'état de la mise en œuvre des Lignes directrices de Robben Island.

À travers les règles d'Abidjan, le CPTA a décidé de formaliser un cadre d'identification et de transmission d'informations liées aux questions de torture, notamment les allégations d'imminence ou de survenance de ces actes. Ce cadre formel a été appelé « Procédures Opérationnelles Normalisées du mécanisme d'alerte et de rapport à la CADHP relatif aux situations de torture et autres peines ou traitements cruels, inhumains ou dégradants »[225].

Il donne la possibilité offerte par le CPTA aux usagers, aux membres des associations, aux organisations, et à tout individu souhaitant œuvrer pour la prévention contre la torture, d'alerter et de saisir rapidement le CPTA et le secrétariat de la CADHP pour une prompte intervention. Le CPTA œuvre de concert avec les États et les Institutions Nationales des Droits de l'Homme ainsi qu'avec les Mécanismes Nationaux de Prévention et les Organisations de la Société Civile afin de garantir la prévention et l'interdiction de la torture ainsi que d'assurer la réparation aux victimes. Il a dans l'accomplissement de cette tâche ressenti le besoin d'établir un système de recherche et de suivi efficace des mesures d'action d'urgence.

2. Commission africaine des droits de l'homme et des peuples

La Commission africaine des droits de l'homme et des peuples est un organe quasi-juridictionnel établi par la Charte africaine des droits de l'homme et des peuples. Elle a été inaugurée à ADDIS-ABEBA le 2 novembre 1987. Elle a une triple compétence :

i. Une compétence en matière de promotion des libertés publiques ;

ii. Une compétence en matière de protection des libertés publiques ;

iii. Une compétence interprétative de la Charte africaine.

Certaines de ces compétences sont particulières, elles revêtent une certaine originalité. En effet, contrairement aux autres commissions des droits de l'homme à l'instar de la Commission interaméricaine des Droits de l'Homme et la Commission européenne des Droits de l'Homme, la Commission africaine des droits de l'homme et des peuples *« est investie du pouvoir*

---

[225] Union Africaine, RÈGLES PORTANT CRÉATION ET FONCTIONNEMENT DU MÉCANISME D'ALERTE ET DE RAPPORT À LA COMMISSION AFRICAINE DES DROITS DE L'HOMME ET DES PEUPLES SUR LES SITUATIONS DE TORTURE ET AUTRES PEINES OU TRAITEMENTS CRUELS, INHUMAINS OU DEGRADANTS LES RÈGLES D'ABIDJAN, 2022, disponible à l'adresse : https://achpr.au.int/fr/documents/2022-11-23/regles-portant-creation-et-fonctionnement-du-mecanisme-dalerte-et-de-rapport, (consulté le 02.08.2023).

d'interprétation de la Charte et peut se voir confier d'autres tâches par la conférence des Chefs d'État et de Gouvernement de l'OUA »[226].

Depuis la montée du terrorisme en Afrique, la Commission joue un rôle clé dans la promotion et la protection des libertés publiques dans le contexte de lutte antiterroriste en Afrique. À titre d'illustration, la Commission a élaboré une Résolution sur la Protection des Droits de l'Homme et de l'État de Droit dans la Lutte contre le Terrorisme. Aux termes de cette Résolution [227]: « *les États africains doivent s'assurer que les mesures prises pour combattre le terrorisme satisfont pleinement leurs obligations aux termes de la Charte Africaine des Droits de l'Homme et des Peuples et des autres traités internationaux des droits de l'homme, notamment le droit à la vie, l'interdiction d'arrestations et de détentions arbitraires, le droit à un procès équitable, l'interdiction de la torture et des autres peines et traitements cruels, inhumains et dégradants et le droit de demander asile* ».

Concernant sa fonction de protection, la Commission africaine a le pouvoir de recevoir des communications émanant des États, et dirigées contre d'autres États parties à la Charte (art. 47, 48 et 49) et d'autres communications (art. 55), parmi lesquelles notamment les plaintes qui émanent d'organisations non gouvernementales et/ou d'individus[228]. Néanmoins, la Commission n'a pas un pouvoir décisionnel. Après avoir constaté un fait, elle soumet un rapport à la Conférence des Chefs d'État et de gouvernement à qui appartient la décision finale. C'est la raison pour laquelle un auteur pense que c'est la Conférence des Chefs d'État et de gouvernement qui est *« le véritable organe de décision du mécanisme régional africain des droits de l'homme, à cause de sa prééminence dans le processus décisionnel* »[229]. La fonction de protection de la Commission va être renforcée pour plus d'effectivité ou va être renforcée pour devenir effective par la Cour africaine des droits de l'homme et des peuples.

B. Mécanisme juridictionnel de contrôle des libertés publiques : la Cour africaine des droits de l'homme et des peuples

L'État du Cameroun figure parmi les pays africains ayant reconnu et ratifié le Protocole à la Charte africaine des droits de l'homme et des peuples portant création d'une Cour africaine des droits de l'homme et des peuples. Néanmoins, ce pays n'a pas encore déposé la déclaration reconnaissant la

---

226 KEBA M'BAYE, *Les droits de l'homme en Afrique, op.cit.*, p.218.

227 cf. Résolution n° 88 sur la Protection des Droits de l'Homme et de l'Etat de Droit dans la Lutte contre le Terrorisme - CADHP/Res.88(XXXVIII) 05 du 21 Novembre au 5 décembre 2005 à Banjul, Gambie.

228 Parfait OUMBA, « Les mécanismes de contrôle et de garantie des droits de l'homme », *op.cit.*, p.27.

229 *Idem.*

compétence de la Cour pour recevoir directement des affaires émanant des organisations non gouvernementales (ONG) et des particuliers[230]. La Cour africaine a été instituée par le Protocole à la Charte africaine des droits de l'homme et des peuples portant création d'une Cour africaine des droits de l'homme et des peuples adopté le 10 juin 1998 à Ouagadougou par la Conférence des Chefs d'État et de Gouvernement de l'OUA. Elle est l'unique organe juridictionnel en matière de protection des droits de l'homme au niveau africain. Elle est venue combler en quelque sorte les lacunes du système africain de protection des droits de l'homme, qui s'appuyait jusqu'ici sur un organe quasi-juridictionnel pour garantir les libertés publiques[231]. En effet, la Commission africaine des droits de l'homme a une faiblesse majeure qui est surtout liée au caractère non obligatoire de ses décisions. La naissance de la Cour africaine des droits de l'homme et des peuples marque alors une étape décisive dans l'histoire des droits de l'homme en Afrique[232]. Aussi, selon l'article 2 du Protocole à la Charte africaine : « *La Cour, tenant dûment compte des dispositions du présent Protocole, complète les fonctions de protection que la Charte Africaine des Droits de l'Homme et des Peuples (...) a conférées à la Commission Africaine des Droits de l'Homme et des Peuples* (...) ». Il sera abordé ici tour à tour les procédures devant la Cour africaine (**1**) et la problématique du rôle de cette dernière en matière de protection des libertés publiques (**2**).

1. Procédures devant la Cour africaine des droits de l'homme et des peuples

Selon l'article 3 al. 1 du Protocole à la Charte africaine des droits de l'homme et des peuples portant création d'une Cour africaine des droits de l'homme et des peuples, « *La Cour a compétence pour connaître de toutes les affaires et de tous les différends dont elle est saisie concernant l'interprétation et l'application de la Charte, du présent Protocole, et de tout autre instrument pertinent relatif aux droits de l'homme et ratifié par les États concernés* ».

---

[230] cf. Bienvenue à la Cour africaine des droits de l'homme et des peuples, disponible à l'adresse : https://www.african-court.org/wpafc/bienvenue-a-la-cour-africaine/?lang=fr, (consulté le 18.07.2021).

[231] Il s'agit de la Commission africaine des droits de l'homme et des peuples. Cet organe n'a aucun pouvoir décisionnel. Elle peut prendre des directives ou des recommandations qui n'ont aucune force obligatoire.

[232] Jean-Louis ATANGANA AMOUGOU, « Avancées et limites du système africain de protection des droits de l'homme : la naissance de la cour africaine des droits de l'homme et des peuples », *Droits fondamentaux*, n° 3, janvier – décembre 2003, p.175, disponible à l'adresse : https://www.crdh.fr/wpcontent/uploads/la_naissance_de_la_cour_africaine_des_droits_de_lhomme_et_des_peuples_0.pdf, (consulté le 18.07.2021).

De manière détaillée, il existe trois types de compétences exercées par la Cour.

Premièrement, la Cour exerce une compétence consultative. En vertu de l'article 4 du Protocole à la Charte : « À *la demande d'un État membre de l'OUA, de l'OUA, de tout organe de l'OUA ou d'une organisation africaine reconnue par l'OUA, la Cour peut donner un avis sur toute question juridique concernant la Charte ou tout autre instrument pertinent relatif aux droits de l'homme, à condition que l'objet de l'avis consultatif ne se rapporte pas à une requête pendante devant la Commission »*.

Deuxièmement, la Cour peut tenter une conciliation en cherchant à régler à l'amiable un conflit entre les parties avant toute procédure contentieuse.

Troisièmement, la Cour peut recevoir et traiter les requêtes émanant de la Commission africaine, d'un État partie au Protocole et de toute organisation internationale africaine, tendant à dénoncer la violation des droits de l'Homme par un État partie[233].

Les Organisations non gouvernementales ayant le statut d'observateur auprès de la Commission africaine et les individus peuvent également saisir la Cour, si et seulement si, l'État mis en cause dans la violation des droits de l'Homme a accepté une telle compétence[234].

La saisine de la Cour par les ONG et les individus est soumise à certaines conditions de recevabilité. Tout d'abord, la requête doit être dirigée contre un État partie qui a fait une déclaration au titre de l'article 34.6[235] du Protocole autorisant une saisine directe des individus et des ONG ayant le statut d'observateur auprès de la Commission africaine[236]. Ensuite, la requête doit être portée par un individu ou une ONG ou leurs représentants. La personne physique en question ne doit pas forcément avoir la nationalité du pays contre qui l'affaire est portée devant la Cour[237]. En sus, la requête doit concerner des faits qui relèvent de la juridiction de l'État en cause et qui sont

---

233 Parfait OUMBA, « Les mécanismes de contrôle et de garantie des droits de l'homme », *op.cit.*, p.28.

234 *Idem.*

235 Selon l'article 34. 6 du Protocole à la Charte africaine des droits de l'homme et des peuples portant création d'une Cour africaine des droits de l'homme et des peuples : « *À tout moment à partir de la ratification du présent Protocole, l'Etat doit faire une déclaration acceptant la compétence de la Cour pour recevoir les requêtes énoncées à l'article 5(3) du présent Protocole. La Cour ne reçoit aucune requête en application de l'article 5(3) intéressant un Etat partie qui n'a pas fait une telle déclaration* ».

236 Fédération internationale des ligues des droits de l'homme (FIDH), *Guide pratique : la Cour africaine des droits de l'homme et des peuples vers la Cour africaine de justice et des droits de l'homme*, Fédération internationale des ligues des droits de l'Homme – FIDH / 5, Avril 2010, p.81, disponible à l'adresse : https://www.fidh.org/IMG/pdf/GuideCourAfricaine.pdf, (consulté 19.07.2021).

237 *Ibidem,* p.82.

postérieurs à la date du dépôt de l'instrument de ratification du Protocole par ledit État[238]. Enfin, il faut que la ou les violations alléguées dans la requête portent sur l'un des droits garantis par la Charte africaine ou tout autre instrument régional ou international pertinent relatif à la protection des droits de l'Homme ratifié par l'État en question[239].

Une autre conditionnalité exigée devant la Cour est l'épuisement du recours interne au niveau national nonobstant certaines exceptions comme, par exemple, lorsque le recours interne est inacceptable ou inefficace, indisponible ou discrétionnaire. Dans tous ces derniers cas de figure, l'épuisement des voies de recours internes n'est plus nécessaire pour juger une requête recevable devant la Cour. Une fois que les conditions ci-dessus sont remplies et que la requête formulée par le requérant n'est pas outrageante, elle est alors recevable devant la Cour.

Le requérant doit alors, dans un délai raisonnable, saisir la Cour en envoyant une requête au greffe de cette juridiction. La requête doit être rédigée dans l'une des langues officielles reconnues par la cour à savoir l'anglais, le français, l'arabe et le portugais. Après avoir reçu la requête, le greffe de la Cour accuse réception. Puis, il communique une copie de celle-ci et de ses annexes éventuelles au président et autres membres de la Cour (art. 34 et 35 du Règlement intérieur intérimaire -RII, de la Cour)[240]. Celui-ci invite également l'État défendeur contre lequel la requête a été portée à lui indiquer, dans les 30 jours à compter de la réception de la requête, les noms et adresses de ses représentants[241].

Avant tout examen au fond de la requête à lui présenter, la Cour peut choisir entre deux options : soit elle décide le renvoi de l'affaire devant la Commission africaine des droits de l'homme et des peuples, soit elle décide elle-même de son examen au fond. Au cas où la Cour décide alors de traiter elle-même le problème au fond, la procédure est écrite, orale et contradictoire. Pour qu'une affaire puisse être examinée et que la décision soit valable, il faut que le quorum exigé par la Cour soit atteint c'est-à-dire au moins 7 des 11 juges présents (art. 23 du Protocole à la Charte)[242]. En principe, les audiences de la Cour sont publiques ; néanmoins, cette dernière peut décider de les tenir à huis clos[243]. Après avoir terminé l'examen au fond, la Cour rend enfin son arrêt. Cet arrêt doit être motivé conformément à l'article 28 al. 6 du Protocole à la Charte africaine des droits de l'homme et des peuples portant création

---

[238] *Idem.*
[239] *Idem.*
[240] Fédération internationale des ligues des droits de l'homme (FIDH), *Ibidem.*, p.99.
[241] *Idem.*
[242] *Ibidem,* p.103.
[243] *Idem.*

d'une Cour africaine des droits de l'homme et des peuples. Les arrêts de la Cour africaine des droits de l'homme et des peuples sont contraignants.

2. Rôle de la Cour africaine des droits de l'homme et des peuples en matière de protection des libertés publiques

En tant qu'organe juridictionnel, la Cour africaine des droits de l'homme et des peuples reste une panacée contre les violations graves des libertés publiques dans un contexte de lutte contre le terrorisme. Comme il a été relevé ci-dessus, l'État camerounais n'a pas reconnu la compétence de la Cour pour recevoir les requêtes des individus et des organisations non gouvernementales. Néanmoins, la Cour peut protéger les libertés publiques dans un contexte de lutte contre le terrorisme au Cameroun. En premier lieu, cette juridiction peut être saisie pour l'interprétation d'un traité à la demande d'un État membre de l'Union africaine, de tout organe de l'Union africaine ou d'une organisation africaine reconnue par cette Union. Les avis consultatifs clarifient, soit le contenu des droits et obligations de l'État par rapport aux traités internationaux, soit une question juridique liée à la protection des droits de l'homme[244]. Les instruments juridiques de prévention et de lutte contre le terrorisme, comme tous les instruments juridiques internationaux, sont assez complexes et peuvent nécessiter une clarification du juge de la Cour africaine.

Dans la cadre de leur collaboration, la Commission africaine des droits de l'homme et des peuples peut saisir la Cour africaine pour trancher un litige. Cela peut être considéré comme une avancée dans l'effectivité de la protection juridique des libertés publiques dans la mesure où de graves violations des droits de l'homme ne peuvent rester impunies.

Au regard de ce qui précède, la protection juridique des libertés publiques est effective au plan international dans un contexte de lutte contre le terrorisme au Cameroun. L'État camerounais a reconnu les principaux instruments internationaux de protection des libertés publiques. Puis, il collabore aussi avec les mécanismes qui les protègent. Qu'en est-il alors de la protection juridique des libertés publiques au niveau national ?

---

[244] Fundación para el Debido Proceso, *Avis Consultatif 23 portant sur l'environnement et les droits humains*, 12 de septembre 2018, disponible à l'adresse : http://dplf.org/es/resources/avis-consultatif-23-portant-sur-lenvironnement-et-les-droits-humains.

CHAPITRE 2.

EXISTENCE D'UN SYSTÈME NATIONAL DE PROTECTION DES LIBERTÉS PUBLIQUES

Au-delà de la reconnaissance du cadre international des libertés publiques, l'État camerounais a également mis en place un corpus juridique permettant d'assurer une protection effective des droits et libertés dans le contexte de lutte contre le terrorisme.

Cet engouement pour la protection juridique des libertés publiques en droit camerounais provient surtout d'une nouvelle vision de l'État à partir des années 1990. Car, on ne cessera encore de le rappeler, l'approche développementaliste de l'État a, au fil du temps, cédé la place à une approche libérale[245]. Cette transition n'est pas uniquement liée aux mutations politiques des années 1990, mais également aux raisons économiques avec l'arrivée des politiques d'ajustement structurelles dictées par les institutions de Bretton Woods. En fait, il fallait satisfaire les partenaires internationaux souvent très exigeants sur la prise en compte des problématiques liées à la protection des droits de l'homme[246].

La protection des libertés publiques est devenue alors une question centrale inscrite au cœur de l'agenda politique camerounais. Dans ce contexte, les changements se sont opérés assez rapidement à travers une internalisation du droit international des droits de l'homme. Le cadre juridique de la lutte contre le terrorisme n'est nullement venu remettre en question la protection juridique existante des libertés publiques. Il est question d'aborder dans cette rubrique, la consécration des textes nationaux de protection des libertés publiques (**Section 1re**) et l'existence des mécanismes nationaux de protection des libertés publiques (**Section 2**).

---

[245] Elisée TIKONIMBE KOUPOKPA, *le modèle constitutionnel des Etats d'Afrique noire francophone dans le cadre du renouveau constitutionnel : le cas du Benin, du Niger et du Togo,* Thèse de doctorat en droit public, Universités Gant-Université de Lomé, p.35 et s.

[246] Magloire ONDOA, « Ajustement structurel et réformes du fondement théorique des droits africains postcoloniaux : L'exemple camerounais », *RASJ,* vol 2, n° 1, 2001, pp 75-118.

Section 1. Consécration des textes nationaux de protection des libertés publiques

Sur le plan national, les libertés publiques ont été largement consacrées au Cameroun. Leur affirmation au niveau national se caractérise alors par une protection constitutionnelle (**Paragraphe 1**) et un encadrement législatif (**Paragraphe 2**).

Paragraphe 1. Protection constitutionnelle des libertés publiques

La protection constitutionnelle des libertés publiques est effective en droit camerounais. Comme le souligne encore Abdoulaye DIARRA, les années 1990 marquent une étape décisive dans l'évolution des systèmes juridiques des États d'Afrique noire francophone[247]. Pour ces États, le développement de l'Afrique noire devrait aller de pair avec la protection effective des libertés publiques. Une telle conception du droit devrait alors conduire les dirigeants des pays africains nouveaux à concevoir des systèmes constitutionnels fondés sur les principes fondamentaux de l'État de droit et des mécanismes assurant la garantie et la protection des droits de l'homme[248]. Cette analyse portera donc sur la proclamation constitutionnelle des libertés publiques (**A**) et l'épineuse question de la conformité de la loi antiterroriste de 2014 par rapport à la Constitution camerounaise (**B**).

A. Proclamation constitutionnelle des libertés publiques

Le Préambule de la Constitution de la République du Cameroun du 02 juin 1972, révisée par la loi n° 96/06 du 18 janvier 1996, celle-ci modifiée et complétée par la loi n° 2008/01 du 14 avril 2008 fait particulièrement référence à l'attachement du peuple camerounais aux libertés publiques telles qu'elles ont été définies ou encore telles qu'elles sont proclamées et garanties par la Déclaration universelle des droits de l'homme de 1948 et la Charte africaine des droits de l'homme[249]. Ces libertés publiques font partie intégrante du bloc de constitutionnalité en droit camerounais. La technique du bloc de constitutionnalité consiste, soit à un renvoi pur et simple de la constitution à des instruments juridiques internationaux de protection des droits de l'homme, soit en une référence auxdits instruments juridiques suivie d'une énonciation des droits fondamentaux dans la constitution, c'est-à-dire,

---

[247] Abdoulaye DIARRA, « La protection constitutionnelle des droits et libertés en Afrique noire francophone depuis 1990. Les cas du Mali et du Bénin », *Afrilex*, Septembre 2001, p.1.

[248] *Idem.*

[249] Alain ONDOUA, « L'Internalisation des Constitutions en Afrique subsaharienne francophone et la protection des droits fondamentaux », *op.cit.*, p. 443.

selon le cas, dans le préambule ou dans le dispositif constitutionnel[250]. Dans les deux (02) cas, l'ensemble des dispositions visées relatives aux libertés publiques forment un tout constitutionnel que la doctrine française a appelé le « *bloc de constitutionnalité* ». La reconnaissance de ces instruments internationaux dans ce bloc de constitutionnalité au Cameroun leur donne un caractère fondamental.

Néanmoins, il y a un épineux débat au sein de la doctrine entre ceux qui pensent qu'il y aurait une incertitude (1) et les autres qui croient au caractère contraignant des libertés publiques inscrites dans le Préambule de la Constitution du Cameroun (2).

1. Incertitude du caractère contraignant des libertés publiques consacrées par le Préambule de la Constitution

Une partie de la doctrine souligne que la reconnaissance d'une liberté publique par le Préambule de la Constitution ne fait pas nécessairement d'elle une norme contraignante en droit camerounais. Aussi, James MOUANGUE KOBILA avance l'argument selon lequel « *l'affirmation de la valeur juridique du Préambule de la Constitution n'épuise pas la problématique de la force contraignante des normes qui y sont édictées* »[251]. Il convient, du reste dans le texte, d'identifier les normes dont la violation peut donner matière à un contrôle de constitutionnalité et dont la violation peut être sanctionnée par le juge, et celles qui ne répondent pas aux critères d'identification des normes juridiques[252]. Par conséquent, la force juridique de chacune des normes inscrites dans le préambule est détachable de la valeur juridique globale du texte du préambule[253]. Le droit requérant précision et certitude, et étant exclusif des principes faiblement déterminés, il convient de séparer dans le préambule les normes certaines, des normes incertaines[254].

Au regard de ce qui précède, la problématique de la valeur juridique des droits et libertés inscrits dans le préambule de la Constitution suscite une controverse doctrinale. La position de Magloire ONDOA vient davantage renforcer le doute ou les interrogations sur le caractère contraignant des libertés publiques proclamées par la Constitution camerounaise. Pour ce

---

[250] Maurice KAMTO, « Instruments internationaux de protection des droits de l'homme, constitutions nationales : articulations respectives », *in* Jean-François FLAUSS et Elisabeth Lambert ABDELGAWAD, *l'application nationale de la Charte africaine des droits de l'homme et des peuples*, *op.cit.*, p. 35.

[251] James MOUANGUE KOBILA, « Le Préambule du texte constitutionnel du 18 Janvier 1996 : de l'enseigne décorative à l'étalage utilitaire », *in Lex Lata, n° 023-024*, 1996, p.36 ; Cité par ZBIGNIEW DIME LI NLEP Paul, *La garantie des droits fondamentaux au Cameroun*, Université Abomey-Calavi, Bénin, D.E.A en droit international des droits de l'Homme, 2004.

[252] *Idem.*

[253] *Idem.*

[254] *Idem.*

dernier, on tend à observer qu'il y a un rapprochement entre les constitutions africaines et occidentales tandis qu'« *en droit administratif, le fossé semble maintenu du fait (...) du caractère encore largement théorique du libéralisme par rapport au fonctionnement concret de l'administration* »[255]. Il convient donc dès lors d'adopter une attitude de prudence, car les réformes constitutionnelles, parfois annoncées en grande pompe en Afrique, n'ont pas nécessairement impacté les logiques administratives. Ce point de vue a été beaucoup remis en question.

2. Affirmation du caractère contraignant des libertés publiques consacrées par le Préambule de la Constitution

Selon certains auteurs à l'instar d'Alain Didier OLINGA, à partir du moment où une liberté publique est reconnue par le Préambule de la Constitution, elle devient simplement une norme constitutionnelle et toute méconnaissance de cette norme constitue une violation de la loi fondamentale susceptible de donner lieu à une sanction par un juge[256]. Le législateur camerounais est tenu de prendre des réglementations permettant d'encadrer ces libertés tout en permettant aussi que leurs violations soient sanctionnées.

Au contraire, la notion de « *Préambule* » en droit français reste imprécise, car l'ensemble des droits et libertés contenu dans ce texte sont inspirés des droits naturels reconnus par la Déclaration universelle des droits de l'homme[257]. Comme cela, ce texte n'a aucune autorité contraignante en elle-même. Afin de lui donner une force contraignante, le constituant camerounais, dispose, dans l'article 65 de la loi constitutionnelle du 18 janvier 1996, que le Préambule de la Constitution fait partie intégrante de la Constitution. Cela permettait de combler d'ailleurs le vide laissé par le Constituant camerounais du 02 juin 1972. Par conséquent, à partir de cet instant, les libertés publiques incluses dans le Préambule de la Constitution sont alors contraignantes au même titre que les autres dispositions constitutionnelles. Tout ceci montre au passage que la constitution camerounaise est moderne. Et « *la naissance de la constitution moderne témoigne de l'effort visant à soustraire une partie du droit positif à la volonté des gouvernants en faveur de la défense des droits des citoyens* »[258].

---

[255] Magloire ONDOA, « le droit administratif français en Afrique francophone : contribution à l'étude de la réception des droits étrangers en droit interne », *RJPIC*, n° 3, sept-déc., 2002, 56e année, p. 316 ; lire également Cédric NJOYA, « l'évolution législative dans la protection des libertés publiques au Cameroun », Inédit.

[256] Alain Didier OLINGA, « L'aménagement de droits et libertés dans la Constitution camerounaise révisée », *Revue Universelle des Droits de l'Homme,* 1996, vol. 8, n° 4-7, p. 120 et s.

[257] Jean RIVERO, *Les libertés publiques*, *op.cit.*, p.100 et s.

[258] Joël ANDRIANTSIMBAZOVINA, Hélène GAUDIN, Jean-Pierre MARGUENAUD, Stéphane RIALS, Fréderic SUDRE, *Dictionnaire des droits de l'homme*, *op.cit.*, p.194.

B. Conformité de la loi antiterroriste de 2014 par rapport à la Constitution camerounaise

L'État camerounais, comme la plupart des pays de droit écrit, a prévu dans son « *ordre juridique, des dispositions permettant d'établir un état d'urgence ou d'exception, en cas justement de circonstances exceptionnelles* »[259]. L'article 9 de la Constitution camerounaise reconnait l'existence des circonstances exceptionnelles en cas de péril grave menaçant la nation ainsi que les institutions. Il faut également dire que le terrorisme n'est pas un phénomène nouveau en Afrique. L'on peut citer, par exemple, la guerre civile algérienne en 1958. Pendant la lutte pour l'indépendance au Cameroun, l'Union des populations du Cameroun (UPC) fut accusée par l'administration coloniale française de « *mouvement insurrectionnel, rebelle et terroriste* »[260]. La législation, qui a été mise en place au Cameroun depuis son indépendance, a également permis à ce pays de faire face à de multiples crises sécuritaires.

Pourtant, avec l'internationalisation de la lutte contre le terrorisme après le 11 septembre 2001, les systèmes juridiques étatiques vont connaître de profondes mutations pour s'adapter à la nouvelle législation internationale imposée par l'ONU. Cette nouvelle législation va être différente des systèmes qui avaient été mis en place par les États avant l'année 2001. En abondant dans le même sens, Roseline LETTERON affirme qu'« *appréhendé en 2001 comme un phénomène exceptionnel, le terrorisme ressort banalisé de son traitement législatif. Quittant peu à peu la sphère des législations d'exception, il baigne l'ensemble des systèmes juridiques, devient un élément contextuel influençant toute la production normative* »[261].

C'est dans le contexte décrit ci-dessus qu'a été adoptée la loi n° 2014/028 du 23 décembre 2014 portant répression des actes du terrorisme au Cameroun. Cette loi est également arrivée après la dernière révision constitutionnelle du 14 avril 2008 au Cameroun. D'où l'épineuse question de la conformité de la loi antiterroriste de 2014 par rapport à la Constitution camerounaise. Autrement dit, quel est le fondement constitutionnel de la loi antiterroriste de 2014 ?

Le fondement constitutionnel de la loi camerounaise anti-terroriste peut être démontré sous le prisme de l'analyse doctrinale et de certaines dispositions de la Constitution de la République du Cameroun du 02 juin 1972, révisée par la loi n° 96/06 du 18 janvier 1996, celle-ci modifiée et

---

[259] Roseline LETTERON, « l'État de droit face au terrorisme », *Annuaire français de relations internationales*(AFRI), Volume IX, 2008, disponible à l'adresse: https://www.afri-ct.org/wp-content/uploads/2009/12/15_Letteron_Terrorisme.pdf, p.251, (consulté le 02 décembre 2021).
[260] MBEMBE Achille., « Pouvoir des morts et langage des vivants : Les errances de la mémoire nationaliste au Cameroun », *Politique Africaine* n°22, 1986, p. 39.
[261] Roseline LETTERON, « l'État de droit face au terrorisme », *op.cit.*, p.253.

complétée par la loi n° 2008/01 du 14 avril 2008. Il existe bien un double fondement de la conventionnalité en droit camerounais. D'emblée, l'on peut parler d'un fondement général de la conventionnalité fondée sur l'article 45 de la Constitution camerounaise. Selon cet article, « *Les traités ou accords internationaux régulièrement approuvés ou ratifiés ont, dès leur publication, une autorité supérieure à celle des lois, sous réserve pour chaque accord ou traité, de son application par l'autre parti* ». Cette disposition constitutionnelle établit la supériorité des conventions internationales ratifiées sur les textes de loi (sous réserve de leur ratification, conditionnée par la réciprocité). Il est nécessaire qu'il y ait une publication du traité en question afin que les juges administratifs et judiciaires se déclarent compétents. Malgré ce qui vient d'être dit, le caractère supérieur du traité international sur un texte de la loi n'a qu'un caractère relatif et contingent qui dépend donc des conditions de réciprocité, la supériorité pourrait disparaitre à tout moment si la réciprocité n'était pas respectée[262].

Le second fondement est spécifique ou propre aux droits des libertés publiques. Ce fondement est basé sur le Préambule de la Constitution camerounaise. À travers ce texte, le peuple camerounais proclame que *« l'être humain, sans distinction de race, de religion, de sexe, de croyance, possède des droits inaliénables et sacrés ; Affirme son attachement aux libertés fondamentales inscrites dans la Déclaration universelle des droits de l'homme...* ». C'est d'ailleurs ce second fondement de la conventionnalité qui va être retenu dans le cadre de ces travaux. Par le fait de cet attachement, il y a une volonté manifeste de l'État camerounais d'ériger à la majesté constitutionnelle les principes de la démocratie et des droits de l'homme tels que posés par les instruments internationaux pertinents[263]. En cette place, le constituant camerounais n'a pas précisé les contours ou alors les limites de cet attachement. On peut dès lors subodorer que toutes les conventions relatives à la protection des droits de l'homme et des libertés fondamentales régulièrement ratifiées font partie du bloc de constitutionnalité au Cameroun.

Au demeurant, ce renvoi constitutionnel à des instruments internationaux ne se limite pas à ceux relatifs aux droits de l'homme[264]. Avec les instruments juridiques internationaux visés par ce renvoi, il y a également la Charte des Nations Unies. C'est sur ce dernier instrument qu'est fondée la législation

---

[262] cf. Blog de Christophe GEORGES-ALBERT, *Commentaire d'article : 55 de la Constitution*, disponible à l'adresse : https://www.legavox.fr/blog/christophe-georges-albert/commentaire-article-constitution-27706.htm

[263] Alain ONDOUA, « L'Internalisation des Constitutions en Afrique subsaharienne francophone et la protection des droits fondamentaux », *op.cit.*, p. 441.

[264] *Ibidem*, p.440.

antiterroriste internationale. En fin de compte, la loi camerounaise antiterroriste de 2014 tire ses fondements de cette dernière législation[265].

Paragraphe 2 : Encadrement légal des libertés publiques

Le pouvoir législatif peut jouer deux principales fonctions en matière de protection des libertés publiques à savoir : la consécration textuelle (**A**) et le contrôle du pouvoir exécutif dans l'exercice des libertés publiques (**B**).

A. Reconnaissance législative des libertés publiques

La Constitution camerounaise confie l'essentiel des compétences en matière d'élaboration du statut des libertés publiques au législateur. L'article 26 de la Constitution de la République du Cameroun du 02 juin 1972, révisée par la loi n° 96/06 du 18 janvier 1996, celle-ci modifiée et complétée par la loi n° 2008/01 du 14 avril 2008 « encore appelée Constitution camerounaise » précise la portée actuelle de ce principe qui s'inspire également de l'article 34 de la Constitution française. On le rattache traditionnellement de la Déclaration française des droits de l'homme et du citoyen. Celle-ci fait confiance à la loi, et à elle seule, pour déterminer les bornes de la liberté, les exigences de l'ordre public, les cas et les formes dans lesquels les atteintes aux libertés publiques cessent d'être arbitraires[266]. En réalité, tout ceci répondait au souci de réserver au législateur la seule compétence en matière de restriction des libertés publiques.

En droit camerounais, la Constitution reconnaît expressément au législateur la compétence de les garantir en fixant les conditions de leur exercice qui peuvent être, soit de façon générale, en vertu de l'article 26 de la Constitution, soit en vertu d'une disposition constitutionnelle reconnaissant de façon expresse son intervention à propos d'une liberté déterminée.

Le principe voudrait que ces libertés s'exercent librement, mais cet exercice doit être également compatible avec l'intérêt supérieur de l'État et la sécurité nationale au Cameroun. C'est la raison pour laquelle les textes législatifs sur les libertés publiques sont *« très imprégnés des notions d'ordre public, de sûreté publique, d'autorisation préalable, de déclaration préalable,*

---

[265] D'après l'Exposé des motifs du projet de loi portant répression des actes de terrorisme, la loi camerounaise antiterroriste de 2014 : « *…s'inscrit dans le cadre de la mise en œuvre, au plan interne, des mesures préconisées au niveau international en matière de lutte contre le terrorisme.*
En effet, qu'il s'agisse de la résolution 2178 du 24 septembre 2014 du Conseil de sécurité des Nations Unies, de la Convention de l'OUA sur la prévention et la lutte contre le terrorisme ou de son Protocole, tous ces instruments préconisent des actions fortes à l'encontre des auteurs des actes de terrorisme… ».

[266] Jean RIVERO, *Les libertés publiques*, *op.cit.*, p.183.

de suspension, de dissolution et de rejet »[267]. Peu importe, le législateur en garantissant une liberté reconnue par la Constitution, n'a aucun pouvoir de remettre en cause les valeurs ou principes constitutionnels établis. De fait,

« la constitutionnalisation des lois de la République dans leurs principes fondamentaux a pour effet d'interdire au législateur d'apporter à ces lois des modifications qui mettraient en cause leurs principes »[268]. En d'autres termes, le législateur lui-même a l'obligation de se conformer à l'esprit et à la lettre de la Constitution dans l'exercice de ses compétences en matière de contrôle de l'action gouvernementale. Une telle limite permet d'éviter que le pouvoir législatif n'abuse de ce pouvoir de contrôle pour instituer des lois anticonstitutionnelles. Ceci peut être avantageux pour la protection des libertés publiques en général dans la mesure où celles-ci sont suffisamment prises en compte dans le préambule constitutionnel. Il ne faudrait pas d'ailleurs que le caractère libéral et démocratique soit travesti par le législateur. Il s'agit en quelque sorte des garde-fous institués par le constituant camerounais en matière de garantie législative des libertés publiques.

Il convient de relever aussi que le rôle du législateur ne se limite pas à la consécration, il doit contrôler l'application des libertés publiques ainsi assurées.

B. Rôle du pouvoir législatif dans le contrôle de l'exercice des libertés publiques

Du point de vue de la doctrine, le contrôle de l'action de l'exécutif par le parlement est né du principe de la séparation de pouvoirs. Ce principe interdit qu'une même autorité cumule tous les pouvoirs essentiels dans un État (exécutif, législatif et judiciaire). Montesquieu fut après John Locke, celui qui réussit à mieux théoriser ce principe au XVIIe siècle à travers la balance ou l'équilibre entre les pouvoirs. Chaque pouvoir devient un contre-pouvoir pour les autres (checks and balances). C'est à ce titre que le pouvoir législatif exerce un contrôle sur l'action gouvernementale.

Dans le cadre du droit positif camerounais, le fondement juridique de ce contrôle est reconnu par l'article 14 al. 2 de la Constitution camerounaise en ces termes : « *Le Parlement légifère et contrôle l'action du Gouvernement* ». Autrefois, le contrôle politique du parlement était strictement cantonné, de

[267] Bernard-Raymond GUIMDO, « Réflexions sur les assises juridiques de la liberté religieuse au Cameroun », *Les Cahiers de droit*, Volume 40, numéro 4, 1999, p. 811, disponible à l'adresse : https://www.erudit.org/fr/revues/cd1/1999-v40-n4-cd3820/043578ar/, (consulté le 18.06.2021)

[268] Jean RIVERO, *libertés publiques*, *op.cit.*, p.187.

manière quasi exclusive, à l'activité gouvernementale proprement dite[269]. Aujourd'hui, un tel contrôle s'est largement étoffé, de manière à ce que le Parlement puisse, dans l'exercice de son contrôle, s'interroger sur les dispositifs législatifs qu'il a lui-même adoptés[270]. Cela contribue à prémunir et à défendre les citoyens contre l'arbitraire des autorités étatiques[271].

Par ailleurs, afin d'exercer au mieux le contrôle politique sur l'action du gouvernement, le parlement peut exercer deux types de contrôle à savoir la mise en jeu de la responsabilité politique du gouvernement (1) et d'autres modalités de contrôle (2).

1. Mise en jeu de la responsabilité politique du gouvernement

Dans les politiques gouvernementales au Cameroun, il y a les questions de protection des libertés publiques qui se posent. Pareillement, l'Assemblée nationale peut décider de mettre en jeu la responsabilité politique d'un gouvernement qui ne respecte pas ou qui viole constamment les droits humains ou les libertés publiques. Dans une démocratie ou un État de droit, une telle éventualité est plausible dans la mesure où cette Assemblée peut elle-même choisir de contrôler l'effectivité du dispositif de protection des libertés publiques qu'elle a mise en place. Dans un contexte de lutte contre le terrorisme, cela permet également de limiter certains abus des autorités publiques.

La mise en jeu de la responsabilité politique du gouvernement « *occupe une place importante dans le droit constitutionnel moderne, où elle donne corps à la préoccupation majeure de limitation de contrôle et de révocation de tous les détenteurs du pouvoir politique* »[272]. Elle peut d'ailleurs être définie comme une « *technique essentielle du régime parlementaire permettant à l'organe législatif de contraindre le gouvernement à démissionner* »[273]. Cette responsabilité n'est fondée ni sur une infraction pénale ou civile, mais elle repose sur des éléments essentiellement subjectifs relevant de la seule discrétion de l'Assemblée nationale[274].

---

[269] Khadim THIAM, *Le contrôle de l'exécutif dans la création de l'Etat de droit en Afrique francophone*. Thèse en Droit public. Université de Bordeaux, HAL, 2018, p.193.
[270] *Idem.*
[271] Raymond Carré de MALBERG, *Contribution à la théorie générale de l'Etat*, Paris, Sirey, tome I, 1920, p. 488.
[272] Denis BARANGER, *in* Stéphane RIALS, Denis ALLAND dir., Dictionnaire *de la culture juridique*, Puf, Paris, 2003, pp. 1356-1357, cité par Bernard-Raymond GUIMDO, « La responsabilité politique du gouvernement dans la Constitution camerounaise », *Revue de la Recherche Juridique (RRJ)* Droit prospectif, N°XXXII- 120 –(120ème numéro), 2007, p.2099.
[273] Charles DEBBASCH et Yves DAUDET, *Lexique politique* : *états, vie politique et relations internationales, Dalloz, Paris, 1984,* p.341.
[274] Bernard-Raymond GUIMDO, « La responsabilité politique du gouvernement dans la Constitution camerounaise », *op. cit.*, p. 2100.

Du point de vue opérationnel, la mise en cause de la responsabilité politique obéît à une double initiative à savoir la question de confiance (a) et la motion de censure (b).

a. Question de confiance

En vertu de l'article 34 al. 2 de la Constitution, le Premier ministre peut, après délibération du Conseil ministériel, engager devant l'Assemblée Nationale, la responsabilité du Gouvernement sur un programme ou, le cas échéant, sur une déclaration de politique générale.

En effet, le Premier ministre, Chef du gouvernement pose une question à l'Assemblée nationale. Et c'est au moins quarante-huit (48) heures après cette question de confiance que le vote peut intervenir. La confiance ne peut en aucun cas être refusée qu'à la majorité absolue des députés à l'Assemblée nationale.

b. Motion de censure

D'après l'article 34 al. 3 de la Constitution camerounaise, l'Assemblée Nationale peut mettre en cause la responsabilité du Gouvernement par le vote d'une motion de censure. La validité de cette motion de censure est conditionnée par la signature d'au moins un tiers des membres de l'Assemblée nationale c'est-à-dire soixante (60) députés. Le vote ne peut intervenir que quarante-huit (48) heures après le dépôt de la motion de censure. Cette dernière est adoptée à la majorité des deux tiers des membres composant l'Assemblée Nationale. Par ailleurs, le constituant camerounais a décidé de limiter dans le temps le nombre de motions de censure pouvant être déposées par les députés[275]. Cette limitation est contenue dans l'article 34 al.2 paragraphe 3 de la Constitution camerounaise qui dispose qu'« *en cas de rejet de la motion de censure, les signataires ne peuvent en déposer une nouvelle avant le délai d'un an* ». Une telle mesure permet de réduire au moins les risques d'instabilité gouvernementale.

Lorsque l'Assemblée nationale vote la censure du Gouvernement ou lui refuse sa confiance, le Premier ministre a l'obligation de remettre la démission du gouvernement au Président de la République. Comme il a été relevé plus haut, l'Assemblée nationale peut user de cette double initiative pour sanctionner politiquement un gouvernement qui prend des décisions ne prenant pas en compte, d'une manière effective, les libertés publiques. Il faut également noter que la notion de responsabilité du gouvernement est large, car elle peut être engagée en raison de tout acte accompli par un ministre dans l'exercice de ses fonctions ou un gouvernement tout entier, de son attitude, de son inaction, voire de ses intentions ; son comportement étant envisagé, non

---

[275] *Idem.*

dans sa légalité, mais dans son opportunité politique ou au regard de la position adoptée par le parlement[276].

2. Autres modalités de contrôle de la politique gouvernementale par le parlement

Le constituant camerounais, à travers l'article 35 de la Constitution, définit deux autres modalités de contrôle du parlement sur l'action du gouvernement, en dehors de la mise en jeu de la responsabilité gouvernementale, à savoir : la recherche d'informations (a) et l'enquête (b).

a. Recherche d'informations

Le parlement camerounais recherche l'information auprès du gouvernement à travers les questions orales ou écrites. Ce sont des instruments parlementaires les plus anciens de contrôle de l'action gouvernementale. Ils permettent aux députés et sénateurs d'obtenir des éclaircissements sur des points particuliers de la législation ou d'avoir des précisions sur un aspect de la politique gouvernementale. En réalité, le régime des questions est fixé par la Constitution et par le règlement intérieur de l'Assemblée nationale camerounaise. Au terme de l'article 35 al. 3 de la Constitution, « *au cours de chaque session ordinaire, une séance par semaine est réservée par priorité aux questions des membres du Parlement, et aux réponses du Gouvernement* ». La session ordinaire est donc le moment des questions, même si le règlement de l'Assemblée nationale prévoit des questions au cours des sessions extraordinaires sur les sujets inscrits à l'ordre du jour de telles sessions[277].

Selon l'article 75 al. 1 du Règlement intérieur de l'Assemblée nationale du Cameroun [278]: « *les députés peuvent, en application de l'article 35 de la Constitution, poser aux membres du Gouvernement des questions orales ou écrites relatives aux affaires relevant de leur compétence* ». Les questions sont alors réservées exclusivement aux membres du gouvernement, sur les affaires de leur ressort[279]. Le domaine des questions n'est pas seulement le domaine de la loi, mais aussi le domaine d'action de chaque département ministériel tel que défini par les textes organisant la structure gouvernementale[280]. L'obligation d'informer est alors la norme directrice, car elle permet de crédibiliser la fonction de contrôle gouvernemental du parlement en droit camerounais. De la sorte, l'information doit tenir compte du souci de sauvegarder les impératifs de la défense nationale, de la sécurité

---

276 *Ibidem.*, p.2100.

277 Alain Didier OLINGA, *La Constitution de la République du Cameroun, op.cit.*, p.109.

278 Loi n°2014/016 du 09 septembre 2014 portant règlement intérieur de l'Assemblée nationale au Cameroun.

279 *Ibidem.*, p. 108.

280 *Idem.*

de l'État ou du secret de l'information judiciaire, mais ce souci ne saurait aboutir à faire disparaitre purement et simplement le droit des parlementaires à l'information[281].

L'autre limite au contrôle politique du gouvernement est l'intérêt public. En vertu de l'article 79 al.1 du Règlement intérieur de l'Assemblée nationale, « *les membres du gouvernement interpellés ont la faculté de déclarer par écrit que l'intérêt public leur interdit de répondre ou, à titre exceptionnel, qu'ils réclament un délai supplémentaire pour rassembler les éléments de leur réponse. Ce délai supplémentaire ne peut excéder huit (08) jours* ». Cette dernière limite est critiquable puisqu'elle pourrait diluer les effets du contrôle politique du gouvernement sur le respect des libertés publiques.

Pour le reste, au cours de la session de la deuxième année de cette 10e législature (session de juin-juillet 2021), les députés, membres de la Commission de la défense nationale et de la sécurité ont échangé avec le ministre de la Défense et son équipe. Il s'agissait d'une séance de questions/réponses. Ces échanges, à travers les questions orales ou écrites, ont permis de mettre la lumière sur la justice militaire au Cameroun notamment : comment fonctionne cette justice ? Qui juge-t-elle ? Quel est son champ de compétence ? Une fois rendus, ses verdicts peuvent-ils faire l'objet d'éventuels recours ?[282]

Ces échanges avec les députés ont permis à ces derniers de comprendre l'organisation et le fonctionnement de la justice militaire au Cameroun notamment certaines compétences spécifiques de cette juridiction spéciale par exemple en matière d'actes de terrorisme, des cas de collusion avec l'ennemi susceptible d'être considérés comme haute trahison, les crimes portant atteinte à la sûreté et sécurité de l'État, la détérioration d'une arme de guerre ou encore les crimes de guerre, crimes contre l'humanité et génocide[283]. Ces échanges ont aussi permis de comprendre que la juridiction militaire a des pouvoirs limités à la fois sur les plans légal et constitutionnel.[284]

---

[281] Alain Didier OLINGA, *Idem.* Selon l'article 35 al.2 de la Constitution camerounaise :« *Le Gouvernement, sous réserve des impératifs de la défense nationale, de la sécurité de l'Etat ou du secret de l'information judiciaire, fournit des renseignements au Parlement* ».

[282] Yvan BOUNOUNG, « Rencontre : lumière sur la justice militaire », *Journal officiel Cameroun tribune*, 30 juillet 2021, disponible à l'adresse : https://www.cameroon-tribune.cm/article.html/40623/fr.html/rencontre-lumiere-sur-la-justice-militaire, (consulté le 29.07.2021).

[283] Entretien avec le Directeur de la Justice militaire au Ministère délégué en charge de la Défense au Cameroun le 13 juillet 2021 à Yaoundé-Cameroun.

[284] Entretien avec le Directeur de la Justice militaire au Ministère délégué en charge de la Défense au Cameroun le 13 juillet 2021 à Yaoundé-Cameroun.

À travers les questions orales et écrites, le parlement peut par ces questions précises exercer son pouvoir de faire respecter les libertés publiques dans un contexte de lutte contre le terrorisme.

b. Contrôle par investigation

L'autre moyen dont dispose le parlement pour contrôler l'activité gouvernementale est l'investigation à travers les commissions d'enquête parlementaire. On entend par enquête parlementaire, *« les investigations auxquelles une Assemblée procède elle-même par l'intermédiaire des membres qu'elle a désignés avec un mandat déterminé. Ces enquêtes peuvent être ordonnées sur toutes les questions qui intéressent le pays »*[285].

Il est à noter qu'à l'inverse des questions orales et écrites, la Constitution camerounaise n'est pas assez précise ou détaillée au sujet des commissions d'enquête. Ces commissions sont réglementées par la loi n° 91/029 du 16 décembre 1991 et, surtout, par la loi n° 2014/016 du 09 septembre 2014 portant règlement intérieur de l'Assemblée nationale au Cameroun. L'article 86 al. 1 du règlement intérieur de l'Assemblée nationale stipule qu'« *en application de l'article 35 al.1 de la Constitution, l'Assemblée nationale peut, par le vote d'une proposition de résolution déposée sur son bureau, conformément aux dispositions de l'article 38 ci-dessus, constituer une Commission d'enquête parlementaire* ». L'alinéa 2 du même article précise que la proposition de résolution visée à l'alinéa 1 ci-dessus doit déterminer avec précision, soit les faits qui donnent lieu à enquête, soit les services publics dont la Commission d'enquête doit examiner la gestion…

Au cours de cette dixième législature, il a été mis en place neuf commissions d'enquête parlementaire parmi lesquelles la Commission des lois constitutionnelles, des droits de l'homme et des libertés, de la justice, de la législation et du règlement, de l'administration. Sur demande de cette Commission, l'Assemblée nationale peut, à la majorité des députés, octroyer à celle-ci le pouvoir d'enquêter sur les questions relevant de sa compétence précisément celles liées à la protection des libertés publiques. Aux termes de l'article 86 al.5 du Règlement intérieur de l'Assemblée nationale, les commissions d'enquête parlementaire sont formées pour : « *a) recueillir des éléments d'information sur des faits déterminés et soumettre leurs conclusions à l'Assemblée nationale ; b) examiner la gestion administrative, financière ou technique des services publics, en vue d'informer l'Assemblée nationale du résultat de leur examen ; c) informer l'Assemblée nationale sur l'état de*

[285] Eugène PIERRE, *Traité de droit politique, électoral et parlementaire*, Motteroz, 1893, p.584, cité par Sophie LERON, *Pouvoir d'investigation et de contrôle parlementaire. Le développement des commissions d'enquête et des missions d'information à l'Assemblée Nationale sous la Ve République*, Master 2 mention études politiques, Ecole des hautes études en sciences sociales, Année académique 2005-2006.

certaines questions d'intérêt national et lui permettre de faire des propositions adéquates ». D'un autre côté, lorsque le Parlement habilite le Président de la République à ratifier une convention internationale, elle participe à la formulation de l'engagement de l'État à être lié par des instruments juridiques internationaux en matière de protection des droits de l'homme et des libertés publiques[286].

In fine, à la lecture et à l'analyse de la Constitution et du Règlement intérieur de l'Assemblée telles que faites ci-dessus, il est possible d'affirmer que contrairement aux idées avancées sur l'inutilité ou le manque de pertinence du Parlement au Cameroun, cette institution étatique, de par ses attributions, peut jouer un rôle crucial dans la protection des libertés publiques. Cela peut être perceptible au regard des fonctions d'adoption des lois et de contrôle qui lui sont dévolues.

Section 2. Existence des mécanismes nationaux de protection des libertés publiques

Le régime des libertés publiques ne peut pas être jugé sur la seule valeur éminente qu'on assigne aux libertés publiques dans la hiérarchie des normes[287]. L'expérience de la vie politique sur le plan international en général et au Cameroun en particulier, montre qu'il ne faudrait pas se limiter uniquement aux bonnes intentions qui ont présidé aux textes constitutionnels[288]. Il faut mettre également l'accent sur la garantie de ces droits et libertés. Depuis les années 1990, cette garantie demeure un souci majeur auquel l'État du Cameroun accorde une attention particulière. Il existe aujourd'hui dans cet État diverses institutions publiques concourant à la protection effective des libertés. On peut scinder ces mécanismes de protection des droits de l'homme et des libertés en deux grandes catégories à savoir la protection non juridictionnelle (**Paragraphe 1er**) et la protection juridictionnelle (**Paragraphe 2**).

Paragraphe 1. Existence des mécanismes non juridictionnels

La garantie non juridictionnelle de protection des libertés publiques au Cameroun repose sur la possibilité reconnue aux particuliers de s'adresser aux

---

[286] Luc SINDJOUN, « L'action internationale de l'Assemblée nationale du Cameroun éléments d'analyse politiste (Note) ». *Études internationales,* 24(4), pp. 813–820. https://doi.org/10.7202/703242a, disponible à l'adresse : https://www.erudit.org/en/journals/ei/1900-v1-n1-ei3055/703242ar.pdf, (consulté 30.07.2021).
[287] Jean-Louis ATANGANA AMOUGOU, *L'État et les libertés publiques au Cameroun,* Thèse de doctorat en droit public, Université Jean Moulin Lyon 3, 1999, p.221.
[288] *Idem.*

institutions tant publiques (**A**) que privées de défense des libertés publiques (**B**)[289].

A. Compétences des institutions publiques dans la garantie des libertés publiques

Les institutions publiques jouent un rôle de plus en plus important dans la garantie des libertés publiques au Cameroun. La garantie non juridictionnelle relève premièrement de la responsabilité de l'État et de ses organes publics ou parapublics. Les autres organisations à savoir les institutions nationales de protections des droits de l'homme et la société civile viennent seulement en appui à l'État. L'on abordera entre autres les institutions politiques (1) et la Commission des droits de l'homme du Cameroun (2).

1. Institutions politiques

Les institutions à caractère politique sont les garantes de l'intérêt général, quelle que soit la définition qu'on lui donne[290]. En tant que dépositaire de l'autorité de l'État, ces institutions jouent un rôle dans la protection effective des droits fondamentaux. Elles font partie des mécanismes classiques de protection non juridictionnelle des libertés publiques. Entre les institutions politiques, il sera abordé le Président de la République (a), le ministère de la Justice (b), le ministère de la Défense (c) et le ministère des Affaires sociales (d).

a. Rôle du Président de la République dans la protection des libertés publiques

Le rôle du Président de la République est crucial dans la garantie non juridictionnelle des libertés publiques au Cameroun. Dans un présidentialisme démocratique, la place de l'institution présidentielle est prépondérante par rapport aux autres institutions au sein de l'appareil étatique[291]. On constate d'ailleurs que son rôle s'accroît encore plus dans le contexte de lutte contre le terrorisme. Cette auguste institution est de plus en plus sollicitée dans la résolution de certaines violations graves des droits et libertés individuels dans le théâtre des conflits comme c'est le cas des évènements tragiques de Ngarbuh le 14 février 2020. La société civile, la classe politique, l'opinion

[289] *Ibidem.*, p.202.
[290] Norbert GUISWE « La garantie de protection non juridictionnelle des droits de l'Homme au Cameroun », *Village de la justice, La communauté des métiers de droit*, Août 2019, disponible à l'adresse : https://www.village-justice.com/articles/garantie-protection-non-juridictionnelle-des-droits-homme-cameroun,32173.html, (consulté le 04.08.2021.
[291] Éric FOKOU, « De l'idéal démocratique de l'équilibre à la réalité politique du déséquilibre des pouvoirs », *Les Annales de droit* [En ligne], 14 | 2020, p.8, mis en ligne le 01 juin 2021, consulté le 01 juin 2021. URL : http://journals.openedition.org/add/1807 ; DOI : https://doi.org/10.4000/add.1807.

publique et les partenaires internationaux avaient sollicité l'intervention du Président de la République pour régler cette affaire. Ce dernier a prescrit l'ouverture d'une enquête et les responsables ont été remis aux mains de la justice[292].

La compétence du Président de la République en matière de protection des libertés publiques trouve son fondement juridique dans la Constitution camerounaise. L'article 5 alinéa 2 de cette Constitution dispose que c'est le Président de la République qui « *définit la politique de la Nation* », « *veille au respect des institutions* », « *assure, par son arbitrage, le fonctionnement régulier des pouvoirs publics* ». Il est également considéré comme « *le garant de l'indépendance nationale, de l'intégrité du territoire, de la permanence et de la continuité de l'État, du respect des traités et accords internationaux* ».

Toutes ces prérogatives font du Chef de l'État camerounais la clé de voûte des institutions ou encore le père de la Nation camerounaise. Selon un auteur, la formule « *le chef de l'État incarne la nation* » fait partie d'un rituel qui fait du chef de l'exécutif le "père" de la nation[293]. Ce rituel est également issu d'une tradition présidentialiste qui voudrait que le Chef de l'État soit considéré avant tout comme un « *père de famille* »[294]. Cette position doctrinale n'est pas négligeable puisque certains intellectuels camerounais pensent qu'il est tout à fait normal de croire que l'avènement du cadre juridique des libertés publiques de 1990 serait tout au moins dû au mérite de l'ouvrage intitulé : « *Pour le Libéralisme communautaire* »,[295] et de son maître d'ouvrage le Président Paul BIYA[296]. Aussi, selon Augustin KONTCHOU KOUEMEGNI, par exemple, ces libertés publiques marquent, « *une révolution juridique revendiquant une filiation étroite avec les profondes transformations politiques et idéologiques consécutives d'une part à l'avènement du Président Paul Biya à la magistrature suprême le 6 novembre 1982, d'autre part, à*

[292] Cf. Le communiqué rendu public par le ministre d'État, Secrétaire d'État à la Présidence de la République à la suite de la Commission d'enquête prescrite par le Chef de l'Etat, paru dans le journal officiel Cameroon Tribune du 22 Avril 2020.

[293] Rodrigue NGANDO SANDJE, *État et Nation dans le constitutionnalisme africain : étude thématique*, Thèse en droit public, en Cotutelle Université de Bourgogne et Université de Douala, 2013, p.31.

[294] Jacques GICQUEL, « Le présidentialisme négro-africain : l'exemple camerounais », *op.cit.*, p. 703 ; Joseph OWONA, « L'influence du constitutionnalisme soviétique en Afrique », *op.cit.*, pp. 740-762.

[295] Paul BIYA, *Pour le libéralisme communautaire*, Favre, 1re édition, 1988.

[296] Lire Nouveaux droits de l'homme Cameroun, *Liberté d'association au Cameroun : l'urgence de protéger un droit fondamental*, Rapport d'Etude nationale, @ Mai 2021 @Copyrights : NDH-Cameroun, p. 27.

b. Rôle du ministère de la Justice dans la protection des libertés publiques

Le ministère de la Justice joue un rôle clé dans la protection des libertés publiques à travers la Direction des droits de l'homme et de la coopération internationale du ministère de la Justice. C'est une direction centrale du ministère de la Justice qui joue un rôle important dans la promotion et la protection des libertés publiques au Cameroun. Ses attributions sont fixées par le décret n° 2012/389 du 19 septembre 2012 portant organisation du ministère de la Justice. Au terme du Chapitre IV notamment l'article 41 de ce texte réglementaire, cette Direction est chargée en général du suivi :

- *« Des questions des droits de l'homme, de la lutte contre la torture, les traitements cruels, inhumains ou dégradants et de la Coopération, notamment avec les partenaires internationaux du ministère de la Justice, en liaison avec les administrations et organismes concernés ;*
- *De l'application des conventions internationales et des accords bilatéraux relatifs aux droits de la personne humaine et qui concernent, la prévention et la répression du crime, le traitement des délinquants, la répression des crimes contre l'humanité, des crimes de guerre et du génocide, et toutes les autres violations des droits de la personne humaine, en liaison avec les administrations et organismes concernés ;*
- *Des activités de la Cour internationale de justice, de la Cour pénale internationale et du Haut-commissariat des Nations Unies aux droits de l'homme en liaison avec le ministère des Relations extérieures ;*
- *Des activités de la Commission nationale des droits de l'homme et des libertés ».*

En tant qu'organe du pouvoir exécutif sous l'autorité du ministre de la Justice, Garde des Sceaux, la Direction des droits de l'homme et de coopération internationale a une double mission de conseil et d'accompagnement des pouvoirs publics sur les questions de promotion et de protection des libertés publiques au Cameroun. En ce sens, elle peut émettre des avis, directives et recommandations envers les administrations et organismes concernés[305]. Les pouvoirs reconnus à cette direction n'ont aucun caractère contraignant ou coercitif envers les administrations concernées, ce sont juste des formes d'interpellation ou des suggestions. Ces recommandations sont faites lorsque les actes de ces administrations et organes ne respectent pas les standards internationaux et nationaux en matière de protection des libertés publiques[306]. En ce qui concerne les cas de violations

[305] Propos recueillis au cours d'un entretien avec Madame KEMBO TAKAM GATSING HERMINE, Directeur de la Direction des droits de l'homme et de la Coopération internationale du Ministère de la Justice du Cameroun le 02 Août 2021 à Yaoundé.
[306] *Idem.*

individuelles, cette direction peut passer par le parquet ou le ministère public en donnant des directives et orientations.

Au regard de tout ce qui précède, la Direction des droits de l'homme et de la Coopération internationale représente l'État auprès des mécanismes internationaux et régionaux de garantie des droits de l'homme. Elle accompagne également l'État dans la mise en œuvre de ses engagements internationaux et régionaux. Pour atteindre cet objectif, cette Direction centrale est composée de trois sous entités à savoir la Sous-Direction des Droits de l'Homme, la Sous-Direction de la Coopération Internationale et le Bureau du Fichier et du Classement. Un accent particulier sera mis sur la Sous-Direction des Droits de l'Homme.

Placée sous l'autorité d'un Sous-Directeur, elle est chargée de (cf. article 42 al.1 du décret suscité) :

- « *L'Évaluation de la situation des droits de l'homme au Cameroun ;*
- *La production du Rapport annuel sur l'état de la situation des droits de l'homme ;*
- *L'animation et la coordination de l'action du ministère de la Justice en matière d'application des règles nationales et internationales relatives à la promotion et protection des droits de l'homme ;*
- *L'élaboration et la coordination de la défense de l'État devant les instances internationales des droits de l'homme notamment les mécanismes juridictionnels et non juridictionnels des Nations Unies, de l'Union Africaine et de la Cour pénale internationale, en liaison avec les administrations concernées ;*
- *L'information et la sensibilisation des administrations, organismes publics et privés, des personnels des services judiciaires et de l'administration pénitentiaire aux normes de promotion et protection des droits de l'homme ;*
- *La liaison avec la Commission des droits de l'homme, le Haut-commissariat aux droits de l'homme des Nations Unies, toutes les organisations internationales, Organisations non gouvernementales et les institutions nationales et internationales intéressées à la mise en œuvre des droits de l'homme* ».

c. Rôle du ministère de la Défense sur les questions des libertés publiques

Le ministère de la Défense peut intervenir sur les questions de la protection des libertés publiques à travers la Direction de la justice militaire du ministère de la Défense. Selon les dispositions de l'article 1er du Décret n° 2001/177 du 25 juillet 2001 portant organisation du ministère de la Défense au Cameroun, le ministère de la Défense est chargé entre autres : « *De l'organisation et du fonctionnement des Juridictions militaires* ». La mise en œuvre opérationnelle de cette compétence est du ressort de la Direction de la justice militaire.

- Les attributions de cette Direction sont fixées à l'article 71 du décret suscité à savoir :
- « Des questions relatives à l'organisation et au fonctionnement des Juridictions militaires,
- Du suivi de la formation professionnelle des magistrats militaires et des personnels judiciaires militaires ainsi que de leur gestion en liaison avec la Direction des ressources humaines, la Gendarmerie et les États-majors,
- De la préparation des décisions et avis concernant l'action publique,
- De la diffusion auprès de la Gendarmerie, des États-majors et des services concernés, des avis de poursuites, des avis de cessation de poursuite et des avis de condamnation,
- Du contrôle des détentions préventives et de l'exécution des peines,
- De la constitution des dossiers des recours en grâce et des libérations conditionnelles,
- De la liaison avec les différents départements ministériels intéressés par le fonctionnement de la justice militaire ».

À travers les attributions ci-dessus, le ministère de la Défense via sa Direction de la justice militaire a le pouvoir de promouvoir et de protéger les libertés publiques dans le contexte de lutte contre le terrorisme au Cameroun. En matière de protection des libertés publiques, la Direction de la justice militaire fait office de chancellerie dans la justice militaire[307]. À ce titre, elle peut être saisie d'une requête en intervention[308]. En effet, lorsqu'il n'existe plus aucun moyen légal devant le tribunal militaire ou lorsqu'un dossier fait obstacle devant une juridiction militaire, un justiciable peut faire une requête dans le but de demander l'intervention de la Direction de la justice militaire afin de résoudre son problème. Au cas où la requête est fondée, la Direction peut ordonner en tant que chef hiérarchique directe, au Commissaire du gouvernement d'ouvrir une enquête judiciaire afin que justice soit rendue.

d. Rôle du ministère des Affaires sociales sur les questions des libertés publiques

Selon les dispositions du Décret N° 2011/408 du 09 décembre 2011 portant organisation du Gouvernement, le ministère des Affaires sociales (MINAS) est responsable de l'élaboration, de la mise en œuvre de la politique

---

[307] Entretien avec le Capitaine KOUM Franck Charles Henri, Chef de service des affaires juridiques et pénitentiaires auprès de la Direction de la justice militaire le 05.08.2021.
[308] *Idem.*

du Gouvernement en matière de prévention, d'assistance et de protection des personnes socialement vulnérables[309].

À ce titre, il est chargé de :

- *« la prévention et du traitement de la délinquance juvénile et de l'inadaptation sociale ;*

- la lutte contre les exclusions sociales ;

- la lutte contre le trafic des personnes notamment des enfants mineurs ;

- la protection des personnes victimes d'abus physiques ;

- du suivi des procédures de protection de l'enfance en difficulté en liaison avec les départements ministériels concernés »[310].

Le MINAS est responsable du suivi de la protection des personnes victimes de trafics humains ; des personnes âgées et des personnes handicapées ; des personnes concernées par l'usage des stupéfiants en liaison avec les administrations et ministères concernés. Il concourt à la facilitation, la réinsertion sociale, la solidarité nationale, la formation des personnels sociaux, l'animation, la supervision et au suivi des établissements chargés des mises en œuvre de la politique de protection sociale au Cameroun[311].

2. Rôle de la Commission des droits de l'homme du Cameroun dans la protection des libertés publiques

À travers la loi n° 2019/014 du 19 juillet 2019, l'État crée la Commission des Droits de l'Homme du Cameroun, en abrégé « CDHC » et ci-après dénommée « *la Commission* »[312]. Celle-ci est une institution indépendante de consultation, d'observation, d'évaluation, de dialogue, de conciliation et de concertation en matière de promotion et de protection des droits de l'homme (article 1er al. 2 de la loi suscitée).

Cette Commission dispose des compétences en matière de promotion et de protection des droits et libertés. Sur le plan organisationnel, elle dispose également d'une certaine autonomie bien que celle-ci ne soit pas encore totale. Elle a vu ses pouvoirs renforcés sur le plan organique et fonctionnel par rapport à l'ancienne Commission nationale des droits de l'homme et des libertés, créée en 2006.

---

309 Norbert GUISWE, « La garantie de protection non juridictionnelle des droits de l'Homme au Cameroun », *op.cit.,* p.5 et s.
310 *Idem.*
311 Norbert GUISWE, *Idem.*
312 Loi n°2019/014 du 19 juillet 2019portant création, organisation et fonctionnement de la Commission des droits de l'homme du Cameroun.

Premièrement, cette Commission fait également office de Mécanisme National de Prévention de la torture du Cameroun, en abrégé « *MNPT* » (cf. article 1er al. 3 de la loi suscitée). D'ailleurs, cela fait partie des obligations du Protocole facultatif se rapportant à la Convention contre la torture et autres peines ou traitements cruels, inhumains ou dégradants en abrégé (OPCAT). Selon l'article 3 de ce Protocole, chaque État Partie met en place, désigne ou administre, « à l'échelon national, un ou plusieurs organes de visite chargés de prévenir la torture et autres peines ou traitements cruels, inhumains ou dégradants (ci-après dénommés mécanisme national de prévention) ». En tant qu'État partie à l'OPCAT, l'État camerounais s'engage à créer un Mécanisme national de prévention (MNP) qui rend régulièrement visite à tous les lieux de détention. L'OPCAT établit un système de visites - inopinées et sans restriction de tous les lieux où des personnes sont privées de liberté - par des organes de contrôle indépendants internationaux et nationaux. Le postulat de base est que plus les lieux de détention sont ouverts et transparents, moins il y a de risques de commission des crimes de torture et autres peines ou traitements cruels, inhumains ou dégradants. Ce nouveau statut permet à la Commission de visiter et d'enquêter dans tous les lieux de privation de liberté du pays (cf. article 8 al.2 de la loi suscitée). C'est une évolution, car l'ancienne commission avait seulement accès à certains lieux de privation de liberté notamment les prisons et cellules dans les commissariats ou les gendarmeries.

Dans le même ordre d'idées, les membres de la Commission n'ont plus besoin de la présence du Procureur de la République ou de son représentant pour se rendre dans les lieux de privation de liberté. En effet, sous l'ère de l'ancienne Commission[313], la disponibilité du procureur de la République constituait quelquefois un frein au libre accès au lieu de détention par les membres de la Commission.

Deuxièmement, la Commission dresse un rapport annuel sur l'état des droits de l'homme au Cameroun. Celui-ci est rendu public à la diligence du Président de la Commission (cf. article 42 al.1 de la loi suscitée). Ce rapport est un moyen d'alerte et de surveillance des libertés publiques au niveau national. Depuis la montée du terrorisme au Cameroun, ce rapport dresse annuellement un état des lieux de la protection des libertés publiques dans un contexte de lutte contre le terrorisme au Cameroun.

Troisièmement, en matière de promotion des libertés publiques, la Commission est appelée à contribuer au développement d'une culture des droits de l'homme fondée sur les idéaux de paix, d'égalité en droits et en

[313] Il s'agit ici de la Commission nationale des droits de l'homme et des libertés créée par la Loi N° 2004/016 du 22 juillet 2004 portant création, organisation et fonctionnement de la commission Nationale des Droits de l'Homme et des Libertés.

devoirs, de respect mutuel et de développement durable. Il s'agit, entre autres, de :(cf. article 4 de la loi suscitée).

- *« Vulgariser les instruments de protection des droits de l'homme » ;*
- *Sensibiliser le public sur diverses thématiques relatives aux droits de l'homme, y compris la question du genre, ainsi que les droits des groupes vulnérables ;*
- *Mener le plaidoyer en faveur de l'amélioration du cadre juridique et institutionnel de promotion des droits de l'homme.*

Quatrièmement, concernant sa fonction de protection des libertés publiques, la Commission contribue à la consolidation de l'État de droit et à la lutte contre l'impunité en matière de droits de l'homme (cf. article 6 de la loi suscitée). À ce titre elle *:*

- *« Traite des requêtes et dénonciations relatives aux allégations de violation des droits de l'homme » ;*
- *S'auto-saisit pour les faits portés à sa connaissance, qui sont de nature à constituer des violations graves, récurrentes ou systémiques des droits de l'homme ;*
- *Fais le suivi de la situation des droits de l'homme ;*
- *Donne des avis et conseils en matière des droits de l'homme ».*

De par les missions suscitées, cette institution nationale des droits de l'homme (INDH) joue un rôle vital dans la promotion et le suivi des normes et de la législation des droits de l'homme au Cameroun. Son principal but est de rendre concrets et de veiller au respect de tous les textes élaborés et ratifiés dans la vie des populations camerounaises.

B. Compétences des institutions privées dans la protection des libertés publiques

Les institutions privées sont essentiellement composées des organisations de la société civile. L'expression « *société civile* » peut être définie comme « *la fraction de la société globale située en dehors des structures de l'État et agissant à travers les structures de types associatives, coopératives ou des organisations de défense des droits et des intérêts hors du cadre des partis politiques* »[314]. Depuis 1990, le rôle et les missions des organisations de la société civile ont été reconnus au Cameroun à travers un corpus normatif composé de la loi n° 90/053 du 19 décembre 1990 portant liberté d'association. Ce texte est révisé par la loi n° 2020/009 du 20 juillet 2020 modifiant et complétant certaines dispositions de la loi n° 90/053 du 19 décembre 1990 relative à la liberté d'association. On peut également

[314] Séverin Cécile ABEGA, *Société civile et réduction de la pauvreté,* Éditions Clé, Yaoundé, 1999.

ajouter la loi n° 99/014 du 22 décembre 1999 régissant les organisations non gouvernementales, la loi n° 92-007 du 14 août 1992 portant Code du travail, la loi n° 2010/012 du 21 décembre 2010 relative à la cybersécurité et la cybercriminalité au Cameroun, la loi n° 83/002du 21 juillet 1983, régissant les appels à la générosité publique et la loi n° 2020/011 du 20 juillet 2020 régissant les associations artistiques et culturelles au Cameroun. À côté de ces textes, l'on peut citer aussi la loi n° 92/006 du 14 août 1992 relative aux sociétés coopératives et aux groupes d'initiative commune qui traite des Groupements d'intérêts communs et des sociétés coopératives. Mais seules sont retenues les organisations de défense des libertés civiles et politiques à savoir la liberté de réunion et de manifestation pacifique.

Bien souvent, l'État est perçu comme une machine extérieure et oppressante par les citoyens[315]. De même, le délitement du lien social crée un phénomène de défiance, de plus en plus observé, à l'égard de l'État et des autorités qui l'incarnent[316]. Dans l'optique du raffermissement du lien social, l'État a mis en place, entre autres, les organisations de la société civile. Celles-ci contribuent à l'amélioration des pratiques respectueuses de la dignité humaine. Ces pratiques s'articulent autour de trois (03) axes majeurs à savoir les campagnes d'éducation aux droits de l'homme (1), l'action des associations en faveur des groupes vulnérables (2) et la dénonciation des violations des droits de l'homme (3)[317].

1. Campagnes d'éducation aux droits de l'homme

En matière de garantie non juridictionnelle des libertés publiques, les organisations de la société civile sont considérées comme des organes d'éveil, de sensibilisation et d'éducation en matière de droits de l'homme. Leurs actions visent à faire que les citoyens de tous bords s'approprient l'esprit des droits de l'homme, les intègrent dans les pratiques quotidiennes, afin de mieux lutter contre leurs violations[318]. Chaque jour, partout au Cameroun, la société civile contribue à la promotion, à la protection et au progrès des droits de l'homme[319]. Les acteurs de la société civile, quel que soit le nom qu'ils se donnent – défenseurs des droits de l'homme, Organisations non

---

[315] République du Cameroun, *Stratégie Nationale de Développement 2020-2030 : Pour la transformation structurelle et le développement inclusif SND30*, janvier 2020, p.120, disponible à l'adresse : http://cdnss.minsante.cm/sites/default/files/Strat%C3%A9gie%20Nationale%20de%20D%C3%A9veloppement%20SND30_Fench.pdf, (Consulté le 03.09.2021).

[316] *Idem.*

[317] Cyrille APALA MOIFFO, *L'émergence d'une culture des droits de l'homme au Cameroun*, Université de Nantes - Diplôme d'Université de 3è cycle en Droits Fondamentaux 2005.

[318] *Idem.*

[319] Haut-Commissariat aux droits de l'homme des Nations Unies, *La Société civile*, disponible à l'adresse : https://www.ohchr.org/fr/aboutus/pages/civilsociety.aspx, (consulté le 04.08.2021).

gouvernementales relatives aux droits de l'homme, associations d'avocats, associations d'étudiants, syndicats, instituts universitaires, ou organisations caritatives agissant auprès de groupes victimes de discrimination – œuvrent pour un meilleur avenir et partagent la même quête de justice, d'égalité et de respect de la dignité humaine[320].

L'une de leurs principales missions est « d'amener les individus et les populations à formuler les problématiques de la vie quotidienne en termes de droits fondamentaux »[321]. Aussi, ces acteurs de la société civile vulgarisent les instruments juridiques à travers l'organisation de séminaires, colloques, conférences-débats, symposiums, tables rondes, sessions de formation, etc.

Avec les multiples expériences acquises sur le terrain, les organisations de la société civile mettent leurs expériences aux côtés des pouvoirs publics dans le cadre de l'accompagnement, de la formation des cadres d'administration, d'appui technique dans le montage et suivi des projets et enfin de plaidoyer et lobbying pour certaines réformes à travers la présentation de rapports sur la situation des droits de l'homme au Cameroun. Elles sont appuyées par les conférences de presse, les bloggers, les actions de lobbying et de plaidoyers auprès de l'État, des organisations internationales et partenaires internationaux. Au-delà des déclarations, elles font également des communications auprès des mécanismes internationaux et assistent des victimes de violations des droits de l'homme auprès des juridictions y compris dans les lieux de privation des libertés.

2. Actions des associations en faveur des groupes vulnérables

Les premières victimes des violations des droits de l'homme sont les couches vulnérables[322]. Aussi, les organisations de la société civile mettent un accent particulier dans la défense de leurs droits et libertés surtout en période de lutte antiterroriste. Certaines associations mettent l'accent sur la promotion et la protection des droits civils et politiques comme la dénonciation des cas de violation de la liberté de réunion et de manifestation publique, des cas de torture et traitements inhumains et dégradants, de violation de la liberté d'expression et d'opinion, de la liberté d'association, de la liberté d'aller et venir, de la liberté religieuse… par exemple. Les associations mettent quotidiennement l'accent sur l'interpellation des acteurs étatiques et non étatiques sur la restriction de l'espace civique et des libertés publiques

---

[320] *Idem.*

[321] ADOUM (S), MBALA (F), « La contribution de la société civile à la promotion des droits de l'homme en Afrique centrale : Essai d'analyse », Cahier africain des droits de l'homme n°8, Dynamiques citoyennes et dignité humaine en Afrique centrale, Yaoundé, Presses de l'UCAC, 2002, pp.253 – 261, Cyrille APALA MOIFFO, *op.cit.*

[322] Equal Times, *Les femmes et les enfants, premières victimes du conflit au Cameroun*, disponible dans l'adresse : https://www.equaltimes.org/les-femmes-et-les-enfants?lang=fr#.YQoDqkA6_IU, (consulté le 04.08.2021).

suscitées. Tandis que d'autres associations font une prise en charge globale sur toutes les questions liées aux droits sociaux, économiques et culturels. Ces dernières s'occupent de la prise en charge des femmes et enfants victimes de violences dans les zones de conflits au Cameroun comme l'extrême nord ou les régions du Nord-Ouest et du Sud-Ouest. Ici, cette prise en charge peut aller des campagnes de sensibilisation porte à porte pour identifier les victimes de violences dans les théâtres de conflits, passer par des appuis économiques, une assistance psycho-sociale, etc. Ces appuis multiples s'étendent également aux anciens combattants des groupes armés.

3. Dénonciations des violations des droits de l'homme

En tant que mécanismes d'alerte, les organisations de défense des droits de l'homme dénoncent d'une façon régulière les violences qui ont lieu dans les théâtres de conflits à l'instar de la lutte contre le terrorisme. Ces violations sont documentées à travers le recueil des témoignages des violations, les investigations, l'analyse des données par des experts, les captures d'images, etc. Toutes ces informations font l'objet d'un rapport qui est envoyé aux autorités pour qu'elles puissent à leur tour apporter leur version des faits et éventuellement améliorer la situation.

Après cette ultime étape, les informations sont rendues publiques. Le rôle des organisations de défense des droits de l'homme est d'inciter, encourager ou d'amener les pouvoirs publics à prendre en compte d'une manière effective les libertés publiques dans les mesures de lutte contre le terrorisme au Cameroun.

Paragraphe 2 : Existence des mécanismes juridictionnels

Le juge peut être considéré comme le gardien des libertés publiques. En effet, l'impossibilité d'en appeler à celui-ci en cas de besoin menace gravement la liberté individuelle[323] ou collective. Ceci peut se justifier par le fait que c'est le juge qui est chargé de la mise en œuvre des textes juridiques. Au Cameroun, la justice est élevée au rang de pouvoir constitutionnel à côté du législatif et de l'exécutif[324]. Elle jouit à ce titre d'une indépendance à l'égard de ces deux derniers pouvoirs selon l'article 37 alinéa 2 de la Constitution. Aux termes de cette disposition juridique, « *Le pouvoir judiciaire est exercé par la Cour Suprême, les Cours d'appel, les Tribunaux. Il est indépendant du Pouvoir exécutif et du Pouvoir législatif* ». Il sera analysé

---

[323] Dany COHEN, « Le juge, gardien des libertés ? », *Le Seuil* | *« Pouvoirs »* 2009/3 n° 130 | p. 113.

[324] Maurice KAMTO, « Les mutations de la justice camerounaise à la lumière des développements constitutionnels de 1996 », *in Revue africaine des sciences juridiques*, Volume 1, N°1, 2000, p.10.

ici de prime abord, le rôle du Conseil constitutionnel dans le contrôle du respect des libertés publiques (**A**). Puis, les compétences des juridictions judiciaires et administratives dans la protection des libertés publiques (**B**).

A. Rôle du Conseil constitutionnel dans la garantie des libertés publiques

Le juge constitutionnel reste un acteur incontournable aujourd'hui dans la garantie des libertés publiques en droit camerounais. En France, le juge constitutionnel, en sa qualité d'interprète de la Constitution, a souvent eu à rappeler le caractère contraignant des libertés publiques inscrites dans le Préambule de la Constitution française. Au Cameroun, la valeur constitutionnelle des libertés publiques est aussi admise en droit positif. Toute méconnaissance de tous les énoncés de la Constitution, constitue une violation de la loi fondamentale susceptible de donner lieu à un contentieux[325]. Ce contentieux peut être porté soit devant le juge constitutionnel suivant les modalités de saisine prévues à cet effet, soit devant les juridictions ordinaires, par la voie de l'exception de constitutionnalité[326]. Néanmoins, il convient de relever qu'il s'agit d'une position donnée par la doctrine[327]. Il faudra tout de même chercher à connaître la position du juge constitutionnel lui-même par rapport à la problématique de la valeur constitutionnelle des libertés publiques. Une question est alors posée sur la place du préambule dans la jurisprudence constitutionnelle au Cameroun (1) et le contrôle de constitutionnalité par le juge constitutionnel (2).

1. Place du Préambule de la Constitution dans la jurisprudence constitutionnelle au Cameroun

La question de l'affirmation de la valeur du Préambule de la Constitution par le juge constitutionnel reste toujours d'actualité. Tout d'abord, il convient de relever que la juridiction constitutionnelle a connu une véritable mutation à partir de l'année 1996. Ainsi, comme le pense à juste titre Jean-Calvin ABA'A OYONO, « *à l'allure d'une mutation qui se veut profonde, le constituant du 18 janvier 1996 est passé de l'expérience tenant à la séparation des litiges dans « l'un-juridictionnel » à l'instauration d'une manifeste distinction limitative des contentieux par suite de dislocation constitutionnelle* »[328]. Autrement dit, on est passé d'un ordre moniste où il

---

325 Alain Didier OLINGA, « Vers une garantie constitutionnelle crédible des droits fondamentaux », *op.cit.*, p.328.

326 *Idem.*

327 Maurice KAMTO, « L'énoncé des droits dans les constitutions des États africains francophones », *RJA*, 1991, n°s 2-3, p.15.

328 Jean-Calvin ABA'A OYONO, « Les mutations de la justice à la lumière du développement constitutionnel de 1996, *Afrilex,* 2000/01, p.19.

existait une seule unité juridictionnelle pour toutes les affaires contentieuses (civiles, commerciales, administratives et constitutionnelles) à une nouvelle schématisation constitutionnelle où on a vu émerger une juridiction constitutionnelle autonome au plan organique et fonctionnel. C'est ainsi que le contentieux constitutionnel a été extirpé du joug de la Cour suprême pour être confié, conformément au titre VII du texte constitutionnel, à un Conseil constitutionnel[329].

Pourtant, la position du juge constitutionnel par rapport à la valeur juridique du Préambule de la Constitution reste encore en latence ou pas connue en l'état[330]. Car, les possibilités de saisine de cette juridiction sont assez limitées ou restreintes et ne sont pas accessibles à tous[331]. À partir de-là, l'analyse de la question ci-dessus sur la position du juge constitutionnel demeure purement théorique étant donné que le Conseil lui-même ne peut ni s'autosaisir et que les personnes habiletés ne peuvent le faire au regard du fait majoritaire[332]. Il y a donc lieu d'explorer d'autres possibilités en analysant, l'exception d'inconstitutionnalité (a). Puis, l'on analysera, à titre de droit comparé, la position des autres juges d'Afrique francophone (b).

a. Exception d'inconstitutionnalité

En droit camerounais, l'évocation de l'exception d'inconstitutionnalité devant le juge reste possible. Ceci peut également permettre à celui-ci d'assurer une protection optimale des libertés publiques dans la mesure où il peut accepter d'écarter une norme législative dans une affaire contentieuse parce que celle-ci ne serait pas en conformité avec le préambule de la constitution. De prime abord, on peut distinguer deux types d'exception d'inconstitutionnalité : « *1. D'une part, l'exception d'inconstitutionnalité*

---

329 *Idem.*

330 Attention, cette position ne vaut pas pour toutes les questions faisant partie de la compétence du Conseil constitutionnel camerounais. Il existe un volet contentieux électoral qui est bien enrichi au plan jurisprudentiel par le juge constitutionnel camerounais. (Lire à ce sujet, Alain Didier OLINGA, « Justice constitutionnelle et contentieux électoral : quelle contribution à la sérénité de la démocratie élective et à l'enracinement de l'Etat de droit ? Le cas du Cameroun », *Acte de Conférence Panafricaine des Présidents des Cours Constitutionnelles et Institutions Comparables sur le Renforcement de l'Etat de Droit et la Démocratie à travers la Justice Constitutionnelle*, Marrakech (Maroc), 26-28 novembre 2012, 19 pages).

331 La saisine du Conseil constitutionnel est limitée uniquement au Président de la République, le Président de l'Assemblée Nationale, le Président du Sénat, un tiers des députés ou un tiers des Sénateurs. Les Présidents des exécutifs régionaux peuvent saisir le Conseil Constitutionnel lorsque les intérêts de leur région sont menacés.

332 Le fait majoritaire se produit lorsqu'une majorité nette se dégage à l'Assemblée nationale. Au Cameroun, le Rassemblement démocratique du peuple camerounais (RDPC) a une majorité constante au parlement depuis les années 1990. Dans ce cas, le parti au pouvoir ne peut pas saisir le Conseil constitutionnel pour contester les lois qu'il a lui-même majoritairement votées. Et de l'autre côté, l'opposition est ultra-minoritaire dans les deux chambres du parlement pour rassembler au moins un tiers des députés ou sénateurs en vue de saisir le Conseil constitutionnel.

devant le juge constitutionnel, c'est-à-dire le cas dans lequel, à l'occasion d'un litige de droit constitutionnel, se pose de façon incidente la question de l'inconstitutionnalité d'une loi ; 2. D'autre part, l'exception d'inconstitutionnalité devant le juge ordinaire, c'est-à-dire le cas dans lequel la question de l'inconstitutionnalité d'une loi est soulevée devant un juge qui n'est pas spécialisé dans les affaires constitutionnelles et qui est donc un juge civil, pénal ou administratif »[333].

Pour ce qui concerne l'exception d'inconstitutionnalité devant le juge constitutionnel, l'on peut relever qu'il n'est pas encore possible de l'invoquer en l'état. Car, le constituant camerounais a institué un contrôle *a priori* et non un contrôle *a posteriori*. Ceci voudrait dire, par conséquent, qu'après le contrôle par voie d'action, la loi devient incontestable ou susceptible d'aucun recours devant le juge constitutionnel en droit camerounais. Dans ces conditions, il n'est pas possible d'approfondir cette question précise. Par contre, il y a tout intérêt à analyser ou alors à étudier l'apport du juge ordinaire du Cameroun à propos de la question de l'exception d'inconstitutionnalité.

Il faut rappeler qu'il n'existe pas dans la constitution camerounaise une disposition juridique qui reconnait, de manière explicite, l'exception d'inconstitutionnalité devant le juge ordinaire. Cependant, en pratique, ce juge a, quand même, institué un contrôle de constitutionnalité par voie d'exception au Cameroun. Il s'agit dès lors d'une consécration constitutionnelle du préambule de la Constitution camerounaise par le juge ordinaire. En fait, dans un arrêt du 8 octobre 1968 relatif à une condamnation pénale, la Cour suprême du Cameroun occidental a cassé une décision de la Cour d'appel de Douala, qui avait méconnu une disposition du Préambule de la Constitution du 4 mars1960 proclamant l'égalité des citoyens, quel que soit leur sexe[334]. En matière civile, cette même cour, le 11 juillet 1963, écartait l'application d'une coutume qui établissait une discrimination fondée sur le sexe, sur le motif que le préambule de la Constitution avait posé une fois pour toutes le principe de l'égalité des sexes[335].

À travers ces deux affaires, le juge judiciaire reconnaissait pleinement le Préambule de la Constitution du 4 mars 1960. Or, le problème qui se posait à cette époque-là est que le juge reconnaissait la valeur juridique du préambule alors que celle-ci ne figurait pas dans la Constitution de la République fédérale du Cameroun (1er septembre 1961). La question qui a donc été posée était celle de savoir comment traiter de la valeur d'un Préambule qui n'existe pas dans une Constitution ? De l'avis du Professeur Gérard CONAC, l'arrêt du

---

[333] Paul ZBIGNIEW DIME LI NLEP, *La garantie des droits fondamentaux au Cameroun*, Université Abomey-Calavi, Bénin, D.E.A en droit international des droits de l'Homme, 2004.

[334] Alain Didier OLINGA, « Vers une garantie constitutionnelle crédible des droits fondamentaux », *op.cit.*, p.323.

[335] *Idem.*

08 octobre 1998 évoqué par M. KAMDEM aurait constaté la méconnaissance d'article de la Constitution du 04 mars 1960 et non la méconnaissance du Préambule lui-même[336].

À la suite de l'adoption de la Constitution camerounaise du 2 juin 1972, le juge de la Cour suprême va encore réaffirmer la valeur du préambule de la Constitution dans l'arrêt n° 45/L du 22 février 1973. Cette cour a jugé contraire au principe de l'égalité des sexes une coutume excluant les filles de la succession, en ces termes : « *attendu que les droits de la personne résultant du mariage, de la parenté, de la filiation dont la constitution proclame, dans son préambule, le critère inaliénable et sacré, ne peuvent faire l'objet de transaction ni constituer la contrepartie d'une dette ou d'une créance ; que ces principes sont d'ordre public ; attendu que la coutume évoquée, dans la mesure où elle établit une discrimination fondée sur le sexe, va à l'encontre du principe constitutionnel de l'égalité des sexes ; que de ce fait ladite coutume ne saurait recevoir la sanction des cours et tribunaux, la vocation héréditaire de la femme apparaissant désormais comme indiscutable* »[337].

Le juge ordinaire a donc pris une position ferme sur la valeur constitutionnelle du préambule de la Constitution. Ce Préambule reconnait solennellement l'ensemble des droits et libertés tels que consacrés ou reconnus par les instruments internationaux (universels et régionaux). Cette Charte constitue le pilier ou alors le fondement sur lequel reposent les grandes valeurs de la République camerounaise à savoir « *l'idéal de fraternité, de justice et de progrès* »[338].

b. Position des juges constitutionnels d'autres États d'Afrique francophone

Cette étude comparative permet de comprendre qu'à côté du juge constitutionnel camerounais, certains de ses homologues d'autres pays d'Afrique francophone ont reconnu directement le Préambule de leurs différentes constitutions. Cette comparaison permet d'enrichir aussi le droit camerounais sur la problématique de la valeur constitutionnelle du Préambule de la Constitution. Il faut dire qu'à travers cette reconnaissance jurisprudentielle, le souci premier de ces juges est de protéger l'esprit et la lettre de la constitution. Cette position reste également partagée par Boubacar BA lorsqu'il affirme qu' : « *Au soutien de leur motivation, les juges ne se détournent pas de l'esprit auquel renvoie le préambule des constitutions pour garder intacte la maitrise de la contextualité ainsi que l'intention du*

[336] *Idem.*
[337] *Ibidem.*, p.324.
[338] Extrait du Préambule de la loi n°96/06 du 18 janvier 1996 portant révision de la Constitution du 02 juin 1972, modifiée et complétée par la loi n°2008/001 du 14 avril 2008.

constituant »[339]. Pareillement, dans le cas béninois, on peut s'en tenir à la décision historique DC 06-74 du 08 juillet 2006, suivant laquelle la Cour constitutionnelle clame l'indérogeabilité du consensus national[340]. Elle s'est autorisée à tordre le bras au pouvoir constituant dérivé en se fondant entièrement sur un principe non écrit opposable au pouvoir de révision, à savoir le consensus national, décrit par ailleurs comme un principe de valeur constitutionnelle[341]. Ainsi, la sacralisation d'une disposition du préambule de la Constitution va rendre cette jurisprudence béninoise célèbre.

D'autres juridictions africaines vont également user de leur créativité pour consacrer le préambule de la constitution à l'instar de la Haute Cour de Madagascar. Aussi, dans son arrêt N° 11-HCC/D1 du 21 mars 2006 relative à la loi N° 2005-035 sur la ratification du Statut de Rome, la Haute Cour a tiré argument de « *l'esprit de la Constitution, qui dès son préambule, a intégré dans l'ordonnancement juridique interne la Charte internationale des droits de l'homme, la Charte africaine des droits de l'homme et des peuples, les conventions relatives aux droits de la femme et de l'enfant* », pour incorporer le Statut de Rome dans l'ordonnancement juridique après avoir suggéré une modification de la Constitution[342]. Le juge malgache semble ainsi soutenir l'idée que le contenu du préambule traduit l'esprit de la Constitution[343].

Toutes les résolutions montrent une certaine audace du juge constitutionnel africain qui a pu transformer les dispositions préambulaires à des principes fondamentaux de la République. Ces principes s'imposent dès lors aux autres pouvoirs de l'État à savoir le pouvoir exécutif et le législatif.

2. Contrôle de constitutionnalité des lois par le juge constitutionnel

Le contrôle de constitutionnalité des lois est certainement en lui-même une technique efficace en matière protection des libertés publiques. Au Cameroun, ce contrôle a été institué par l'article 47 alinéa 2 de la Constitution camerounaise. Selon les dispositions de cet article, le Conseil constitutionnel peut être saisi « *par le Président de la République, le Président de l'Assemblée Nationale, le Président du Sénat, un tiers des députés ou un tiers des Sénateurs. Les Présidents des exécutifs régionaux peuvent saisir le Conseil Constitutionnel lorsque les intérêts de leur région sont en cause* ». Au regard de cet article, l'on peut affirmer que c'est un contrôle par voie d'action parce

---

339 Boubacar BA, « Le préambule de la Constitution et le juge constitutionnel en Afrique », *Revue électronique*
Afrilex, 2016, p.26.
340 *Idem.*
341 *Idem.*
342 *Ibidem.*, p.28.
343 *Idem.*

qu'il est limité à un nombre de personnalités politiques déterminées. Le but de ce contrôle est de garantir le respect de la Constitution. Sa fonction est essentiellement politique et sert de régulateur dans le fonctionnement des institutions[344].

En matière de protection des libertés publiques, ce contrôle permet de renforcer la protection des libertés publiques reconnues à travers le Préambule de la Constitution. Aussi, grâce à l'apport du juge constitutionnel, ces libertés vont faire partie du bloc de constitutionnalité en droit camerounais. Certaines dispositions législatives peuvent alors être sanctionnées par le juge constitutionnel pour non-respect des valeurs protégées par le Préambule de la Constitution camerounaise.

Pour davantage faire du contrôle de constitutionnalité un pilier dans la protection des droits et libertés, le constituant camerounais a « *renforcé l'indépendance du Conseil constitutionnel à laquelle il a associé les garanties de la dignité de la fonction* »[345]. Tout d'abord, le Constituant a fait du Conseil constitutionnel un organe autonome qui est chargé de l'ensemble du contentieux de nature constitutionnelle : contentieux des institutions et contentieux des normes[346].

Selon l'article 3 de la loi N° 2004/004 du 21 avril 2004 portant organisation et fonctionnement du Conseil constitutionnel au Cameroun : « *(1) Le Conseil constitutionnel statue sur :*

- *La constitutionnalité des lois, des traités et accords internationaux ;*
- *Les règlements intérieurs de l'Assemblée nationale et du Sénat avant leur mise en application, quant à leur conformité à la Constitution ;*
- *Les conflits d'attribution entre les institutions de l'État, entre l'État et les régions, entre les régions. (2) Il veille à la régularité de l'élection présidentielle, des élections parlementaires, des consultations référendaires et en proclame les résultats. (3) Il émet des avis sur les matières relevant de sa compétence* ».

L'article 9 de cette loi vient encore renforcer cette indépendance du Conseil constitutionnel, car : « *les membres du Conseil constitutionnel sont inamovibles ; leur mandat ne peut être ni renouvelé ni révoqué* »[347].

Enfin, il faut rappeler que les décisions ont une autorité contraignante. Dans le même ordre d'idées, Luc SINDJOUN rappelle à juste titre que la suprématie de la Constitution est *« garantie en partie par l'autorité de la*

---

344 Alain Didier OLINGA, *La Constitution de la République du Cameroun, op.cit.*, p.119.
345 Marcellin NGUELE ABADA, « La réception des règles du procès équitable dans le contentieux public », *Juridis Périodique N° 63*, Juillet-Août-Septembre 2005, p.25.
346 *Ibidem.*, p.26.
347 Les questions relatives à la nomination et la durée du mandat des membres du Conseil constitutionnel du Cameroun seront étudiées à la seconde partie de ce travail.

juridiction constitutionnelle. C'est une autorité fondée sur ses décisions en tant qu'elles sont opposables erga omnes c'est-à-dire aux pouvoirs exécutif, législatif et aux individus »[348].

B. Compétences des juridictions judiciaires et spéciales dans la protection des libertés publiques

Les juridictions judiciaires et spéciales assurent, dans leurs compétences respectives, une protection effective des libertés publiques. L'organisation judiciaire actuelle du Cameroun est non seulement le fruit d'une évolution historique, mais aussi fait l'objet d'une multitude de textes[349]. La loi n° 2011/027 du 14 décembre 2011 modifiant et complétant certaines dispositions de la loi n° 2006/015 du 29 décembre 2006 portant organisation judiciaire au Cameroun définit la nouvelle organisation judiciaire au Cameroun. À côté de ce texte à portée générale, il existe d'autres textes particuliers. Plusieurs traits caractérisent l'organisation judiciaire du Cameroun notamment : le désir de confier aux mêmes personnes, les magistrats de l'ordre judiciaire, les affaires civiles et pénales ; la volonté d'institutionnaliser une séparation aussi nette que possible entre le contentieux judiciaire, le contentieux administratif et le contentieux des comptes publics[350]. L'unité des juridictions civiles et pénales et la séparation des contentieux constituent deux principes fondamentaux qui cherchent à être maintenus, sous réserve de la création de certaines juridictions d'exception dont la composition est particulière, afin de répondre à certains besoins[351].

Dans le cadre de cette rubrique, il sera tour à tour, étudié les compétences du juge judiciaire (1) et les compétences des juridictions à caractère spécial en matière de protection des libertés publiques (2).

1. Compétences du juge judiciaire en matière de protection des libertés publiques

Le juge judiciaire qu'il soit pénal ou civil protège les libertés publiques à travers la garantie du droit à un procès équitable pour tous. Ce droit rappelle, en quelque sorte, les règles de procédure permettant le déroulement à la satisfaction des parties du procès devant la juridiction saisie[352].

---

348 Luc SINDJOUN, *Les grandes décisions de la justice constitutionnelle africaine - Droit constitutionnel jurisprudentiel et politiques constitutionnelles au prisme des systèmes politiques africains*, Bruylant (Emile), 13/10/2009, p. 345.

349 Yvette Rachel KALIEU ELONGO, « Organisation judiciaire du Cameroun », *in Répertoire quinquennal OHADA, 2006 – 2010, T. 1,* p. 95.

350 *Idem.*

351 *Idem.*

352 Marcellin NGUELE ABADA, « La réception des règles du procès équitable dans le contentieux public », *op.cit.*, p.21.

D'entrée de jeu, il convient de rappeler que parmi les trois (03) grands axes de la réforme du 27 juillet 2005 au Cameroun ayant permis l'adoption de la loi n° 2005/007 portant Code de procédure pénale, figure en bonne place une intégration effective du droit à un procès équitable. En effet, le troisième pilier de cette réforme pénale visait la mise en conformité de la procédure pénale avec les exigences du procès équitable découlant des instruments internationaux de protection des droits de l'homme auxquels le Cameroun est partie[353]. Il convient également de relever qu'au-delà de la recherche de la conformité de la procédure pénale avec les standards internationaux en matière de protection des droits de l'homme, les rédacteurs du Code de procédure pénale cherchaient non seulement l'amélioration de l'image du Cameroun, mais aussi, et surtout la garantie d'une meilleure protection des droits des personnes confrontées à une accusation de nature pénale[354].

En matière de garantie des libertés publiques, le juge judiciaire a une triple compétence. Il s'agit, entre autres de la compétence répressive : ici, le rôle du juge est alors cantonné à la sanction a posteriori de l'atteinte aux libertés publiques : condamnation du coupable, annulation de l'acte arbitraire, réparation pécuniaire du dommage[355], la compétence pour tout ce qui concerne la protection des libertés dans les rapports entre les personnes privées et enfin l'affirmation de la compétence en ce qui concerne les rapports entre l'administration et les particuliers[356].

Le contentieux des réunions et des manifestations publiques existe également en droit camerounais. Il relève de l'office du juge de l'ordre judiciaire. Pour ce qui concerne le contentieux en matière d'interdiction des manifestations publiques au Cameroun, l'article 8(3) et (4) de la loi n° 90 /055 du 19 décembre 1990 fixant le régime des réunions et des manifestations publiques le confie au président du Tribunal de grande instance territorialement compétent qui siège sous huitaine et dont l'ordonnance est susceptible de recours selon les conditions de droit commun[357]. Quant aux réunions publiques, aucune disposition n'est prévue pour son contentieux[358]. Cette omission ne peut en l'état être considérée comme une omission puisque

---

[353] Michel MAHOUVE et Hermine KEMBO TAKAM GASTING, *Les droits de l'homme au cœur de la procédure pénale camerounaise entre volonté humaniste et tentations répressives*, Editions Bruylant, Bruxelles, 2016, p.21.

[354] *Idem.*

[355] Stavros TSIKLITIRAS, *La protection effective des libertés publiques par le juge judiciaire en droit français*, L.G.D.J, Tome 155, 01/01/1991, Résumé, disponible à l'adresse : https://www.lgdj.fr/la-protection-effective-des-libertes-publiques-par-le-juge-judiciaire-en-droit-francais-9782275007656.html, (consulté le 08.08.2021).

[356] Paul ZBIGNIEW DIME LI NLEP, *La garantie des droits fondamentaux au Cameroun, op.cit.*

[357] Éric-Adol T. GATSI, « Le contrôle juridictionnel des mesures de police en droit administratif camerounais », *op.cit.*, p.89 et s.

[358] *Idem.*

le législateur n'a pas prévu d'hypothèse d'interdiction d'une réunion publique qui ne peut être suspendue ou interrompue qu'à la seule initiative du bureau organisateur. La difficulté consiste à déterminer si cette omission est synonyme de l'exclusion de toute intervention judiciaire en matière de réunion publique[359]. Qui est donc compétent en cas de litige lié aux réunions publiques ? Le mutisme de la loi peut-il conduire à un raisonnement par analogie : la compétence du juge judiciaire explicitement reconnue en matière de contentieux des manifestations publiques peut-elle être étendue en matière de contentieux des réunions publiques ? C'est cette solution qui a été adoptée par le juge dans sa décision, celui-ci ayant estimé que les dispositions de l'article 8(3) et (4), qui confient le contentieux de l'interdiction d'une manifestation publique au juge judiciaire, sont applicables par extension en matière de réunion publique[360].

L'accès à la justice est présenté comme un droit, c'est-à-dire le droit à un procès (a), mais il existe aussi des conditions du déroulement de la procédure devant les juridictions judiciaires (b).

a. Droit d'accès à la justice

Le rôle du juge judiciaire est de garantir à tous le droit d'accès à la justice. Ce droit est reconnu par des instruments internationaux ratifiés par le Cameroun[361]. Puis, dans l'ordre juridique interne, l'on peut également extirper un certain nombre de dispositions juridiques permettant de garantir ce droit. Au Cameroun, les tribunaux sont créés par la loi. C'est cette dernière qui confère au tribunal « *la légitimité requise dans une société démocratique pour entendre la cause des particuliers* »[362]. L'alinéa 1er de l'article 288 du Code de procédure pénale camerounais définit une juridiction de jugement comme « *un organe chargé de statuer conformément à la loi sur les faits dont elle est saisie et de prononcer, le cas échéant, les peines et mesures prévues*

---

[359] *Idem.*

[360] *Idem.*

[361] Au terme de l'article 2 paragraphe 3 du Pacte international relatif aux droits civils et politiques de 1966 : « *Les États parties au présent Pacte s'engagent à: a) Garantir que toute personne dont les droits et libertés reconnus dans le présent Pacte auront été violés disposera d'un recours utile, alors même que la violation aurait été commise par des personnes agissant dans l'exercice de leurs fonctions officielles; b) Garantir que l'autorité compétente, judiciaire, administrative ou législative, ou toute autre autorité compétente selon la législation de l'Etat, statuera sur les droits de la personne qui forme le recours et développer les possibilités de recours juridictionnel; c) Garantir la bonne suite donnée par les autorités compétentes à tout recours qui aura été reconnu justifié* ».

[362] Voir dans ce sens, CEDH, 28 novembre 2002, Lavents c. Lettonie, affaire numéro 58442/00, cité par Michel MAHOUVE et Hermine KEMBO TAKAM GASTING, *Les droits de l'homme au cœur de la procédure pénale camerounaise entre volonté humaniste et tentations répressives*, *op.cit.*, p.37.

par la loi ». Tandis que l'alinéa 2 de ce même article dispose que : « *dans le présent Code, constituent des juridictions de jugement de droit commun :*

a) le Tribunal de Première Instance ;
b) le Tribunal de Grande Instance ;
c) la Cour d'Appel ;
d) la Cour Suprême ».

Ainsi, le tribunal devient donc reconnu par la loi à travers l'article 288 du Code de procédure pénale camerounais. Cependant, il ne suffit pas uniquement qu'un tribunal soit créé pour garantir le droit d'accès à la justice. C'est pourquoi, le législateur a défini les compétences de toutes les juridictions à travers la loi n° 2011/027 du 14 décembre 2011 modifiant et complétant certaines dispositions de la loi n° 2006/015 du 29 décembre 2006 portant organisation judiciaire. Ces différents textes définissent la nouvelle organisation judiciaire au Cameroun. Chaque juridiction a un champ de compétences bien connu et qui est aussi distinct des autres juridictions.

L'on peut, néanmoins, relever que la création d'un tribunal criminel spécial[363] a soulevé un débat public concernant la répartition des compétences sur le plan judiciaire au Cameroun. En effet, une partie de l'opinion publique a estimé que ce tribunal spécial vient empiéter les compétences des tribunaux de droit commun. Mais ce problème est, dans une certaine mesure, résolu étant entendu qu'au plan matériel, le tribunal criminel spécial est « *compétent pour connaître des détournements de derniers publics et des infractions connexes prévues par le Code pénal et les conventions internationales ratifiées par le Cameroun, lorsque le préjudice est d'un montant minimum de 50 000 000 FCFA* ». Dès lors, la séparation des compétences entre le tribunal criminel spécial et les autres tribunaux judiciaires devient bien une réalité au plan juridique au Cameroun.

Enfin, le droit d'accès à la justice nécessite l'existence d'une justice indépendante et impartiale. Le droit à un tribunal indépendant et impartial a été prévu à l'article 10 de la Déclaration universelle des droits de l'homme et à l'article 14 du Pacte international relatif aux droits civils et politiques et enfin aux articles 37 et 40 de la Convention relative aux droits de l'enfant[364]. Tous ces instruments juridiques ont été reconnus par l'État camerounais et font désormais partie du bloc de constitutionnalité en droit camerounais.

---

363 Le tribunal criminel spécial est régi par la loi n°2012/011 du 16 juillet 2012 Modifiant et complétant certaines dispositions de la loi n° 2011/028 du 14 décembre 2011 portant création d'un tribunal criminel spécial.

364 Marcellin NGUELE ABADA, « La réception des règles du procès équitable dans le contentieux public », *op.cit.*, p.24.

b. Prise en compte des parties dans la procédure[365]

En dehors de ce qui vient d'être dit plus haut, la prise en compte des parties dans la procédure implique l'existence de la présomption d'innocence et le respect des droits de la défense. Tout cela est effectif en droit camerounais.

De prime abord, la présomption d'innocence et les droits de la défense sont érigés au rang des principes d'ordre constitutionnel en droit camerounais. Selon le Préambule de la Constitution de la République du Cameroun du 02 juin 1972, révisée par la loi n° 96/06 du 18 janvier 1996, celle-ci modifiée et complétée par la loi n° 2008/01 du 14 avril 2008 : « *Tout prévenu est présumé innocent jusqu'à ce que sa culpabilité soit établie au cours d'un procès conduit dans le strict respect des droits de la défense* ».

Ensuite, l'article 1er du Code de procédure pénale camerounais reconnait le « *prononcé de la culpabilité ou de la non culpabilité* » et « *les droits des parties* ». De plus, l'article 3 du même Code dispose que : « *La violation d'une règle de procédure pénale est sanctionnée par la nullité absolue lorsqu'elle : a) Préjudicie aux droits de la défense définis par les dispositions légales en vigueur ; b) Porte atteinte à un principe d'ordre public* ». Cette dernière disposition vient consacrer l'effet absolu de ces principes en matière pénale au Cameroun.

Par ailleurs, la prise en compte des parties dans la procédure nécessite également la gratuité de la justice, le droit à l'assistance judiciaire et le droit à un avocat. La gratuité de la justice est reconnue par l'article 8 de la loi du 29 décembre 2006 portant organisation judiciaire au Cameroun. Aux termes de cet article : « *la justice est gratuite, sous réserve des dispositions fiscales et de celles concernant la multiplication des dossiers d'appel et de pourvoi* ». La stricte application de cette règle juridique devrait induire un égal accès de tous les citoyens à la justice[366]. Or, dans le cadre de son fonctionnement, le service public de la justice engendre des dépenses qui sont plus ou moins coûteuses pour les justiciables.

C'est d'ailleurs la raison pour laquelle le législateur camerounais a institutionnalisé l'assistance judiciaire à travers la loi n° 2009/004 du 14 avril 2009 portant organisation de l'assistance judiciaire[367]. Elle s'inscrit dans le cadre de la facilitation des conditions matérielles d'accès à la justice[368]. Tout justiciable économiquement faible, sans distinction de sexe, peut désormais

---

365 *Idem.*

366 République du Cameroun, *Quatrième et cinquième rapports périodiques attendus en 2011, soumis en un seul document Cameroun,* annexe 1, p.1, disponible à l'adresse : https://tbinternet.ohchr.org/Treaties/CEDAW/Shared%20Documents/CMR/INT_CEDAW_ADD_CMR_13389_F.pdf, (consulté le 09.08.2021).

367 *Idem.*

368 *Idem.*

solliciter et obtenir l'assistance dès l'introduction de l'instance jusqu'à l'exécution de la décision de justice et cette assistance s'étend aux personnes morales[369].

En outre, l'article 37 du Code de procédure pénale reconnait à toute personne arrêtée le droit de se faire assister par un conseil de son choix qui peut également être un avocat. Et lorsqu'il est déjà en phase de jugement, un avocat est commis d'office à l'accusé en cas d'absence de moyens financiers. Enfin, les décisions prises par les juges à la fin du procès sont contraignantes. En droit camerounais, les décisions de justice ont l'autorité de chose jugée. Ces décisions sont *erga omnes*, c'est-à-dire opposables à tous.

2. Compétences des juridictions à caractère spécial en matière de protection des libertés publiques

De prime abord, il y a lieu de préciser que les droits fondamentaux notamment ceux liés à un procès équitable s'étendent au-delà du juge ordinaire et sont reconnus également par le juge spécial en droit camerounais. Il n'est donc plus question de revenir encore de façon détaillée sur cette question dans le cadre de cette rubrique étant donné qu'elle a été traitée dans la précédente rubrique, concernant les compétences du juge judiciaire en matière de protection des libertés publiques. Deux juges spéciaux seront étudiés ici. Il s'agit, entre autres, du juge administratif (a) et du juge militaire (b). Tous les deux ont des compétences avérées en matière de protection des libertés publiques au Cameroun.

a. Compétences des juridictions administratives en matière de protection des libertés publiques

Le rôle du juge administratif camerounais dans la protection des libertés publiques semble être limité selon certains auteurs[370]. Néanmoins, de par ses compétences, ce juge peut jouer un rôle majeur dans la garantie de ces libertés.

En effet, contrairement à son homologue français qui reste considéré comme le gardien des libertés publiques[371], le juge administratif camerounais

---

[369] *Idem.*

[370] Magloire ONDOA et Patrick Edgar ABANE ENGOLO, dir., *Les fondements du droit administratif camerounais*, *op.cit.*, p. 16 et s ; Pélagie Chantal BELOMO ESSONO, *L'ordre et la sécurité publics dans la construction de l'Etat au Cameroun*, Thèse de doctorat en Sciences politiques. Institut d'études politiques de Bordeaux, Université Montesquieu-Bordeaux IV, 2007, pp. 1-30 ; Magloire ONDOA, *le droit de la responsabilité publique dans les Etats en développement : contribution à l'étude de l'originalité des droits postcoloniaux*, Paris, L'Harmattan, 2010, p. 25 et s ; Maurice KAMTO, *Pouvoir et Droit en Afrique, Essai sur les fondements du constitutionnalisme dans les Etats d'Afrique noire francophone*, *op.cit.*, p. 491.

[371] Vincent SIZAIRE, « Le juge administratif et la protection des libertés. Éléments pour une garde partagée », *RDLF* 2019 chron. n°27, p.1, disponible à l'adresse :

n'a pas toujours une bonne réputation en matière de garantie de ces libertés, son office est critiqué. Dans un ouvrage intitulé, « *Traité de contentieux administratif au Cameroun* », ABANE ENGOLO Patrick Edgard, fait remarquer qu'*une* spécificité du Droit administratif *« est d'instituer pour l'administration une instance juridictionnelle particulière. Le magistrat qui y officie est appelé juge administratif. Hier et aujourd'hui encore, s'il fallait le qualifier en Afrique, on dirait qu'il est :*

- *Lent à la décision ;*
- *Inapte au droit administratif ;*
- *Intéressé par son sort* »[372].

Toutes les critiques faites ci-dessus par cet auteur ne font pas a priori du juge administratif un juge protecteur des libertés en droit camerounais surtout que des études montrent également qu'il y a une grande rareté des décisions de justice administrative concernant les violations des libertés publiques[373]. Il faut également reconnaitre que cette rareté jurisprudentielle ne saurait être imputée uniquement au juge administratif, car les citoyens ne le saisissent pas souvent. Mais pour les quelques affaires dont il a été saisi, ce juge s'est illustré quelquefois par sa timidité, sa lenteur dans sa prise de décisions et parfois son silence. Or, ces nombreuses critiques à l'égard de l'action du juge administratif ne sauraient faire oublier les compétences qu'il possède en matière de garantie des libertés publiques en droit camerounais. Et c'est sur ce dernier aspect que va être basée cette analyse.

D'entrée de jeu, le droit positif camerounais a déjà institué les juridictions administratives au Cameroun. Aussi, l'article 40 de la Constitution camerounaise[374] dispose que : « *La chambre administrative connaît de l'ensemble du contentieux administratif de l'État et des autres collectivités publiques. Elle connaît en appel du contentieux des élections régionales et municipales. Elle statue souverainement sur les décisions rendues en dernier ressort par les juridictions inférieures en matière de contentieux administratif. Elle connaît de tout autre litige qui lui est expressément attribué par la loi* ».

Ce texte constitutionnel crée donc les juridictions administratives au Cameroun tout en définissant leurs compétences. Ceci pourrait entrainer

---

http://www.revuedlf.com/droit-administratif/le-juge-administratif-et-la-protection-des-libertes-elements-pour-une-garde-partagee, (consulté le 09.08.2021).

[372] Patrick Edgard ABANE ENGOLO, *Traité de contentieux administratif au Cameroun,* Harmattan, 13 mars 2019, p.18.

[373] Nouveaux Droits de l'Homme Cameroun, *Les libertés publiques au Cameroun, Des acquis hypothéqués ! Rapport d'étude nationale sur les Libertés fondamentales au Cameroun, op.cit.*, 40 ; lire également Nouveaux droits de l'homme Cameroun, *Liberté d'association au Cameroun : l'urgence de protéger un droit fondamental, op.cit.*, p.88.

[374] À titre de rappel, l'expression « *constitution camerounaise* » fait référence à la Constitution de la République du Cameroun du 02 Juin 1972, révisée par la loi n° 96/06 du 18 Janvier 1996, celle-ci modifiée et complétée par la loi n° 2008/01 du 14 Avril 2008.

plusieurs implications ou conséquences en matière de protection des libertés publiques en droit camerounais. Dans un premier temps, le droit d'accès à la justice administrative est matérialisé par l'existence d'une juridiction administrative au Cameroun. Dans un deuxième temps, il existe dans l'ordre juridique camerounais des mécanismes juridiques qui permettent, soit de sanctionner des situations ou des actes imputables aux autorités publiques qui entravent le droit d'accès au juge administratif, soit de faciliter l'application de ce droit[375].

En effet, le juge administratif camerounais a, de par ses compétences, le pouvoir d'annuler une décision d'une autorité publique qui serait contraire aux libertés publiques. Tout d'abord, l'on peut penser ici au contrôle de conventionnalité. Aussi, toute disposition législative contraire à un traité ou une convention internationale pourrait ou devrait faire l'objet d'un contrôle de conventionnalité de la part du juge administratif[376].

Elle pourrait aussi faire l'objet d'un contrôle de constitutionnalité, dans la mesure où c'est la Constitution qui consacre la supériorité des traités sur la loi[377]. D'ailleurs, le juge administratif a eu l'occasion de le rappeler dans l'affaire CFJ/CAY, arrêt n° 163/A/ du 8 juin 1971, affaire compagnie commerciale et immobilière africaine des chargeurs réunis c/ État du Cameroun. Selon ce juge : *« les conventions internationales constituent des sources du droit interne et que leur violation peut être invoquée à l'appui d'un recours devant le juge administratif »*[378]. De l'avis de Bernard-Raymond GUIMDO, *« il est permis de penser que le juge administratif peut légitimement constater qu'un acte administratif, qu'il s'agisse d'un acte réglementaire autonome ou d'un acte d'application d'une loi, a été pris en violation d'une stipulation conventionnelle des droits de l'homme »*[379]. Une telle position reste donc salutaire pour la consolidation de l'État de droit au Cameroun dans la mesure où elle constituerait une avancée notoire dans la garantie des libertés publiques.

Au regard de tout ce qui précède, le juge administratif a la possibilité de protéger les droits des administrés contre les abus de l'administration publique en vertu des compétences constitutionnelles, légales et réglementaires qui lui sont reconnues. En ce sens, il est également un garant des libertés publiques au même titre que le juge constitutionnel et le juge judiciaire en droit camerounais. Qu'en est-il du juge militaire ?

---

[375] Bernard-Raymond GUIMDO, « Le droit d'accès à la justice administrative au Cameroun : contribution à l'étude d'un droit fondamental », *in Revue Africaine des Etudes Juridiques, FSJP, Université de Yaoundé II Soa*, vol 4 n°1, p 178.

[376] *Ibidem.*, p.179.

[377] *Idem.*

[378] *Idem.*

[379] *Idem.*

b. Compétences des juridictions militaires en matière de protection des libertés publiques

La justice militaire est, en général, une justice dont le rôle principal est de juger des infractions pouvant porter atteinte à la sécurité et sûreté de l'État. Sa vocation première est alors de juger des infractions portant atteinte à la souveraineté nationale. Néanmoins, il est possible que le juge militaire puisse aussi garantir les libertés publiques au Cameroun. Et dans un contexte de lutte contre le terrorisme, sa contribution est davantage attendue dans le domaine de la protection des libertés publiques.

Sur le plan conceptuel, la justice militaire est en réalité une justice pas comme les autres, une justice d'exception. En premier lieu, sous sa dimension organique et même fonctionnelle, c'est une justice spéciale comme le sont, d'une certaine manière, les individus qui en délimitent le champ d'exercice rationae personae : les militaires, à titre principal tout au moins[380]. En second lieu, la justice militaire est une justice politique, car une partie des infractions réprimées par cette justice particulière vise en effet rien moins qu'à garantir la survie même du poli, de l'entité nationale en tant que groupement humain politiquement structuré en une organisation souveraine face à des comportements menaçant gravement son intégrité : terrorisme, intelligence avec l'ennemi, espionnage, etc[381]. La difficulté ici est la conciliation entre la nécessité absolue de la répression, eu égard à l'importance des valeurs protégées, d'une part, et d'autre part, l'exigence non moins impérieuse de respect des contraintes de l'État de droit à l'instar des libertés publiques[382].

Cette conciliation entre la liberté et la sécurité est vraiment difficile dans le contexte de lutte contre le terrorisme, étant entendu que le tribunal militaire est appelé régulièrement à arbitrer, voire à faire le difficile choix entre protéger l'intérêt national et des intérêts particuliers dans les affaires porter devant lui. Cela plonge alors la juridiction militaire au centre des controverses. Faut-il le rappeler, le contexte actuel fait en sorte que cette justice soit au centre des polémiques, de stéréotypes ou de toutes sortes de préjugés. Décidément, il y a une méconnaissance de la nature et du rôle des tribunaux militaires camerounais à l'international. L'opinion publique internationale considère encore ces juridictions comme des cours martiales ou des tribunaux d'exception[383].

---

[380] Spener YAWAGA, *La Justice Militaire au Cameroun : Réflexions à partir d'une discussion article par article*, Les éditions du Schabel, Yaoundé-Cameroun, 2019, pp.13-14.
[381] *Idem.*
[382] *Idem.*
[383] Propos recueillis au cours des échanges avec le Chef de Bataillon BELINGA Cerlin, Commissaire du Gouvernement près du Tribunal militaire de Yaoundé le 10 août 2021.

Cette perception des tribunaux militaires est davantage renforcée par quelques nationaux qui contribuent parfois naïvement à relayer des informations fausses sur leur mode de fonctionnement[384]. À entendre ces critiques, l'on croirait alors que ce sont des tribunaux où il n'existerait ni loi ni morale. Et que les principes généraux de droit comme la présomption d'innocence ou le procès équitable ne sont point minimalement respectés lors des procédures devant ces juridictions. Toutes ces nombreuses considérations erronées cachent la vraie nature des juridictions militaires camerounaises aujourd'hui.

Au-delà donc de l'analyse conceptuelle faite ci-dessus et sans oublier les appréciations de l'opinion publique sur cette juridiction, il reste néanmoins que la justice militaire a connu d'énormes mutations ou changements qui passent parfois inaperçus. De prime abord, une grande réforme a été faite en 2006. Aussi, l'article 2 de la loi n° 2006/015 du 29 décembre 2006 portant organisation judiciaire au Cameroun intègre les tribunaux militaires dans l'organisation judiciaire du Cameroun. Il faut d'ailleurs rappeler que cette réforme visait la mise en conformité de la procédure pénale avec les exigences des Nations Unies et de l'Union africaine notamment celles liées au procès équitable. Ainsi, les Directives et principes sur le droit à un procès équitable et à l'assistance judiciaire en Afrique (2003) qui disposent que : « *Dans l'exercice de leurs fonctions, les tribunaux militaires sont tenus de respecter les normes du procès équitable énoncées par la Charte et les présentes Directives* ».

Cette réforme a eu des conséquences sur l'organisation et le fonctionnement de la justice militaire au Cameroun à travers de nombreuses mutations. Tout d'abord, sur le plan organisationnel, les juridictions militaires sont devenues des juridictions de premier degré. Elles rendent donc des décisions en premier ressort qui peuvent être annulées par des juridictions de droit commun que ce soit en appel ou en cassation. Ensuite, la nomination des magistrats qui officient en qualité de Président ou Vice-présidents, Commissaire du gouvernement et substituts du Gouvernement peuvent être soient militaires ou civils[385]. En outre, le législateur impose le principe de la collégialité dans la composition d'un tribunal militaire. D'après l'article 7 al.3 de la loi n° 2017/012 du 12 juillet 2017 : « *dans tous les cas, lorsque la formation collégiale du Tribunal militaire est présidée par un magistrat civil, les deux (02) Assesseurs sont obligatoirement des membres des forces de défense* ». La composition du tribunal est donc mixte (civil et militaire). Aujourd'hui, la répartition du nombre total de magistrats des tribunaux militaires sur tout le territoire au Cameroun montre qu'il y a 63 magistrats

---

[384] Propos recueillis au cours des échanges avec le Chef de Bataillon BELINGA Cerlin, Commissaire du Gouvernement près du Tribunal militaire de Yaoundé le 10 août 2021.

[385] Spener YAWAGA, *La Justice Militaire au Cameroun : Réflexions à partir d'une discussion article par article, op.cit.*, p.26.

civils et 49 magistrats militaires[386] soit un pourcentage de 70,56 % pour les magistrats civils et 54,88 % pour les magistrats militaires.

Dans le cadre de leur fonctionnement, les tribunaux militaires ont l'obligation de garantir à tous les justiciables un procès équitable. Le législateur impose par exemple l'application du Code de procédure pénale dans le cadre de la procédure devant les tribunaux militaires notamment dans leurs dispositions non contraires à la loi n° 2014-28 du 23 décembre 2014 portant répression des actes de terrorisme[387]. Dans la pratique, l'on peut d'ailleurs relever qu'à part quelques rares exceptions telles que la garde à vue ou l'ordre de mise en jugement, tout le reste de la procédure devant les juridictions militaires est régi par la loi n° 2005/007 portant Code de procédure pénale[388]. Ce Code de procédure pénale, à travers les articles 78 à 141, impose aux officiers de police judiciaire et militaires le respect des droits de la défense de tout accusé devant les juridictions militaires. Le non-respect des droits de la défense au cours d'une enquête préliminaire peut entrainer la nullité d'une procédure en vertu de l'article 3 du Code de procédure pénale du Cameroun.

En dehors du droit au procès équitable qui s'impose à elle, la justice militaire peut protéger les libertés publiques en sanctionnant les agents des forces de sécurité et de défense qui posent des actes portant atteinte aux libertés publiques. L'on peut donc conclure au risque de se tromper que le tribunal militaire est une justice à caractère mixte en temps de paix c'est-à-dire qu'il devient alors à moitié spécial et à moitié ordinaire comme les juridictions de droit commun.

Au regard de tout ce qui précède, les analyses précédentes montrent qu'il existe un cadre juridique international et national protégeant d'une manière effective les libertés publiques malgré la menace terroriste qui plane sur l'étendue du territoire camerounais. Ce cadre juridique impose à l'État camerounais des obligations en matière de protection des libertés publiques et celles-ci sont contrôlées par divers mécanismes qui peuvent être à la fois politiques, quasi-juridictionnels et juridictionnels. Il convient de rappeler aussi qu'au-delà de ce cadre global de protection des libertés publiques, l'État camerounais a pris en compte ou intégré d'une manière effective les libertés publiques dans ses mesures opérationnelles de lutte contre le terrorisme.

---

386 Ces chiffres ont été recueillis au cours d'un entretien avec le Commissaire du Gouvernement près du Tribunal militaire de Yaoundé le 11.08.2021.

387 L'article 1er al.2 de la loi n°2014-28 du 23 décembre 2014 portant répression des actes de terrorisme au Cameroun dispose que : « le Code pénal, le code de procédure pénale et le Code de justice militaire demeurent applicables dans leurs dispositions non contraires à la présente loi ».

388 Entretien avec le Colonel Docteur Didier SIPA NDONGMO Directeur de la justice militaire auprès du ministère de la Défense, le 29 juillet 2021.

TITRE 2

EFFECTIVE GARANTIE DES LIBERTÉS PUBLIQUES DANS LES MESURES DE LUTTE CONTRE LE TERRORISME

L'État camerounais prend en compte, de manière effective, la garantie des libertés publiques dans les différentes mesures de lutte contre le terrorisme. Ces mesures peuvent être considérées comme l'ensemble des moyens que l'État prend pour prévenir et lutter efficacement contre le terrorisme. Elles ont pour but de protéger les populations civiles, les valeurs républicaines, les libertés publiques et les institutions contre le danger public exceptionnel que représente la menace terroriste. Elles peuvent être prises à titre préventif ou curatif. Les réponses à la menace terroriste sont extrêmement multiples. Cependant, à cause du secret défense, il est difficile de donner une liste complète ou exhaustive des mesures prises par l'État du Cameroun dans la lutte contre le terrorisme. L'on peut tout de même citer des mesures prises par l'État à titre répressif ou pénal pour incriminer tous les actes de terrorisme.

Au-delà de ces mesures répressives, il y a indistinctement des mesures de lutte armée puisque les groupes terroristes utilisent des armes de guerre pour attaquer l'État du Cameroun et causent chaque jour des morts et dégâts matériels importants. En outre, l'État a mis en place d'autres types de mesures telles que les méthodes de contrôle et surveillance ou de renseignements. Mais ces dernières mesures ne seront nullement abordées dans le cadre de ce travail. Il sera analysé tour à tour, l'effective garantie des libertés publiques dans les mesures répressives contre le terrorisme (**Chapitre 1er**) et l'effective garantie des libertés publiques dans les mesures de lutte armée contre le terrorisme (**Chapitre 2**).

CHAPITRE 1.

EFFECTIVE GARANTIE DES LIBERTÉS PUBLIQUES DANS LES MESURES RÉPRESSIVES CONTRE LE TERRORISME

Dans la batterie de mesures prises par l'État camerounais pour lutter contre le terrorisme figurent les mesures répressives. Celles-ci sont en conformité avec le cadre juridique international des droits de l'homme puisqu'elles s'adaptent aux exigences de sauvegarde des droits du citoyen à toutes les phases de cette procédure. Ceci a déjà suffisamment été démontré dans le titre 1er de cette étude. En droit interne, la législation vise une grande quantité d'actes encore appelés « *actes de terrorisme* ». Ces actes sont réprimés par la loi n° 2014/028 du 23 décembre 2014 portant répression des actes du terrorisme au Cameroun, la loi n° 2017/012 du 12 juillet 2017 portant Code de Justice militaire ou encore le règlement n° 01/03-CEMAC-UMAC portant prévention et répression du blanchiment des capitaux et du financement du terrorisme signé à Yaoundé le 04 avril 2003 et le règlement N° 08/05-UEAC-057-CM-13 portant adoption de la Convention relative à la lutte contre le terrorisme en Afrique Centrale.

Il est capital de rappeler que la politique répressive de l'État vis-à-vis du terrorisme est séparée en deux volets importants à savoir des mesures administratives d'une part, et d'autre part, des mesures pénales. On entend d'abord par mesures administratives *« des mesures coercitives prises indépendamment de toute inculpation pénale à l'encontre d'une personne ou d'une entité représentant une menace avérée pour la sécurité nationale, dans le but de restreindre, en pleine légalité et dans le respect de l'état de droit et de la législation nationale en vigueur, l'exercice effectif de certains droits de l'homme par cette personne ou entité »*[389]. Ensuite, les mesures pénales de lutte contre le terrorisme sont des résolutions adoptées au plan normatif « *afin de renforcer les dispositifs législatifs, judiciaires, policiers et militaires nationaux pour qu'ils soient en mesure de mieux prévenir et réprimer le recrutement, l'organisation ou le financement des groupes terroristes, mais*

[389] Global Counter Terrorism Forum (GCTF), *Recommandations de Glion sur l'utilisation de mesures administratives fondées sur l'état de droit dans le contexte de la lutte contre le terrorisme*, Forum Mondial contre le terrorisme, 25 sept. 2019, p.1, disponible à l'adresse : https://www.thegctf.org/LinkClick.aspx?fileticket=7Ed5R-ZB_fI%3D&portalid=1, (consulté le 14.08.2021).

aussi lutter contre la prolifération des armes de destruction massive »[390]. Il existe une certaine complémentarité entre ces mesures dès lors qu'elles permettent de répondre efficacement à la politique répressive de l'État.

Dans ce chapitre, il sera abordé la question de l'encadrement de l'action administrative : une véritable garantie des libertés publiques dans la lutte contre le terrorisme d'une part (**Section 1**) et d'autre part, l'intégration concrète des standards internationaux en matière criminelle dans la lutte contre le terrorisme (**Section 2**).

Section 1. Encadrement de l'action administrative : une véritable garantie des libertés publiques dans la lutte contre le terrorisme

Dans le contexte de lutte contre le terrorisme au Cameroun, l'encadrement de l'action administrative peut constituer une véritable garantie des libertés publiques. En tant que bras séculier de l'État, l'administration joue un rôle majeur dans la politique répressive à travers la sécurisation du territoire, la protection des personnes et la protection de l'ordre public. Or, les actions des autorités administratives peuvent également porter atteinte aux libertés publiques[391].

En effet, dans les États africains en général et au Cameroun en particulier, l'administration publique se présente effectivement comme accordant à ceux qui y travaillent une plus-value sociale, parce qu'ils sont réputés appartenir à une fonction publique dans laquelle les agents ont une stabilité de l'emploi, une sécurité de la rémunération et un prestige[392]. Comme l'emploi est une chose rare, les agents de l'administration publique se sentent redevables vis-à-vis de cette administration de sorte que leur mission vise la satisfaction du service public incarné par les exigences de l'État employeur et non le service public désincarné dans la seule satisfaction de l'intérêt général[393].

---

390 République française, « Quels sont les moyens de lutte contre le terrorisme ? », Publié le 2 juillet 2020, disponible à l'adresse : https://www.vie-publique.fr/fiches/274933-quels-sont-les-moyens-de-lutte-contre-le-terrorisme, (consulté le 12.08.2021).

391 Lire à ce sujet, Nouveaux droits de l'homme Cameroun, *Libertés publiques au Cameroun : Guide des pratiques sur la protection des libertés publiques au Cameroun*, les presses des éditions Pyramide international, mars 2019, pp. 19-31 ; PASOC (Programme d'Appui à la Structuration de la Société Civile), *analyse de la perception des OSC sur le cadre juridique*, Coopération Cameroun-Union Européenne, Yaoundé, 2009, L'étude critique et comparative du cadre juridique relatif aux organisations de la société civile au Cameroun publié par le Programme d'Appui à la Société Civile (Coopération Cameroun-Union-européenne), Avril 2015, 37 pages.

392 Patrick Edgard ABANE ENGOLO, *Traité de contentieux administratif au Cameroun, op.cit.*, p.15.

393 *Idem.*

Afin de résoudre avec efficacité le problème posé ci-dessus notamment les risques d'abus éventuels ou de détournement de pouvoir de l'administration vis-à-vis des citoyens, le législateur camerounais a encadré l'action administrative en lui fixant des limites ou des bornes qu'elle ne saurait dépasser ou ignorer dans son fonctionnement. Puis, il a également institutionnalisé un contrôle juridictionnel de l'administration qui demeure le seul rempart contre tout abus venant de celle-ci. L'expression « *administration publique* » est large en réalité, car elle contient à la fois l'administration publique étatique et l'administration locale. Étant donné que l'administration publique locale est encore embryonnaire au Cameroun[394], seule sera étudiée ici l'administration publique étatique.

Dans cette rubrique, l'on verra tour à tour la prise en compte des libertés publiques dans l'action administrative : une avancée dans la protection des libertés publiques (**Paragraphe 1**) et le contrôle juridictionnel de la police administrative comme une garantie contre les atteintes aux libertés publiques (**Paragraphe 2**).

Paragraphe 1. Prise en compte des libertés publiques dans l'action administrative : une avancée dans la protection des libertés publiques

Il est question ici de démontrer que l'administration publique est tenue de prendre en compte la protection des libertés publiques dans les mesures administratives de répression du terrorisme. De prime abord, une telle obligation soulève, en l'occurrence, le problème fondamental des rapports entre l'État et les individus, c'est-à-dire le degré d'autonomie laissé par l'État aux particuliers[395]. Pourtant, dans le cadre de son fonctionnement, l'administration publique en général et camerounaise en particulier, fait face à une double priorité à savoir la protection de l'ordre public et le respect des libertés publiques.

Ces deux buts paraissent quelquefois contradictoires, car, étant une des compétences des autorités administratives, le maintien de l'ordre public au sein d'un État semble a priori, être en contraste avec la protection des libertés publiques[396]. S'il faut reconnaitre qu'il s'agit ici d'une considération de la théorie générale du droit administratif, d'ailleurs effective en droit français, il

---

[394] La décentralisation est effective du point de vue formel, mais il existe encore une effectivité embryonnaire sur le plan matériel.

[395] Philippe BRAUD, *La notion de liberté publique en droit français*, L.G.D.J, 1970, p.697.

[396] Lionel Pierre NGUESSELE ISSEME, *L'apport de la Cour suprême au droit administratif camerounais,* Thèse de doctorat en droit public interne, Université de Yaoundé II, Septembre 2010, p. 496.

ne faut pas oublier qu'elle n'est pas étrangère au contexte camerounais[397]. D'ailleurs, l'opposition entre les libertés publiques et l'ordre public semble plus accrue dans le contexte camerounais[398]. Toutefois, une conciliation entre ces deux notions est vraiment indispensable pour une meilleure prise en compte des libertés publiques dans l'action administrative au Cameroun. Ainsi, l'on pourrait évoquer la définition de l'ordre public : un moyen de prévention contre les abus de pouvoir dans le contrôle administratif des libertés publiques d'une part (**A**) et d'autre part, les limites légales de l'intervention administrative dans le contrôle de l'espace des libertés publiques (**B**).

A. Précision sur la notion d'ordre public : un moyen de prévention contre les abus de pouvoir dans le contrôle administratif des libertés publiques

Il est plausible d'affirmer que la précision sur la notion d'ordre public dans un État peut contribuer à une bonne protection des libertés publiques. Au regard d'un certain nombre d'observations sur le terrain, il en ressort que le manque de clarté dans la notion de trouble à l'ordre public demeure une source d'insécurité pour la garantie des libertés publiques au Cameroun. Aussi, une étude révèle que dans le contexte de lutte contre le terrorisme au Cameroun, « *...la liberté de réunion et de manifestation publique a été l'objet de restriction au nom du recours fréquent à la formule ambigüe de la préservation de l'ordre public* »[399]. Dans ce cadre, une autorité administrative peut donc prendre, comme alibi ou prétexte, le trouble à l'ordre public pour interdire systématiquement l'exercice des libertés publiques principalement les réunions et les manifestations publiques[400].

C'est pour éviter ces abus de pouvoir que la doctrine et le législateur camerounais ont chacun à leur tour, essayé de clarifier la notion de l'ordre public (1). Ceci peut avoir des effets positifs sur la protection des libertés publiques dans un contexte de lutte contre le terrorisme (2).

1. Clarification de la notion d'ordre public en droit camerounais

La doctrine et le législateur ont tenu, chacun à son tour, à apporter quelques précisions sur la notion d'ordre public. Aussi, il existe une conception

---

397 *Idem.*
398 *Idem.*
399 Nouveaux droits de l'homme Cameroun, *Libertés publiques au Cameroun : Guide des pratiques sur la protection des libertés publiques au Cameroun, op.cit.*, p.21.
400 *Ibidem*, p.22.

doctrinale de la notion de l'ordre public (a), et une conception législative de l'ordre public (b).

a. Conception doctrinale de l'ordre public

Du point de vue doctrinal, il n'existe pas encore une définition incontestable de l'ordre public en droit camerounais. Cette notion peut être appréhendée d'une manière extensive comme l'absence de trouble, la paix civile[401]. Si on la définit encore, à travers ses diverses composantes, l'ordre public se ramènerait à trois éléments à savoir : *« la tranquillité publique, ou tranquillité dans les rues, des villes et des villages ; la sécurité publique, qui est une garantie préventive contre les infractions, crimes et délits ; enfin, la salubrité publique, qui est une garantie préventive contre les fléaux contagieux et les épidémies. Telle est la perception classique de l'ordre public »*[402]. L'on peut également soutenir l'idée selon laquelle, l'ordre public peut être considéré comme une norme protectrice des libertés publiques. Ceci a d'ailleurs été rappelé par le juge constitutionnel français en 1985 dans l'affaire CC, décision n° 85-1987 DC, 25 janvier 1985, loi relative à l'état d'urgence en Nouvelle-Calédonie et dépendances. Selon ce juge, « *l'ordre public est nécessaire à la sauvegarde des libertés* »[403].

Néanmoins, la conception camerounaise de l'ordre public est spécifique par rapport à celle du droit français. Il existe une opposition accrue entre le maintien de l'ordre public et la protection des libertés publiques en droit camerounais[404]. Selon Joseph BINYOUM, « *le législateur camerounais et à sa suite le juge administratif ont fait leurs les conceptions de leurs homologues français en insérant dans les textes constitutionnels les grands principes révolutionnaires de 1789, mais cette réception s'est faite dans un sens plutôt profitable aux pouvoirs publics* »[405].

Par contre, l'on pourrait penser que l'observation faite ci-dessus par Joseph BINYOUM, date tout de même au début de l'indépendance du Cameroun en 1960. Entretemps, il y a eu en 1990 de grandes réformes qui consacrent une certaine évolution constitutionnelle et législative significative en droit camerounais. On peut quand même subodorer que depuis l'arrivée de ces

---

[401] Agnès MAKOUGOUM, *Ordre public et libertés publiques en droit public camerounais : contribution à l'étude de la construction de l'Etat de droit au Cameroun depuis 1990, op.cit.*, p.21.

[402] Bernard-Raymond GUIMDO, *Cours de droit administratif général 2*, dispensé en 2ème année droit, Université de Yaoundé II-Cameroun, année académique 2019-2020, p.92.

[403] Agnès MAKOUGOUM, *Ordre public et libertés publiques en droit public camerounais : contribution à l'étude de la construction de l'Etat de droit au Cameroun depuis 1990, op.cit.*, p.21.

[404] Lionel Pierre NGUESSELE ISSEME, *L'apport de la Cour suprême au droit administratif camerounais, op.cit.*, p. 497.

[405] Joseph BINYOUM, *Le contentieux de la légalité en droit administratif camerounais,* Université des Sciences Sociales de Toulouse, Faculté de Droit (1 janvier 1979), p.64.

réformes juridiques, la conception de l'ordre public a connu une certaine évolution même si celle-ci reste encore relative. Aujourd'hui, l'ordre public demeure toujours une valeur majeure, mais elle ne peut pas ruiner la liberté. En d'autres termes, dans l'esprit du constituant camerounais, il existe un souci constant de préserver l'ordre public, mais ce souci ne saurait aboutir à faire disparaitre purement et simplement les droits et libertés protégés par le droit positif en vigueur. L'administration publique ne peut donc pas oublier les questions relatives à la protection des libertés publiques dans les opérations de maintien de l'ordre même en période de lutte contre le terrorisme. Ainsi, en même temps que l'ordre public est restriction des libertés publiques, il est aussi protection de libertés[406].

b. Conception législative de l'ordre public

Le législateur camerounais a tenté de donner quelques éléments constitutifs de la notion de l'ordre public à travers les articles 232, 235, 316 de la loi n° 2016/007 du 12 juillet 2016 portant Code pénal camerounais. On parle ici d'attroupement, cris séditieux, pillage en bande et destruction. Cette position du législateur semble être similaire à la jurisprudence française à savoir l'arrêt CE, 18 décembre1959, société des Films Lutétia (Conseil d'état, 27 octobre 1995, Commune de Morsang-sur-Orge et Ville d'Aix-en-Provence. Selon cette jurisprudence, l'ordre public serait entendu comme « *visant à garantir la sécurité du public ou à prévenir d'éventuels troubles matériels à l'ordre public à l'occasion d'une représentation* ».

Cependant, cet apport du législateur camerounais ne clôt pas le débat sur l'ordre public étant donné que celui-ci ne définit pas l'ordre public, mais fait seulement une énumération des éléments constitutifs de cette notion. En effet, le juge est resté encore silencieux sur un certain nombre d'aspects dans la loi n° 90 /055 du 19 décembre 1990 fixant le régime des réunions et des manifestations publiques au Cameroun. On peut juste aborder quelques aspects de ce silence du législateur. Premièrement, il y a le silence critiquable de l'expression « *trouble grave* » à l'ordre public. L'article 8 al. 3 de la loi suscitée stipule que si l'autorité administrative : « *estime que la manifestation projetée est de nature à troubler gravement l'ordre public, elle peut, le cas échéant : - Lui assigner un autre lieu ou un autre itinéraire ; - interdire par arrêté qu'elle notifie immédiatement au signataire de la déclaration au domicile élu. En cas d'interdiction de la manifestation* ». Il faut néanmoins préciser que cette interdiction ne concerne que les manifestations publiques et non les réunions publiques.

---

[406] Agnès MAKOUGOUM, *Ordre public et libertés publiques en droit public camerounais : contribution à l'étude de la construction de l'Etat de droit au Cameroun depuis 1990, op.cit.*, p.21.

L'expression « *troubler gravement* » reste vague et peut faire l'objet de toutes sortes d'interprétations. Par exemple, à quel moment, peut-on estimer qu'il y aura un « *trouble grave* » à l'ordre public ? Premièrement, le silence légal peut être préjudiciable à l'exercice de la liberté de manifestation pacifique au Cameroun dans la mesure où n'ayant aucune précision sur la gravité d'un trouble, l'autorité administrative a le pouvoir d'interpréter subjectivement ce qu'elle entendrait par trouble grave. Le pouvoir discrétionnaire laissé à l'autorité administrative lui permet, certes, de mieux protéger l'intérêt général sur les bases des informations qu'elle reçoit, mais malheureusement les dérives ne manquent pas.

L'autre silence du législateur porte sur la notion de « réunion publique ». Qu'est-ce qu'une réunion publique en droit camerounais ? Le législateur reste muet sur cette question tout en exigeant comme seule et unique conditionnalité, une déclaration préalable pour la tenue de toute réunion publique. Ensuite, un bureau, composé d'au moins trois (03) personnes parmi les organisateurs, est imposé par le législateur. Celui-ci est chargé « *de maintenir l'ordre, d'empêcher toute infraction aux lois, d'interdire tout discours contraire à l'ordre public et aux bonnes mœurs, ou de nature à inciter à la commission d'actes qualifiés crime ou délit* ». À travers cette disposition juridique, le législateur a voulu limiter les pouvoirs de l'autorité administrative dans le contrôle de l'exercice de la liberté de réunion publique. Ainsi, si le préfet est investi d'une mission générale de protection de l'ordre public, ses pouvoirs s'arrêtent aux portes des réunions publiques à propos desquelles la loi lui a expressément retiré toute possibilité d'agir[407].

Par contre, en l'absence d'une quelconque de définition de la notion de réunion publique, l'autorité administrative a continué à interdire les réunions publiques. L'on peut citer les cas Moubarak Ibrahim MBOMBO, Abel ELIMBI LOBE et a fortiori le Mouvement pour la Renaissance du Cameroun (MRC) et autres, le sous-préfet avait pourtant interdit les réunions déclarées par les organisateurs[408]. Au-delà, de ces quelques omissions du législateur, il n'en demeure pas moins que la définition de l'ordre public en droit camerounais peut avoir des effets positifs sur la protection des libertés publiques.

2. Possibles retombées de la clarification de la notion d'ordre public dans la garantie des libertés publiques

De façon indirecte, la précision de la notion d'ordre public a certainement un impact positif sous la garantie des libertés publiques au Cameroun. Le premier avantage est la jouissance effective des libertés publiques par les

---

[407] Éric-Adol T. GATSI, « Le contrôle juridictionnel des mesures de police en droit administratif camerounais », *op.cit.*, p.16.
[408] *Idem.*

citoyens. En fait, il est généralement admis que les libertés publiques notamment les libertés de réunion et de manifestation publique consacrent les sphères de la vie privée et sociale où le législateur ne peut intervenir qu'en cas de nécessité prévue par la loi. Or, il est aussi avéré que l'incertitude de certaines notions est source d'insécurité juridique et cela peut limiter la jouissance des libertés publiques. Les détenteurs du pouvoir que sont les autorités publiques ont toujours tendance à profiter des failles de la loi pour limiter toute jouissance des libertés publiques.

L'autre avantage serait le droit à un procès équitable, car, une fois que l'incertitude de la notion d'ordre public est aplanie, les citoyens peuvent saisir en toute connaissance de cause le juge pour faire annuler la décision d'interdiction de l'autorité administrative. Cependant, pour jouer il faut d'abord connaître les règles.

B. Limites légales de l'intervention administrative dans le contrôle de l'espace des libertés des libertés publiques

Deux faits antagonistes dominent la politique humaine et la résument[409]. À vrai dire, deux tendances : l'aspiration à une liberté sans cesse accrue et la préoccupation d'une organisation qui, sauvegardant cette liberté, ne peut par là même se passer de l'autorité, deux états d'esprit dont l'harmonie conduirait à la perfection, mais l'opposition est cause de nombreux bouleversements[410]. Les propos ci-dessus démontrent à suffisance le dilemme qui existe entre la protection des libertés publiques et la sauvegarde de la sécurité. Et ce dilemme se pose encore avec acuité dans le contexte camerounais en particulier dans le contexte de lutte contre le terrorisme. Or, si la liberté n'est pas le pouvoir d'agir sans aucune limite, l'administration publique, qui est censée réguler ces libertés, ne peut pas les détruire. Cette administration a des limites ou des bornes qu'elle ne peut pas franchir. La présente réflexion portera sur cet aspect : les limites légales de l'intervention administrative dans le contrôle de l'espace des libertés publiques au Cameroun. Il y a lieu de dire également que ces limites constituent une sorte de garantie pour les libertés publiques.

De son côté, le constituant camerounais a reconnu à l'administration publique, bras séculier de l'État, une mission générale de protection de l'ordre public. Les actes pris par cette administration ressortirent du domaine réglementaire. Ce domaine est extrêmement large, ou étendu. Aussi, selon les dispositions prévues à l'article 27 de la Constitution camerounaise : « *Les matières autres que celles qui sont du domaine de la loi ressortissent du*

---

409 Jacques ROBERT, *Les violations de la liberté individuelle commises par les agents publics et le problème des responsabilités*, Librairie générale de droit et de jurisprudence, Paris, 1955, p.1.
410 *Idem.*

pouvoir réglementaire ». Les autorités administratives sont investies du pouvoir de police administrative. Cette dernière est l'action par laquelle les autorités administratives compétentes définissent, au moyen d'actes administratifs unilatéraux, réglementaires ou individuels, les conditions du maintien de l'ordre public[411]. Ainsi donc, ces autorités sont détentrices d'énormes pouvoirs régaliens leur permettant, à travers les actes qu'elles prennent, de réguler la vie sociale, de protéger l'ordre public ou l'intérêt général et de veiller à la sécurité des personnes et de leurs biens. Mais cela n'est pas sans conséquence sur l'exercice des libertés publiques car, « *c'est une expérience éternelle que tout homme qui a du pouvoir est porté à en abuser* »[412]. Aussi, le pouvoir de police touche au maintien de l'ordre public en vertu duquel justement, les droits et libertés des citoyens sont limités quand ils ne sont pas bafoués ou méconnus[413].

Pour éviter les risques d'abus éventuels sur l'exercice des libertés publiques, le constituant camerounais a réservé les matières concernant les libertés publiques au domaine de la loi[414]. En réservant ces matières au législateur, ce constituant adhère formellement à cette vision caractéristique de l'État de droit libéral que la liberté, ferment de la société démocratique doit relever, quant à ses principes fondamentaux, de l'apparition de la loi, expression de la volonté générale[415]. Aussi est-il de règle que l'activité de police, dès lors qu'elle emprunte le canal de l'Administration, s'exerce sur le fondement des « *lois de police* », elles-mêmes établies en respect de la Constitution[416].

Paragraphe 2. Contrôle juridictionnel de la police administrative comme une garantie contre les atteintes aux libertés publiques

Dans un paysage juridique constitutionnel camerounais dominé par l'État de droit, le juge administratif, tout comme le juge judiciaire sont gardiens des libertés publiques. L'État de droit commande le respect par les autorités publiques de la prééminence du droit à travers le principe de juridicité[417].

---

[411] Bernard-Raymond GUIMDO, *Cours de droit administratif général 2*, *op.cit.*, p.92.

[412] Montesquieu, *De l'esprit des lois*, IX, vi, (1758). (Texte de 1758, Éditions Gallimard, 1995).

[413] Jean Noël ATEMENGUE, « Le pouvoir de police administrative du Président de la République au Cameroun : réflexion sur les fondements de tordre juridique », *Verfassung und Recht in Übersee*, Volume 35, 2002, p.81.

[414] Lire article 26 de la Constitution camerounaise. A travers ledit article, le constituant camerounais confère au législateur l'exclusivité de la compétence en matière de la protection des libertés publiques.

[415] Jean Noël ATEMENGUE, *op.cit.*, 82.

[416] *Idem.*

[417] JOËL ANDRIANTSIMBAZOVINA, « La protection des libertés, fondement de la compétence du juge administratif ? », *Revue générale du droit*, Chronique de droit des libertés,

Autrement dit, le juge administratif a l'obligation de garantir aux justiciables un contrôle juridictionnel effectif contre des actes pris par des personnes privées ou publiques. L'on étudiera dans un premier temps, le juge administratif comme gardien des libertés publiques (**A**) et dans un second temps, le juge d'habeas corpus : un rempart contre les détentions arbitraires (**B**).

A. Juge administratif, gardien des libertés publiques

En dehors du contrôle de conventionalité et de constitutionnalité évoqué ci-dessus[418], le juge administratif protège également les libertés publiques dans la procédure administrative contentieuse puisqu'il sanctionne les cas de violations des libertés commis par les autorités administratives. Ce contrôle s'avère être essentiel en période de lutte contre le terrorisme, car les autorités publiques sont investies d'importants pouvoirs leur permettant d'empiéter dans le champ des libertés publiques au nom de la sécurité nationale et de l'ordre public. Ceci fait encore de ce juge le garant par excellence des libertés. Il y a lieu d'examiner sa compétence (1) avant de présenter la procédure devant lui (2).

1. Matières relevant de la compétence du juge administratif

Les attributions du juge administratif sont fixées par le législateur camerounais. En vertu des dispositions prévues à l'article 2 al. 3 de la loi n° 2006/022 du 29 décembre 2006 fixant l'organisation et le fonctionnement des tribunaux administratifs au Cameroun,

Le contentieux administratif comprend :

a) *« les recours en annulation pour excès de pouvoir et, en matière non répressive, les recours incidents en appréciation de légalité. Est constitutif d'excès de pouvoir au sens du présent article :*
- le vice de forme ;
- l'incompétence ;
- la violation d'une disposition légale ou réglementaire ;
- le détournement de pouvoir.

b) *Les actions en indemnisation du préjudice causé par un acte administratif ;*

c) *les litiges concernant les contrats (à l'exception de ceux conclus même implicitement sous l'empire du droit privé) ou les concessions de services publics ;*

2019, disponible à l'adresse : https://www.revuegeneraledudroit.eu/wpcontent/uploads/ER_2019_ANDRIANZIMBAZOVINA.pdf, (consulté le 16.08.2021), p.5.

[418] Voir Titre 1er, chapitre 2, section 2, Paragraphe 2, B-2-a du présent travail…

d) les litiges intéressant le domaine public ;
e) *les litiges intéressant les opérations du maintien de l'ordre* ».

Il s'agit là d'une compétence d'attribution en matière de contentieux administratif. L'on remarque que l'article 2 al. 3 de la loi suscitée n'a pas donné de détails sur chacun des contentieux, il s'est juste contenté de les énumérer. Cependant, la doctrine a essayé de les classifier en deux grandes catégories à savoir le contentieux objectif et le contentieux subjectif. Tout d'abord, le contentieux objectif touche à l'annulation de l'acte illégal. Il regroupe quatre cas de figure à savoir : le vice de forme, l'incompétence, la violation de la loi et le détournement de pouvoir[419]. Ces contentieux sont une garantie pour les libertés publiques dans la mesure où le juge peut annuler un acte administratif pour non-respect de la légalité et des principes généraux de droit.[420]

Les questions de violations du principe de légalité administrative en général sont souvent susceptibles d'un recours pour excès de pouvoir devant le juge administratif. Celui-ci fait partie de ce qu'on appelle le contentieux objectif, en ce sens qu'il soulève une question de pur droit objectif, celle de la violation d'une règle de droit objectif[421]. Le juge administratif camerounais l'a clairement affirmé dans l'affaire MONKAM TIENTCHEU David : *« (...) Il a été jugé que même dans l'hypothèse où une loi dispose qu'un acte donné ne peut faire l'objet d'aucun recours administratif ou judiciaire ; cette disposition ne saurait être interprétée comme excluant le recours pour excès de pouvoir qui est ouvert même sans texte contre tout acte administratif et qui a pour effet d'assurer conformément aux principes généraux de droit de légalité »* ***(CS/CA, jugement n° 40 du 29 mai 1980)***[422]

Et quant au contentieux subjectif, un administré est fondé à introduire un recours devant le juge administratif lorsque sa situation juridique subjective a subi des atteintes de la part d'un acte ou d'un agissement d'origine

---

[419] Lire à ce sujet, Patrick Edgard ABANE ENGOLO, *Traité de contentieux administratif au Cameroun, op.cit.*, pp.163-164.
[420] Voir les affaires : CS/CA, Arrêt n° 04 du 25 février 1999, FOUDA Gothard contre État du Cameroun ; CFJ/CAY, jugement n°58 du 28 février 1985, MBONG Vincent Nicolas contre Etat du Cameroun ; CS/CA, jugement n°15 du 26 mars 1998, NOUCTI TCHOKWAGO contre Etat du Cameroun ; CS/CA, jugement n°58 du 27 mars 1997, DOBA Jean Calvin contre Etat du Cameroun ; CS/CA, jugement n°2 du 2 Novembre 1978, SO'O Georges contre Etat du Cameroun.
[421] Bernard-Raymond GUIMDO DONGMO, *Cours de Contentieux Administratif « des Affaires »*, en Master Contentieux et Arbitrage des Affaires (MCAA), Faculté des Sciences juridiques et politiques, Université Catholique d'Afrique centrale, Institut catholique de Yaoundé, Année académique 2020/2021, p.20.
[422] *Idem.*

administrative[423]. En cas de culpabilité, il pourrait y avoir indemnisation ou réparation à l'égard de la victime par l'administration que le préjudice soit causé par un acte administratif ou non[424]. Cette indemnisation peut-être soit du fait de l'acte administratif ou encore du fait de l'acte contractuel. Ceci peut davantage protéger les citoyens dans la mesure où certaines violations des libertés par l'administration causent des dégâts extrêmement importants que seule l'administration est capable de supporter directement et non l'agent public personnellement.

En principe, le contrôle juridictionnel est fondé sur l'esprit selon lequel la liberté est la règle, la restriction de police l'exception[425]. Identiquement, le juge administratif camerounais a reconnu le principe du droit de la défense pour ce qui concerne des actes individuels pris par les autorités administratives à l'égard des particuliers. Il s'agit d'ailleurs des droits fondamentaux essentiels dans la mesure où ils protègent les particuliers contre des décisions arbitraires de l'administration. Ce principe a été formulé dans l'arrêt Obame Etémé Joseph du 27 janvier 1970 (*CFJ/CAY arrêt n°98 du 27 janvier 1970, Obame Etémé Joseph contre République Fédérale du Cameroun)*[426]. Dans cet arrêt, le juge reproche au Préfet de n'avoir pas permis au sieur Obame d'exercer ses droits de la défense avant de prendre l'acte portant interdiction d'entrée et de séjour de l'intéressé dans son Département : « *Considérant (...)qu'une sanction telle que celle qui a frappé le requérant ne pouvait légalement intervenir sans que ce dernier eût été à même de discuter les griefs articulés contre lui ; qu'ainsi le sieur Obame Etémé n'ayant pas été préalablement invité à présenter ses moyens de défense, l'arrêté attaqué a été pris en violation du principe de respect des droits de la défense et qu'il est de ce point entaché d'excès de pouvoir* »[427]. En l'occurrence, le juge de l'espèce limitait les prérogatives de l'administration en matière de police[428].

2. Procédure devant les juridictions administratives

En matière administrative contentieuse, le recours gracieux préalable est la règle générale (a), car elle permet une conciliation préalable avant tout recours juridictionnel (b).

---

423 Patrick Edgard ABANE ENGOLO, *Traité de contentieux administratif au Cameroun, op.cit.*, p. 165.
424 *Idem.*
425 Janina GRASSER, *Le contrôle juridictionnel des mesures de la police administrative*, Essai, 2010, disponible à l'adresse : https://www.grin.com/document/201638, (consulté le 15.08.2021).
426 Bernard-Raymond GUIMDO, *Cours de droit administratif général 2*, *op.cit.*, p.96.
427 *Idem.*
428 *Idem.*

a. Recours gracieux préalable

Avant d'interpeller le juge administratif afin qu'il tranche un litige au fond, il faut au préalable introduire un recours devant l'administration pour que celle-ci soit informée de l'existence d'un litige, et qu'elle prenne connaissance des réclamations et essaye de trouver un arrangement avec le requérant[429].

Ce recours doit à peine de forclusion être formé : «

a) dans les trois mois (avant, il était de deux mois) de publication ou de notification de la décision attaquée ;

b) en cas de demande d'indemnisation dans les six mois suivant la réalisation du dommage ou sa connaissance ;

c) *en cas d'abstention d'une autorité ayant compétence liée dans les quatre ans à partir de la date à laquelle ladite autorité était défailla*nte » (article ***17.2 de la loi n° 2006/022***) »[430].

Le recours gracieux préalable a un caractère d'ordre public, c'est-à-dire qu'en son absence, le recours contentieux est d'office rejeté par le juge administratif. Par ailleurs, ce recours est adressé au ministre compétent ou à l'autorité statutairement habileté à représenter la collectivité ou l'établissement en cause[431].

b. Recours contentieux

Dans une procédure administrative contentieuse, plusieurs parties interviennent. Il s'agit des parties-personnes privées et les parties-personnes publiques. Seules les conditions relatives aux parties-personnes privées seront abordées. Pour qu'un recours contentieux puisse avoir lieu, il faut que les parties-personnes privées remplissent certaines conditions. Il s'agit entre autres de la capacité, la qualité à agir et l'intérêt à agir. Ces conditions doivent être requises pour pouvoir ester en justice.

i. Capacité

La capacité est l'aptitude légale que possède une personne à avoir et jouir de droits et d'obligations. Concernant d'abord les personnes physiques, elles doivent d'abord exister, c'est-à-dire être nées. Elles ont par conséquent, une personnalité juridique. Il reste que de plus en plus, même si le droit positif camerounais ne s'est pas encore prononcé de façon claire sur la question, la doctrine tend à estimer que des droits doivent être reconnus aux non-vivants à

---

429 Patrick Edgard ABANE ENGOLO, *Traité de contentieux administratif au Cameroun, op.cit.*, p.184.

430 Bernard-Raymond GUIMDO DONGMO, *Cours de Contentieux Administratif « des Affaires », op.cit.*, p.20 et s.

431 Lire article 12 de l'ordonnance n°72/6 du 26 août 1972 fixant l'organisation de la Cour suprême modifiée par la loi n°76/28 du 14 décembre 1976.

l'instar du fœtus et de l'embryon[432]. Et quant aux personnes morales, « *la base de la personnalité juridique est l'existence. Elle confère des droits et des obligations à celui qui existe. Il en jouit s'il est viable* »[433].

ii. Intérêt pour agir

L'intérêt à agir est une condition classique déterminant l'accès au juge administratif. En effet, toute action tendant à l'annulation ou à la réformation d'un acte doit impérativement émaner d'une personne ayant un intérêt pour agir. Il sous-entend que celui qui saisit la juridiction (administrative) doit justifier d'un intérêt à demander l'annulation d'une décision[434]. Plus précisément, il suppose un espoir de gain pécuniaire ou moral en cas de succès de l'action intentée contre l'Administration[435]. Autrement dit, celui qui saisit le juge doit bénéficier de l'action entreprise[436]. Ce gain est toujours lié au préjudice subi qu'il soit alors matériel ou moral. « *Quand il est matériel, l'intérêt à agir sera davantage le gain pécuniaire ou statutaire. Pour le préjudice moral, la base de la réclamation sera la réparation morale* »[437].

iii. Qualité pour agir

Nul ne peut déposer un recours devant le juge administratif s'il n'a pas qualité pour agir. Il s'agit, en quelque sorte, de la possibilité de se pourvoir en justice. Pour les personnes physiques, la qualité est constituée par le cumul de l'intérêt à agir et de la capacité[438]. Dès que ces deux éléments sont réunis, il est difficile d'imaginer que le juge pourrait déchoir le recours contentieux de recevabilité[439]. Bref, une personne a qualité pour agir, lorsqu'elle est la première concernée par la prétention demandée au juge. Par contre, il peut avoir quelques exceptions à la condition ci-dessus. Quelqu'un d'autre peut avoir la qualité pour agir à la place du titulaire ou de la personne directement concernée. Il s'agit par exemple de l'administrateur légal qui agit au nom du mineur ou encore d'un actionnaire qui peut agir parfois au nom de la société.

---

432 Patrick Edgard ABANE ENGOLO, *Traité de contentieux administratif au Cameroun, op.cit.*, p.202.
433 *Idem.*
434 Bernard-Raymond GUIMDO DONGMO, *Cours de Contentieux Administratif « des Affaires », op.cit.*, p.24.
435 *Idem.*
436 Patrick Edgard ABANE ENGOLO, *Traité de contentieux administratif au Cameroun, op.cit.*, 205.
437 *Idem.*
438 *Idem.*
439 *Ibidem*, pp.205-206.

B. Juge d'habeas corpus : rempart contre les détentions arbitraires

Le juge judiciaire peut être considéré comme un rempart contre les détentions arbitraires au Cameroun. L'article 584 al.1 du Code de procédure pénale camerounais indique que : « *Le Président du tribunal de Grande Instance du lieu d'arrestation ou de détention d'une personne, ou tout autre magistrat du siège dudit Tribunal désigné par lui, est compétent pour connaître des requêtes en libération immédiate, fondées sur l'illégalité d'une arrestation ou d'une détention ou sur l'inobservation des formalités prescrites par la loi* ». L'habeas corpus tend à devenir un symbole contre l'arbitraire puisqu'il permet de protéger efficacement les libertés individuelles. Ainsi, lorsque le délai imparti pour la garde à vue est excessivement dépassé, le privé de liberté est à même d'introduire une requête aux fins de cessation de la mesure en se basant sur l'illégalité formelle[440]. C'est le cas du jugement n° 348/Crim du 03 novembre 1993 rendu par le TGI de Yaoundé, affaire OLOMO NZANA, qui avait passé plus de soixante-dix (70) jours de garde à vue au Groupement spécial d'Opération (GSO)[441]. De même, par jugement n° 26/Crim du 03 novembre 1995, ledit tribunal a également ordonné la libération immédiate de dame YOH dont la garde à vue à la Police judiciaire avait dépassé soixante (60) jours[442].

Après l'analyse des données officielles recueillies dans le rapport du ministère de la Justice sur l'état des droits de l'homme au Cameroun en 2013 relatives à l'habeas corpus, il en ressort que :

- Dans le cadre de la détention militaire, il y a eu 02 accords d'habeas corpus ;
- Dans le cadre de la détention de droit commun, il y a eu 170 accords d'habeas corpus[443].

Les données ci-dessus révèlent que les dispositions pertinentes du Code de procédure pénale relatives à la mise en liberté d'office, avec ou sans caution sont effectivement mises en œuvre par les juridictions[444]. Cette mise en œuvre, faut-il le rappeler, est tributaire d'une implication effective des acteurs de la

---

440 Bernard BELBARA, *La dynamique des droits de la défense dans le code de procédure pénale. Cas de la préparation du procès,* Mémoire de DEA droit privé, spécialité : Droit pénal et Sciences criminelles, Université de Ngaoundéré, 17 octobre 2008.

441 *Idem.*

442 *Idem.*

443 Ministère de la Justice du Cameroun, *Rapports sur l'état des Droits de l'Homme au Cameroun*, République du Cameroun, 2013, p. 38.

444 *Idem.*

chaîne de la justice pénale[445]. Le droit positif camerounais intègre également les standards internationaux en matière criminelle.

Section 2. Intégration concrète des standards internationaux en matière criminelle dans la lutte contre le terrorisme

Le terme « *standard* » est flou. Cependant, l'on peut l'appréhender comme telle une directive générale destinée à guider le juge dans l'administration du droit[446]. Le standard ne tend pas à une délimitation objective de ce qui est permis et de ce qui est défendu[447]. Il constitue plutôt une formule d'appréciation de la conduite des sujets de droit sur la base d'un type-modèle[448]. En matière criminelle des standards existent même s'ils sont des notions variables que ce soit dans le temps ou dans l'espace. L'État du Cameroun a intégré de manière effective dans sa politique criminelle, les standards universels du droit pénal des droits de l'homme (**Paragraphe 1**) et les standards régionaux sur le droit pénal des droits de l'homme (**Paragraphe 2**).

Paragraphe 1. Intégration concrète des standards universels du droit pénal des droits de l'homme

L'État camerounais en tant que pays membre de l'Organisation des Nations Unies est tenu d'adhérer aux valeurs fondamentales qu'incarne cette auguste institution à savoir la promotion et la consolidation de l'État de droit et la promotion des libertés publiques. Aujourd'hui, les efforts de l'ONU en matière de lutte contre le terrorisme reposent sur la conviction sans compromis que pour réussir, leur politique répressive ou pénale les états ne doivent pas simplement respecter, mais doivent effectivement se fonder sur l'esprit et la lettre des normes de l'état de droit, notamment les garanties inscrites dans le Pacte international relatif aux droits civils et politiques (PIDCP)[449]. Le Cameroun partage également cette démarche onusienne en adoptant les principes des Nations Unies sur l'Administration de la justice par les tribunaux militaires d'une part (**A**) et d'autre part, les principes généraux du droit pénal international (**B**).

---

445 *Idem.*

446 Awalou OUEDRAOGO, « Standard et standardisation : la normativité variable en droit international », *Revue québécoise de droit international*, Volume 26, Numéro 1, 2013, p.159.

447 *Idem.*

448 *Idem.*

449 Office des Nations Unies contre la Drogue et les Crimes (UNODC), *Guide législatif pour le régime juridique universel contre le terrorisme, Nations Unies*, New York, 2008, p.6.

A. Intégration des principes des Nations Unies sur l'Administration de la justice par les tribunaux militaires

La question de la justice militaire est couramment associée aux dictatures militaires qu'a connues l'Amérique latine jusque dans un passé relativement récent[450]. Cette région du monde n'a cependant aucun monopole en la matière et la question de la compatibilité des tribunaux militaires avec le droit international des droits de l'homme se pose encore sur tous les continents à l'heure actuelle[451]. Au Cameroun, l'histoire de la justice militaire révèle également que celle-ci ne date pas d'aujourd'hui[452]. En effet, le premier texte applicable en la matière était le code de justice militaire français de 1928[453]. Elle a donc connu des mutations profondes jusqu'en 2017 avec l'adoption d'un Code de justice militaire à travers la loi N° 2017/012 du 12 juillet 2017.

L'État camerounais est en phase avec plusieurs principes internationaux sur l'administration de la justice militaire. L'on peut citer entre autres, certains principes contenus dans la résolution 2005/30 de la Commission des droits de l'homme des Nations Unies (1) et les principes des Nations Unies sur l'administration de la justice par les tribunaux militaires encore appelés « ***principes Decaux*** » (2).

1. Prise en compte de la résolution 2005/30 de la Commission des droits de l'homme des Nations Unies

L'État du Cameroun est en conformité avec l'article 8 de la Résolution 2005/30 de la Commission des droits de l'homme des Nations Unies. Cet article dispose que la Commission des droits de l'homme de l'ONU demande aux États *ayant « institué des tribunaux militaires ou des tribunaux pénaux spéciaux pour juger les auteurs d'infractions pénales de veiller à ce que ces tribunaux fassent partie intégrante de l'appareil judiciaire normal et qu'ils appliquent les procédures régulières qui sont reconnues par le droit international comme garantissant un procès équitable, notamment le droit de former appel d'un verdict de culpabilité et d'une condamnation »*. Cela est devenu une réalité au Cameroun. Tout d'abord, les tribunaux militaires font déjà partie intégrante de l'organisation judiciaire au Cameroun à travers l'article 2 de la loi n° 2006/015 du 29 décembre 2006 portant

---

[450] Claire CALLEJON, « Les principes des Nations unies sur l'administration de la justice par les tribunaux militaires : pour une justice militaire conforme au droit international », Droits fondamentaux, n°6, Janvier-Décembre 2006, 16 pages, disponible à l'adresse électronique : https://www.crdh.fr/wpcontent/uploads/les_principes_des_nations_unies_sur_ladministration_de_la_justice_par_les_tribunaux_militaires.pdf, (consulté le 04.06.2021).

[451] *Idem.*

[452] Spener YAWAGA, *La Justice Militaire au Cameroun : Réflexions à partir d'une discussion article par article*, *op.cit.*, p.17.

[453] *Idem.*

organisation judiciaire au Cameroun. Secondement, les juridictions militaires utilisent dans leur fonctionnement tous les textes de loi applicables aux juridictions de droit commun[454].

Ces instruments juridiques nationaux prennent en compte les grands standards internationaux en matière pénale à savoir la présomption d'innocence (a) et le droit à un procès équitable (b).

a. Principe de présomption d'innocence

Le Préambule de Constitution de la République du Cameroun du 02 juin 1972, révisée par la loi n° 96/06 du 18 janvier 1996, celle-ci modifiée et complétée par la loi n° 2008/01 du 14 avril 2008 dispose de façon claire que : « *Tout prévenu est présumé innocent jusqu'à ce que sa culpabilité soit établie au cours d'un procès conduit dans le strict respect des droits de la défense* ». Dans la procédure pénale camerounaise, le principe de la présomption d'innocence gouverne la charge de la preuve[455]. Le Code de procédure pénale l'exprime en disposant à l'article 307 en ces termes : « *La charge de la preuve incombe à la partie qui a mis en mouvement l'action publique* ». Par la présomption d'innocence, la personne poursuivie exerce ses droits de manière relativement passive[456]. Étant présumée innocente jusqu'à ce que sa culpabilité soit définitivement établie, il faut en toute logique considérer que la charge de la preuve incombe au demandeur, en l'occurrence au ministère public et éventuellement à la partie civile[457]. L'effet le plus probant de cette présomption est inévitablement de faire du poursuivi, un défenseur bénéficiaire de tous les avantages stratégiques de la défensive procédurale[458]. Cela vaut tant pour le poursuivi formel (inculpé, prévenu, accusé) que pour le poursuivi virtuel (personne entendue au cours de l'enquête préliminaire)[459].

b. Principes du procès équitable

Les règles du droit au procès équitable sont effectives au Cameroun à travers les garanties relatives à l'accès à la justice (i) et les garanties liées à la juridiction et à l'instance (ii).

---

[454] L'on peut citer entre autres : Constitution de la République du Cameroun du 02 Juin 1972, révisée par la loi n° 96/06 du 18 Janvier 1996, celle-ci modifiée et complétée par la loi n° 2008/01 du 14 avril 2008, la loi n°2017/007 du 12 juillet 2016 portant Code pénal du Cameroun, la loi n° 2016/007 du 12 juillet 2016 portant Code Pénal, la loi n° 2005/007 du 27 juillet 2005 portant Code de procédure pénale au Cameroun, la loi n°2010/012 du 21 décembre 2010 relative à la cybersécurité et la cybercriminalité au Cameroun, etc…

[455] Bernard BELBARA, *La dynamique des droits de la défense dans le code de procédure pénale. Cas de la préparation du procès, op.cit.*

[456] *Idem.*

[457] *Idem.*

[458] *Idem.*

[459] *Idem.*

i. Garanties relatives à l'accès à la Justice

L'accès à la justice peut d'abord renvoyer à l'existence d'un tribunal. À ce sujet, l'article 3 al. 1er de la loi n° 2017/012 du 12 juillet 2017 portant Code de justice militaire dispose qu'« *il est créé un Tribunal Militaire par région* ». Ceci est une évolution dans l'accès au service public de la justice au Cameroun, car, il existait avant un seul Tribunal Militaire au Cameroun ayant une compétence sur l'ensemble du territoire camerounais[460]. Cette réforme vise donc à améliorer l'accès à la justice sans oublier aussi le désengorgement des tribunaux militaires. Par contre, même si cette réforme est à saluer, elle reste toujours insuffisante par rapport au besoin des justiciables de se rapprocher davantage du service public de la justice[461].

Ensuite, l'État a également rendu effective l'assistance judiciaire à travers la loi n° 2009/004 du 14 avril 2009 portant organisation de l'assistance judiciaire. L'on constate d'ailleurs une amélioration des tendances en matière d'assistance judiciaire au Cameroun. L'analyse des statistiques de l'activité de toutes les juridictions camerounaises montre que « *l'on a enregistré 297 demandes (d'assistance judiciaire) en 2016 contre 220 en 2015*[462]. *Ces demandes ont donné lieu à 132 décisions, soit 17 d'accord partiel et 115 d'accord total, ce qui constitue une augmentation par rapport à l'année 2015 au cours de laquelle 69 ont connu une issue favorable. L'action du Barreau a contribué à améliorer cette tendance. En effet, dans le cadre du Projet Barreau-Gouvernance-État de droit (PBGE) (2016-2018), exécuté par le Barreau du Cameroun avec l'appui de l'Union Européenne, les Avocats ont apporté des conseils juridiques gratuits à des justiciables indigents dans 3 788 dossiers sur les 4 322 recensés sur l'ensemble du territoire, soit un taux de 87,63 %.* »[463].

ii. Garanties relatives à la juridiction

Il s'agit de l'indépendance et l'impartialité du personnel judiciaire en particulier les magistrats. Malgré quelques critiques faites sur l'indépendance de la magistrature en général[464], la loi reconnait à tout justiciable le droit de récuser un magistrat. Les causes de la récusation sont présentées de manière détaillée par l'article 591 du Code de procédure pénale. La partie qui souhaiterait récuser un magistrat du siège d'une juridiction d'instance ou un

460 Lire article 1er de l'Ordonnance n°72/5 du 26 août 1972.

461 Ministère de la Justice du Cameroun, *Rapports sur l'état des Droits de l'Homme au Cameroun*, République du Cameroun, 2016, p. 38.

462 Ministère de la Justice du Cameroun, *Rapports sur l'état des Droits de l'Homme au Cameroun*, République du Cameroun, 2016, p. 38.

463 *Idem.*

464 Cette question sera traitée dans la seconde partie de ce travail !

magistrat de la Cour d'Appel autre que le Président peut adresser une demande en deux exemplaires au Président de la Cour d'Appel.

À titre d'illustration, on peut citer « l'affaire CFIB/ 114e/15 The People v. Ndamukong Denis pendante devant le Tribunal de Première Instance de Bamenda. Dans cette affaire, "le plaignant a saisi la Cour d'Appel (CA)du Nord-Ouest d'une requête en récusation d'un Magistrat dont l'impartialité risquait d'être mise en cause en raison de la relation d'amitié que ce Magistrat entretenait avec la partie adverse couplée au fait que cette dernière était le bailleur dudit Magistrat. La Cour d'appel a fait droit à la demande du plaignant et l'affaire a été confiée à un autre juge »[465]. À côté de la prise en compte de la résolution 2005/30 de la Commission des droits de l'homme des Nations Unies, il y a également une intégration de certains principes des Nations Unies sur l'administration de la justice par les tribunaux militaires.

2. Principes des Nations Unies sur l'administration de la justice par les tribunaux militaires encore appelés « *principes Decaux* »

Plusieurs principes des Nations Unies sur l'administration de la justice par les tribunaux militaires sont intégrés au Cameroun. Premièrement, le principe 1er parle de la création des juridictions militaires par la Constitution ou la loi. Selon ce principe, les juridictions militaires, lorsqu'elles existent, *« ne peuvent être créées que par la Constitution ou la loi, dans le respect du principe de la séparation des pouvoirs. Elles doivent faire partie intégrante de l'appareil judiciaire normal »*. Ce principe est intégré au Cameroun à travers l'article 37 de la Constitution camerounaise qui dispose que : « *la justice est rendue sur le territoire de la République au nom du peuple camerounais. Le pouvoir judiciaire est exercé par la Cour suprême, les cours d'appel et les tribunaux* ».

Deuxièmement, le principe n° 7 parle de l'incompétence des tribunaux militaires pour juger les enfants et mineurs de 18 ans. Ce principe est reconnu en droit camerounais par l'article 9 de la loi N° 2017/012 du 12 juillet 2017 portant Code de justice militaire qui dispose que : « *Les mineurs de dix-huit (18) ans, auteurs, coauteurs ou complices des infractions visées à l'article 8 ci-dessus, sont justiciables des juridictions compétentes en matière de délinquance juvénile. Dans ce cas, le dossier est transmis au parquet compétent par le Commissaire du gouvernement, après disjonction des procédures, le cas échéant* ».

Troisièmement, plusieurs autres principes sur l'administration de la justice par les tribunaux militaires ont été intégrés dans l'ordre juridique camerounais. À titre d'illustration, l'on peut citer le principe n° 2 sur le respect

---

[465] Ministère de la Justice du Cameroun, *Rapports sur l'état des Droits de l'Homme au Cameroun, op.cit.*, p.38.

des normes de droit international, le principe n° 12 sur la *Garantie de l'*habeas corpus, le principe n° 14 sur la Publicité des débats et le principe n° 15 sur la Garantie des droits de la défense et procès juste et équitable. Ceux-ci sont reconnus au Cameroun à travers l'inexistence d'un droit à un recours effectif et garanties procédurales. Ces principes se retrouvent dans la Constitution camerounaise, le Code de procédure pénale camerounais, la loi n° 2006/015 du 29 décembre 2006 portant organisation judiciaire au Cameroun et le Code de justice militaire. Il s'agit entre autres de : «

- *Possibilité d'appels devant les tribunaux de droit commun (Cour d'appel) ;*
- Principes de Gratuité, Droit à l'assistance d'un avocat, Droit à l'assistance d'un interprète ;
- *Droit d'intervention des victimes (constitution de partie civile recevable au cours de l'information ou du jugement) »*[466].

Cet ensemble de principes onusiens sur l'administration de la justice est nécessaire pour la protection des libertés publiques dans la lutte contre le terrorisme parce que « *depuis les attentats du 11 septembre 2001, on assiste à une certaine recrudescence des juridictions pénales spéciales, tandis que la justice militaire continue de véhiculer une image fondamentalement négative* »[467]. Cette réalité n'a pas épargné le Cameroun. Les multiples attentats de Boko Haram ont fait en sorte que l'État mette en place les tribunaux militaires en première ligne dans le combat contre le terrorisme. Cela voudrait dire qu'améliorer l'administration de la justice au Cameroun par les tribunaux, va contribuer également à améliorer l'image des tribunaux militaires au niveau de l'opinion publique.

B. Principes généraux du droit pénal international

D'une manière générale, tous les principes généraux de droit international pénal trouvent leur fondement juridique au Cameroun à travers le Préambule de la Constitution camerounaise. Ils sont donc intégrés dans ce Préambule. Aux termes de ce texte, le constituant camerounais : « *Affirme son attachement aux libertés fondamentales inscrites dans la Déclaration universelle des droits de l'homme, la charte des Nations-Unies, la charte africaine des droits de l'homme et des peuples et toutes les conventions internationales y relatives et dûment ratifiées* ». La loi n° 2016/007 du 12 juillet 2016 portant Code Pénal vient davantage confirmer l'intégration des principes généraux du droit pénal international à travers son article 2 al. 1er :

---

[466] Elisabeth LAMBERT ABDELGAWAD dir., *Juridictions militaires et tribunaux d'exception en mutation : perspectives comparées et internationales*, Rapport final, UMR de droit comparé (université paris 1 – CNRS), Paris, mai 2007, p.191, disponible àhttp://www.gip-recherche-justice.fr/wp-content/uploads/2014/07/04-40-RF.pdf, (consulté le 04.06.2021).
[467] *Ibidem.*, p.5.

« *Les règles de droit international, ainsi que les traités dûment promulgués et publiés, s'imposent au présent Code, ainsi qu'à toute disposition pénale* ». Ce dernier texte d'application générale et spéciale intègre généralement de façon concrète les standards internationaux en matière pénale au Cameroun. Les deux instruments juridiques démontrent à suffisance l'importance que l'État camerounais attache aux standards internationaux du droit pénal.

De manière spécifique, l'État du Cameroun n'a pas encore ratifié le Statut de Rome de la Cour pénale internationale. Cependant, les infractions relevant de la compétence de cette Cour sont sanctionnées en droit camerounais. Cette prise en compte a été matérialisée par l'article 8 al. a et b de la loi n° 2017/012 du 12 juillet 2017 portant Code de justice militaire au Cameroun. Selon ce texte, le tribunal militaire est le seul compétent *« pour connaître a) des infractions militaires et des crimes de guerre ; b) des crimes contre l'humanité et du crime de génocide* ». Il faut noter que le Code de justice militaire reste encore muet sur la définition de ces crimes internationaux[468]. Rien ne dit aussi que les définitions données par le Statut de Rome sur ces crimes sont applicables au Cameroun étant donné que le Cameroun n'a pas encore ratifié ces statuts. On peut donc imaginer que les juges camerounais peuvent s'inspirer des définitions données par le Statut de Rome ou faire preuve d'ingéniosité pour qualifier ces différentes infractions.

Paragraphe 2 : Intégration concrète des standards régionaux sur le droit pénal des droits de l'homme

L'État du Cameroun partage également l'avis selon lequel « *l'efficacité de la lutte contre le terrorisme ne passe pas nécessairement par un amoindrissement des garanties reconnues par les normes internationales pertinentes à toute personne en butte à une accusation pénale* »[469]. Dans ce contexte, il y a donc un intérêt important pour les standards de l'Union Africaine sur le droit pénal des droits de l'homme même si tous ces standards ne sont pas encore internalisés de manière officielle au Cameroun.

Le continent africain a développé de nombreux standards régionaux en matière de droit pénal des droits de l'homme dans un contexte de lutte contre le terrorisme. Mais ces standards ne s'éloignent pas totalement de ceux existants au plan universel. Ceux-ci sont contenus dans divers instruments non contraignants notamment la résolution n° 83 de novembre 2007 de la Fédération Internationale des Ligues des Droits de l'Homme (FIDH) et la Directives et principes sur le droit à un procès-équitable et à l'assistance

---

[468] Spener YAWAGA, *La Justice Militaire au Cameroun : Réflexions à partir d'une discussion article par article*, *op. Cit.*, pp.29-31.

[469] Michel MAHOUVE, « Le cadre juridique international et national de lutte contre le terrorisme : une perspective camerounaise », *op.cit.*, p.120.

judiciaire en Afrique, 2003. Il est possible de les classer en deux grandes catégories à savoir les résolutions africaines (**A**) et les Directives africaines (**B**).

A. Intégration des standards reconnus par la Résolution africaine des droits de l'homme dans la lutte antiterroriste

Il s'agit de la résolution n° 83 de novembre 2007 de la Fédération Internationale des Ligues des Droits de l'Homme (FIDH).

Elle a été adoptée par la Commission à la 37e Session ordinaire tenue du 21 novembre au 5 décembre 2005 à Banjul, Gambie. Elle réaffirme que les États africains « *doivent s'assurer que les mesures prises pour combattre le terrorisme satisfont pleinement leurs obligations aux termes de la Charte Africaine des Droits de l'Homme et des Peuples et des autres traités internationaux des droits de l'homme, notamment le droit à la vie, l'interdiction d'arrestations et de détentions arbitraires, le droit à un procès équitable, l'interdiction de la torture et des autres peines et traitements cruels, inhumains et dégradants et le droit de demander asile* ».

Ces standards régionaux sont également reconnus, pour la plupart, en droit camerounais. L'on peut citer par exemple, le droit à la vie, le droit à l'intégrité physique et morale, le droit à la liberté et à la sécurité et le droit de ne pas être soumis à la torture.

Ces droits sont intégrés dans le droit positif camerounais. Une restriction est apportée au droit à la vie. Rappelons que l'État camerounais n'a pas encore ratifié le Deuxième Protocole Facultatif au Pacte International relatif aux Droits Civils et Politiques visant à abolir la peine de mort le 15 décembre 1989 et entré en vigueur le 11 juillet 1991[470]. La peine de mort est prévue pour des crimes graves comme les actes de terrorisme. L'article 277-3 du Code pénal camerounais punit les actes de torture au Cameroun. Aux termes de cet article : « *(1) Est puni de l'emprisonnement à vie, celui qui, par la torture, cause involontairement la mort à autrui. (2) La peine est un emprisonnement à dix (10) à vingt (20) ans lorsque la torture cause à la victime la privation permanente de l'usage de tout ou partie d'un membre, d'un organe ou d'un sens. (3) La peine est d'un emprisonnement de cinq (05) à dix (10) ans et une amende de cent (100.000) à un million (1 000 000) de francs lorsque la torture cause à la victime une maladie ou une incapacité de travail supérieure à trente (30) jours. (04) La peine est un emprisonnement de deux (02) à cinq (05) ans lorsque la torture cause à la victime soit une maladie ou une incapacité de travail égale ou inférieure à trente (30) jours, soit des douleurs ou souffrances*

[470] Le Cameroun est un pays abolitionniste de fait. La peine de mort n'y a pas été exécutée depuis plusieurs décennies. Elle a un effet purement dissuasif.

mentales ou morales ». Cette disposition juridique protège effectivement l'intégrité physique et morale de la personne humaine.

De même, dans le souci du respect des standards internationaux en matière pénale, l'État camerounais a également initié des actions de renforcement des capacités des personnels chargés de l'application de la loi. Organisé par le ministère de la Justice, un Séminaire de renforcement de capacités en Droits de l'Homme s'est tenu du 09 au 12 mai 2016 à Garoua au profit de 38 Magistrats Civils. Il avait, pour objectif général, de discuter de l'impact de l'action des Services judiciaires sur la mise en cause de la responsabilité internationale de l'État pour violation des Droits de l'Homme[471].

B. Intégration des standards reconnus par les Directives africaines dans la lutte antiterroriste

Il s'agit des Directives et principes sur le droit à un procès équitable et à l'assistance judiciaire en Afrique, 2003. Celles-ci ont été adoptées par la Commission Africaine des Droits de l'Homme et des Peuples, réunie en sa 26e Session Ordinaire, tenue à Kigali, Rwanda, du 1er au 15 novembre 1999.

Ces directives établissent un certain nombre de principes généraux applicables à toutes procédures judiciaires.

Le premier principe établi par les « *Directives* » est le droit à un procès équitable. Selon celui-ci, *« toute personne a droit à ce que sa cause soit entendue équitablement et publiquement par une instance juridictionnelle compétente, indépendante et impartiale, établie par la loi, qui décidera soit du bien-fondé de toute accusation en matière pénale dirigée contre elle, soit des contestations sur ses droits et obligations »*[472]. Ce droit a été largement pris en compte au Cameroun. Et cela a été largement démontré dans les développements précédents.

Le deuxième principe, le droit d'être entendu équitablement repose sur les éléments essentiels de l'égalité. À ce sujet, le Préambule de la Constitution camerounaise précise que : « *Tous les hommes sont égaux en droits et en devoirs. L'État assure à tous les citoyens les conditions nécessaires à leur développement* ». Cela voudrait dire que la loi doit être la même pour tous, quel que soit votre sexe, votre religion ou votre appartenance ethnique. L'article 6 de la Déclaration des droits de l'homme et du citoyen dispose que « *la loi doit être la même pour tous* ». Les personnes dans la même situation doivent être traitées de manière identique. Ce principe consacre l'abolition des

---

[471] Ministère de la Justice du Cameroun, *Rapports sur l'état des Droits de l'Homme au Cameroun 2016*, *op.cit.*, p. 23.

[472] Cf. Le « A » concernant les principes généraux applicables à toute procédure judiciaire, *in Directives et principes sur le droit à un procès équitable et à l'assistance judiciaire en Afrique*, p.1.

privilèges devant la loi. Et les dérogations à cette égalité sont expressément prévues par loi.

Troisièmement, en ce qui concerne leur formation, « *Les États veillent à ce que les magistrats aient une instruction et une formation adéquates et soient conscients des idéaux et devoirs éthiques de leur fonction, des protections constitutionnelles et réglementaires des droits des accusés, victimes et autres parties ainsi que des droits humains et des libertés fondamentales reconnues par la législation nationale et internationale* »[473]. Ce principe de la formation adéquate des magistrats sur les questions de droits de l'homme est effectif au Cameroun. Tous les magistrats militaires reçoivent la même formation que les magistrats de l'ordre judiciaire civil à l'École Nationale d'Administration et de Magistrature (ENAM). Et parmi les modules de formations reçues, il y a les droits et l'homme et les libertés publiques[474].

Quatrièmement, les directives et principes sur le droit à un procès équitable et à l'assistance judiciaire en Afrique imposent le principe du droit à un recours effectif. Aussi, elles disposent que : « *Chaque individu a droit à un recours effectif devant les tribunaux compétents contre des actes attentatoires aux droits garantis par la constitution, la loi ou la Charte, même lorsque les actes ont été commis par des personnes dans le cadre de leurs fonctions officielles* ». Le droit positif camerounais intègre ce principe à travers l'article 1er de la loi n° 90/058 du 19 décembre 1990 modifiant la loi n° 88/019 du 29 décembre 1989. Aux termes de cet article : « *la justice est rendue au nom du peuple camerounais par les juridictions de droit traditionnel ; les tribunaux de première instance ; les tribunaux de grande instance ; les tribunaux militaires ; les cours d'appel ; la Cour de sûreté de l'État ; la Cour suprême* ».

Aux termes de ce chapitre, il convient d'affirmer une fois de plus que l'État intègre la garantie des libertés publiques, de manière effective, dans les mesures répressives contre le terrorisme. Qu'en est-il alors de cette prise en compte dans les mesures de lutte armée ?

---

473 Le « B », *op.cit.*, p.5.

474 Entretien avec le Commissaire du Gouvernement près du Tribunal Militaire de Yaoundé, le.

CHAPITRE 2.

EFFECTIVE GARANTIE DES LIBERTÉS PUBLIQUES DANS LES MESURES DE LUTTE ARMÉE CONTRE LE TERRORISME

L'État camerounais intègre de façon effective les règles internationales applicables aux libertés publiques dans les mesures de lutte armée qu'il prend en période de lutte contre le terrorisme. En tant qu'occupant le premier rang de la catégorie des *« nouvelles menaces contre la paix et à la sécurité internationales »*[475], le terrorisme impose par sa nature et par sa rapide dissémination sur le continent, des réponses fortes et multiples parmi lesquelles la lutte armée. L'une des missions des armées est la défense et la protection de la souveraineté et de l'intégrité du territoire national[476].

De nos jours, les terroristes utilisent plusieurs *Modi operandi* (modes opératoires), pour porter gravement atteinte à la sécurité de l'État du Cameroun à savoir la guerre symétrique et la guerre asymétrique[477]. Ces procédés amènent l'État à multiplier également ses techniques de riposte en faisant recours aux opérations de types militaires et aux comités de vigilance. À titre de rappel, en tant qu'État aspirant au développement, les moyens humains conventionnels du Cameroun sont insuffisants pour véritablement juguler la menace terroriste[478]. C'est dans ce sillage que les « *comités de vigilance* » sont créés. Ceux-ci ne sont pas non plus un fait nouveau dans la lutte contre l'insécurité au Cameroun. Ils ont toujours été utilisés comme les relais étatiques de lutte contre l'insécurité et le grand banditisme afin de pallier l'absence de l'État dans les zones reculées[479]. Il est donc question de démontrer qu'il existe une reconnaissance effective des obligations étatiques en matière de garantie des libertés publiques dans la lutte armée contre le

---

[475] Jean Paul Baxter BIDIAS A MBASSA, « Solidarités sous-régionales et lutte contre le terrorisme en Afrique : entre intégration régionale fantasmée et égoïsmes nationaux magnifiés », *in* Alain Didier OLINGA dir, *Droit international, droits nationaux et lutte contre le terrorisme en Afrique*, *op.cit.*, p.420.

[476] *Idem.*

[477] La guerre asymétrique est une guerre non conventionnelle où la partie, qui est généralement la plus faible militairement, est tentée de recourir à des méthodes de guerre illicites pour contrer la puissance de l'adversaire. Ceci est contraire à la guerre symétrique qui est une guerre conventionnelle.

[478] Paul Amour Destin MBEGUELE, « Les groupes non conventionnels et la lutte contre le terrorisme au Cameroun : le cas des comités de vigilance », *in* Alain Didier OLINGA dir, *op.cit.*, p.525.

[479] *Idem.*

terrorisme d'une part (**Section 1**) et d'autre part, l'effectivité des mesures de contrôle et de répression des violations des libertés publiques dans la lutte armée contre le terrorisme (**Section 2**).

Section 1. Effective reconnaissance des obligations étatiques en matière de garantie des libertés publiques dans la lutte armée contre le terrorisme

En tant que membre à part entière de l'ONU, l'État du Cameroun a l'obligation de s'assurer que toutes les mesures qu'il prend sont conformes aux principes généraux du droit international humanitaire et à d'autres engagements souscrits en matière de garantie des libertés publiques dans le cadre de la lutte armée contre le terrorisme. Aussi, l'article 55 de la Charte des Nations Unies de 1945 dispose que les États membres des Nations Unies doivent favoriser « *le respect universel et effectif des droits de l'homme et des libertés fondamentales pour tous, sans distinction de race, de sexe, de langue ou de religion* » tout en précisant également que cela permettrait « *de créer les conditions de stabilité et de bien-être nécessaires pour assurer entre les nations des relations pacifiques et amicales fondées sur le respect du principe de l'égalité des droits des peuples et de leur droit à disposer d'eux-mêmes* »[480]. Autrement dit, l'esprit de la Charte de San Francisco est fondé sur les principes de l'État de droit et des droits de l'homme. Et tout État qui dérogerait à ces principes et valeurs fondamentaux ne serait plus digne d'être appelé « *Membre de l'Organisation des Nations Unies* ».

L'État du Cameroun a un souci constant de s'arrimer aux valeurs et principes onusiens en intégrant d'une manière effective les obligations du droit international humanitaire en matière de protection des civiles (**Paragraphe 1**) et l'intégration concrète des mesures garantissant le respect des libertés publiques dans la lutte armée au niveau national **(Paragraphe 2).**

Paragraphe 1 : Effective intégration des obligations du droit international humanitaire en matière de protection des civils

- L'État camerounais est partie à de nombreux traités du droit international humanitaire[481] à savoir :

[480] Cf. article 45 de la Charte des Nations Unies.

[481] Toutes ces conventions ci-dessus ont été tirées de l'article de Mme KOURRA Félicité OWONA MFEGUE, « Droit international et lutte contre le terrorisme de BOKO Haram au Cameroun », *in* Alain Didier OLINGA dir, *Droit international, droits nationaux et lutte contre le terrorisme en Afrique*, *op.cit.*, p.606.

- La Convention (I) pour l'amélioration du sort des blessés et des malades dans les forces armées en campagne du 12 août 1949 [482];
- La Convention (IV) relative à la protection des personnes civiles en temps de guerre du 12 août 1949 [483];
- La Convention relative au statut des réfugiés entrée en vigueur le 22 avril 1954 [484];
- Le Protocole additionnel aux Conventions de Genève du 12 août 1949 relatif à la protection des victimes des conflits armés non internationaux du 8 juin 1977 [485];
- Le Protocole sur l'interdiction ou la limitation de l'emploi des mines, pièges et autres dispositifs tel qu'amendé le 3 mai 1996 [486];
- La Convention relative aux droits de l'enfant entrée en vigueur le 20 novembre 1989[487].

Tous ces instruments juridiques font du droit international humanitaire des règles incontournables dans la lutte armée dans le territoire camerounais. Malgré les multiples débats sur les problèmes de cohabitation entre le droit humanitaire et le terrorisme, le droit international humanitaire s'applique au terrorisme dans le cadre d'un conflit armé, et dans ce cadre-là seulement[488]. En effet, ayant pour finalité centrale d'encadrer la barbarie de la guerre, le droit international humanitaire, « emploi réglé de la force armée », ne pouvait pas ignorer de façon absolue le phénomène du terrorisme, cette « déréglementation de l'usage de la force », antithèse au plan juridique, de la guerre[489]. Ainsi, l'État est tenu de prendre en compte les exigences fondamentales du droit international humanitaire en matière de protection des civiles (**A**) et les exigences spécifiques du droit international humanitaire en matière de protection des civiles (**B**).

A. Exigences fondamentales du droit international humanitaire en matière de protection des civils

Il existe un ensemble d'exigences d'ordre général en matière de protection des civils dans le cadre d'un conflit armé. Ces règles visent, en quelque sorte,

---

[482] L'État camerounais a ratifié cette Convention le 16 Septembre 1963.

[483] Cette Convention a également été ratifiée par l'Etat camerounais le 16 Septembre 1963.

[484] Elle a été ratifiée par le Cameroun le 23 Octobre 1961.

[485] Encore appelé « Protocole II), il a été le 16 mars 1984.

[486] Ce protocole a été ratifié par l'État camerounais le 07 décembre 2006 ;

[487] Elle a été ratifiée par l'État camerounais le 11 Janvier 1993.

[488] Jean de Noël ATEMENGUE, « Terrorisme et droit international humanitaire : une relation ambivalente », *in* Alain Didier OLINGA dir, *Droit international, droits nationaux et lutte contre le terrorisme en Afrique*, *op.cit.*, p.117.

[489] *Idem.*

à atténuer les pertes, les dommages ou les souffrances causés, au sein de la population civile, par l'évolution dramatique des méthodes et moyens employés dans le cadre de la lutte armée. En période de lutte contre le terrorisme, le respect de ces règles d'ordre général devient absolument nécessaire au regard de l'intensité de la violence occasionnée dans un contexte de lutte contre le terrorisme. Celles-ci s'appliquent, en principe, à toutes les parties au conflit.

Il s'agit premièrement de l'article 3 commun aux quatre Conventions de Genève du 12 août 1949. Cette disposition juridique est applicable aux conflits armés non internationaux y compris la lutte contre le terrorisme et énonce en quoi consiste un minimum de traitement humain. Selon l'alinéa 1er de l'article 3 suscité : « *Les personnes qui ne participent pas directement aux hostilités, y compris les membres des forces armées qui ont déposé les armes et les personnes qui ont été mises hors de combat par maladie, blessure, détention, ou pour toute autre cause, seront, en toutes circonstances, traitées avec humanité, sans aucune distinction de caractère défavorable basée sur la race, la couleur, la religion ou la croyance, le sexe, la naissance ou la fortune, ou tout autre critère analogue* ».

Cette même exigence figure dans l'article 4 du Protocole (II) additionnel aux Conventions de Genève du 12 août 1949 relatif à la protection des victimes des conflits armés non internationaux en ces termes : « *Toutes les personnes qui ne participent pas directement ou ne participent plus aux hostilités, qu'elles soient ou non privées de liberté ont droit au respect de leur personne, de leur honneur, de leurs convictions et de leurs pratiques religieuses. Elles seront en toutes circonstances traitées avec humanité, sans aucune distinction de caractère défavorable. Il est interdit d'ordonner qu'il n'y ait pas de survivants* ».

Cette exigence en matière de protection des personnes civiles dans un conflit armé non international a un caractère *erga omnes* en tout temps et en tout lieu lorsqu'il s'agit de protéger les atteintes portées à la vie et au bien-être physique ou mental des personnes, en particulier le meurtre, de même que les traitements cruels tels que la torture. Dans ce contexte, le rôle du Comité international de la Croix-Rouge devient alors extrêmement important. Ainsi, ce Comité international doit chercher à « *établir, entretenir et développer des contacts étroits et suivis avec tous les belligérants, qu'ils soient gouvernementaux ou autres. Et ce dans le but d'engager un dialogue constructif sur leur responsabilité de respecter les personnes protégées* »[490].

---

490 Comité international de la Croix-Rouge, « Protection des civils dans les conflits armés », *Conseil de sécurité des Nations Unies*, 3977e séance - Déclaration de M. Cornelio Sommaruga, Président, Comité international de la Croix-Rouge (CICR), New York, le 12 février 1999, disponible à l'adresse :
https://www.icrc.org/fr/doc/resources/documents/misc/5fzgu2.htm, (consulté le 19.08.2021).

Ainsi, les obligations générales de protection des personnes civiles découlent du droit international des droits de la personne humaine[491], car elles portent sur les droits qui sont consacrés et protégés par la Déclaration universelle des droits de l'homme de 1948 et les pactes relatifs aux droits civils et politiques d'une part et d'autre part aux droits économiques, sociaux et culturels[492]. Il s'agit des droits de l'homme essentiels et inaliénables comme précisés par le Conseil de sécurité dans sa Résolution 237 adoptée en 1967 tels que la protection du droit à la vie, l'interdiction de la torture ou encore l'interdiction de porter atteinte à la dignité ou encore la garantie d'un procès équitable[493]. Qu'en est-il avec les exigences spécifiques du droit humanitaire en matière de protection des civils ?

B. Exigences spécifiques du droit international humanitaire en matière de protection des civils

L'État du Cameroun reconnait les exigences du droit international humanitaire. Ces exigences spécifiques du droit international humanitaire en matière de protection des civils portent sur des catégories spécifiques des personnes à savoir les femmes (1) et les enfants (2).

1. Nécessité d'une protection particulière des enfants lors des conflits armés

En date du 04 février 2013, l'État camerounais a ratifié le Protocole facultatif concernant l'implication d'enfants dans les conflits armés, 2000. Ce protocole fait bénéficier les enfants d'une double protection en vertu du droit international humanitaire outre la protection générale accordée aux personnes civiles, les enfants sont par exemple protégés contre le recrutement et la participation aux hostilités. Aux termes de l'article 4 de ce texte juridique : « *1. Les groupes armés qui sont distincts des forces armées d'un État ne devraient en aucune circonstance enrôler ni utiliser dans les hostilités des personnes âgées de moins de 18 ans. 2. Les États Parties prennent toutes les mesures possibles pour empêcher l'enrôlement et l'utilisation de ces personnes, notamment les mesures d'ordre juridique nécessaires pour interdire et sanctionner pénalement ces pratiques. 3. L'application du présent article est sans effet sur le statut juridique de toute partie à un conflit armé* ».

---

[491] Rachel Nadège MIKLA NGONDJO, *La mobilisation du DIH dans le règlement du conflit frontalier entre le Cameroun et le Nigéria*, Mémoire de Master 2 en droits de l'homme et action humanitaire, année académique 2010-2011, p.24.

[492] Boris Anicet KAMDEM KAAM, *Le DIH et la protection des populations civils au Cameroun : approche comparée des conflits de Bakassi et Boko Haram*, Mémoire de Master 2 en droits de l'homme et action humanitaire, année académique 2016-2017, p.16.

[493] *Idem.*

La guerre n'épargne pas les enfants, qui en sont les plus jeunes victimes et celles aussi qui ont le besoin de protection le plus grand[494]. Tués, blessés, arrachés à leur environnement et souvent à leur famille, les enfants sont les êtres les plus vulnérables face à la violence qui caractérise les conflits actuels[495]. Le mépris des règles humanitaires les plus élémentaires et les attaques indiscriminées contre les populations civiles, dans bon nombre de cas, mettent en lumière le sort tragique des enfants pris dans la tourmente de la guerre[496]. C'est d'ailleurs la raison pour laquelle au-delà des règles générales applicables à tous les êtres humains, les enfants bénéficient d'une protection spéciale eu égard à leur vulnérabilité.

La Convention Internationale relative aux Droits de l'Enfant (1989) dispose en son article 1er qu'« *un enfant s'entend de tout être humain âgé de moins de dix-huit ans, sauf si la majorité est atteinte plus tôt en vertu de la législation qui lui est applicable* ». Les personnes figurant alors dans cette catégorie doivent être protégées particulièrement en période de conflit du fait de l'insouciance et de l'immaturité qui les caractérisent, mais également à cause de leurs vulnérabilités à l'enrôlement forcé aux groupes terroristes qui a pour but de faire de ces enfants des cibles légitimes de la partie adverse[497]. Par ailleurs, l'article 77 alinéa 1er du Protocole (I) additionnel aux conventions de Genève du 12 août 1949 relatif à la protection des victimes des conflits armés internationaux dispose que : « *Les enfants doivent faire l'objet d'un respect particulier et doivent être protégés contre toute forme d'attentat à la pudeur. Les Parties au conflit leur apporteront les soins et l'aide dont ils ont besoin du fait de leur âge ou pour toute autre raison* ».

2. Nécessité d'une protection particulière des femmes lors des conflits armés

Les femmes avec leurs enfants forment la grande majorité des populations civiles, souvent déplacées ou réfugiées[498]. Leurs maris au loin, leur rôle social

---

494 Comité international de la Croix-Rouge, « Protection des enfants dans les conflits armés », *Extrait de « La protection des populations civiles en période de conflit armé » ; XXVIe Conférence internationale de la Croix-Rouge et du Croissant-Rouge*, 15-09-1995, disponible à l'adresse :
https://www.icrc.org/fr/doc/resources/documents/misc/5fzgaj.htm, (consulté le 19.08.2021).

495 *Idem.*

496 *Idem.*

497 Boris Anicet KAMDEM KAAM, *Le DIH et la protection des populations civiles au Cameroun : approche comparée des conflits de Bakassi et Boko Haram*, *op.cit.*, pp. 17-18.

498 Comité international de la Croix-Rouge, « Protection des femmes dans les conflits armés »,"Extrait de "La protection des populations civiles en période de conflit armé ; XXVIe Conférence internationale de la Croix-Rouge et du Croissant-Rouge, 15-09-1995, disponible à l'adresse :
https://www.icrc.org/fr/doc/resources/documents/misc/5fzgua.htm, (consulté le 19.08.2021).

est fréquemment transformé. La femme assume souvent des responsabilités accrues à l'égard de ses enfants ou de ses parents âgés et devient la seule et dernière garante de l'unité familiale[499]. Les femmes enceintes, en couche ou qui allaitent sont particulièrement vulnérables du fait de leur situation[500]. En période de conflit armé, leur taux de mortalité s'accroît bien souvent dans des proportions effrayantes[501]. Conscient donc de cette réalité implacable, le droit international humanitaire a prévu une protection pour les femmes dans le cadre des conflits en particulier la lutte armée contre le terrorisme. Aussi, l'article 76 alinéa 1er du Protocole (I) additionnel aux conventions de Genève du 12 août 1949 relatif à la protection des victimes des conflits armés internationaux dispose que : « *Les femmes doivent faire l'objet d'un respect particulier et seront protégées, notamment contre le viol*[502]*, la contrainte à la prostitution et toute autre forme d'attentat à la pudeur* ».

Paragraphe 2 : Intégration concrète des mesures garantissant le respect des libertés publiques dans la lutte armée au niveau national

L'État du Cameroun intègre concrètement les mesures garantissant les libertés publiques dans la lutte contre le terrorisme. Les Conventions de Genève obligent les États parties à respecter et à faire respecter en toutes circonstances le droit international humanitaire[503]. Aussi, cette obligation est traduite en droit national par l'adoption des mesures législatives sur la protection des civils lors des conflits armés (**A**) et l'adoption des mesures réglementaires sur la protection des civils lors des conflits armés (**B**).

A. Adoption des mesures législatives sur la protection des civils lors des conflits armés

Parmi les nombreux textes de loi conforment aux règles du droit international humanitaire dans la lutte armée contre le terrorisme, l'on peut citer la loi n° 2017/012 du 12 juillet 2017 portant Code de Justice militaire au Cameroun (2) ainsi que la loi n° 2014/028 du 23 décembre 2014 portant répression des actes du terrorisme au Cameroun (03).

---

[499] *Idem.*
[500] Comité international de la Croix-Rouge, *Idem.*
[501] *Idem.*
[502] Le viol est souvent considéré comme une arme de guerre.
[503] Lire article 1er de la Convention (I) pour l'amélioration du sort des blessés et des malades dans les forces armées en campagne du 12 Août 1949.

1. Intégration du droit humanitaire dans le Code de justice militaire

Bien que n'étant pas partie au Statut de Rome, le Cameroun a pris en compte dans sa législation interne, les crimes qui relèvent de la compétence de la Cour Pénale Internationale (Génocide, crime contre l'humanité, crime de guerre). Ainsi, l'article 8 alinéas a et b de la loi n° 2017/012 du 12 juillet 2017 portant Code de Justice militaire au Cameroun reconnait désormais aux tribunaux militaires une compétence exclusive en matière de « *crimes de guerre, crimes contre l'humanité et du crime de génocide* ». Le fait de sanctionner ces crimes internationaux en droit interne est déjà un signal important dans la lutte contre l'impunité et cela contribue également à prévenir des atteintes graves aux droits fondamentaux des personnes civiles dans la lutte armée. Il s'agit d'une protection effective des civils dans la lutte armée en période de lutte antiterroriste au Cameroun.

De même, le Code de justice militaire sanctionne des infractions commises par des militaires dans le théâtre des conflits lorsque ces actes sont de nature à porter atteinte aux civils. En effet, plusieurs infractions peuvent, de manière générale concerner les personnes civiles. L'article 8 du Code de justice militaire résume tous ces types d'infractions en parlant ici : « *des infractions de toute nature commises par des militaires ou par le personnel civil en service dans les forces de défense, avec ou sans coauteurs ou complices civils, soit à l'intérieur d'un établissement militaire, soit dans l'exercice de ses fonctions* ». Il s'agit par exemple, le fait de tirer à bout portant sur un civil alors qu'il ne représentait aucun danger.

Par ailleurs, le Code de justice militaire prévoit et sanctionne également, aux articles 146, 216 et 221, les comportements jugés contraires à l'éthique militaire, mais aussi au droit international humanitaire tels que piller, dépouiller ou porter atteinte physiquement aux populations civiles[504].

2. Intégration du droit humanitaire dans la loi camerounaise de lutte contre le terrorisme

La vocation première de la loi n° 2014/028 du 23 décembre 2014 portant répression des actes du terrorisme au Cameroun est la répression des actes de terrorisme, car, elle « *s'inscrit dans le cadre de la mise en œuvre, au plan interne, des mesures préconisées au niveau international en matière de lutte contre le terrorisme* »[505]. Cependant, cette loi spéciale fournit une protection aux populations civiles, car elle sanctionne en son article 2 tout acte qui a pour

---

[504] Boris Anicet KAMDEM KAAM, *Le DIH et la protection des populations civiles au Cameroun : approche comparée des conflits de Bakassi et Boko Haram*, *op.cit.*, p. 20.

[505] cf. projet de loi n°2014/028 du 23 Décembre 2014 portant répression des actes du terrorisme au Cameroun, p.1.

but d'intimider, de semer la terreur au sein de la population civile ou encore de perturber les services assurant la prestation des services dont le fonctionnement est essentiel à la survie des populations civiles.[506]

B. Adoption des mesures réglementaires sur la protection des civils lors des conflits armés

L'État camerounais intègre le droit international humanitaire dans les mesures réglementaires sur la protection des civils lors des conflits. Il existe plusieurs actes réglementaires intervenants dans la lutte armée au Cameroun, mais ces travaux s'appesantiront uniquement sur le décret n° 2007/199 du 07 juillet 2007 portant Règlement de discipline générale dans les forces de défense. Il s'agit d'un texte stratégique en matière de sécurité puisqu'il permet aux différentes composantes des forces de défense de disposer d'un cadre de mise en application de la discipline générale au sein de l'armée camerounaise.

Sur le plan opérationnel, ce texte juridique prescrit ou met en place un régime d'obligations, d'interdictions et de sanctions.

Premièrement, concernant le régime d'obligations, l'article 31 de ce décret précise que « *les forces de défense doivent mener leurs opérations jusqu'à l'accomplissement de la mission, avec le souci d'une observation sincère des connaissances du Droit international humanitaire. Chaque militaire doit :*

- *Recueillir, protéger et soigner les blessés, les malades et les naufragés dans la mesure où les circonstances opérationnelles le permettent ;*
- *Respecter les formations, établissements et transports sanitaires, les zones et localités sanitaires, les lieux de rassemblement de malades ou de blessés civils ou militaires, les emblèmes de la Croix-Rouge et du Croissant-Rouge, et des Sociétés de Croix-Rouge et du Croissant-Rouge nationales qui sont des signes protecteurs par eux-mêmes, ainsi que le personnel sanitaire* ».

Deuxièmement, il existe un régime d'interdiction dans ce texte. À titre d'illustration, il est interdit aux militaires au combat, selon l'article 32 du même décret :

- *De porter atteinte à la vie et à l'intégrité corporelle des malades, blessés, naufragés, à celles des prisonniers ainsi que de personnes civiles notamment par leur meurtre sous toutes ses formes, les mutilations, les traitements cruels, tortures et supplices ;*
- *De dépouiller les morts, les blessés, les malades et les naufragés,*

---

[506] Boris Anicet KAMDEM KAAM, Le DIH et la protection des populations civiles au Cameroun : approche comparée des conflits de Bakassi et Boko Haram, *op.cit.*, p.20.

- *De se livrer à toute destruction inutile et à tout pillage, en particulier des biens privés, et d'utiliser tous les moyens qui occasionnent des souffrances et des dommages inutiles ;*
- *De prendre des otages, de se livrer à des représailles ou à des sanctions collectives ;*
- *De condamner des individus sans jugement préalable rendu par un tribunal régulièrement constitué et assorti des garanties judiciaires prévues par la loi ».*

Troisièmement, le régime de sanction est fixé également par le décret concernant l'autorité et l'obéissance. Selon le décret précité, « *le subordonné est responsable de l'exécution ou des conséquences de l'inexécution des ordres reçus. Le devoir d'obéissance ne le dégage pas des responsabilités qui lui incombent au regard de la loi. Il peut en appeler à l'autorité compétente s'il se croit l'objet d'une sanction injustifiée ou s'il reçoit un ordre illégal*[507].

Pour conclure, il s'agit d'une sorte d'autolimitation des pouvoirs de l'armée camerounaise. Ce règlement général des forces de défense fait en sorte que l'armée camerounaise devienne une armée républicaine soucieuse de la garantie des libertés publiques dans les opérations de maintien de l'ordre et de sécurité nationale. Et derrière cela, c'est l'État qui est limité dans le sens où ses actions resteront strictement encadrées ou limitées par le droit en vigueur. Cela fait partie des grandes innovations de l'armée camerounaise à travers les 21 décrets de 2001[508].

Section 2. Effectivité des sanctions des violations des libertés publiques dans la lutte armée contre le terrorisme

L'existence des obligations étatiques en matière de garantie des libertés publiques est, certes, un élément essentiel, mais elle ne suffit pas à elle seule pour garantir une effectivité de ces libertés dans la lutte armée contre le terrorisme. Il faut donc des mécanismes fonctionnels qui viendront rendre effectifs les droits et libertés. L'État du Cameroun a reconnu un certain nombre de mécanismes. Ces derniers sanctionnent les violations des libertés publiques dans le cadre des activités militaires au Cameroun en période de lutte contre le terrorisme. Il n'est plus question de rappeler les missions de ces mécanismes puisque cela a déjà fait l'objet de longs développements dans cet ouvrage. Il sera donc abordé, dans ce cadre, les sanctions des instances internationales compétentes en cas d'atteintes aux libertés publiques

---

[507] Lire le décret n°2007/199 du 07 juillet 2007 portant Règlement de discipline générale dans les forces de défense, p.1

[508] Il s'agit ici des 21 textes réglementaires qui ont été pris dans le cadre de la grande réforme de l'armée camerounaise voulue par l'État camerounais en 2001.

de contournement pour que la Cour puisse ouvrir une enquête contre les responsables des crimes internationaux reconnus, les extrader et les juger[510].

Premièrement, la Cour pénale internationale peut enquêter sur les violations graves des libertés publiques dans le contexte de lutte contre le terrorisme au Cameroun.

En ce qui concerne la Cour internationale de justice, les particuliers ne peuvent pas saisir cette juridiction. En l'état actuel, il n'y a aucune donnée disponible concernant une décision rendue contre un État sur les affaires de protection des libertés publiques dans un contexte de lutte antiterroriste. Cependant, cette Cour peut être saisie par un État contre un autre État pour non-respect de ses engagements internationaux en matière de la protection des libertés publiques dans la lutte contre le terrorisme. C'est le cas lorsqu'un État refuse d'appliquer une Convention qu'elle a ratifiée.

Paragraphe 2 : Sanctions contre les atteintes aux violations des libertés publiques dans la lutte armée contre le terrorisme au niveau national

Au Cameroun, les violations des libertés publiques sont sanctionnées dans le contexte de lutte contre le terrorisme. Le régime des sanctions peut être soit disciplinaire (A) ou pénal (B) pour des atteintes diverses au droit à la vie, à l'intégrité physique et morale des personnes dans le contexte de lutte contre le terrorisme.

A. Sanctions disciplinaires contre les violations des libertés publiques

La sanction disciplinaire peut être définie comme toute mesure, outre que les observations verbales, prise par l'État à la suite d'un agissement de l'agent considéré par lui comme fautif. L'État camerounais ne se contente pas seulement de sensibiliser les agents de force de l'ordre, il sanctionne également certaines infractions commises par ces derniers. Selon les données disponibles dans le Rapport de l'État sur l'état de la situation des droits de l'homme au Cameroun, l'on relève par exemple que des sanctions disciplinaires ont été infligées à 18 fonctionnaires de Police[511].

---

[510] Cette question a déjà été abondamment étudiée plus haut notamment au Chapitre 2 du deuxième titre.

[511] Ministère de la Justice du Cameroun, *Rapport sur l'état des Droits de l'Homme au Cameroun 2016*, *op.cit.*, pp. 25-26.

Ainsi, de manière détaillée, l'on peut constater que le régime des sanctions est varié. Il peut aller de l'avertissement à la révocation du corps. L'on peut citer par exemple :

« *des mises à pied sans traitement de durées variables, aux fonctionnaires de différents grades ; 03 Inspecteurs de Police Principaux (15 jours à l'un pour Retrait abusif des pièces d'un usager et usage abusif d'une arme à feu et 20 jours aux deux autres respectivement pour Violences envers un agent de la force publique et Violences et voies de fait envers un gardé à vue) ; 01 Inspecteur de Police Deuxième Grade (10 jours pour Violences et voies de fait envers un supérieur) ; 02 Inspecteurs de Police Premier Grade (15 jours pour Violences et voies de fait envers un usager) ; 01 Gardien de la Paix Principal (14 jours pour Usage abusif d'une arme de service) ; 02 Gardiens de la Paix Premier Grade (20 jours pour Utilisation abusive d'une arme à feu et 15 jours Violences et voies de fait envers un usager)* »[512]. La liste des sanctions n'est pas exhaustive. Qu'en est-il alors des sanctions pénales à l'encontre des agents publics ?

B. Sanctions pénales contre les violations des libertés publiques

Les sanctions peuvent être infligées contre des agents de force de défense et de sécurité qui violent les libertés publiques dans le cadre de la lutte armée contre le terrorisme. Aussi, dans le jugement n° 206/CRIM/20, affaire ministère public contre FABASSOU Etienne et six autres le 21 septembre 2020, le Tribunal Militaire de Yaoundé déclare FABASSOU Etienne, BITYALA Cyriaque Hilaire, DONOSSOU GORVO Barnabas et TCHANGA CHIENGANG Jean Baptiste, coupables pour coaction d'assassinat, violation de consigne et complicité des mêmes faits. Ils étaient poursuivis pour avoir tué deux dames avec leurs enfants à Zelevet, au pied du Mont Vigibi en avril 2015[513]. Ils furent alors, chacun, condamnés à 10 ans de prison ferme. Dans leurs moyens de défense, les soldats BITYALA Cyriaque Hilaire DONOSSOU GORVO Barnabas et TCHANGA CHIENGANG Jean Baptiste avaient pourtant déclaré qu'ils avaient obéi aux ordres de leur supérieur. Mais ce moyen fut rejeté par le tribunal. Et ils eurent la même sentence que leur chef hiérarchique FABASSOU Etienne.

À travers cette jurisprudence célèbre, le juge militaire est non seulement venu encore renforcer un principe posé par le législateur et les traités internationaux selon lequel « *le subordonné est responsable de l'exécution ou des conséquences de l'inexécution des ordres reçus. Le devoir d'obéissance ne le dégage pas des responsabilités qui lui incombent au regard de la loi* ».

---

512 Ministère de la Justice du Cameroun, *Idem*.

513 ZELEVED est une localité du Cameroun située dans le département du Mayo-Tsanaga et la Région de l'Extrême-Nord, à proximité de la frontière avec le Nigeria.

Mais il s'agit là d'une application par le juge d'une règle du droit humanitaire qui interdit à tout militaire de porter atteinte à la vie et à l'intégrité corporelle des malades, blessés, naufragés, à celles des prisonniers ainsi que de personnes civiles notamment par leur meurtre sous toutes ses formes, les mutilations, les traitements cruels, tortures et supplices.

Selon les sources officielles présentant les sanctions pénales infligées aux personnels chargés de l'application de la loi, les Tribunaux militaires de Bafoussam, Bamenda, Buéa, Douala, Ebolowa, Garoua et Maroua ont été saisis de poursuites à l'encontre de 175 personnels chargés de l'application de la loi pour des infractions relatives au droit à la vie, à l'intégrité physique et morale et à la torture en l'occurrence, assassinat (01), meurtre (05), torture (27), arrestation et séquestration arbitraires (31), blessures graves (16), coups avec blessures graves (08), blessures simples (42), blessures légères (45)[514]. Au cours de l'année de référence, 14 décisions de condamnation ont été rendues par les Tribunaux militaires à l'encontre de personnels des forces de défense pour des infractions portant atteinte au droit à la vie, à l'intégrité physique ou morale, à la torture[515].

En définitive, l'État du Cameroun a décidé de s'arrimer aux instruments de protection des libertés publiques dans la lutte armée contre le terrorisme. Ceci est d'ailleurs essentiel parce que la lutte contre le terrorisme est un combat asymétrique où les terroristes se trouvent à l'intérieur des populations civiles. L'intégration des droits humains dans les mesures de lutte contre le terrorisme permet donc de limiter de graves dégâts humains et matériels irréparables. Les femmes et les enfants sont des cibles qui subissent gravement les effets de la guerre. Il est donc important de les protéger à travers une reconnaissance des instruments et des mécanismes qui les protègent. Tout cela constitue une progression importante pour l'avancée de l'État de droit et les valeurs démocratiques au Cameroun.

---

[514] Ministère de la Justice du Cameroun, *Rapport sur l'état des Droits de l'Homme au Cameroun 2016, op.cit.*, p.26

[515] *Idem.*

CONCLUSION PARTIELLE

Après plusieurs décennies de péripéties et de tergiversations, l'État du Cameroun a réussi à mettre en place un système juridique qui prend en compte de manière effective les libertés publiques vers les années 1990. Il faut encore rappeler que l'année 1990 avait été marquée par des revendications citoyennes importantes. Celles-ci ont, d'ailleurs, été favorisées par une conjoncture internationale imposée par les puissances occidentales surtout américaines et européennes après la chute du mur de Berlin et la dislocation de l'Union Soviétique. Ce système effectif de protection des libertés publiques a été maintenu dans le contexte de lutte contre le terrorisme. Cependant, les libertés publiques sont-elles réellement exerçables dans un contexte de lutte contre le terrorisme au Cameroun ? Autrement dit, existe-t-il une compatibilité réelle, au plan pratique, entre la protection des libertés publiques et la lutte contre le terrorisme ?

Si les libertés publiques sont effectives sur le plan juridique dans le contexte de lutte contre le terrorisme au Cameroun, leur exercice est encore limité. Cette effectivité matérielle limitée peut être due à un certain nombre de contraintes ou défis propres au contexte de lutte contre le terrorisme sans oublier d'autres limites d'ordre sécuritaire et socioculturel. D'où l'urgence de la mise en place d'un certain nombre de réformes nécessaires pouvant contribuer à rendre plus effectif l'exercice des libertés publiques dans le contexte de lutte contre le terrorisme au Cameroun.

Le phénomène terroriste représente un double danger pour le Cameroun. D'une part, celui-ci se trouve directement menacé par de nombreux attentats violents visant à répandre la terreur au sein de sa population dans le but d'amener les pouvoirs publics camerounais à obéir à la vision des mouvements terroristes qui opèrent sur son territoire. Dans une vidéo de dix-sept (17) minutes environ, le Chef du groupe terroriste Boko Haram Abubakar SHEKAU, apostrophe le Président Paul BIYA, fulminant en traitant le Cameroun plus violemment que le Nigéria en ces termes : « *Paul Biya, rachète-toi (...) et reviens à Dieu, tes soldats ne pourront rien contre nous. L'armée nigériane ne nous a rien fait. La tienne non plus. Même l'armée américaine, nous ne la craignons pas. Ou la victoire, ou le martyr. Rattrape-toi. Dans le cas contraire, vous aurez des coups aussi durs que ceux essuyés par le Nigéria* »[516]. De plus, appelant le peuple camerounais à renoncer au « plan maléfique » du Président Paul BIYA, le Chef du groupe Boko Haram affirme, de surcroît, que « *son groupe et ses adhérents ne reconnaissent point la démocratie des impies, prônée par des leaders qui ne cessent de se diviniser* »[517]. Ces violents propos démontrent à suffisance le rejet par ce mouvement terroriste des valeurs de fraternité, de justice et de progrès qui fondent la République camerounaise.

D'autre part, l'État du Cameroun comme tout État de droit, « est soumis à une menace indirecte plus pernicieuse, celle qui le conduit à considérer que la lutte contre le terrorisme s'accompagne nécessairement de restrictions apportées aux libertés individuelles. Elle est de plus en plus présentée comme la recherche constante d'un équilibre entre le désir de sécurité et le désir de liberté »[518]. Devant la menace terroriste, la tentation est plus grande de limiter l'exercice des libertés publiques en général et en particulier les libertés de

---

[516] cf. ARCHIVE, AFRIQUE, « Boko Haram menace Paul Biya et le peuple camerounais dans une vidéo. « Vous aurez des coups aussi durs que ceux qu'a essuyés le Nigéria », 07.01.2015, disponible à l'adresse : https://www.aa.com.tr/fr/archive/boko-haram-menace-paul-biya-et-le-peuple-camerounais-dans-une-vid%C3%A9o/86234, (consulté le 21.08.2021).

[517] *Idem.*

[518] Roseline LETTERON, « l'État de droit face au terrorisme », *op.cit.*, p.247.

réunion et de manifestation publique. À côté de cela, il faut ajouter les autres facteurs socio-culturels tels que les obstacles administratifs, les pratiques (culturelles et religieuses), la misère et l'auto-exclusion sociale qui freinent le libre exercice des libertés publiques au Cameroun (**Titre 1**).

Pour le reste, une telle démonstration inspire la nécessité d'un réaménagement du droit positif interne en matière de protection des libertés publiques, afin que son dispositif devienne plus efficace pour un exercice amélioré des libertés publiques dans le contexte de lutte contre le terrorisme au Cameroun. Pour y parvenir, ce réaménagement doit conduire non seulement à un réaménagement des mécanismes tant substantiels que juridictionnels. Mais également à un renforcement de l'éducation à la citoyenneté et aux droits de l'homme, une révision de la notion d'actes de terrorisme et une prise en compte effective de la sécurité humaine dans l'action gouvernementale (**Titre 2**).

TITRE 1

CONTRAINTES LIÉES À L'EXERCICE DES LIBERTÉS PUBLIQUES DANS LE CONTEXTE DE LUTTE CONTRE LE TERRORISME

L'exercice des libertés publiques dans le contexte de lutte contre le terrorisme au Cameroun fait face à de nombreuses contraintes. La plupart du temps, elles sont imposées par l'ampleur de la menace que représente le terrorisme. Les politiques des États y compris au Cameroun soutiennent très souvent que l'importance et la nature extraordinaire de la menace terroriste peuvent justifier la mise en place des législations d'exception. Ainsi, les mesures prises alors par ces États visent à « *garantir et sauvegarder notre manière de vivre face à ceux qui voudraient nous enlever notre liberté* »[519]. On peut également interpréter cela dans le discours du Chef de l'État camerounais à la Nation le 31 décembre 2016 où ce dernier défendait les mesures de lutte antiterroriste au Cameroun : « *En pareille circonstance, l'État a le devoir impérieux de rétablir l'ordre, au nom de la loi et dans l'intérêt de tous. Agir autrement, c'est compromettre notre démocratie ; c'est laisser l'anarchie s'installer à la place de l'état de droit* ». Le message est donc clair, il s'agit de rétablir nécessairement l'ordre contre ceux qui veulent imposer l'anarchie et une civilisation barbare. Dans ces circonstances, les mesures de riposte, prises par l'État camerounais, sont alors exceptionnelles. Malheureusement, ces dernières riment souvent avec les restrictions des libertés publiques.

Véritablement, le terrorisme est un défi majeur pour l'État de droit aujourd'hui puisque les idéologies des mouvements terroristes ainsi que la particularité des moyens, méthodes ou procédés utilisés pour atteindre leurs objectifs, font de ces organisations la première menace contre les valeurs de l'humanité tout entière ou la civilisation humaine. On pourrait parler de guerre civilisationnelle. C'est la raison pour laquelle beaucoup d'États n'hésitent pas à employer la fameuse rhétorique de la guerre dans leur combat contre le terrorisme[520]. Selon les propos tenus par l'ancien Président français François

---

[519] Anastassia TSOUKALA, « La légitimation des mesures d'exception dans la lutte antiterroriste en Europe », *Cultures & Conflits [En ligne],* 61 | printemps 2006, mis en ligne le 17 mai 2006, p.28. URL : http://journals.openedition.org/conflits/2036 ; DOI : https://doi.org/10.4000/conflits.2036, disponible à l'adresse : https://journals.openedition.org/conflits/2036?lang=en, (consulté le 30 mars 2021).

[520] Lors d'un Sommet de l'Élysée : « déclarer la guerre » à Boko Haram » le samedi 17 mai 2014, le Président de la République du Cameroun disait encore : « Nous sommes ici pour

Hollande à l'occasion du Sommet de l'Élysée : « déclarer la guerre » à Boko Haram, *« La menace est grave pour toute la région. Le groupe est armé, avec des moyens lourds, sophistiqués, une capacité d'utilisation acquise dans les camps d'Aqmi au nord du Mali avant l'intervention française. Et des moyens financiers et des armes venus de Libye »*[521]. Pour abonder dans le même sens, Roseline LETTERON soulignait encore que : *« c'est aujourd'hui un lieu commun d'affirmer que le terrorisme constitue l'un des défis majeurs posés à l'État de droit. Sa déstabilisation est d'ailleurs l'un des objectifs, très clairement énoncés, des mouvements terroristes agissant dans la mouvance d'Al Qaïda »*[522].

Face donc à ces nombreux défis, l'État est obligé de répondre vigoureusement à la menace terroriste en ayant recours à des mesures fortes sur le plan sécuritaire. Sur le plan pratique, ces mesures de riposte s'accompagnent généralement de restrictions apportées aux libertés publiques notamment la limitation de la liberté de réunion et de manifestation publique, de la liberté de circulation ou d'expression, la pratique de l'internement administratif, le recours de manière plus fréquente ou plus systématique à des procédés d'intrusion dans la vie privée des personnes[523]. En fait, l'État est à la recherche constante d'un équilibre entre le désir de sécurité et le désir de liberté[524]. Ajouter à tout cela, l'État se trouve aussi confronté à des obstacles socio-culturels.

Il sera question de comprendre les défis liés au respect des libertés publiques dans l'application de la législation anti-terroriste camerounaise (**Chapitre 1**) d'une part, et d'autre part, les défis socio-sécuritaires dans la protection efficace des libertés publiques dans le contexte de la lutte antiterroriste (**Chapitre 2**).

---

déclarer la guerre à Boko Haram. Nous vaincrons cette chose terroriste », disponible à l'adresse : https://www.rfi.fr/fr/afrique/20140517-sommet-elysee-declarer-guerre-boko-haram-nigeria-francois-hollande-goodluck-jonathan, (consulté le 21.08.2021).

[521] cf. https://www.rfi.fr/fr/afrique/20140517-sommet-elysee-declarer-guerre-boko-haram-nigeria-francois-hollande-goodluck-jonathan, (consulté le 21.08.2021).

[522] Roseline LETTERON, « l'État de droit face au terrorisme », *op.cit.*, p.245.

[523] *Ibidem.*, p.247.

[524] *Idem.*

CHAPITRE 1.

DÉFIS LIÉS AU RESPECT DES LIBERTÉS PUBLIQUES DANS L'APPLICATION DE LA LÉGISLATION ANTI-TERRORISTE CAMEROUNAISE

Dans la mise en œuvre de la règle de droit, l'État camerounais est souvent confronté à l'alternative entre le maintien de l'ordre public, la préservation de l'intérêt supérieur de l'État et de la sécurité d'une part ; et d'autre part, le respect des libertés publiques. Par conséquent, il est placé face à des défis ou dilemmes permanents : doit-il maintenir l'ordre public et la sécurité ou alors protéger les libertés publiques ? La législation antiterroriste camerounaise intègre d'une manière effective, les libertés publiques sur le plan juridique. Cependant, cette effectivité est faible sur le plan pratique, parce que lors de la mise en œuvre de cette législation, certaines libertés publiques au rang desquelles la liberté de réunion et de manifestation publique sont directement menacées. Or, ces droits sont également protégés par des instruments juridiques internationaux à l'instar de la Déclaration universelle des droits de l'homme de 1948, le Pacte international relatif aux droits civils et politiques de 1966 et sur le plan national, la Constitution camerounaise[525].

Cela peut se justifier par le caractère exceptionnel de la législation antiterroriste camerounaise. Il y a lieu de dire que, dans la pratique, l'objectif de cette législation antiterroriste est de régler une grave crise interne et internationale créée par « *une nouvelle agression aux revendications inavouées : le terrorisme* »[526]. Il s'agit d'asseoir à tout prix l'autorité de l'État qui est gravement menacée par les terroristes. La gravité de cette menace est évaluée par l'État. Ainsi, dans son discours de fin d'année à la Nation le 30 décembre 2020, le Président de la République du Cameroun dresse le bilan de l'insécurité en ces termes : « *Depuis quelques années, notre pays fait face à des menaces venant de l'extérieur, notamment à notre frontière orientale et dans la partie septentrionale de notre territoire. Dans le premier cas, il s'agit de bandits de grand chemin, attirés par des proies faciles que constituent de paisibles éleveurs et leurs troupeaux. Dans le second, ce sont désormais des raids isolés de Boko Haram ou des tentatives d'attentats-suicides confiés à*

---

[525] Voir la première partie de ces travaux. Elle présente de façon détaillée les dispositions juridiques qui protègent les libertés de réunion et de manifestation publique.

[526] François EDIMO, « L'incrimination du terrorisme en droit pénal camerounais », *op.cit.*, p. 164.

des adolescents...La situation est différente dans nos régions du Nord-Ouest et du Sud-Ouest où des groupes armés entretiennent un climat de terreur et d'insécurité... ».

Face à toutes ces menaces, l'État a l'obligation impérieuse de ramener l'ordre. En pratique, il est possible que celui-ci mette parfois en avant la sécurité nationale et relègue en arrière-plan le souci de respecter les libertés publiques. Dans ce contexte, l'exception du droit prend alors le dessus par rapport à la règle de droit. Cette exception limite fortement l'exercice des libertés publiques au nom de l'ordre public, la sécurité publique et l'intérêt supérieur de l'État (**Section 1**). Ensuite, la loi antiterroriste de 2014, qui est également une loi exceptionnelle en matière pénale, met en avant la répression des actes de terrorisme en laissant une place marginale aux libertés publiques **(Section 2).**

Section 1. Exception en droit comme limite à l'exercice des libertés publiques

L'exception en droit devient de plus en plus la règle dans le contexte de lutte contre le terrorisme dans le monde aujourd'hui, car, il y a une forte tendance à recourir à l'exception pour limiter le champ d'exercice des libertés publiques[527]. Cette réalité n'est pas seulement vécue ailleurs, l'État camerounais la partage avec les autres États dans les quatre coins du Globe. Magloire ONDOA explique cette réalité à travers les propos suivants : « *le droit se trouve davantage dans l'exception que dans la règle. En effet, la finalité assignée à la règle par son auteur ne peut empêcher que se manifestent d'autres finalités souhaitables ou indésirables dans son existence. Aussi est-il justifié que le perfecteur de la règle l'écarte en vue de parvenir à un plus grand bien ou d'éviter un mal lorsque l'application de la règle peut causer préjudice. Dès lors, émerge comme alternative, à côté de la règle, hors de prise de la règle, un droit qui en constitue l'exception, passerelle légitime pour ladite règle de parvenir à son entier perfectionnement* »[528].

À travers les observations générales faites sur le terrain dans le cadre de cette étude, l'on remarque qu'il existe beaucoup d'exceptions lors de la mise en œuvre des textes juridiques encadrant les libertés publiques dans la lutte

[527] Lire à ce sujet, Arnaud FOSSIER, « De l'exception en droit. Entretien avec Mireille Delmas-Marty », *Tracées Revue des Sciences humaines*, 2021, pp.199-202, publié sur Open Edition Journals, disponible à l'adresse : https://journals.openedition.org/traces/5088, (consulté le 23.082021) ; Fédération Internationale pour les Droits Humains, *Mesures antiterroristes contraires aux droits humains Quand l'exception devient la règle*, France rapport de mission internationale, Juin 2016, 48 pages, disponible à l'adresse : https://www.fidh.org/IMG/pdf/rapportfrance-hd1_def.pdf, (consulté 23.08.2021).

[528] Magloire ONDOA et Patrick Edgard ABANE ENGOLO dir., *L'exception en droit Mélanges en l'honneur de Joseph OWONA*, L'Harmattan, Paris, 2021, p.25.

contre le terrorisme au Cameroun. Ces exceptions peuvent, si nécessaire, porter atteinte aux libertés individuelles ou à la société tout entière pour protéger les intérêts de la collectivité. Ainsi, l'on étudiera les risques d'atteinte aux libertés publiques dans la mise en œuvre des circonstances exceptionnelles (**Paragraphe 1**) et l'influence de l'exception dans la politique répressive de l'État (**Paragraphe 2**).

Paragraphe 1. Risques d'atteinte aux libertés publiques dans la mise en œuvre des circonstances exceptionnelles

La survenance des circonstances exceptionnelles menaçant la vie de la nation peut amener l'État à mettre de façon accessoire l'exercice des droits et libertés protégés par la législation en vigueur. Ces circonstances peuvent être considérées comme un état de nécessité. Ce dernier était à l'origine un état de guerre, mais aujourd'hui cette notion peut être élargie au terrorisme entre autres. Les circonstances exceptionnelles permettent à l'administration d'enfreindre la légalité[529]. Il s'ensuit que ce qui aurait été illégal est désormais légal[530]. En effet, la légalité, au vu des circonstances, ne peut plus être appliquée au sens strict comme en période normale, car l'application rigoureuse de la loi vient troubler l'ordre public[531]. En sorte que les libertés et leur exercice personnel ne sont pas seulement un obstacle à la résorption de la crise, mais une accentuation de péril[532].

Marie-Laure BASILIEN-GAINCHE résumait en quelque sorte les circonstances exceptionnelles et leurs effets sur les libertés en ces termes : « *au nom du salut du peuple, à raison de la nécessité de l'assurer, il est permis, dans des circonstances de péril exceptionnelles, de suspendre les règles normales de limitation des pouvoirs et d'instaurer des mécanismes exceptionnels d'extension des pouvoirs des gouvernants, au prix d'une limitation des droits des gouvernés et de leurs garanties dont on ne peut négliger le fait que les gouvernants en usent de manière excessive et délétère* »[533]. Il n'y a aucun doute que l'évocation des circonstances exceptionnelles peut-être périlleuse pour l'effectivité des libertés publiques. Il est donc important d'entrevoir les bornes aux limitations de ces libertés en période de circonstances exceptionnelles même si une telle éventualité demeure une équation souvent très difficile. L'on peut citer trois (03) types de

---

[529] Jean Noël ATEMENGUE, « Le pouvoir de police administrative du Président de la République au Cameroun : réflexion sur les fondements de tordre juridique », *op.cit.*, p. 90.
[530] *Idem.*
[531] *Idem.*
[532] *Idem.*
[533] Marie-Laure BASILIEN-GAINCHE, « État d'urgence et lutte contre le terrorisme. La mécanique de l'entropie », *op.cit.*, pp. 1-2.

régimes d'exception en droit camerounais à savoir la mise en garde et l'état d'urgence (**A**) d'une part, et d'autre part l'état d'exception (**B**).

A. Mise en garde et état d'urgence : circonstances de suspension provisoire des libertés publiques dans le cadre de la lutte anti-terroriste

Les circonstances exceptionnelles telles que l'état d'urgence et la mise en garde ont, en fonction du degré de la menace qui pourrait entrainer la convocation de l'un ou l'autre, des situations suspensives des libertés publiques en droit camerounais.

Il y a lieu de démontrer d'une part l'immensité des pouvoirs des autorités administratives en matière de restrictions des libertés publiques (1) et d'autre part la flexibilité du contrôle du juge en matière de contrôle des restrictions des libertés publiques (2).

1. Immensité des pouvoirs des autorités administratives en matière de restrictions des libertés publiques

La mise en garde et l'état d'urgence sont des circonstances qui permettent à l'État de s'affranchir du respect intégral des libertés publiques. Il convient de relever que l'augmentation des pouvoirs dans le cadre d'une mise en garde (a) est différente de celle qui prévaut dans l'état d'urgence (b).

a. Augmentation des pouvoirs de l'Administration dans le cadre d'une mise en garde

La mise en garde consiste en certaines mesures propres à assurer la liberté d'action du Gouvernement, à diminuer la vulnérabilité des populations ou des équipements principaux et à garantir la sécurité des opérations de mobilisation ou de mise en œuvre des forces armées et formations rattachées[534]. L'option pour la mise en garde ou avertissement est prise dans une situation dans laquelle l'ordre public ou la paix est gravement menacé, mais l'ordre gouvernant estime encore que la situation peut être contrôlée[535]. Dans le cadre du maintien de l'ordre, la mise en garde est une première riposte à une crise grave avant de passer à une étape supérieure[536]. Il s'agit des mesures de précaution sans utilisation de la violence d'État notamment le recours à la lutte armée[537]. Il y a lieu de préciser que le recours à la lutte armée n'est appliqué qu'en recours ultime. La loi fait, d'ailleurs, obligation aux forces de maintien

---

534 Article L2141-1 du Code de la défense française tel que modifié par l'Ordonnance n°2016-982 du 20 juillet 2016 - art. 7.

535 Propos recueillis lors d'un entretien avec ALOMBAH Hans, Adjudant-Chef, le Chef Bureau des études, de la documentation judiciaire et de la bibliothèque, le 19.08.2021.

536 *Idem.*

537 *Idem.*

de l'ordre de n'avoir recours aux armes que s'il n'y a pas moyen de se défendre autrement et si plusieurs sommations ont été préalablement faites par haut-parleur ou par tout autre moyen sans succès[538].

Pendant la mise en garde, les pouvoirs de police administrative sont augmentés pour rétablir l'ordre, la paix et la sécurité publique. D'après l'article 3 de la loi n° 67/LF/69 du 12 juin 1967 portant organisation générale de la défense : « *La mise en garde consiste en certaines mesures décidées par le Président de la République et ayant pour objet d'assurer le fonctionnement régulier et la sécurité des institutions légales, de diminuer la vulnérabilité des populations ou des équipements vitaux du pays, de garantir la sécurité des opérations de mobilisations ou d'actions des forces de défense* ». La même disposition juridique précise également que la mise en garde confère au Président de la République un certain nombre de prérogatives en matière de restrictions des libertés publiques à savoir par exemple :

- « *Le droit de requérir des personnes, les biens et les services ;*
- *Le droit de restreindre la liberté de circulation, de réunion, d'expression, de limiter les sources d'information ;*

Le droit de soumettre à contrôle et à répartition les ressources en énergie, matières premières, produits industriels et produits nécessaires au ravitaillement des populations et des forces armées d'imposer aux personnes, en ce qui concerne la disposition de leurs biens, les sujétions indispensables ».

Ces pouvoirs immenses permettent au pouvoir exécutif d'empiéter considérablement sur le champ d'exercice des libertés publiques au Cameroun.

Sans que cela soit expressément proclamé par l'État, l'on peut subodorer que les mesures prises par le gouvernement pour contenir les émeutes de février 2008 étaient une forme de mise en garde[539]. Plusieurs manifestations plus ou moins spontanées commencèrent, suivies de casses et d'actes de destruction de bâtiments publics et privés, etc.[540] En guise de riposte, des mesures fortes ont été prises par l'État notamment le déploiement des forces de deuxième et de troisième catégorie qui sont venues se joindre aux policiers. L'objectif fut de maintenir l'ordre à travers la dispersion des foules, les arrestations, l'interdiction des regroupements, l'interdiction de la circulation,

---

[538] cf. ministère de la Défense du Cameroun, *Guide de l'Instructeur : le droit et les principes humanitaires applicables au contexte des opérations de maintien de l'ordre*, Imprimerie Saint Paul de Yaoundé-Cameroun, 2018, p. 8

[539] Les émeutes de 2008 au Cameroun sont des violences urbaines qui se sont déroulées au Cameroun du 23 février 2008 au 29 février 2008. Elles ont eu lieu dans plusieurs régions du Cameroun en particulier sur le Littoral, au Centre, au Nord-Ouest et au Sud-Ouest.

[540] Fred EBOKO, « Cameroun : acteurs et logiques des émeutes de 2008 », disponible à l'adresse : https://www.cetri.be/Cameroun-acteurs-et-logiques-des (consulté le 26.08.2021).

etc. Ces mesures ont été prises après une brève allocution télévisée du Président de la République du Cameroun.

b. Augmentation des pouvoirs de l'Administration dans le cadre de l'état d'urgence

Le caractère barbare, imprévisible et invisible des attentats terroristes peut amener l'État à instaurer l'état d'urgence sur une partie ou dans l'ensemble de son territoire afin de faire face à cette menace de déstabilisation imminente. De cette façon, cet état d'urgence reconnait aux autorités administratives un certain nombre de pouvoirs leur permettant de prendre des mesures urgentes en vue de protéger les populations civiles et les institutions républicaines. Comme tous les pays du système Romano-germanique, l'État camerounais a déjà prévu dans son corpus juridique l'état d'urgence. Selon l'article 9 alinéa 1er de la Constitution camerounaise[541] : « *Le Président de la République peut, lorsque les circonstances l'exigent, proclamer par décret, l'état d'urgence qui lui confère des pouvoirs spéciaux dans les conditions fixées par la loi* ».

Nonobstant, la Constitution ne donne pas de précisions ni sur les conditionnalités de l'instauration de l'état d'urgence ou encore sur les modalités de sa mise en œuvre. Les détails sont alors précisés par la loi n° 90-47 du 19 décembre 1990 relative à l'état d'urgence. Suivant l'article 1er de ce texte de loi : « *L'état d'urgence peut être déclaré sur tout ou partie du territoire national : - soit en cas d'évènements présentant par leur nature et leur gravité le caractère de calamité publique ; - soit en cas de troubles portant gravement atteinte à l'ordre public ou à la sûreté de l'État ; - soit en cas d'agression venant de l'extérieur* ».

Une fois que l'état d'urgence est déclaré, l'on observe un accroissement des pouvoirs de police des autorités administratives par rapport à ceux qu'ils pouvaient exercer en temps normal. Premièrement, le ministre de l'Administration Territoriale peut « *ordonner la dispersion de tout groupement ou suspendre les associations qui provoquent des manifestations armées ou présentant par leur forme et leur organisation militaire ou paramilitaire le caractère de groupe de combat ou de milices privées, ou qui ont pour but de porter atteinte à l'intégrité du territoire national, à l'unité, à la sécurité ou à la forme républicaine de l'État* » (article 6 al. 3 de la loi suscitée). Cette disposition juridique laisse aux autorités administratives une grande marge de manœuvre leur permettant d'interdire toute manifestation publique à caractère violent (groupement armé) ou alors toute manifestation pouvant troubler l'ordre public ou porter atteinte à la sécurité nationale.

En sus, les autorités administratives ont le pouvoir de recourir à la violence. Il est judicieux de souligner qu'en période d'état d'urgence, le dispositif

---

541 Fred EBOKO, « Cameroun : acteurs et logiques des émeutes de 2008 », disponible à l'adresse : https://www.cetri.be/Cameroun-acteurs-et-logiques-des (consulté le 26.08.2021).

- *Les atteintes aux libertés d'association de réunion, d'opinion, d'expression,*
- *Les menaces, intimidations et représailles à l'encontre des défenseurs des droits humains,*
- *La pratique de la torture, les intimidations, les traitements cruels, inhumains et dégradants,*
- *Les arrestations et détentions arbitraires,*
- *Les exécutions extrajudiciaires et sommaires,*
- *Les kidnappings, la destruction des habitations et des écoles, etc. ».*[548]

2. Flexibilité du contrôle du juge en matière de contrôle des restrictions des libertés publiques

L'on peut s'apercevoir qu'en période d'état d'urgence, le juge adopte une attitude flexible vis-à-vis des actes pris par les autorités administratives en matière de restrictions des libertés publiques. Celui-ci préfère souvent s'accommoder des situations graves qui se présentent. En temps normal ou en temps de paix, le même juge n'aurait pas eu cette attitude. En période de circonstances exceptionnelles, il autorise l'administration à enfreindre les lois auxquelles elle devrait normalement se plier[549]. Parce que le pays se trouve en danger, il est légitime que le juge, saisi d'actes manifestement illégaux et qui auraient en toute hypothèse été sanctionnés en période normale, estime que les annulations n'aient plutôt pour effet de gêner considérablement l'Administration[550]. Cette exception a été confirmée par l'arrêt CE., 28 juin 1918, Heyriès, GAJA 8e éd., n° 35. De cette manière, le juge administratif français admet la légalité de la non application de la loi de 1905 relative à la communication du dossier, laquelle exigence constitue une des garanties fondamentales de l'agent public en cas de procédure disciplinaire[551]. Autrement dit, dans cette affaire, le Conseil d'État a clairement admis de manière empirique la possibilité d'une atténuation des exigences normales de

---

[548] Lire Réseau des Défenseurs des Droits Humains en Afrique Centrale (REDHAC*), La situation des droits humains, les libertés fondamentales, la situation des défenseurs des droits humains, les crises sociopolitiques et sécuritaires et les élections en Afrique centrale*, Rapport présenté au Forum des ONGs et 66e session de la Commission Africaine des Droits de l'Homme et des Peuples (CADHP) Webinaire live 09-10 juillet 2020 - BANJUL-GAMBIE, pp.3-6 ; Nouveaux Droits de l'Homme Cameroun, *Cameroun : Les populations civiles prises pour cible dans la crise anglophone*, Rapport sur les violations et les abus des droits humains en 2020, Pyramide internationale, 11 décembre 2020, p.10 ; Coalition des organisations de la société civile pour les droits de l'homme et la paix dans les régions anglophones et dans d'autres régions affectées, *Massacre de NGARBUH : des graves crimes contre l'humanité qui nous interpellent tous !* Rapport N° 001/ 2020, 15 pages.

549 Jean WALLINE, *Droit administratif*, Dalloz, Précis, 25ème édition, 27 août 2014, p.345.

[550] Jean Noël ATEMENGUE, « Le pouvoir de police administrative du Président de la République au Cameroun : réflexion sur les fondements de tordre juridique », *op.cit.*, p. 90.

[551] *Idem.*

la légalité lorsque les autorités publiques agissent sous la contrainte des circonstances exceptionnelles[552].

Par contre, il serait dangereux d'admettre sans limites les pouvoirs des autorités administratives en situation de mise en garde ou d'état d'urgence. S'il est tout à fait légitime que les autorités administratives aient d'importants pouvoirs pour faire face à une crise grave comme c'est le cas en période de terrorisme, un pouvoir absolu peut entrainer des dérives extrêmement graves à l'exercice des libertés publiques. C'est d'ailleurs la raison pour laquelle le constituant camerounais a encadré l'état d'urgence et la mise en garde au Cameroun. Ces deux situations exceptionnelles sont d'abord réglementées par la loi. Par exemple, le législateur précise scrupuleusement que les mesures prises par les autorités administratives « *cessent d'avoir effet, en même temps que prend fin l'état d'urgence, les mesures administratives prises pour son application* »[553]. Ensuite, l'état d'urgence ne peut excéder trois (03) mois et ne peut qu'être prorogé pour une seule période de trois mois. Ces limites constituent une sorte de garde-fous fixés par le législateur camerounais.

Il faut, toutefois, relever que de telles limites ou garde-fous semblent déjà être inadéquats dans plusieurs États dans le contexte de lutte antiterroriste aujourd'hui. En France par exemple, il y a un rapport qui critique le « *prolongement excessif de l'état d'urgence, mesure censée rester exceptionnelle, et les modalités de sa mise en œuvre menacent l'état de droit* »[554]. Cette Organisation non gouvernementale dénonce la mise en place d'un régime d'exception permanent, au nom de la lutte contre le terrorisme, puisqu'au-delà de l'état d'urgence, l'arsenal législatif adopté récemment ou en cours d'adoption entend pérenniser les mesures issues de l'état d'urgence, conduisant à un affaiblissement durable des libertés individuelles[555]. Tout ceci permet de montrer que la lutte contre le terrorisme peut amener l'État à recourir le plus possible à l'exception afin de protéger ses populations et la nation tout entière. Mais ces mesures piétinent sans cesse les libertés publiques.

---

[552] Gisèle Léocadie BEFOLO, « Le cadre juridique de la lutte contre le terrorisme au Cameroun : entre droit constitutionnel et droit des libertés publiques », *in* Alain Didier OLINGA dir,, *Droit international, droits nationaux et lutte contre le terrorisme en Afrique*, *op.cit*, p. 584.

[553] Lire article 7 de la loi n° 90-47 du 19 décembre 1990 relative à l'Etat d'Urgence au Cameroun.

[554] Résumé du rapport de la Fédération Internationale pour les Droits Humains, *Mesures antiterroristes contraires aux droits humains Quand l'exception devient la règle*, France rapport de mission internationale, *op.cit.*, disponible à l'adresse : https://www.fidh.org/fr/regions/europe-asie-centrale/france/mesures-antiterroristes-contraires-aux-droits-humains-quand-l, (consulté le 25.08.2021).

[555] *Idem.*

In fine, les violences commises par les forces de maintien de l'ordre peuvent être sanctionnées par les juridictions de droit commun ou le juge militaire en fonction de leurs compétences respectives. Cela voudrait dire que l'état de droit reste toujours en vigueur même si les décisions prises par les autorités administratives en ces circonstances exceptionnelles s'apparentaient aux actes de gouvernement.

B. État d'exception : Une menace grave à l'exercice des libertés publiques dans la lutte contre le terrorisme

Dans sa rigueur terminologique, juridique et logique, l'état d'exception est entendu comme un moment pendant lequel les règles de droit prévues pour des périodes de calme sont transgressées, suspendues ou écartées pour faire face à un péril[556]. Pendant ce moment, on assiste à une concentration du pouvoir, en général au profit de l'exécutif et d'autre part à la réduction ou à la suspension des droits jugés fondamentaux pendant les périodes de calme[557]. Il s'agit d'un moment par définition fugace, temporaire pour faire face à un péril donné[558]. Il convient, dans le contexte camerounais, d'analyser les circonstances pouvant entrainer l'instauration d'un état d'exception (1) et les conséquences des pouvoirs exceptionnels du Président de la République sur la protection des libertés publiques (2).

1. Circonstances pouvant entrainer l'instauration d'un état d'exception

Au Cameroun, l'état d'exception est prévu par l'article 9 al. 2 de la Constitution. Aux termes de cette disposition juridique, « *Le Président de la République peut, en cas de péril grave menaçant l'intégrité du territoire, la vie, l'indépendance ou les Institutions de la République, proclamer, par décret, l'état d'exception et prendre toutes mesures qu'il juge nécessaires. Il en informe la Nation par voie de message* ». Cet article indique clairement les circonstances susceptibles de justifier la proclamation de l'état d'exception au Cameroun[559]. Pareillement, l'état d'exception peut être proclamé « *en cas de péril grave* ». Malheureusement, cet article n'apporte pas beaucoup de précisions, relativement à la détermination de la nature, des caractéristiques,

---

[556] François SAINT-BONNET, « L'état d'exception et la qualification juridique », *Cahiers de la recherche sur les droits fondamentaux [En ligne]*, 6 | 2008, p.29, mis en ligne le 11 décembre 2020, (consulté le 15 décembre 2020). URL : http://journals.openedition.org/crdf/6812 ; DOI : https://doi.org/10.4000/crdf.6812.

[557] *Idem.*

[558] *Idem.*

[559] Gisèle Léocadie BEFOLO, « Le cadre juridique de la lutte contre le terrorisme au Cameroun : entre droit constitutionnel et droit des libertés publiques », *in* Alain Didier OLINGA dir,, *Droit international, droits nationaux et lutte contre le terrorisme en Afrique, op.cit*, p. 567.

de l'ampleur et de la dimension du péril à conjurer par l'instauration de ce régime dit d'exception[560]. Tout ce qui transparaît à la lecture de l'entièreté de cette disposition constitutionnelle, c'est que le péril grave à conjurer doit revêtir un caractère de menace sérieuse imminente ou avérée contre « *l'intégrité du territoire, la vie, l'indépendance ou les institutions de la République* »[561].

Cette disposition juridique est similaire à l'article 16 de la Constitution française du 04 mars 1958. Selon ce dernier article : « *Lorsque les institutions de la République, l'indépendance de la nation, l'intégrité de son territoire ou l'exécution de ses engagements internationaux sont menacées d'une manière grave et immédiate et que le fonctionnement régulier des pouvoirs publics constitutionnels est interrompu, le Président de la République prend les mesures exigées par ces circonstances, après consultation officielle du Premier ministre, des présidents des assemblées ainsi que du Conseil constitutionnel. Il en informe la nation par un message* ». Ainsi, que ce soit l'article 9 alinéa 2 de la Constitution camerounaise ou l'article 16 de la Constitution française, les pouvoirs présidentiels sont exorbitants en période d'état d'exception[562].

2. Conséquences des pouvoirs exceptionnels du président de la République sur la protection des libertés publiques

La période de l'état d'exception en droit camerounais est assimilable à une période de *« dictature présidentielle »*. Selon un auteur, ce paradigme est particulièrement adéquat pour l'explicitation des mesures adoptées par les démocraties contemporaines dans le cadre de la lutte contre le terrorisme[563]. A contrario de la mise en garde ou de l'état d'urgence où le régime d'exception est encadré, le constituant camerounais n'encadre pas l'état d'exception et ne donne également aucune précision sur la question de la garantie des libertés publiques. On assimilerait alors le régime d'exception à celui de la dictature romaine. En effet, en période d'état d'exception, le président de la République a la possibilité de prendre toutes les mesures qu'il juge nécessaires en cas de péril grave menaçant l'intégrité du territoire, la vie, l'indépendance ou les Institutions de la République. Lorsque le pays tout entier est en voie de disparition, le Chef de l'État, au regard des prérogatives qui lui sont reconnues en vertu de l'article 5 de la Constitution[564], doit avoir tous les pouvoirs

---

560 *Idem.*

561 *Idem.*

562 *Idem.*

563 Mathieu CARPENTIER, « État d'exception et dictature », *Tracées Revue des Sciences Humaines*, 2011, p. 75, publié sur Open Édition Journals, disponible à l'adresse : https://journals.openedition.org/traces/5060, (consulté le 28.08.2021).

564 Au terme de l'article 5 de la Constitution camerounaise : « *(1) Le Président de la République est le Chef de l'Etat. (2) Elu de la Nation tout entière, il incarne l'unité nationale ; Il définit la*

le terrorisme[571]. Aussi, étant dans une guerre asymétrique, beaucoup d'États à travers le monde utilisent le renseignement comme l'arme ultime dans le combat contre le terrorisme.

D'ailleurs, l'on constate que la plupart des plaintes liées à la torture sont faites dans le cadre du renseignement. En conclusion donc, la théorie voudrait qu'il y ait interdiction catégorique de recourir à la torture, mais les faits viennent complètement contredire cette interdiction totale ou alors imposer la nécessité pratique de la torture dans le contexte de lutte contre le terrorisme[572].

Paragraphe 2. Influence de l'exception dans la politique répressive de l'État

L'exception peut être comprise d'une double façon sur le champ juridique. Tout d'abord, elle est, par opposition radicale à la norme, ce qui ne peut pas être compris dans le champ d'une norme[573]. Mais l'exceptionnel c'est aussi ce qui, à l'intérieur du champ de la norme, déroge à la règle, au sens matériel, posée par la norme[574]. L'analyse du droit positif camerounais montre à suffisance que l'exception occupe une place importante dans la politique répressive de l'État camerounais.

En fait, ladite exception influence dans la sauvegarde de l'ordre public (A) puis elle est influente dans la justice pénale (B).

A. Influence de l'exception dans la sauvegarde de l'ordre public

Dans la sauvegarde de l'ordre public, l'exception occupe une place majeure en droit camerounais. Si l'on utilise alors une approche globale, intégrant à la fois la lettre du droit et la pratique du droit, l'ordre public se définit comme *« l'ensemble des valeurs diverses et intégrées, constantes et changeantes, constitutives des fondements sur lesquels l'État et la société qu'il régit sont articulés, et que la collectivité étatique estime, à un moment donné de son histoire, nécessaire à la sauvegarde de son être, en toutes ses*

[571] Michel TERESTCHENKO, « De l'utilité de la torture ? Les sociétés démocratiques peuvent-elles rester des sociétés décentes ? », *Dans Revue du MAUSS*, 2006/2 (no 28), pages 337 à 366 ; Amnesty International, *Maroc ET Sahara Occidental Lutte contre le terrorisme » et recours à la torture : le cas du centre de détention de Témara*, Index AI : MDE 29/004/2004, 25 pages.

[572] Olivier CORTEN, « La banalisation de la torture comme un instrument de lutte contre le terrorisme : comme au cinéma ? », *Dans Revue interdisciplinaire d'études juridiques* 2017/2 (Volume 79), pp. 229-251.

[573] Jean-Christophe LE COUSTUMER, « La norme et l'exception. Réflexions sur les rapports du droit avec la réalité », *Cahiers de la recherche sur les droits fondamentaux [En ligne]*, 6 | 2008, p. 19, mis en ligne le 11 décembre 2020, consulté le 13 décembre 2020. URL : http://journals.openedition.org/crdf/6802 ; DOI : https://doi.org/10.4000/crdf.6802.

[574] *Idem.*

dimensions »[575]. Cette définition extensive de l'ordre public convient le plus à la réalité camerounaise dans la mesure où elle intègre non seulement la règle de droit, mais aussi la réalité sociale où se dégagent des exceptions. Or, la règle de droit et l'exception sont antinomiques.

L'administration camerounaise, dans sa politique de sauvegarde de l'ordre public, ne s'enferme pas dans la conception juridique de l'ordre public. Elle a fait également sienne, à base de ses propres pratiques, une conception originale de l'ordre public. Cette conception peut être saisie ou analysée sur le plan légal et à travers les pratiques administratives. Cependant, les pratiques administratives seront analysées à la suite de ce travail précisément au chapitre suivant.

Au plan légal, l'exception fait partie intégrante de la règle de droit en matière de maintien de l'ordre en droit camerounais. Jean Noël ATEMENGUE explique en quelque sorte le fondement de l'influence de l'exception dans la politique de maintien de l'ordre public en ces termes : « *L'exigence de l'État de droit à laquelle entend satisfaire le Cameroun implique que soit trouvé un équilibre satisfaisant entre deux impératifs catégoriques a priori irréductibles l'un à l'autre. Cet équilibre n'est pourtant pas de réalisation impossible, car, l'ordre public qui vient borner la liberté n'en est pas antinomique. En réalité, elle remplit à son égard, de façon indirecte, deux offices. En premier lieu... L'ordre public apparaît comme le créateur de l'ordre social. Dans une seconde approche, l'ordre public apparaît comme le fondement de la fonction policière de l'État, son motif nécessaire et obligatoire...* »[576].

Au Cameroun, il existe un lien entre l'ordre public et la liberté dans le sens où l'ordre public reste considéré comme le fondement de la liberté. Ainsi, poursuit encore l'auteur, « *c'est pour cette raison majeure que les droits et libertés déclarés sont toujours garantis sous la réserve de l'ordre public et de la sécurité de l'État* »[577]. Dans ce sens, les libertés publiques peuvent librement s'exercer à partir du moment où l'ordre public et la sécurité ne sont pas menacés... Cela explique bien le fondement de l'exception dans le maintien de l'ordre public en droit camerounais. Ces exceptions s'accentuent et plombent souvent la règle de droit en période de lutte contre le terrorisme. Au nombre de ces exceptions, on peut citer entre autres :

Premièrement, la loi n° 90 /055 du 19 décembre 1990 fixant le régime des réunions et des manifestations publiques dispose à son article 8 que : « *Le chef de district ou le sous-préfet qui reçoit la déclaration en délivre immédiatement*

---

[575] Jean Noël ATEMENGUE, « Le pouvoir de police administrative du Président de la République au Cameroun : réflexion sur les fondements de tordre juridique », *op.cit.*, p.83.
[576] *Ibidem.*, pp.82-83.
[577] *Ibidem.*, p.82.

récépissé ». Ceci montre le caractère libéral de cette loi dans un premier temps. Ici, la déclaration préalable a seulement pour objectif principal de permettre à l'administration informée du déroulement d'une réunion ou d'une manifestation quelconque de prendre des mesures propres à prévenir les troubles à l'ordre public[578]. Pourtant, l'exercice de ces libertés peut être interdit par l'autorité administrative en cas de risque de trouble grave à l'ordre public. Il s'agit alors ici d'un régime préventif, car l'Administration informée ou craignant un risque de trouble grave à l'ordre public préfère alors interdire l'évènement en question. Ce type de régime s'avère être moins libéral que le régime répressif, car il ne permet pas à la personne d'exercer sa liberté directement, guidée par sa seule connaissance de ce qui est licite ou illicite[579]. Ici, le législateur a une double attitude contradictoire, d'un côté, il est libéral en situation normale alors que d'un autre côté, il est moins libéral en cas de risque sécuritaire ou en situation de crise.

Deuxièmement, le législateur prévoit la garde à vue pour une durée limitée. L'article 119 alinéa 2 du Code de procédure pénale camerounais dispose que « *a) le délai de la garde à vue ne peut excéder quarante-huit (48) heures renouvelables une fois. b) Sur autorisation écrite du Procureur de la République, ce délai peut, à titre exceptionnel ; être renouvelé deux fois* ». Tandis que, le même législateur, à travers l'article 2 de la loi n° 90-54 du 19 décembre 1990 relative au maintien de l'ordre, instaure une garde à vue administrative faisant une exception au Code de procédure pénale. Il habilite alors l'autorité administrative, dans le cadre des opérations de maintien de l'ordre, « *à prendre des mesures de garde à vue d'une durée de quinze (15) jours renouvelables dans le cadre de la lutte contre le grand banditisme* ».

Troisièmement, l'article 2 de la loi n° 90-54 du 19 décembre 1990 relative au maintien de l'ordre interdit formellement l'usage des armes à feu dans les opérations de maintien de l'ordre au Cameroun. Mais l'usage d'armes à feu peut tout même, et de manière exceptionnelle, intervenir sur réquisition expresse de l'autorité administrative, lorsque des violences et des voies de faits graves sont exercées contre les éléments de maintien de l'ordre, en cas d'usage d'arme à feu à leur encontre[580].

Quatrièmement, l'article 13 alinéa 1er de la loi n° 90/053 du 19 décembre 1990 relative à la liberté d'association dispose que : « *Le ministre chargé de l'Administration Territoriale peut, sur proposition motivée du Préfet, suspendre par arrêté, pour un délai maximum de trois (3) mois, l'activité de*

---

578 Jean RIVERO, *Les libertés publiques, op. cit.*, p.184.

579 Roseline LETTERON, *libertés publiques, op. cit.*, p.93.

580 Gisèle Léocadie BEFOLO, « Le cadre juridique de la lutte contre le terrorisme au Cameroun : entre droit constitutionnel et droit des libertés publiques », *in* Alain Didier OLINGA dir,, *Droit international, droits nationaux et lutte contre le terrorisme en Afrique, op.cit*, p. 582.

toute association pour troubles à l'ordre public ». Cette disposition juridique demeure une exception au principe de liberté d'association consacré aux articles 1er et 3 de la loi suscitée dans la mesure où elle prévoit également des restrictions profondes, dans le cas notamment d'atteintes aux bonnes mœurs, à la sécurité, à l'intégrité territoriale, à l'unité, à l'intégration nationale et à la forme républicaine de l'État[581].

B. Influence de l'exception dans la justice pénale

La politique criminelle, définie comme « *l'ensemble des procédés par lesquels la société organise des réponses au phénomène criminel* »[582] est, telle qu'adoptée par le droit pénal camerounais, fortement influencée par l'exception dans le cadre de la lutte anti-terroriste. Il est peut-être judicieux de présenter la trajectoire du droit pénal afin d'illustrer les propos ci-dessus. Tout d'abord, dès le début de son indépendance, le jeune État du Cameroun s'est doté d'une politique criminelle autoritaire[583] mise en place par une élite politico-administrative au pouvoir soucieuse de rétablir à tout prix l'autorité de l'État fortement menacée par des mouvements nationalistes qui se sont très tôt transformés, par la force des choses[584], en des mouvements de lutte armée.

---

581 *Idem.*

582 Mireille DELMAS-MARTY, *Modèles et mouvements de politique criminelle*, Paris, Economica, 1983, p. 13 citée par Adolphe MINKOA SHE, *Essai sur l'évolution de la politique criminelle au Cameroun depuis l'indépendance*, Thèse de doctorat d'Etat en droit, Tome 1, Université de Strasbourg, 1987, p. 3.

583 Fabrice Roland BIKIE, « Le droit pénal à l'aune du paradigme de l'ennemi, Réflexion sur l'Etat démocratique à l'épreuve de la loi camerounaise n° 2014/028 du 23 décembre 2014 portant répression des actes de terrorisme », *La Revue des droits de l'homme [En ligne]*, 11 | 2017, p.1, mis en ligne le 23 décembre 2016, disponible à l'adresse : URL : http://journals.openedition.org/revdh/2789 ; DOI : https://doi.org/10.4000/revdh.2789, (consulté le 08 juillet 2020).

584 La bataille entre le pouvoir et les mouvements nationalistes était inéluctable. Cette bataille ne date pas au moment où le Cameroun accède à la souveraineté internationale, mais depuis la période coloniale française. L'Union des populations du Cameroun (UPC) avec ses annexes et l'Administration coloniale française étaient totalement en désaccord sur l'avenir du Cameroun. La France voulait que le Cameroun soit intégré à l'Union française et a contrario l'UPC était farouchement opposé à une intégration du Cameroun dans l'Union française. La lutte armée entre le pouvoir colonial et les mouvements nationalistes commença avec l'arrivée de M. Roland PRÉ Haut-commissaire au Cameroun. Ce dernier fut envoyé par la France pour taire par la force tout mouvement nationaliste en colonie camerounaise (Lire Jean-Louis ATANGANA AMOUGOU, *L'Etat et les libertés publiques au Cameroun*, *op.cit.*, p.64). Le Premier Président de la République du Cameroun mit également un politique autoritaire après les indépendances entrainant la répression des militants nationalistes de l'Union des Populations du Cameroun (Jeune Afrique, « Cameroun : la répression des militants nationalistes de l'UPC », disponible à l'adresse : https://www.jeuneafrique.com/dossiers/cameroun-la-repression-des-militants-nationalistes-de-lupc/), consulté le 05.09.2021).

Ensuite, à partir d'une vaste réforme des règles de procédure qui a abouti en 2005 à la promulgation de la loi n° 2005/007 du 27 juillet 2005 portant code de procédure pénale, le droit pénal camerounais s'est ouvert lui aussi au consensus suivant lequel, dans la mobilisation du *ius puniendi*, un constant équilibre doit être recherché entre les impératifs de répression et la prise en compte de la dimension « humanité » de l'individu ayant enfreint la norme pénale[585]. Il s'agit alors de la période de libéralisation ou démocratisation du droit pénal camerounais faite selon le triptyque de base « *liberté- sécurité - justice* » avec en toile de fond une intervention exceptionnelle de ce dernier comme mode de régulation des conflits[586].

Seulement, avec l'émergence de nouvelles formes de criminalité au Cameroun à l'instar du terrorisme, il va donc naitre le paradigme très controversé du droit pénal de l'ennemi systématisé par Günther JAKOBS dans un essai paru à la fin des années 90[587]. En pratique, ce paradigme nouveau serait caractérisé entre autres par l'existence dans la procédure pénale camerounaise des exceptions spécifiques, textuellement prévues ou non, permettant à l'État de se protéger contre toutes formes de menaces pouvant être préparées par un ennemi extérieur ou intérieur identifié ou non identifié (invisible). C'est dans ce contexte que l'on analysera la persistance du Cameroun à juger les civils par les tribunaux militaires (1) ainsi que l'exception dans la procédure devant les tribunaux militaires en droit camerounais (2).

1. Persistance de l'État à juger les civils par les tribunaux militaires : une exception en droit camerounais

La persistance du Cameroun à juger les civils par les tribunaux militaires peut être considérée comme une exception en droit camerounais[588]. En effet, s'il existe en quelque sorte un domaine sur lequel l'on pourrait mesurer l'impact de l'institutionnalisation de la légalité d'exception en droit camerounais c'est bien « *l'extension des compétences des juridictions militaires sur la garantie des libertés individuelles* »[589] malgré les réticences observées ou l'opposition du droit international des droits de l'homme.

---

585 Fabrice Roland BIKIE, « Le droit pénal à l'aune du paradigme de l'ennemi, Réflexion sur l'Etat démocratique à l'épreuve de la loi camerounaise n° 2014/028 du 23 décembre 2014 portant répression des actes de terrorisme »,

586 *Idem.*

587 *Idem.*

588 Joseph OWONA, « L'institutionnalisation de la légalité d'exception dans le droit public camerounais », *Revue juridique et politique : indépendance et coopération, Cameroun*, Volume 29, p.36 et s.

589 Alain Didier OLINGA, « La Résistance entêtée d'une « Exception » condamnée : le jugement des civils par les tribunaux militaires en droit camerounais », *in* Magloire ONDOA et

D'une manière simple, Alain Didier OLINGA développe davantage cette idée ci-dessus en ces termes : « *De fait, les civils sont aujourd'hui, même sur la base d'un regard distrait et panoramique de leurs rôles respectifs, les principaux justiciables des tribunaux militaires au Cameroun. Ce seul constat laisse perplexe et interroge sur l'attraction toujours plus grande vers la justice militaire de questions relevant jusque-là des tribunaux ordinaires, ou plutôt de la militarisation rampante de questions relevant jusque-là de la justice pénale classique, une évolution à l'opposé de la dynamique normative et jurisprudentielle en cours au plan international* »[590].

En fait, le constat fait par cet auteur appelle plutôt à une analyse profonde consistant à rechercher les raisons idoines qui amènent l'État à persister dans le jugement des civils par les juridictions militaires particulièrement en période de lutte contre le terrorisme au Cameroun. Il est d'abord important de préciser qu'il existe des résistances ou alors des condamnations par des instances internationales des droits de l'homme au jugement des civils par les tribunaux militaires (a) avant de présenter les raisons de l'entêtement ou la persistance du Cameroun à juger les civils par les tribunaux militaires (b).

a. Réticence des instances internationales des droits de l'homme au jugement de civils par les tribunaux militaires

Si le principe même de l'existence des juridictions militaires n'est pas exclu par le droit international des droits de l'homme, leur compétence à juger les civils fait l'objet d'une approche restrictive, voire hostile, des mécanismes internationaux des droits de l'homme[591]. Ce refus catégorique ne date pas d'aujourd'hui puisqu'il est largement antérieur aux évolutions législatives récentes au Cameroun, lesquelles évolutions ont ainsi été décidées en parfaite connaissance de l'état du droit international en la matière, et spécifiquement de la jurisprudence internationale des droits de l'homme ciblant directement le Cameroun[592]. Il est alors judicieux de connaître, de manière détaillée, la position des instances onusiennes (i) et africaines (ii).

i. Position ambivalente des instances universelles des droits de l'homme concernant le jugement des civils par les tribunaux militaires

Les Nations Unies ont relativement abordé la question de l'interdiction de juger les civils par les tribunaux militaires. À la lecture des principes, directives ou recommandations des instances onusiennes des droits de l'homme, l'on constate une certaine ambivalence dans la position des Nations

---

Patrick Edgard ABANE ENGOLO dir., *L'exception en droit Mélanges en l'honneur de Joseph OWONA*, *op.cit.*, p.45.

590 *Ibidem*, p.46.

591 *Ibidem.*, p.51.

592 *Idem.*

Unies concernant la question de l'interdiction du jugement des civils par les tribunaux militaires. En effet, cette organisation a tantôt une position rigide ou plutôt souple dans ses principes.

- **Fermeté dans les principes et directives des Nations Unies**

L'on constate d'entrée de jeu, une certaine fermeté dans la position des Nations Unies en ce qui concerne le jugement des civils par les juridictions militaires. Tout d'abord, la Commission des droits de l'homme de l'ONU, à sa soixante-deuxième session le 13 janvier 2006[593], a adopté le projet de principes sur l'administration de la justice par les tribunaux militaires encore appelés « *Principes Decaux* ». Ces principes ont été élaborés sous la coordination de M. Emmanuel Decaux, Rapporteur à la Sous-Commission de la promotion et de la protection des droits de l'homme. Le cinquième principe de ce texte prévoit l'incompétence des juridictions militaires pour juger des civils. Aux termes de ce principe : « *Les juridictions militaires doivent, par principe, être incompétentes pour juger des civils. En toutes circonstances, l'État veille à ce que les civils accusés d'une infraction pénale, quelle qu'en soit la nature, soient jugés par les tribunaux civils* »[594]. Ce refus catégorique provient d'une crainte sur la nature exceptionnelle des juridictions militaires. En fait, les experts ont toujours souligné que la juridiction militaire pouvait constituer un facteur d'impunité pour les violations des droits de l'homme, étant donné que les tribunaux militaires n'avaient pas l'indépendance et l'impartialité nécessaires pour connaître des violations des droits de l'homme[595].

Ensuite, bien avant même les principes Decaux, le Comité des droits de l'homme de l'ONU a déjà eu, à travers ses observations finales en 1999, à exprimer ses profondes inquiétudes ou ses craintes sur le fait que les tribunaux militaires soient compétents au Cameroun « *pour juger des civils et que leur compétence a été étendue aux infractions qui ne sont pas des infractions militaires proprement dites, par exemple toutes les infractions relatives à l'utilisation d'armes à feu* »[596]. En conséquence, le Comité a préconisé que l'État partie devrait veiller à ce que la compétence des tribunaux militaires soit limitée aux infractions militaires commises par des militaires. Il doit également faire en sorte que nul ne puisse être poursuivi ou puni en raison

---

[593] Voir le document E/CN.4/2006/58, 13 janvier 2006.

[594] *Ibidem.*, p.11.

[595] Conseil des droits de l'homme de l'ONU, *Résumé des débats tenus pendant la consultation d'experts sur l'administration de la justice par les tribunaux militaires et le rôle de l'ensemble de l'appareil judiciaire dans la lutte contre les violations des droits de l'homme*, Rapport annuel du Haut-Commissaire des Nations Unies aux droits de l'homme et rapports du Haut-Commissariat et du Secrétaire général, Vingt-huitième session, Assemblée Générale de l'ONU, 29 janvier 2015, p.10.

[596] Lire le document CCPR/C/79/Ad.116, 4 novembre 1999, p.4.

d'une infraction pour laquelle il a déjà été condamné ou acquitté par un jugement définitif[597]. Cette posture rigoureuse restera, pourtant, assouplie dans d'autres directives et constatations des instances onusiennes des droits de l'homme.

- **Souplesse dans les principes et directives des Nations Unies**

Il y a lieu de constater qu'il existe aussi une certaine souplesse des instances onusiennes des droits de l'homme relative au jugement des civils par les tribunaux militaires. Dans son Observation générale n° 13, le Comité des droits de l'homme de l'ONU note *« l'existence, dans de nombreux pays, de tribunaux militaires ou d'exception qui jugent des civils, ce qui risque de poser de sérieux problèmes en ce qui concerne l'administration équitable, impartiale et indépendante de la justice. »*[598]. Néanmoins, ce Comité précise quand même que « *lorsque de tels tribunaux sont constitués, c'est pour permettre l'application de procédures exceptionnelles qui ne sont pas conformes aux normes ordinaires de la justice. S'il est vrai que le Pacte n'interdit pas la constitution de tribunaux de ce genre, les conditions qu'il énonce n'en indiquent pas moins clairement que le jugement de civils par ces tribunaux devrait être exceptionnel et se dérouler dans des conditions qui respectent véritablement toutes les garanties stipulées à l'article 14* »[599].

La position du Comité des droits de l'homme de l'ONU est flexible ou moins catégorique dans la mesure où ce Comité émet des réserves sur le jugement des civils par les tribunaux militaires dans un premier temps. Et dans un second temps, il précise que le jugement des civils par les tribunaux militaires devrait être exceptionnel et ceux-ci doivent respecter les droits à un procès équitable.

Le Comité des droits de l'homme de l'ONU a également adopté cette attitude de souplesse dans la Communication n°1813/2008 Ebenezer Derek MBONGO AKWANGA c/ Cameroun rendue le 22 mars 2011. Ainsi, au paragraphe 7.5 de ses constatations dans la Communication ci-dessus, le Comité se prononce ainsi : « *(… …) l'État partie doit démontrer, relativement à la catégorie spécifique des personnes en cause, que les tribunaux civils ordinaires ne sont pas en mesure de mener les procès, qu'aucun autre tribunal civil spécial ou de haute sécurité ne convient en l'espèce et que le recours à un tribunal militaire ne peut pas être évité. L'État partie doit en outre démontrer que les tribunaux militaires garantissent intégralement la protection des droits de l'accusé conformément à l'article 14* »[600]. Il poursuit

---

597 *Idem.*

598 HRI/GEN/1/Rev.9, 27 mai 2008, paragraphe 4, p.215.

599 *Idem.*

600 Alain Didier OLINGA, « La Résistance entêtée d'une « Exception » condamnée : le jugement des civils par les tribunaux militaires en droit camerounais », *in* Magloire ONDOA et

encore en disant : « *Dans l'affaire à l'examen, l'État partie n'a pas montré pourquoi le recours à un tribunal militaire était nécessaire. Dans ses commentaires sur la gravité des charges portées contre l'auteur, il n'a pas indiqué pourquoi les tribunaux civils ordinaires ou d'autres types de juridictions civiles ne convenaient pas pour le juger. Le simple fait d'affirmer que le procès militaire s'est déroulé conformément aux dispositions législatives internes ne constitue pas non plus un argument valable au regard du Pacte à l'appui du recours à ces tribunaux* »[601].

De ce fait, *« l'incapacité de l'État partie à démontrer la nécessité d'avoir recours à un tribunal militaire en l'espèce signifie que le Comité n'a pas besoin d'examiner si le tribunal militaire a, dans les faits, apporté toutes les garanties énoncées à l'article 14* »[602]. En conséquence, le Cameroun a été convaincu de violation de droit du requérant à un procès équitable.

Pour conclure, il serait donc admis qu'en cas d'extrême nécessité ou de nécessité absolue, les tribunaux militaires peuvent juger des civils selon le Comité des droits de l'homme de l'ONU. Ceci tranche avec la position de fermeté de l'ancienne Commission des droits de l'homme de l'ONU et du Conseil des droits de l'homme ci-dessus. Il s'agit alors, comme le rappelait encore Alain Didier OLINGA, d'une posture d'acceptation conditionnelle ou de souplesse mesurée vis-à-vis du jugement des civils par les tribunaux militaires[603]. Or, il faut souligner que la marge de manœuvre laissée aux États par le Comité des droits de l'homme de l'ONU, sur cette épineuse question du jugement des civils par les tribunaux militaires, est si étroite qu'elle n'est pas tellement différente de la fermeture[604]. Par contre, l'on peut affirmer que contrairement à une position flexible des instances onusiennes des droits de l'homme, les instances de l'Union Africaine de protection des droits de l'homme sont restées fermes sur leur position en ce qui concerne l'interdiction de juger les civils par les tribunaux militaires.

La position donnée par les instances internationales des droits de l'homme qu'elle soit ferme ou souple sur la question du jugement des civils par les juridictions militaires entraine des conséquences vis-à-vis des États membres des Nations Unies. En conséquence, tout État qui refuserait de se conformer aux interprétations internationales faisant autorité pourrait s'exposer au risque de condamnations à répétition devant le prétoire international des droits de l'homme[605].

Patrick Edgard ABANE ENGOLO dir., *L'exception en droit Mélanges en l'honneur de Joseph OWONA*, *op.cit.*, p.52.

601 *Idem.*

602 *Idem.*

603 *Idem.*

604 *Idem.*

605 *Ibidem.*, p.56.

ii. Inflexibilité dans la position des instances africaines des droits de l'homme

La Commission africaine des droits de l'homme et des peuples a toujours exprimé, de manière constante, un refus catégorique voire une hostilité de principe vis-à-vis du jugement des civils par les tribunaux militaires. Ainsi, dans les Directives et principes sur le droit à un procès équitable et à l'assistance judiciaire en Afrique adoptés en 2003, il est formulé clairement au point L que : *« a. Les tribunaux militaires ont pour seul objet de connaître des infractions d'une nature purement militaire commises par le personnel militaire. b. Dans l'exercice de leurs fonctions, les tribunaux militaires sont tenus de respecter les normes du procès équitable énoncées par la Charte et les présentes Directives. c. Les tribunaux militaires ne peuvent, en aucune circonstance, juger des civils. De même, les juridictions spéciales ne connaissent pas des infractions qui ressortissent de la compétence des tribunaux ordinaires* ». Ainsi, la Commission africaine des droits de l'homme n'admet aucune hypothèse dans laquelle des civils pourraient être jugés par des tribunaux militaires, à la différence du Comité des droits de l'homme[606].

À travers la décision de mars 2014 sur la Communication 287/04 - TITANJI DUGA Ernest (pour le compte de CHEONUMU Martin et autres) c/ Cameroun, la Commission africaine des droits de l'homme et des peuples demeure constante dans l'interdiction de juger les civils par les tribunaux militaires en ces termes : « *61. (…) Tant la doctrine que la pratique judiciaire s'accordent sur ce que les tribunaux militaires sont des mécanismes disciplinaires créés pour connaître des infractions de type militaire prévues par une législation militaire, commises par des membres du personnel militaire et lorsque ceux-ci sont sous l'emprise de la législation militaire. En somme, et même au risque d'une tautologie, la compétence des juridictions militaires est strictement militaire fut-elle rationae personae ou rationae loci ».*

Et en conclusion donc *: « 62. De l'avis de la Commission, il résulte de cette restriction une prescription péremptoire : les juridictions militaires ne peuvent juger des personnes civiles* ». Au-delà, des réticences des juridictions internationales, il serait peut-être judicieux de connaître les raisons avancées de l'entêtement ou la persistance du Cameroun à juger les civils par les tribunaux militaires…

---

606 Alain Didier OLINGA, *Ibidem.*, p.54.

b. Raisons avancées de l'entêtement ou la persistance du Cameroun à juger les civils par les tribunaux militaires

Il existerait un certain nombre de raisons qui amèneraient l'État à juger des civils par les tribunaux militaires au Cameroun. Il convient donc d'élucider a priori ces raisons. Elles sont diverses et multiples :

La première raison peut être souverainiste, car la politique criminelle, définit au sens large du terme comme un ensemble de réponses organisées par l'État et la société pour se défendre contre des comportements définis comme "criminels"[607], est inéluctablement du ressort de la souveraineté de l'État. Cette thèse est largement défendue par des personnalités officielles au Cameroun[608]. Elle soutient la préservation de la souveraineté nationale d'un pays par rapport à des instances supranationales. D'où une forte tension entre la politique criminelle étatique et les droits de l'homme. Cependant, il est possible de subodorer que la politique criminelle et la protection des libertés publiques soient conciliables en droit positif camerounais. En fait, « *après une longue tradition d'autonomie (que marque encore le découpage universitaire des études de droit), l'idée d'une politique criminelle "humaniste", donc respectueuse des droits de l'homme s'est imposée, surtout depuis la Seconde Guerre mondiale…….* »[609].

En fait, l'État a délibérément pris un certain nombre d'engagements internationaux en matière de protection des droits de l'homme. Ainsi donc, la politique criminelle de l'État n'est pas incompatible avec les questions de droits de l'homme selon le droit positif camerounais. Or, cette approche juridique serait difficilement conciliable avec les questions de sécurité nationale sur le plan pratique au Cameroun précisément concernant l'épineuse question de la justiciabilité des civils devant les tribunaux militaires.

Deuxièmement, la raison peut être due au caractère non obligatoire des instruments juridiques interdisant le jugement des civils par les tribunaux militaires. En effet, les principes, directives et observations générales des instances internationales des droits de l'homme (le Comité des droits de l'homme de l'ONU, le Conseil des droits de l'homme de l'ONU et la Commission africaine des droits et des peuples) sont non contraignants. En effet, tout comme le Pacte international relatif aux droits civils et politiques

---

607 Mireille DELMAS-MARTY, Jean-François COSTE, « Politique criminelle et droits de l'homme : vers une logique floue », *Dans Revue interdisciplinaire d'études juridiques* 1990/1 (Volume 24), p.1.

608 Cette position a été largement défendue au cours de nombreux entretiens avec le Colonel Docteur Didier SIPA NDONGMO, Directeur de la Justice Militaire auprès du Ministère de la Défense du Cameroun et le Chef de Bataillon BELINGA Cerlin, Commissaire du Gouvernement auprès du Tribunal Militaire de Yaoundé-Cameroun.

609 Mireille DELMAS-MARTY, Jean-François COSTE, « Politique criminelle et droits de l'homme : vers une logique floue » *op.cit.*, p.2.

de 1966, la Charte africaine des droits de l'homme et des peuples ne contient aucune condamnation textuelle du jugement des civils par un certain type de tribunaux, y compris militaires[610]. C'est d'ailleurs ce qui pourrait laisser croire à l'idée selon laquelle les Nations Unies n'ont pas encore eu l'intention de faire de l'interdiction du jugement des civils par les tribunaux militaires une obligation juridique *erga omnes*[611].

Troisièmement, au-delà des multiples raisons sus-évoquées, la question du jugement des civils par les tribunaux militaires au Cameroun comporterait un enjeu majeur qui serait sécuritaire. En effet, le Cameroun fait de plus en plus face à une recrudescence des crises sur son territoire : la guerre de Boko Haram, la crise dite anglophone, les tensions communautaires, l'instabilité à l'Est Cameroun, le braconnage, les réseaux criminels organisés, les tentatives d'insurrection, etc. Pour faire face à ces multiples crises extrêmes, l'État a accordé la primauté à « *l'outil militaire pour la gestion de ces crises : le Chef des armées, le ministre de la Défense et le Haut Commandement militaire à la manœuvre stratégique-tactique, les soldats à la manœuvre opérative sur le terrain et la justice militaire pour connaître des infractions liées à ces crises sécuritaires* »[612]. Par conséquent, la soumission des civils par des tribunaux militaires est un choix politique qui est basé, pour l'instant, sur l'option sécuritaire. Dans un tel contexte, la politique répressive a pour principal objectif d'aider les pouvoirs publics à ramener la paix civile gravement menacée. Il s'agit d'un outil de dissuasion qui sert aux autorités de l'État contre tout acte criminel visant à le déstabiliser.

2. Exception dans la procédure devant les tribunaux militaires

L'exception influence la procédure pénale camerounaise. Elle peut être trouvée dans les textes de loi (a) et dans la pratique judiciaire (b).

a. Existence de l'exception dans les textes de loi

En vertu de l'adage latin, « *Specialia generalibus derogant* » (les règles spéciales dérogent aux règles générales), il existe un certain nombre d'exceptions dans les textes de loi pénale au Cameroun. Celles-ci sont en quelque sorte la règle en période de lutte contre le terrorisme. Bien que ces règles spéciales aient un fondement juridique, il n'en demeure pas moins qu'elles limitent l'effectivité des libertés publiques au plan pratique dans le

---

610 Alain Didier OLINGA, « La Résistance entêtée d'une « Exception » condamnée : le jugement des civils par les tribunaux militaires en droit camerounais », *in* Magloire ONDOA et Patrick Edgard ABANE ENGOLO dir., *L'exception en droit Mélanges en l'honneur de Joseph OWONA*, *op.cit.*, p.55

611 Entretien avec le Chef de Bataillon BELINGA Cerlin, Commissaire du Gouvernement près du Tribunal Militaire de Yaoundé-Cameroun le 10 Août 2021.

612 Alain Didier OLINGA, « La Résistance entêtée d'une « Exception » condamnée : le jugement des civils par les tribunaux militaires en droit camerounais », *op.cit.*, p.49.

contexte de lutte contre le terrorisme au Cameroun. Au nombre de ces dispositions spéciales, l'on peut citer entre autres :

Premièrement, l'article 13 de la loi n° 2014/028 du 23 décembre 2014 portant répression des actes du terrorisme au Cameroun qui dispose que : « *Pour l'application de cette loi, le tribunal militaire est saisi par ordre de mise en jugement direct du Commissaire du gouvernement compétent* ». Ceci reste une exception en matière de justice pénale au Cameroun, car, l'article 142 al. 1er du Code de procédure pénale camerounais stipule que : « *L'information judiciaire est obligatoire en matière de crime, sauf dispositions contraires de la loi* ». Pourtant, l'information judiciaire permet au juge d'instruction qui est un juge du siège d'effectuer ses propres enquêtes afin de s'assurer de la véracité des informations données qui lui sont transmises par l'accusation. Cette seconde enquête permet de garantir un procès équitable[613].

Deuxièmement, la loi camerounaise contre le terrorisme suscitée prévoit une garde à vue illimitée. Elle est fixée pour une période de quinze (15) jours renouvelables sur autorisation du Commissaire du gouvernement compétent[614]. Or, la disposition juridique de cette loi spéciale déroge aux règles de procédure issues du Code de justice militaire et le Code de procédure pénale qui prévoient plutôt une garde à vue limitée. En fait, l'article 12 alinéa 1er de la loi n° 2017-12 du 12 juillet 2017 portant Code de justice militaire au Cameroun stipule que : « c*) le délai de la garde à vue est de quarante-huit (48) heures renouvelables une fois » ; d) à l'expiration du délai fixé au paragraphe c ci-dessus, la garde à vue peut, sur autorisation écrite du Commissaire du Gouvernement, être prorogée de deux autres périodes de quarante-huit (48) heures chacune ; f) mention de chaque prorogation est faite dans le procès-verbal* ». Et l'article 119 alinéa 2 du Code de procédure pénale camerounais prévoit une garde à vue limitée. Il dispose que « *a) le délai de la garde à vue ne peut excéder quarante-huit (48) heures renouvelables une fois. b) Sur autorisation écrite du Procureur de la République, ce délai peut, à titre exceptionnel ; être renouvelé deux fois* ».

Une telle exception constitue d'ailleurs une atteinte aux principes au droit à un procès équitable au moins pour deux raisons. D'abord parce qu'il est possible qu'un suspect reste privé de sa liberté pendant une très longue période ou durée alors qu'il n'existe en l'état aucune preuve contre lui[615]. Il peut d'ailleurs par la suite, être libéré alors qu'il a été gardé à vue pendant plusieurs mois. Comme la personne poursuivie est incapable de se défendre en apportant

---

613 D'après l'article 168 du Code de procédure pénale camerounais : « *La qualification donnée aux faits lors de l'enquête de police ne lie pas le Juge d'Instruction* ».

614 Lire article 11 de la loi n°2014/028 du 23 Décembre 2014 portant répression des actes du terrorisme au Cameroun.

615 Entretien avec Me Claude ASSIRA, Avocat au Barreau du Cameroun le 04 mai 2021.

des preuves pendant qu'il reste encore privé de sa liberté, il est peu probable que ces preuves-là existent encore au moment où il sera enfin présenté devant un tribunal. Dans ce cas, le principe de l'égalité des armes, qui est un des éléments inhérents à la notion de procès équitable, est remis en cause parce qu'arrivée en phase de jugement, l'accusé disposera de peu de moyens pour remettre en cause le dossier qui a été monté au cours de la phase d'enquête préliminaire[616].

Troisièmement, le Commissaire du Gouvernement a le pouvoir de décerner des mandats de détention provisoire en cas de flagrant délit,[617] mais en dehors de cette circonstance exceptionnelle c'est le juge d'instruction qui a cette compétence. Cependant, en pratique, c'est le Commissaire du Gouvernement qui décerne généralement les mandats de détention provisoire que l'on soit en cas de flagrant délit ou non dans les affaires concernant le terrorisme étant donné le silence du législateur sur cette question précise. Étant rédigé dans la précipitation, la loi camerounaise anti-terroriste n'a donné aucune précision sur les formalités de décernement du mandat de détention provisoire. Ainsi, pour combler ce vide juridique, le Commissaire du Gouvernement s'est inspiré de l'article 11 alinéa c de la loi n° 2008/015 du 29 décembre 2008 portant organisation judiciaire militaire et fixant des règles de procédure applicables devant les tribunaux militaires[618]. Cette loi lui donne le droit d'ordonner une mesure de privation de liberté[619]. C'est en vertu donc de cette interprétation extensive au plan légal que le Commissaire du Gouvernement parvient à fonder sa compétence en matière de détention provisoire[620].

Néanmoins, s'il est utilisé à des fins personnelles et non dans l'intérêt de la justice en elle-même, le pouvoir reconnu au Procureur de la République en ce qui concerne la privation provisoire de la liberté, peut faire entorse aux droits fondamentaux reconnus par la procédure pénale camerounaise notamment au droit à un procès équitable. En effet, l'équilibre entre le ministère public et la personne poursuivie peut être rompu dans la mesure où l'une des parties prenantes au procès, en l'occurrence l'accusation, peut décider de mettre en détention provisoire, l'autre partie qui est le défendeur.

Dans les tribunaux de droit commun, les Procureurs de la République ont également le pouvoir de décerner les mandats de détention provisoire en cas de flagrant délit. Ceci donne au Procureur de la République d'énormes pouvoirs. Or, ceci n'est pas sans conséquence sur la protection des libertés

---

616 *Idem.*

617 Cf. article 12 al. 1 b de la loi n° 2005/007 du 27 juillet 2005 portant Code de procédure pénale.

618 Entretien avec le Chef de Bataillon BELINGA Cerlin, Commissaire du Gouvernement près du Tribunal Militaire de Yaoundé-Cameroun le 07 Septembre 2021.

619 *Idem.*

620 *Idem.*

publiques. Selon un témoignage reçu, cette phase judiciaire serait le lieu de marchandage, de négociation et de corruption pour obtenir la liberté provisoire afin de comparaitre libre[621].

b. Existence de l'exception dans la pratique judiciaire

En dehors des exceptions prévues par les textes, il en existe d'autres qui découlent de la pratique judiciaire au Cameroun. Autrement dit, ce sont des exceptions qui ne sont prévues par aucun texte juridique, mais qui sont applicables dans un contexte sécuritaire en général ou particulièrement en période de lutte contre le terrorisme. Ces exceptions sont justifiées par la nécessité en vertu de l'adage : « *Nécessité fait loi* ». La nécessité née du péril sécuritaire. En d'autres termes, l'exception peut être posée s'il y a un risque sécuritaire élevé[622]. Le baromètre de ce péril sécuritaire est le degré de risque que l'État peut encourir s'il n'oppose pas l'exception à une règle de droit prévue dans les textes juridiques[623]. Il doit toujours exister un juste milieu entre la légalité et la sécurité. La légalité est au service de la sécurité. Il existe alors plusieurs exceptions qui font écran à la règle de droit en période sécuritaire. Au rang de ces exceptions, l'on peut citer entre autres :

Premièrement, l'article 30 alinéa 1er du Code de procédure pénale camerounais précise que : « *l'arrestation consiste à appréhender une personne en vue de la présenter sans délai devant l'autorité prévue par la loi ou par le titre en vertu duquel l'arrestation est effectuée* ». Ceci voudrait dire que toute personne a le droit d'interpeller un individu qui aurait commis une infraction. Néanmoins, elle devrait présenter sans délai le suspect à l'officier de police judiciaire compétent. Or, cette règle fait face à une exception en période de lutte contre le terrorisme. En fait, pour des raisons sécuritaires, un suspect préjugé dangereux qui a été interpellé par les forces spéciales en période de lutte armée peut être retenu pendant une période pour exploitation. Une fois que les enquêtes des forces spéciales sont terminées, celui-ci est remis aux autorités de police judiciaire avec certaines preuves. Cette enquête urgente est faite pour des besoins de défense nationale[624]. La durée de l'enquête peut parfois être longue en fonction de la nature de l'enquête et ses contraintes. Aussi, le suspect sera détenu pendant toute cette période pour les besoins de renseignement militaire par les forces spéciales.

Deuxièmement, l'avocat est un maillon important de la procédure pénale camerounaise, car il conseille, représente à titre judiciaire et assiste son client à toutes les phases de la procédure pénale. L'article 172 alinéa 3 du Code de

---

621 Entretien avec Me Thierry NJIFEN, Rwanda Bar Association And East African Law Society, le 1er septembre 2021.

622 Entretien avec le Colonel Docteur Didier SIPA NDONGMO, Directeur de la Justice Militaire auprès du Ministère de la Défense du Cameroun, le 26 Août 2021.

623 *Idem.*

624 Echanges avec plusieurs officiers sur anonymat au ministère de la Défense du Cameroun.

procédure pénale camerounais reconnait à l'avocat le droit de consulter le dossier de procédure de son client en phase d'information judiciaire. Aux termes de cet article : « *Le dossier de procédure est tenu à la disposition de l'avocat au cabinet d'instruction, vingt-quatre (24) heures avant chaque interrogatoire ou confrontation* ». Cependant, ce droit de consultation peut être refusé à un avocat pour des raisons de sécurité nationale. En effet, si les informations contenues dans le dossier risquent de compromettre la sécurité nationale ou être une menace grave pour la vie des témoins au procès ainsi qu'à leurs familles, le juge d'instruction peut refuser à l'avocat d'accéder au dossier de procédure de son client.

Troisièmement, selon l'article 137 alinéa 1er du Code de procédure pénale camerounais, « *le Procureur de la République dirige et contrôle les diligences des officiers et agents de police judiciaire* ». Ceci fait du Commissaire du Gouvernement le patron des enquêtes judiciaires lors de la phase policière en matière de lutte contre le terrorisme. Cependant, les enquêtes faites par les forces spéciales dans le théâtre des conflits ne sont pas du ressort du Commissaire du Gouvernement[625]. Les forces spéciales ne font pas partie de la police judiciaire et par conséquent les actes qu'elles posent lors de leurs enquêtes ne sont régis ni par le Code de procédure pénale ni par le Code de justice militaire[626]. Leurs enquêtes entrent dans le champ du renseignement prévisionnel[627]. Alors, ni les officiers de police militaire ni les officiers de police judiciaire n'interviennent au cours de ce renseignement d'intérêt militaire. À la fin du renseignement, les forces spéciales peuvent décider de donner les preuves recueillies ou seulement une partie d'entre elles aux autorités judiciaires. Elles peuvent aussi garder ces preuves pour des questions de défense nationale.

Section 2. Loi antiterroriste au Cameroun : une légalité d'exception en matière pénale en période de lutte contre le terrorisme

L'analyse de l'épineuse question du caractère exceptionnel de la loi n° 2014/028 du 23 décembre 2014 portant répression des actes de terrorisme au Cameroun mérite qu'on puisse rappeler préalablement le contexte de l'élaboration de cette loi. En effet, le Cameroun fait principalement face au problème de Boko Haram depuis 2009[628]. Le nom "boko" signifie "book" donc

---

625 Entretien avec le Chef de Bataillon BELINGA Cerlin, Commissaire du Gouvernement près du Tribunal Militaire de Yaoundé-Cameroun le 07 Septembre 2021.

626 *Idem.*

627 *Idem.*

628 Au cours de l'année 2011, des journalistes camerounais font état de la présence à l'Extrême-Nord du Cameroun des membres du groupe Boko Haram ayant fui la répression dans l'État du Borno au Nigéria depuis 2009.

"livre" en anglais et "haram", "interdit" en arabe[629]. "Boko Haram" signifie par extension pour ce mouvement : "le rejet d'un enseignement perverti par l'occidentalisation[630]". Derrière ce nom générique de Boko Haram, l'on y voit une mobilisation de l'imaginaire du rite du bouc émissaire pour justifier ou intelliger cette insécurité[631].

En fait, sous le prétexte de défendre la religion contre la modernité, Boko Haram réinvente le rite grec du *pharmakos* pour rétablir l'ordre[632]. Mais, l'on assiste plutôt à une amplification de la violence qui circule désormais derrière l'imagination de l'ennemi qui s'ensuit alors sur fond de stigmatisation de l'autre qu'on soupçonne de comploter avec Boko Haram pour déstabiliser le pouvoir en place au Cameroun[633].

Tous les arguments ci-dessus ont amené l'État du Cameroun à considérer Boko Haram comme un complot de quelques ennemis dont le seul objectif est d'aboutir absolument à une déstabilisation du Cameroun à des fins inavouées. Pire encore, le problème de Boko Haram est devenu un enjeu de politique intérieure au Cameroun, car, compte tenu de la longévité au pouvoir de Monsieur Paul BIYA, Président de la République du Cameroun, certains groupes et réseaux ont voulu trouver un prétexte pour organiser la succession au sommet de l'État du Cameroun[634]. Par exemple, dans un discours le 11 juin 2014, l'Honorable CAVAYE YEGUIE Djibril, le Président de l'Assemblée Nationale du Cameroun, originaire de la région du Nord, en appelait à la délation pour se débarrasser de Boko Haram en ces termes : « *Beaucoup sont parmi nous, les uns tapis dans l'ombre, les autres très actifs, mais dans l'hypocrisie... N'ayons pas peur, dénonçons-les...* »[635]. D'où la confusion générale au Cameroun.

Finalement, il apparaît clair qu'il est difficile de connaître qui est réellement Boko Haram : est-ce un ennemi extérieur du Cameroun ou alors un

---

629 Léa BARON, « Nigeria : Boko Haram, c'est qui ? C'est quoi ? », *Afrique Djihadisme en Afrique, L'actualité au Nigeria,* TV 5 Monde, 22 février 2014, disponible à l'adresse : https://information.tv5monde.com/afrique/nigeria-boko-haram-c-est-qui-c-est-quoi-4931, (consulté le 09.09.2021).

630 *Idem.*

631 Claude ABÉ, « Globalisation de la violence du religieux et désignation de la victime sacrificielle au cœur de l'intelligence des attaques du mouvement djihadiste Boko Haram au Cameroun : les usages socio-politiques du recours au bouc émissaire », *in* François WASSOUNI and Adder Abel GWODA, *Boko Haram au Cameroun Dynamiques plurielles*, Peter Lang, 07/10/2011, p.436 et s.

632 *Idem.*

633 *Idem.*

634 Jacques DEVEAUX, « Boko Haram, Enjeu de politique intérieure au Cameroun », *franceinfo : Afrique*, publié le 17 Septembre 2014, disponible à l'adresse : https://www.francetvinfo.fr/monde/afrique/cameroun/boko-haram-enjeu-de-politique-interieure-au-cameroun_3068373.html, (consulté le 10.09.2021).

635 *Idem.*

ennemi intérieur ? Ainsi, Boko Haram serait un ennemi à mille visages ou invisible. Tout ceci a amené l'État à adopter une politique de raidissement sécuritaire généralisé avec pour objectif de protéger à tout prix l'ordre établi au Cameroun. L'application de la législation anti-terroriste a été étendue à la crise anglophone qui s'aggrave en 2016 et à toutes les autres formes de criminalités comme prévu par la loi camerounaise anti-terroriste. Aussi, l'analyse approfondie du caractère ambigu et potentiellement liberticide de l'acte de terrorisme impose deux constats à savoir : l'approche globalisante de la notion de terrorisme constitue une menace à l'exercice des libertés publiques (**Paragraphe 1er**) d'une part, et d'autre part, la loi antiterroriste au Cameroun reste une législation porteuse de danger pour les libertés publiques (**Paragraphe 2**).

Paragraphe 1. Approche globalisante de la notion d'actes de terrorisme : une menace à l'exercice des libertés publiques

L'approche globalisante de la notion d'actes de terrorisme, bien que constituant une menace à l'exercice des libertés publiques, répond à un agenda de politique sécuritaire précis dans le contexte camerounais. Il convient de bien expliciter d'abord cet agenda politique avant d'analyser ensuite le degré ou l'ampleur de la menace de cette approche globalisante pour les libertés publiques au Cameroun.

D'entrée de jeu, il est judicieux de relever qu'il n'existe aucune définition consensuelle de la notion d'actes de terrorisme sur le plan universel. Toute tentative de recherche universelle d'une définition a toujours été un échec à cause des perceptions différentes du phénomène terroriste par les États, car le terroriste de l'un est le combattant de la liberté pour l'autre. Aussi, les enjeux juridiques, politiques, géostratégiques et sécuritaires des États rendent impossible une définition juridique consensuelle du terrorisme.

Il fallait pourtant trouver un remède contre le terrorisme qui constitue la plus grande menace contre la paix et la sécurité internationale. Face donc à cette urgence au plan mondial, le Conseil de sécurité de l'ONU a adopté une série de résolutions spectaculaires, qui demandent aux États membres de l'Organisation des Nations Unies de modifier leur législation nationale afin de mener la « *guerre mondiale contre le terrorisme* » (*Global War on Terror*) sur des bases communes[636]. Ce nouveau cadre juridique a largement contribué à accroître les pouvoirs des États puisqu'il a délégué aux gouvernements nationaux la guerre contre le terrorisme[637]. Malheureusement, ces derniers en

[636] KIM Lane SCHEPPELE, « Le droit de la sécurité internationale, Le terrorisme et l'empire sécuritaire de l'après-11 Septembre 2001 », *op.cit.*, p. 29.
[637] *Idem.*

ont largement profité, comme c'est le cas du Cameroun, pour décider du contenu de leur propre terrorisme compte tenu de leurs objectifs nationaux en l'absence d'une définition internationale unique du terrorisme ou encore pour instrumentaliser ce concept à des fins purement politiques et géostratégiques.

En effet, il y a eu une instrumentalisation à diverses échelles de la lutte contre le terrorisme par les États. Tandis que les superpuissances mondiales (États-Unis, Russie, Chine, Royaume-Uni et France, etc.) profitent de la lutte contre le terrorisme pour leur expansion impérialiste, les États faibles encore appelés les « *États périphériques* » sont également très occupés à espionner et à restreindre drastiquement le champ d'exercice des libertés publiques de leurs propres ressortissants[638] pour des questions de sauvegarde de l'ordre établi, de la sécurité nationale et de l'intérêt supérieur de l'État au nom de la guerre contre le terrorisme. Parlant du Cameroun, il s'agirait alors d'un détournement des objectifs de la lutte contre le terrorisme pour le règlement des problèmes de sécurité intérieure, d'intérêts nationaux ou encore de politique étrangère[639].

À la lecture des études antérieures[640], il y a lieu de dire que cette logique d'instrumentalisation du droit international à des fins de politiques intérieures n'est pas un phénomène nouveau en Afrique en général et au Cameroun en particulier. D'après un auteur, « *les États africains adhèrent d'abord (par principe), à des instruments internationaux dont ils savent que l'esprit et la lettre sont incompatibles avec leurs mœurs en vigueur dans leurs sociétés, dont ils sont par conséquent conscients que, même reçus dans leur droit interne par une législation nationale appropriée, ils ne seront jamais appliqués, du fait de leur inadéquation par rapport aux réalités sociales de leurs pays* »[641]. Au final, les États instrumentalisent le droit ou encore utilisent à profit la moindre faille du droit pour régler les questions internes liées à leurs propres agendas sécuritaires qui n'ont parfois rien à voir avec ce que prescrivent les normes posées. Ainsi, le droit est au service de la sécurité et des intérêts nationaux.

Cette option, qui est purement politique, peut s'avérer être une menace imminente pour l'exercice des libertés publiques aujourd'hui notamment pour les libertés politiques encadrées par les textes internationaux en matière de protection des droits de l'homme. C'est dans ce contexte général qu'il faut

---

[638] *Ibidem.*, p.31.

[639] Entretien avec le Professeur Claude ABE, Socio-politiste et leader d'opinion, le 08 septembre 2021.

[640] Pélagie Chantal BELOMO ESSONO, *L'ordre et la sécurité publics dans la construction de l'Etat au Cameroun*, Thèse de doctorat en Sciences politiques. Institut d'études politiques de Bordeaux, Université Montesquieu -Bordeaux IV, 2007, p. 13 et s; Pierre Fabien NKOT, *Perversion politique du droit et construction de l'État unitaire au Cameroun*, Thèse en Science politique, Université Laval, pp-269-296.

[641] Pierre Fabien NKOT, *Usages politiques du droit en Afrique : Le cas du Cameroun*, Bruylant, Bruxelles, 1er Novembre 2005, p.154.

situer l'approche globalisante de la définition des actes de terrorisme au Cameroun. Cette approche globalisante est perçue à travers l'élasticité de la notion d'actes de terrorisme (**A**) d'une part, et d'autre part, l'absence de frontières entre infraction terroriste et infraction de droit commun (**B**).

A. Élasticité de la notion d'actes de terrorisme

La définition des actes de terrorisme donnée par l'article 2 alinéa 1er de la loi n° 2014/028 du 23 décembre 2014 portant répression des actes de terrorisme au Cameroun a un caractère élastique. Aux termes de cette disposition juridique, les actes de terrorisme sont définis comme suit : « *Est puni de la peine de mort, celui qui, à titre personnel, en complicité ou en coaction, commet tout acte ou menace susceptible de causer la mort, de mettre en danger l'intégrité physique, d'occasionner des dommages corporels ou matériels, des dommages de ressources naturelles, à l'environnement ou au patrimoine culturel dans l'intention : a) d'intimider la population, de provoquer une situation de terreur ou de contraindre la victime, le gouvernement et/ou une organisation nationale ou internationale, à accomplir ou à s'abstenir d'accomplir un acte quelconque, à adopter ou à renoncer à une position particulière ou à agir selon certains principes ; b) de perturber le fonctionnement normal des services publics, la prestation de services essentiels aux populations ou de créer une situation de crise au sein des populations ; c) de créer une insurrection générale dans le pays.* »

Sur le plan juridique, l'on peut s'apercevoir que le législateur camerounais a hésité entre considérer les infractions d'actes de terrorisme comme des actes subversifs ou tout simplement comme des actes relevant de la grande criminalité[642]. En fait, dans cette loi, il existe, dans un premier temps, une prise en compte des multiples infractions reconnues comme actes terroristes par les conventions internationales en matière de lutte contre le terrorisme à l'instar du financement du terrorisme, actes illicites de violence dans les aéroports servant à l'aviation civile internationale et l'utilisation des substances biologiques, chimiques et nucléaires ou tous les actes criminels susceptibles de causer la mort, de mettre en danger l'intégrité physique, d'occasionner des dommages corporels ou matériels, des dommages de ressources naturelles, à l'environnement ou au patrimoine culturel dans un but précis.

Et dans un second temps, on a pu voir également l'État du Cameroun réactiver en quelque sorte la figure juridique du subversif à travers la loi antiterroriste de 2014[643]. Cette figure juridique du subversif peut trouver son fondement juridique à la fois dans le droit régional et dans le droit interne.

---

[642] Entretien avec le Professeur Claude ABE, Socio-politiste et leader d'opinion, le 08 septembre 2021.
[643] *Idem.*

Tout d'abord, au plan régional, la loi antiterroriste de 2014 a été inspirée par la Convention de l'OUA sur la Prévention et la lutte contre le terrorisme adoptée à Alger en juillet 1999. Les rédacteurs de cette Convention ont également assimilé l'insurrection au terrorisme[644].

Ensuite, en transposant la Convention d'Alger, l'État camerounais a voulu également ressusciter l'ancienne législation anti-subversion[645]. Elle était constituée de l'ordonnance n° 62/OF/18 du 12 décembre 1962 et la loi n° 63/30 du 25 octobre 1963 "complétant l'ordonnance n° 61/OF/14 du 4 octobre 1961 fixant l'organisation judiciaire militaire de l'État et modifiant l'ordonnance n° 62/OF/18 portant répression de la subversion". Par exemple, l'article 1er de l'Ordonnance de 1962 réprimait : « *quiconque aura, par quelque moyen que ce soit incité à résister à l'application des lois, décrets, règlements ou ordres de l'autorité publique...* »[646]. Puis, l'article 157 alinéa (a) du Code pénal de 1967 réprimait *« celui qui : a) par quelque moyen que ce soit, incite à résister à l'application des lois, règlements ou ordres légitimes de l'autorité publique...* »[647]. L'ordonnance réprimait aussi « *quiconque aura, par quelque moyen que ce soit porté atteinte au respect dû aux autorités publiques ou incite à la haine contre le gouvernement de la République fédérale...* »[648]. Enfin, l'article 154 al.2 du Code pénal réprime « *celui qui, par des paroles ou écrits au public, incite à la révolte contre le gouvernement et les institutions de la République* »[649].

Tout ce chapelet d'infractions permettait de poursuivre tout citoyen qui osait défier et déstabiliser, d'une quelconque manière, les institutions républicaines. Et étaient particulièrement visées les réunions et manifestations publiques illégales, les grèves ou encore d'autres revendications à caractère contestataire ou politique. Cette législation anti-subversion a dû influencer les rédacteurs de la loi camerounaise antiterroriste de 2014. Tout ceci a entrainé un élargissement presque illimité des infractions susceptibles d'être considérées comme étant des actes de terrorisme en droit camerounais. D'où

---

644 FIDH, *L'anti-terrorisme à l'épreuve des droits de l'Homme : les clés de la compatibilité, Violations des droits de l'Homme en Afrique subsaharienne au motif de la lutte contre le terrorisme : une situation à hauts risques*, *op.cit.*, p.7.

645 Entretien avec le Professeur Claude ABE, Socio-politiste et leader d'opinion, le 08 septembre 2021.

646 Thomas OJONG, *L'infraction politique en droit pénal camerounais*, Mémoire de DEA de droit privé fondamental, Université de Douala – 2005, disponible à l'adresse : https://www.memoireonline.com/03/10/3219/m_Linfraction-politique-en-droit-penal-camerounais13.html, (consulté le 11 Septembre 2021).

647 *Idem.*

648 *Idem.*

649 *Idem.*

la dénomination d'« *infraction valise* » pour qualifier l'infraction antiterroriste camerounaise[650].

Au regard de ce qui précède, l'élasticité de la notion d'actes de terrorisme en droit camerounais peut-être une source de restriction des libertés publiques dans la mesure où les infractions définies par la loi antiterroriste englobent même des actes qui relèvent en principe du droit commun comme les réunions et les manifestations publiques. Un journal fait d'ailleurs la remarque suivant laquelle : « *la définition des actes terroristes en devient imprécise. Dorénavant, toute grève, manifestation ou tout appel à la désobéissance civile peut être assimilé à un acte de terrorisme. Une telle situation peut conduire à des dérives répressives à l'encontre de membres de la société civile et de l'opposition politique* »[651].

B. Absence de frontières entre infraction terroriste et infraction de droit commun

La définition de la notion d'actes de terrorisme dans la loi antiterroriste de 2014 élimine les frontières entre l'infraction terroriste et l'infraction de droit commun. Cette définition s'inspire de l'article 1er paragraphe 3 de la Convention de l'OUA sur la Prévention et la lutte contre le terrorisme adoptée à Alger en juillet 1999. Au terme de cette disposition juridique « *« Est « Acte terroriste » :(a) tout acte ou menace d'acte en violation des lois pénales de l'État Partie susceptible de mettre en danger la vie, l'intégrité physique, les libertés d'une personne ou d'un groupe de personnes, qui occasionne ou peut occasionner des dommages aux biens privés ou publics, aux ressources naturelles, à l'environnement ou au patrimoine culturel, et commis dans l'intention :(i) d'intimider, provoquer une situation de terreur, forcer, exercer des pressions ou amener tout gouvernement, organisme, institution, population ou groupe de celle-ci, d'engager toute initiative ou de s'en abstenir, d'adopter, de renoncer à une position particulière ou d'agir selon certains principes ; ou(ii) de perturber le fonctionnement normal des services publics, la prestation de services essentiels aux populations ou de créer une situation de crise au sein des populations ;(iii) de créer une insurrection générale dans un État Partie. (b) Toute promotion, financement, contribution, ordre, aide, incitation, encouragement, tentative, menace, conspiration, organisation ou équipement de toute personne avec l'intention de commettre tout acte mentionné au paragraphe a (i) à (iii)* ».

En réalité, cette définition pose un sérieux problème de délimitation des frontières entre l'infraction de terrorisme et une infraction de droit commun

---

650 Entretien avec Me Claude ASSIRA, Avocat au Barreau du Cameroun le 04 mai 2021.

651 Clément BOURSIN, « Au Cameroun, lutte contre le terrorisme, rime avec restriction des libertés », *op.cit.*, p.2.

en droit camerounais. On peut questionner la technique formelle utilisée par le législateur pour déterminer les faits de terrorisme[652]. L'incrimination se conçoit comme la « *norme* » ou le « *précepte* » par lequel une infraction est définie[653]. Généralement, l'incrimination comprend aussi bien le texte qui prévoit des agissements fautifs que ces agissements eux-mêmes[654]. Autrement dit, le législateur détermine d'abord la nature de l'infraction avant de développer les différentes manifestations de cette infraction. Or, le législateur n'a pas voulu définir le terrorisme, mais a cherché plutôt à énumérer des actes qui peuvent être considérés comme terroristes. La pléthore de conceptions du terrorisme a pour résultat un défaut de clarté et de précision dans l'incrimination du terrorisme au niveau national[655]. Il y a le risque que certains crimes ou délits soient englobés dans la catégorie des actes terroristes alors qu'ils n'ont pas la nature[656].

Ainsi, l'article 2 alinéa 1er de la loi camerounaise antiterroriste de 2014, également inspirée par l'article 1er paragraphe 3 de la Convention d'Alger, contient certaines expressions à caractère vague à savoir « *selon certains principes* », « *susceptibles de* », « *occasionne ou peut occasionner* ». Ces expressions n'ont pas de contours précis et les modalités de participation criminelle auxquelles elles font référence ne sont pas précisées[657]. Comme l'explique Federico ANDREU-GUZMAN dans un rapport de la Commission Internationale des Juristes de mars 2003, « *La Convention d'Alger élimine la frontière entre délit politique et acte terroriste. En assimilant en son article 1er l'insurrection au terrorisme, la Convention d'Alger nie l'existence du délit politique. Acte terroriste et délit politique sont deux catégories pénales différentes, soumises à des règles distinctes, notamment en matière d'extradition. S'il est probable que, lors d'une insurrection, des actes terroristes soient commis - et leurs auteurs doivent être traduits en justice à ce titre pour ces faits -, il s'agit d'un problème de concours d'infractions. Le droit international ne prohibe pas l'insurrection. Ce qui est interdit, et illicite, c'est la commission de certains actes, car la prohibition du recours à la terreur et aux actes terroristes n'est pas générale ni abstraite et elle est en*

---

652 François EDIMO, « L'incrimination du terrorisme en droit pénal camerounais », *op.cit.*, p.165.
653 *Ibidem.*, p.164.
654 *Ibidem.*, p.165.
655 FIDH, *L'anti-terrorisme à l'épreuve des droits de l'Homme : les clés de la compatibilité, Violations des droits de l'Homme en Afrique subsaharienne au motif de la lutte contre le terrorisme : une situation à hauts risques*, *op.cit.*, p.6.
656 *Idem.*
657 Apollin KOAGNE ZOUAPET, « Un cheval de Troie dans la citadelle ? Définition du terrorisme et exercice des libertés publiques en Afrique » *in* Alain Didier OLINGA dir., *Droit international, droits nationaux et lutte contre le terrorisme en Afrique*, *op.cit.*, p.70.

étroite relation avec les notions de population civile et de personnes protégées du droit international humanitaire. »[658].

Paragraphe 2. Loi antiterroriste au Cameroun : une législation porteuse de danger pour les libertés publiques

La loi n° 2014/028 du 23 décembre 2014 portant répression des actes du terrorisme au Cameroun paraît équivoque à cause de nombreux défis des libertés publiques consécutifs aux activités terroristes(**A**) et aux défis des libertés publiques relatifs à la lutte antiterroriste(**B**)[659].

A. Défis des libertés publiques consécutifs aux activités terroristes[660]

Le coût humain du terrorisme n'a pratiquement épargné aucune région du monde[661]. Comme tous les pays du Bassin du Lac Tchad, le Cameroun est régulièrement victime des attentats terroristes qui menacent la paix, la vie des populations ainsi que la sécurité nationale de cet État. Dans l'Extrême-Nord du Cameroun, Boko Haram commet des massacres contre des civils, homicides intentionnels (attentats-suicides à la bombe dans des zones civiles, par exemple), actes de torture, prises d'otages, enlèvements, recrutement d'enfants soldats, pillage et destruction de biens publics, privés et religieux, attaques-suicides[662].

Selon les données présentées par un rapport de l'association pour le Développement Social et Culturel de la Communauté Mbororo (MBOSCUDA) :

- *« Trois cent onze (311) personnes ont été kidnappées par les preneurs d'otages dans la Région entre 2015 et 2018 ;*
- *vingt-neuf (29) d'entre elles ont été libérées par le Bataillon d'intervention Rapide (BIR) et la Brigade d'infanterie Motorisée (BIM), avec l'appui des Comités de vigilance ;*
- *deux cent douze (212) personnes ont été libérées suite au paiement d'une rançon par leurs proches ;*

---

658 *Ibidem*, pp.70-71.
659 Félicité KOURRA OWONA MFEGUE, « Droit international et lutte contre le terrorisme de Boko haram au Cameroun », *in* Alain Didier OLINGA dir., *Droit international, droits nationaux et lutte contre le terrorisme en Afrique*, *op.cit.*, p.608.
660 *Idem.*
661 Haut-Commissariat des Nations Unies aux Droits de l'Homme, *Droits de l'homme, terrorisme et lutte antiterroriste*, Fiche information No 32, publié par la Section de la paix et de la sécurité du Département de l'information – DPI/2439B/Rev.2 –Décembre 2007, p.1.
662 Haut-Commissariat des Nations Unies aux Droits de l'Homme, *Ibidem*, pp.608-609.

- *plus de deux milliards (2 000 000 000) de francs CFA de rançons ont été versés aux preneurs d'otages ;*
- *soixante-dix (70) personnes ont été exécutées au cours de leur captivité »*[663].

Tout cela entraine une situation préoccupante sur le plan humanitaire. Aussi, « le nombre de réfugiés et déplacés y a augmenté en 2017. En mai 2018, la région comptait 96 000 réfugiés nigérians (dont 65 000 dans le camp de Minawao) et 238 000 déplacés camerounais. Sur les quatre millions d'habitants que compte la région, 2,1 millions avaient besoin d'assistance humanitaire en janvier 2018 »[664]. Pourtant, les niveaux de financement de l'aide humanitaire sont faibles, tandis que l'insécurité dans la zone et la réticence du gouvernement à fournir des escortes aux acteurs humanitaires rendent difficile l'accès aux personnes vulnérables[665]. La situation des réfugiés nigérians et des déplacés camerounais reste donc précaire[666].

Dans le cadre de la crise anglophone, des exactions ont été perpétrées par des groupes sécessionnistes : attaques contre les personnes civiles, destruction des édifices publics, attaques contre les écoles et hôpitaux, assassinat et décapitation des enseignants, religieux et personnels des forces de sécurité, contributions forcées à l'effort de guerre, etc.[667] Ces actes délibérés de violence perpétrés contre des civils ou des biens à caractère civil constituent des crimes de guerre en droit international, et leurs auteurs peuvent être poursuivis[668].

Le samedi 24 octobre 2020, un « *groupe de neuf assaillants terroristes* » a fait irruption vers 11h dans le collège MOTHER FRANCISCA INTERNATIONAL BILINGUAL ACADEMY, avant d'ouvrir le feu sur les élèves présents dans la salle de classe, âgés de 9 à 12 ans[669]. « *Au moins huit enfants ont été tués par des coups de feu et des attaques à la machette. Douze*

---

663 Rapport de l'Association pour le Développement Social et Culturel de la Communauté Mbororo (MBOSCUDA) rendu public le 12 janvier 2019, cité par Commission Nationale des Droits de l'Homme et des Libertés du Cameroun, *Rapport de 2018*, p.174, sur le site internet : https://acdhdp.org, (consulté le 11.03.2021).

664 Commission Nationale des Droits de l'Homme et des Libertés du Cameroun, *Rapport de 2018*, *op.cit.*, p.174.

665 *Idem.*

666 *Idem.*

667 Lieutenant-Colonel Pierre Narcisse NZIE, Magistrat militaire, *La Justice et les exactions commises dans le cadre de la crise dite « anglophone »*, inédit, p.1.

668 Haut-Commissariat des Nations Unies aux Droits de l'Homme, *Droits de l'homme, terrorisme et lutte antiterroriste*, *op.cit.*, p.12.

669 Franceinfo, *Cameroun : au moins sept enfants tués dans l'attaque d'une école*, Publié le 25/10/2020, disponible à l'adresse :
https://www.francetvinfo.fr/monde/afrique/cameroun/cameroun-au-moins-huit-enfants-tues-dans-l-attaque-d-une-ecole-dans-une-region-anglophone-du-pays_4155579.html, (consulté le 13.09.2021).

autres ont été blessés et emmenés dans des hôpitaux locaux », a d'abord annoncé le bureau de la coordination des affaires humanitaires des Nations unies (OCHA) au Cameroun, dans un communiqué[670]. Le 7 septembre 2021, le Tribunal Militaire de Buea, capitale régionale de la Région du Sud-Ouest-Cameroun, a condamné à mort en première instance quatre membres appartenant au mouvement séparatiste qui avaient attaqué le collège MOTHER FRANCISCA INTERNATIONAL BILINGUAL ACADEMY[671]. Ces séparatistes ont été reconnus coupables de « *terrorisme, hostilité à la patrie, sécession, insurrection, meurtre et possession illégale d'armes à feu* »[672].

Tous ces crimes ou exactions perpétrés par des organisations terroristes constituent alors des défis importants pour la protection des droits et libertés aujourd'hui. En fait, l'État est donc dans l'obligation de lutter efficacement contre les organisations terroristes afin de protéger les populations civiles et les édifices publics.

B. Défis des libertés publiques relatifs à la lutte antiterroriste[673]

La lutte antiterroriste a un impact direct sur la protection des libertés publiques. En effet, les mesures, qui sont prises dans le cadre de la lutte antiterroriste, sont des mesures exceptionnelles visant à restaurer l'ordre et la sécurité publique gravement menacés. La mise en œuvre de telles mesures met également en péril l'exercice des libertés publiques en droit camerounais. Parmi les défis relevés, il y a la menace contre le principe de sécurité juridique (1) et la menace au principe de la légalité (2).

1. Menace contre les garanties procédurales

Si du point de vue théorique, le législateur camerounais renvoie l'essentiel de la procédure des affaires liées au terrorisme aux dispositions du Code de procédure pénale camerounais, il n'en demeure pas moins qu'il existe quelques exceptions dans la loi n° 2014/028 du 23 décembre 2014 portant répression des actes de terrorisme au Cameroun. Ces exceptions menaceraient plusieurs garanties procédurales qui sont pourtant consacrées en droit camerounais. Par définition, les garanties procédurales sont l'ensemble des

---

670 *Idem.*

671 Fratmat.info, *Condamnation à mort de séparatistes au Cameroun : « Un message fort de la justice aux terroristes »*, disponible à l'adresse : https://www.fratmat.info/article/214981/tranger/condamnation-a-mort-de-separatistes-au-cameroun-un-message-fort-de-la-justice-aux-terroristes, (consulté le 13.09.2021).

672 *Idem.*

673 Félicité KOURRA OWONA MFEGUE, « Droit international et lutte contre le terrorisme de Boko haram au Cameroun », *in* Alain Didier OLINGA dir., *Droit international, droits nationaux et lutte contre le terrorisme en Afrique*, *op.cit.*, p.609.

normes applicables pour assurer l'équité du processus judiciaire. Elles s'intéressent, particulièrement en matière pénale, au respect des droits de l'accusé et l'exercice du pouvoir judiciaire par un tribunal compétent, indépendant et impartial afin d'assurer l'équité du procès.

a. Limites aux règles d'indépendance et impartialité de la justice

L'article 14 du Pacte international relatif aux droits civils et politiques du 19 décembre 1966, ratifié par l'État camerounais le 27 juin 1984, garantit à toute personne le « *droit à ce que sa cause soit entendue équitablement et publiquement par un tribunal compétent, indépendant et impartial, établi par la loi, qui décidera soit du bien-fondé de toute accusation en matière pénale dirigée contre elle, soit des contestations sur ses droits et obligations de caractère civil...* ». La loi camerounaise antiterroriste de 2014 reconnaît à son article 1er paragraphe 3 aux juridictions militaires la compétence exclusive pour juger toutes personnes civiles ou militaires soupçonnées d'avoir commis des actes de terrorisme au Cameroun. Or, l'indépendance de ces tribunaux militaires reste encore questionnable aujourd'hui puisqu'il existerait une immixtion du pouvoir exécutif sur le fonctionnement des tribunaux militaires.

Aussi, le ministre en charge de la justice militaire aurait d'énormes pouvoirs sur le fonctionnement des tribunaux militaires au Cameroun. Il s'agit entre autres :

- *« Pouvoir du ministère de la Défense pour déclencher l'action publique (soit ordre de mise en jugement direct, soit ordre d'informer).*
- *Pouvoir du ministre de la Défense de fixer les dates d'audience, d'ordonner aux officiers de police judiciaire de procéder à des visites domiciliaires, à des perquisitions, saisies.*
- *Art.11, al. 4 (loi 1998) : « sur prescription du président de la République, le ministre chargé de la défense peut arrêter, à tout moment, avant le prononcé du jugement, toute poursuite devant le tribunal militaire »*[674].

De manière générale, le problème de l'ingérence du pouvoir exécutif sur le pouvoir judiciaire n'est pas spécifique aux juridictions militaires puisqu'il y a lieu d'observer que cette influence de l'exécutif sur le judiciaire est généralisée au Cameroun. En effet, le Président de la République préside le Conseil Supérieur de la Magistrature et le ministre de la Justice en assure la vice-présidence. Pourtant, c'est ledit Conseil qui gère la carrière des magistrats allant de l'intégration au sein de la magistrature, l'affectation et la nomination du siège dans les fonctions judiciaires, les mutations des

[674] Elisabeth LAMBERT ABDELGAWAD dir., *Juridictions militaires et tribunaux d'exception en mutation : perspectives comparées et internationales*, *op.cit.*, pp.164-165.

magistrats du siège au parquet ou des magistrats du parquet ainsi que la révocation des magistrats[675].

b. Atténuation de l'exercice du droit à un procès équitable

L'État camerounais a reconnu le droit à un procès équitable et l'a même intégré dans son corpus juridique (voir supra). Cependant, il existe quelques exceptions dans la législation antiterroriste qui contribue à atténuer l'effectivité du droit à un procès équitable. Il s'agit de la garde à vue illimitée et l'ordre de mise en jugement direct en matière de terrorisme.

En premier lieu, la garde à vue est prévue à l'article 11 de la loi n° 2014/028 du 23 décembre 2014 portant répression des actes du terrorisme au Cameroun en ces termes : « *Pour l'application de la présente loi, le délai de la garde à vue est de quinze (15 jours) renouvelables sur autorisation du Commissaire du Gouvernement* ». Cette garde à vue a un caractère illimité. Un prolongement excessif du délai de garde à vue peut porter atteinte au principe du délai raisonnable. Celui-ci fait ici référence au temps légitime, légalement fixé ou non, accordé pour statuer définitivement sur un contentieux[676]. En effet, une garde à vue illimitée peut contribuer à rendre une procédure judiciaire anormalement longue et violer, dès lors, le sacro-saint principe du délai raisonnable. Dans le cadre de son rapport annuel de 2018, la Commission Nationale des Droits de l'Homme et des Libertés du Cameroun fait la remarque suivante : « *L'instance judiciaire ne doit pas s'étendre sur des délais interminables qui peuvent décourager les parties ou semer le doute ; ainsi, le fait pour le suspect d'être jugé dans un délai raisonnable par une juridiction impartiale constitue l'une des conditions d'existence du droit à un procès équitable. Cependant, des limites subsistent dans l'encadrement de ces délais au Cameroun, car d'une part, la durée des gardes à vue d'après loi n° 2014/028 du 23 décembre 2014 portant répression des actes de terrorisme, pose le problème de l'absence de détermination du nombre de renouvellements et d'autre part, aucun délai n'est imposé à une juridiction pour le rendu de sa décision* »[677]. Un acteur de la société civile camerounaise fait également remarquer que la garde à vue reste anormalement longue en période de lutte contre le terrorisme au Cameroun[678]. Cela viole le principe du

---

[675] La loi n°82-014 du 26 novembre 1982 fixant l'organisation et le fonctionnement du Conseil Supérieur de la Magistrature.

[676] Ibrahima NDAM, « La protection du droit à un procès dans un délai raisonnable dans l'espace Ohada », *Revue semestrielle d'Etudes, de Législation, de Jurisprudence et de Pratique Professionnelle en Droit des affaires & en Droit Communautaire*, N° 2 - Mars 2013, disponible à l'adresse : https://revue.ersuma.org/no-2-mars-2013/doctrine-20/La-protection-du-droit-a-un-proces, (consulté le 13.09.2021).

[677] Commission Nationale des Droits de l'Homme et des Libertés du Cameroun, *Rapport de 2018*, *op.cit.*, p.56.

[678] Entretien avec le Dr Hilaire KAMGA, acteur de la société civile camerounaise le 14.09.2021.

droit à un procès équitable au Cameroun[679]. Aussi, plus de 850 personnes soupçonnées de liens avec Boko Haram seraient encore détenues à la prison de Maroua, la plupart encore en attente de leur jugement[680].

En second lieu, l'ordre de mise en jugement direct peut menacer le droit à un procès équitable. En fait, l'instruction judiciaire n'existe pas en matière de terrorisme en droit camerounais, car la loi antiterroriste de 2014 déroge à cette règle en autorisant au Commissaire du Gouvernement de saisir directement le tribunal militaire compétent. Selon l'article 11 de la loi n° 2014/028 du 23 décembre 2014 portant répression des actes du terrorisme au Cameroun : « *Pour l'application de la présente loi, le Tribunal militaire est saisi par ordre de mise en jugement direct du Commissaire du Gouvernement* ».

En dépit de cela, l'on peut quand même voir s'il n'existait pas déjà un quelconque fondement juridique donnant la possibilité au Commissaire du gouvernement de délivrer un ordre de mise en jugement ? Cette question trouve une réponse dans la loi n° 2008/015 du 29 décembre 2008 portant organisation judiciaire militaire et fixant des règles de procédure applicables devant les tribunaux militaires. Car, cette loi autorisait déjà le ministre chargé de la justice militaire à la mise en mouvement de l'action publique par ordre de mise en jugement direct devant les tribunaux militaires s'il estime que l'affaire est en état d'être jugée. Selon l'article 12 alinéa 1er de ce texte : « *L'action publique devant le tribunal militaire est mise en mouvement par le ministre chargé de la justice militaire qui délivre à cet effet, soit un ordre de mise en jugement direct s'il estime que l'affaire est en état d'être jugée, soit un ordre d'informer s'il juge que l'affaire nécessite une information judiciaire* ».

Il est donc possible de conclure que les deux textes juridiques relevés ci-dessus autorisent le Commissaire du Gouvernement à saisir directement le tribunal militaire pour jugement après rassemblement des preuves suffisantes contre un accusé. Cela reste une exception étant donné que l'information judiciaire est obligatoire devant une juridiction de droit commun. L'information judiciaire constitue cette phase de la procédure pénale au cours de laquelle le juge d'instruction recherche des preuves constitutives de l'infraction et décide le cas échéant, du renvoi en jugement de la personne inculpée[681]. En effet, le juge d'instruction est saisi « *in rem* » c'est-à-dire sur les faits[682]. Elle reste donc essentielle pour la manifestation de la vérité et

---

679 *Idem.*

680 Félicité KOURRA OWONA MFEGUE, « Droit international et lutte contre le terrorisme de Boko haram au Cameroun », *in* Alain Didier OLINGA dir., *Droit international, droits nationaux et lutte contre le terrorisme en Afrique*, *op.cit.*, p.613.

681 Esther NGO BAHA, *Les droits de la défense au cours de l'information judiciaire au Cameroun*, Mémoire de Master 2 en droits de l'homme et action humanitaire, Université Catholique d'Afrique Centrale, année académique 2013-2014.

682 *Idem.*

garantit en l'occurrence le droit à un procès équitable. L'absence de l'information judiciaire en matière de terrorisme reste une atténuation au droit à un procès équitable.

Enfin, l'article 13 de la loi n° 2014/028 du 23 décembre 2014 portant répression des actes du terrorisme au Cameroun prévoit que, même en cas de circonstances atténuantes : « *(1) la peine d'emprisonnement ne peut être inférieure à dix (10) ans ; (2) la peine d'amende ne peut être inférieure à vingt millions (20. 000. 000) de francs CFA (3) dans tous les cas, le sursis ne peut être accordé* ». Ceci se caractérise par une sévérité des peines qui constitue une atténuation du droit à un procès équitable.

2. Menace du principe de légalité

L'incrimination des actes de terrorisme telle que prévue par la loi n° 2014/028 du 23 décembre 2014 portant répression des actes du terrorisme au Cameroun néglige le principe de la légalité. En réalité, le principe de légalité implique qu'aucun comportement ne soit puni, qu'aucune sanction ne peut être infligée à une personne sans une disposition légale préalable[683]. Idéologiquement, ce principe est soutenu par le droit à la sécurité juridique et à la liberté individuelle[684]. Or, la loi portant répression du terrorisme au Cameroun ne semble pas respecter cette obligation puisqu'elle est caractérisée par l'absence d'une définition de l'infraction et l'usage de termes vagues dans sa formulation[685].

Premièrement, la loi n° 2014/028 du 23 décembre 2014 portant répression des actes du terrorisme au Cameroun reste floue. À la réalité, cette loi ne donne aucune précision sur l'étendue des obligations de l'État du Cameroun confronté au terrorisme ni en amont de l'infraction de terrorisme ni durant son déroulement[686]. Puis, ce texte juridique ne donne pas une définition claire de l'acte de terrorisme, mais énumère seulement de façon vague les différentes infractions terroristes. En d'autres termes, on sanctionne ce qui n'a pas encore été défini. La notion d'actes de terrorisme telle qu'appréhendée par la loi camerounaise antiterroriste de 2014 est à peu près similaire à celle donnée par beaucoup de pays africains[687]. D'ailleurs, le Comité des droits de l'homme des Nations unies s'est également inquiété de la nature « *ramasse tout* » de la définition de l'acte de terrorisme contenu dans Code pénal algérien en se

---

683 François EDIMO, « L'incrimination du terrorisme en droit pénal camerounais », *op.cit.*, p.166.
684 *Idem.*
685 *Idem.*
686 Félicité KOURRA OWONA MFEGUE, « Droit international et lutte contre le terrorisme de Boko haram au Cameroun », *in* Alain Didier OLINGA dir., *Droit international, droits nationaux et lutte contre le terrorisme en Afrique*, *op.cit.*, p.615.
687 Entretien avec Philippe NANGA, Educateur aux droits humains et Coordinateur de l'ONG Un Monde Avenir le 31 août 2021.

demandant « *quelle action politique va pouvoir échapper à l'incrimination ainsi définie par la loi algérienne ?* »[688].

Secondement, la loi antiterroriste de 2014 violerait le principe d'intelligibilité, car cette loi est rédigée avec des termes vagues à l'instar « *susceptible de* », « *perturber le fonctionnement normal des services publics* » ou alors « *apologie du terrorisme* ». Ce texte juridique n'est ni clair ou simple et ne permet non plus une grande compréhension par les populations. Or, ce sont elles qui sont les principaux destinataires de cette règle juridique. Ensuite, ce flou juridique laisse une grande marge de manœuvre aux juges en ce qui concerne l'interprétation de la loi antiterroriste. Ceci pourrait également amener les juges à faire une interprétation subjective de la loi en l'absence de clarté de celle-ci.

Au-delà de ce qui précède, l'on peut être tenté de se poser la question de savoir quelle est finalement la place des libertés publiques dans un contexte de lutte contre le terrorisme aujourd'hui au Cameroun ? Cette problématique demeure d'ailleurs pertinente puisqu'on constate qu'en période de crise ou de lutte antiterroriste, les exceptions deviennent la règle ; et la liberté, l'exception. En fait, les exceptions existent pour aider à faire face aux problèmes sécuritaires. Or, leur usage par les acteurs chargés de la mise en œuvre de la loi peut être parfois excessif et autoritaire. En dépit de cela, il existe également plusieurs facteurs socio-sécuritaires à l'exercice des droits et libertés au Cameroun.

---

[688] Observations finales du Comité des droits de l'homme-Algérie », document des Nations Unies, CCPR/C/79/Add.95 du 18 Août 1998, §11, cité par Apollin KOAGNE ZOUAPET, « Un cheval de Troie dans la citadelle ? Définition du terrorisme et exercice des libertés publiques », *in* Alain Didier OLINGA dir., *Droit international, droits nationaux et lutte contre le terrorisme en Afrique*, *op.cit.*, pp. 71-72.

CHAPITRE 2.

DÉFIS SOCIO-SECURITAIRES DANS LA PROTECTION EFFICACE DES LIBERTÉS PUBLIQUES EN PÉRIODE DE LUTTE ANTITERRORISTE

Le contexte socio-sécuritaire auquel le Cameroun fait face n'est pas suffisamment favorable à un meilleur épanouissement ou même à un exercice véritable des libertés publiques. Ce contexte n'est pas un phénomène spécifique à cet État-là. En fait, il y a un rétrécissement réel de l'espace des libertés en période de lutte contre le terrorisme dans le monde entier[689]. Ajouter à cela, il faut dire que le phénomène de banalisation des mesures d'exception tend à faire admettre une nouvelle norme dans l'exercice du politique, tant au sein des États que dans le système international[690].

Au Cameroun, les années 1990 ont vu l'ouverture d'une vague de démocratisation, l'instauration de l'État de droit et la reconnaissance des libertés publiques. Cela a permis l'existence d'une société civile et des partis politiques pouvant servir de contre-pouvoirs au pouvoir politique en place. Aussi, le jeu politique a été amélioré avec l'existence d'un cadre juridique et institutionnel approprié et favorable à l'exercice des libertés publiques notamment aux libertés de réunion et de manifestation publiques. Un tel contexte au Cameroun était lié à un contexte international qui était aussi favorable à un système international des droits de l'homme. En effet, la fin de la guerre froide avait ouvert une période — souvent dite post bipolaire — marquée, dans la plupart des pays de l'Ouest, par une redéfinition des enjeux et des termes de sécurité. Elle avait plus fondamentalement consacré la disparition de la figure classique de l'ennemi jusqu'alors incarné dans l'ogre soviétique, venant déstabiliser les analyses stratégiques traditionnelles[691]. Dans cet agenda, les questions des droits de l'homme et des libertés publiques étaient prioritaires. Et cet agenda était devenu en quelque sorte obligatoire

---

689 Entretien avec Enrico SBORGI, Attaché - Chargé de programmes d'appui gouvernance à la Délégation de l'Union européenne au Cameroun et en Guinée Equatoriale, le 14.09.2021 ; voir également le site internet : https://www.civicus.org/index.php, (consulté le 15.09.2021).
690 Colombe CAMUS, « La lutte contre le terrorisme dans les démocraties occidentales : état de droit et exceptionnalisme », *IRIS éditions* | *« Revue internationale et stratégique »* 2007/2 N°66 | p.10, disponible à l'adresse : https://www.cairn.info/revue-internationale-et-strategique-2007-2-page-9.htm, (consulté le 14.09.2021).
691 *Ibidem.*, p.11.

pour les États. Cette position est largement défendue par Luc SINDJOUN qui émet la thèse selon laquelle les rapports entre les États qu'il appelait encore « *la civilisation internationale des mœurs étatiques* » étaient appréhendés sous le prisme de la notion de droits de l'homme, plus précisément de droits civils et politiques codifiés par « *le pacte international relatif aux droits civils et politiques* » du 16 décembre 1966[692].

Les États africains ont alors adhéré, de façon purement formelle, au droit international des droits de l'homme. Cette adhésion des États n'était pas tout à fait sincère puisque c'était l'unique moyen de bénéficier en quelque sorte de la solidarité internationale. Il s'agissait, avant tout, d'une opération de charme contagieuse destinée à rassurer les bailleurs de fonds internationaux et, de façon générale, à faire plaisir à une Communauté internationale aussi pressante sur les principes que peu regardante sur leur effectivité[693]. De l'avis d'un sociologue, l'on pourrait encore appeler cela, en d'autres mots, « *la technique de la gesticulation institutionnelle qui est un art de faire semblant d'être en mouvement tout en étant sur place* »[694].

Avec l'arrivée des attentats du 11 septembre 2001, le monde va, cependant, entrer dans une nouvelle ère marquée par la primauté de la Sécurité internationale. Ces évènements, ont comme l'observait Barbara DELCOURT, marqué le retour en force des États sur la scène internationale[695]. Il sera alors étudié tour à tour les entraves à l'exercice des libertés publiques dans la lutte antiterroriste (**Section 1re**) et la dérive de la sécurité maximale et les violations multiples des libertés publiques (**Section 2).**

Section 1. Entraves à l'exercice des libertés publiques dans la lutte antiterroriste

Au Cameroun, l'entrave à l'exercice des libertés publiques a pris une ampleur singulière depuis 2014 dans le cadre de la lutte contre le terrorisme à l'Extrême nord, contre la sécession dans les régions du Nord-Ouest et du Sud-

---

692 Luc SINDJOUN. (1996), « La civilisation internationale des mœurs : éléments pour une sociologie de l'idéalisme structurel dans les relations internationales ». *Études internationales*, 27(4), p.842. https://doi.org/10.7202/703666ar, disponible à l'adresse : file:///C:/Users/user/Downloads/703666ar.pdf, (consulté le 15.09.2021).

693 Maurice KAMTO, « Charte africaine, Instruments internationaux de protection des droits de l'homme, constructions nationales ; articulations respectives », *in* Jean-François FLAUSS et Elisabeth Lambert ABDELGAWAD, *L'application nationale de la Charte africaine des droits de l'homme et des peuples, op.cit.*, p.36.

694 Entretien avec le Professeur Claude ABE, Socio-politiste et leader d'opinion, le 08 septembre 2021.

695 Karine BANNELIER et Théodore CHRISTAKIS dir., *Le droit international face au terrorisme : Après le 11 septembre 2001, op.cit.*, p. IV.

Ouest et durant les élections présidentielles[696]. En effet, l'observation de la pratique du droit montre qu'en période de crise sécuritaire au Cameroun, la loi est mise au service de la sécurité nationale. Les libertés publiques sont souvent restreintes autant que nécessaires pour rétablir la paix et la sécurité nationale menacées soit de l'intérieur soit de l'extérieur de l'État. Cette argumentation trouve un fondement dans « *la thèse de la nécessité pratique qui fonde la primauté de l'ordre public sur son but suprême, l'intérêt supérieur de l'État, l'équilibre d'un système, la survie de l'État, la paix sociale* »[697]. C'est dans ce contexte que seront analysées d'une part les restrictions administratives aux libertés publiques (**Paragraphe 1er**), et d'autre part les violations des libertés publiques dans les opérations de lutte armée **(Paragraphe 2).**

Paragraphe 1. Restrictions administratives aux libertés publiques

Les autorités administratives ont le pouvoir de restreindre les libertés publiques lorsque l'ordre public est menacé. Cette notion d'ordre public est définie comme toute action qui peut constituer une menace à la paix sociale et à la sécurité des personnes et des biens[698]. Ici, le principe voudrait que la liberté soit la règle. L'interdiction d'exercice de la liberté ne peut être faite que lorsqu'il y a un risque de trouble grave à l'ordre public comme c'est le cas dans l'exercice des réunions et de manifestations publiques. Dans ce cadre, les restrictions des droits et libertés sont ordonnées pour la garantie des conditions globales des libertés publiques sans pouvoir les vider de leur substance[699]. Or, dans un contexte sécuritaire préoccupant comme celui du terrorisme, il y aurait le risque que l'on passe d'un État de droit à un État sécuritaire ou un État de police.

A priori, il n'existerait pas de conflit entre l'ordre public et l'exercice des libertés publiques puisque l'ordre public est nécessaire pour la stabilité des sociétés démocratiques. On restreint les libertés pour garantir l'ordre social qui reste également une condition indispensable pour la protection de ces

---

[696] Nouveaux Droits de l'Homme Cameroun, *Les libertés publiques au Cameroun, Des acquis hypothéqués !* Rapport d'étude nationale sur les Libertés fondamentales au Cameroun, *op.cit.*, p.30.

[697] Eric-Adol GATSI, « L'ordre public en droit public français et camerounais : regards croisés sur un labyrinthe juridique », *in : Revue internationale de droit comparé*, Vol. 69 N°4,2017, p.965.

[698] Entretien avec Simon Pierre Marie ATANGANA NTSAMA, Administrateur Civil Principal, Sous-Directeur de l'Exploitation et de la Sécurité au ministère de l'Administration Territoriale du Cameroun le 07.09.2021.

[699] Agnès MAKOUGOUM, *Ordre public et libertés publiques en droit public camerounais : contribution à l'étude de la construction de l'Etat de droit au Cameroun depuis 1990, op.cit.*, 108.

libertés. Les instruments juridiques de protection des droits de l'homme à l'instar de la Déclaration universelle des droits de l'homme de 1948 reconnaissent l'ordre public comme une base essentielle dans la matérialisation des libertés publiques. Ces textes juridiques n'envisagent la restriction des libertés que dans la mesure où cela est nécessaire pour la sauvegarde de l'ordre public et la sécurité de l'État.

Le principe existant en matière de réglementation des libertés publiques, en général, est comme suit : « *La liberté est la règle et les restrictions de police, l'exception* » (Corneille, commissaire du gouvernement, 1917). Ce principe est une constante dans la jurisprudence et est consacré dans plusieurs arrêts (CE sect. 19 mai 1933 Benjamin et TC 8 avril 1935 action française)[700]. Il en découle que, dans certaines circonstances, les libertés peuvent être limitées pour sauvegarder l'ordre public[701]. Ce pouvoir de limitation appartient au législateur dès lors que l'article 26 alinéa a de la Constitution camerounaise dispose que « *sont du domaine de la loi, les droits, garanties et obligations fondamentales du citoyen* ». Il s'agit alors d'un État de droit étant entendu que ce dernier traduit « *une certaine vision du pouvoir, forgé au fil de l'histoire de l'Occident et qui apparaît comme inhérente à la conception de l'organisation politique : donnant à voir un pouvoir limité parce qu'assujetti à des règles, il implique que les gouvernants ne soient pas placés au-dessus des lois, mais exercent une fonction encadrée et régie par le droit* »[702]. En clair, l'ordre public demeure un instrument de protection que de limitation des libertés publiques dans un État de droit. Fondamentalement, son objectif principal n'est pas de limiter les libertés, mais de préserver la paix et la sécurité publiques afin de les rendre effectives.

Or, en période de lutte contre le terrorisme au Cameroun, les règles qui régissent l'État de droit sont restreintes ou alors mises entre parenthèses tandis que le primat est accordé ici à l'impératif sécuritaire. Stève Thiery BILOUNGA décrit de façon exhaustive cette situation comme suit : « *Suite aux attaques sanglantes de la Secte Boko Haram dans la région septentrionale, l'État camerounais à travers son législateur a voté une loi le 23 décembre 2014 portant répression des actes de terrorisme. Par la spécialité du régime des poursuites et surtout l'extrême sévérité des peines qu'elle institue, l'État camerounais initialement enclin à l'idéal tendanciel de*

---

700 cf. Doc du juriste, "La liberté est la règle et les restrictions de police, l'exception" Corneille, commissaire du gouvernement, 1917, disponible à l'adresse : https://www.doc-du-juriste.com/droit-public-et-international/droit-administratif/dissertation/liberte-regle-restrictions-police-exception-corneille-commissaire-gouvernement-1917-457660.html, (consulté le 16.09.2021).

701 *Idem.*

702 Joël ANDRIANTSIMBAZOVINA, Hélène GAUDIN, Jean-Pierre MARGUENAUD, Stéphane RIALS, Fréderic SUDRE, *Dictionnaire des droits de l'homme*, *op.cit.*, p.388.

l'État de droit semble dorénavant un peu plus porté vers l'État de police. Il semble donc à la croisée des chemins de ces deux tendances antagonistes »[703].

Il sera question d'analyser d'abord le risque de détournement des motifs d'interdiction d'exercice des libertés publiques à des fins politico-sécuritaires (**A**). Puis, les abus contre les défenseurs des droits de l'homme et manifestants dans le cadre des opérations de maintien de l'ordre (**B**).

A. Risque de détournement des motifs d'interdiction d'exercice des libertés publiques à des fins politico-sécuritaires

Il y aurait un risque que le trouble à l'ordre public serve parfois de prétexte à l'administration pour interdire certaines réunions et manifestations publiques dans un contexte de lutte contre le terrorisme au Cameroun. L'on part donc de l'hypothèse d'une instrumentalisation du droit à des fins politico-sécuritaires. Cette observation peut être faite à partir de l'entrée en vigueur de la loi n° 2014-28 du 23 décembre 2014 portant répression des · actes de terrorisme au Cameroun. Par la simple existence de cette loi antiterroriste, tout exercice de réunions et manifestations publiques au Cameroun peut être considéré comme un acte de terrorisme.

Dans sa politique d'encadrement des libertés de réunion et de manifestation publique au Cameroun, le législateur camerounais a instauré un régime de déclaration préalable. Comme cela, l'organisation des réunions et des manifestations publiques doit faire l'objet d'une déclaration préalable[704]. Les organisateurs d'une réunion ou d'une manifestation publique informent les pouvoirs publics de leur intention de tenir une réunion ou manifestation. Puis, ces autorités prennent acte de la déclaration en mettant en place les mesures nécessaires pour encadrer l'activité déclarée. Il s'agit alors d'une déclaration simple qui est un procédé comportant le moins d'intrusion de l'administration dans l'activité concernée[705]. L'article 8 de la loi n° 90 /055 du 19 décembre 1990 fixant le régime des réunions et des manifestations publiques au Cameroun précise que le chef de district ou le sous-préfet qui reçoit la déclaration en délivre immédiatement récépissé.

Malgré tout, l'administration peut quand même interdire une réunion ou une manifestation publique s'il y a un risque de trouble grave à l'ordre public. L'article 8 al.2 8 de la loi n° 90 /055 du 19 décembre 1990 fixant le régime des réunions et des manifestations publiques indique si l'autorité

---

[703] Stève Thiery BILOUNGA, « L'Etat camerounais à la croisée des chemins de l'Etat de droit et de l'Etat de police (A propos de la loi du 23 décembre 2014 portant répression des actes de terrorisme) », *op.cit.*, p.139.

[704] Lire à ce sujet les articles 3 alinéa 2 et 6 alinéa 1erde la loi n°90 /055 du 19 décembre 1990 fixant le régime des réunions et des manifestations publiques au Cameroun.

[705] Pierre LIVET, *L'autorisation préalable et les libertés publiques*, LGDJ, Paris, 1974, p.23.

administrative estime que la manifestation projetée est de nature à troubler gravement l'ordre public, il peut, le cas échéant :

- Lui assigner un autre lieu ou un autre itinéraire ;
- interdire par arrêté qu'il notifie immédiatement au signataire de la déclaration au domicile élu.

Il convient de rappeler qu'en cas d'interdiction de la manifestation, l'organisateur peut, par simple requête, saisir le président du tribunal de grande instance compétent qui statue par ordonnance dans un délai de 8 jours de sa saisine, les parties entendues en chambre du conseil[706].

Célestin KEUTCHA TCHAPNGA partage également cet avis lorsqu'il affirme que contrairement à une opinion très répandue au Cameroun, l'exercice de la liberté de réunion et de manifestation « *est subordonné à une déclaration assortie d'un pouvoir d'opposition ou d'appréciation de l'administration et non une déclaration simple* »[707]. La déclaration préalable, comme c'est souvent le cas dans d'autres domaines du droit administratif, s'associe à un régime préventif. Autrement dit, l'administration, prévenue par une déclaration, peut s'opposer à l'activité déclarée, l'interdire avant qu'elle ne naisse[708]. L'acte d'interdiction doit être motivé par l'autorité administrative.

Malheureusement, en vue de maintenir l'ordre public ainsi gravement menacé par les actes terroristes, et dans la jouissance de son droit légitime de se protéger contre les agissements d'organisations terroristes, la loi n° 2014/28 du 23 décembre 2014 portant répression des actes de terrorisme a été adoptée par l'État du Cameroun. Cette loi, de par son caractère assez flou et englobant, ne permet pas de distinguer le crime terroriste et le crime de droit commun. Ce texte de loi porte atteinte au principe de la légalité des délits et des peines que l'on traduit par l'adage latin « *nullum crimen, nulla poena sine lege* ». Ce principe voudrait que les crimes, les délits ainsi que les peines qui leur sont applicables, soient définis avec clarté et précision dans la loi.

L'imprécision de ce texte juridique offre une grande marge de manœuvre à l'Administration publique que certains acteurs non étatiques (acteurs de la société civile, syndicalistes et militants de partis politiques) critiquent. Bon nombre de ces acteurs y voient surtout une possibilité d'instrumentalisation du pouvoir d'interdiction des manifestations à des fins politiques et

---

706 Lire article 8 de la loi n° 90 /055 du 19 décembre 1990 fixant le régime des réunions et des manifestations publiques.

707 Célestin KEUTCHA TCHAPNGA, *Le régime juridique des associations en droit public camerounais*, *op.cit.*, p.42 et s.

708 Philippe LIGNEAU, « Le procédé de la déclaration préalable », *RDP*, 1976, p. 679 ; Pierre-Marie MARTIN, « La déclaration préalable à l'exercice des libertés publiques », *AJDA*, 1975, p. 436.

sécuritaires par les autorités administratives. Il y aurait un décalage entre cette définition légale et la réalité sur le terrain. En fait, les arrêts préfectoraux ne clarifient pas ce qu'ils entendent par l'ordre public au point de laisser présager que toutes manifestations ou réunions sont perçues sous le prisme de trouble à l'ordre public[709]. Pour le reste, la jurisprudence en la matière est parfaitement faible[710].

D'après les résultats d'une étude au Cameroun sur les interdictions enregistrées entre 01 janvier 2014 et 20 janvier 2019, l'on note que :

Types	Nombre	Nombre d'interdiction et d'obstruction	Ratio	Nombre de recours enregistrés	Ration des recours
Déclaration de réunion	137	71	2	7	0,10
Déclaration de manifestation	69	58	0,84	2	0,03

Source : étude FA_NDH sur les libertés fondamentales

De façon détaillée, il est démontré par le tableau ci-dessus que parmi les cent trente-sept (137) réunions déclarées, il y a eu soixante-onze (71) interdictions et obstruction d'une part. D'autre part, sur soixante-neuf (69) déclarations de manifestation publique, il y a également eu cinquante-huit (58) cas d'interdiction et obstruction. De la même manière, l'expression des libertés publiques s'accommode mal avec l'atmosphère existant dans le contexte socio-sécuritaire camerounais. Ce contexte est marqué depuis le début de la deuxième décennie des années 2000 par une crise sécuritaire, un problème politique qui s'est accentué au lendemain de la proclamation des résultats de l'élection présidentielle du 07 octobre 2018, et une crise sanitaire sans précédent liée à la Covid-19[711]. Dans un rapport publié en 2016, la Commission des droits de l'homme du Barreau du Cameroun affirme qu'il y a une fébrilité de *« l'administration à l'évocation de certains sujets dans la mesure où seules les manifestations qui touchent aux thématiques relatives aux droits civils et politiques et à la gouvernance sont visées, à l'exclusion de celles relatives aux droits économiques sociaux et culturels »*[712].

De même, divers acteurs non étatiques dénoncent souvent une instrumentalisation politique c'est-à-dire une politique à géométrie variable dans l'encadrement des réunions et des manifestations publiques en période

---

[709] Nouveaux droits de l'homme Cameroun, *Liberté d'association au Cameroun : l'urgence de protéger un droit fondamental*, *op.cit.*, p.88.
[710] *Idem.*
[711]*Ibidem.*, p.71.
[712] Commission des Droits de l'Homme du Barreau (CDHB), *Rapport sur l'état des droits de l'homme au Cameroun*, publié avec le soutien financier de l'Union Européenne, 2016, p.36 et s.

de lutte contre le terrorisme au Cameroun. Selon ces acteurs, les manifestations des partis politiques au pouvoir et de ses alliés sont libres tandis qu'on assiste à une recrudescence des interdictions des réunions et manifestations publiques des partis d'opposition et d'acteurs de la société civile[713]. Ensuite, plusieurs acteurs non étatiques se heurtent dans la pratique au refus de l'administrateur civil ou à la délivrance tardive du récépissé de réunion ou de manifestation publique alors que l'article 8 de la loi n° 90 /055 du 19 décembre 1990 fixant le régime des réunions et des manifestations publiques au Cameroun précise également que : « *Le chef de district ou le sous-préfet qui reçoit la déclaration en délivre immédiatement récépissé* ».

B. Abus contre les défenseurs des droits de l'homme et populations civiles dans le cadre des opérations de maintien de l'ordre

Dans le cadre des opérations de maintien de l'ordre en période de lutte contre le terrorisme, les défenseurs des droits de l'homme sont souvent pris pour cibles. Plusieurs types de menaces pèsent sur eux que ce soit du côté des acteurs étatiques ou des groupes armés. Étant donc pris dans l'étau de la crise sécuritaire, ces acteurs non étatiques se trouvent quelquefois dans l'incapacité de tenir leurs réunions et manifestations publiques pour éduquer et sensibiliser les populations civiles et défendre les droits humains.

De prime abord, le ministère de l'Administration Territoriale (MINAT) est un ministère de souveraineté de l'État dont les missions sont entre autres, *« la préparation et de l'application des lois et règlements relatifs aux libertés publiques au Cameroun »*[714]. De cette manière, dans le cadre des opérations de maintien de l'ordre, les autorités administratives doivent veiller au respect de l'ordre établi, l'intérêt supérieur de l'État et à la préservation de la souveraineté nationale. Cependant, dans l'exercice de ces fonctions régaliennes, ces autorités peuvent parfois commettre des abus dans le contexte de lutte contre le terrorisme. Il pourrait s'agir soit d'un excès de pouvoir soit de voies de fait.

Aussi, dans sa Résolution sur la situation des droits de l'homme en République du Cameroun - CADHP/Rés. 395 (LXII) 2018, la Commission africaine des droits de l'homme et des peuples se dit : « *Gravement préoccupée par les allégations des disparitions forcées ; des détentions arbitraires dans des conditions de détention déplorables, de l'interdiction des*

---

713 Entretien avec Cyrille Rolande BECHON, Militante des droits de l'homme, Directrice Exécutive de l'ONG Nouveaux Droits de l'homme Cameroun et formatrice aux droits humains à Amnesty International et Front Line Defenders, le 17.09.2021.

714 Ministère de l'Administration Territoriale, Administration du territoire, disponible à l'adresse : http://minat.gov.cm/index.php/fr/les-missions/administration-de-territoire (consulté le 17.09.2021).

manifestations pacifiques, de l'insécurité permanente avec pour conséquence le déplacement d'un nombre important de Camerounais anglophones vers le Nigéria et de plusieurs milliers de déplacés internes depuis le début de la crise, sans moyens de subsistance ni accès aux produits de première nécessité »[715]. Puis, la Commission rappelle également que « *le droit de réunion et de manifestation pacifique est consacré par l'article 11 de la Charte et que tous les citoyens camerounais doivent être traités de manière égale sans discrimination (article 2 de la Charte)* »[716]. Enfin, la Commission « *condamne les diverses atteintes aux droits de l'homme commises dans le pays depuis octobre 2016 et condamne également la répression dont les défenseurs des droits de l'homme continuent de faire l'objet* »[717].

Ensuite, selon certaines allégations des organisations non gouvernementales, les autorités administratives font usage de nombreuses pratiques pour entraver l'exercice du droit de se réunir et d'organiser des manifestations publiques. Les abus commis par les autorités sont entre autres :

« • des infiltrations des réunions et des sessions de formation organisées par les OSC par la police ;
• des menaces et intimidations de toutes sortes proférées contre les organisateurs des réunions et manifestations publiques : convocations à la police, arrestations et détentions arbitraires, cambriolage des bureaux, filatures, écoutes téléphoniques, appels téléphoniques à des heures tardives, etc. »[718].

En outre, certaines organisations de la société civile camerounaise dénoncent de nombreuses restrictions aux libertés de réunion et de manifestation publiques, détentions arbitraires des journalistes et manifestants, actes de torture et autres traitements inhumains et dégradants dans le contexte de lutte contre le terrorisme au Cameroun[719]. À titre d'illustration, l'on peut citer l'arrestation des cadres et militants du Mouvement pour la Renaissance du Cameroun ainsi que les militants de *Stand Up For Cameroon* dans le cadre des marches pacifiques initiées sur l'étendue

---

715 395 Résolution sur la situation des droits de l'homme en République du Cameroun - CADHP/Rés. 395 (LXII) 2018.
716 Ministère de l'Administration Territoriale, *Idem.*
717 395 Résolution sur la situation des droits de l'homme en République du Cameroun - CADHP/Rés. 395 (LXII) *Idem.*
718 Grégoire JIOGUE, Robert DEMANOU, *Étude critique et comparative du cadre juridique relatif aux organisations de la société civile au Cameroun, op.cit.*, p.18.
719 Réseau des Défenseurs des Droits Humains en Afrique Centrale (REDHAC), *République du Cameroun : manifestation pacifique du 22 Septembre 2020*, Déclaration du REDHAC, le 24 Septembre 2020, Douala-Cameroun, 4 pages ; Stand Up For Cameroon, *Cameroun : Rapport Sur Les Droits Humains*, Mai 2021, pp.23-24.

du territoire national le 22 septembre 2020. Ces derniers sont poursuivis devant les Tribunaux Militaires[720].

Par ailleurs, les défenseurs des droits de l'homme et les populations civiles demeurent également la cible particulière des séparatistes ambazoniens dans les zones de conflit au Nord-Ouest et au Sud-Ouest. Tout d'abord, ils ne peuvent pas donner leurs opinions au risque d'être assassinés ou par peur de représailles pour leurs familles ou proches. Une grande partie de la violence contre les civils en général et particulièrement les défenseurs des droits humains et les populations civiles, *« est dirigée vers ceux qui ne soutiennent pas le mouvement séparatiste et est une manière de sanctionner les personnes considérées comme défiant les directives des sécessionnistes. D'une part, les civils sont pris en otages, forcés à ne plus envoyer les enfants à l'école, subissant les journées « villes mortes » et l'interdiction de se rendre aux bureaux de vote et d'autre part, ils sont menacés de représailles et agressés physiquement en cas de non-respect de ces injonctions »*[721]. Qu'en est-il des contraintes liées à la garantie des droits humains dans opérations de lutte armée en période de lutte contre le terrorisme au Cameroun ?

Paragraphe 2. Violations des libertés publiques dans les opérations de lutte armée

Dans le cadre des opérations de lutte armée, les libertés publiques sont menacées en période de lutte antiterroriste au Cameroun. En fait, parmi la multiplicité des débats suscités par les attentats du 11 septembre 2001 aux États-Unis d'Amérique, il en serait un qui affecterait plus particulièrement les forces armées : celui de leur engagement contre le terrorisme[722]. La « *guerre au terrorisme* », paradigme ultime du conflit asymétrique, serait venue tirer les militaires de la routine des opérations de maintien de la paix pour des missions plus en accord avec leurs capacités réelles et les budgets consentis par les États pour l'entretien d'un outil de défense[723]. Pourtant, ce fameux débat du rôle de la lutte armée dans la lutte contre le terrorisme semblerait dépassé aujourd'hui. Les groupes armés, qui opèrent sur le sol camerounais à l'instar du groupe Boko Haram, sont fortement entrainés aux différentes techniques de combat de guerre et possèdent des armes de pointe lourdes et

---

[720] *Idem.*

[721] Commissariat Général aux Réfugiés et aux Apatrides, *Cameroun La crise anglophone : situation sécuritaire*, 1er octobre 2019 (mise à jour), p.36, disponible à l'adresse : https://www.cgvs.be/sites/default/files/rapporten/coi_focus_cameroun._la_crise_anglophone._situation_securitaire.pdf, (consulté le 18.09.2021).

[722] Jean-Paul HANON, « Militaires et lutte antiterroriste », *Cultures & Conflits [En ligne]*, 56 | hiver 2004, mis en ligne le 07 janvier 2010, p.1, consulté le 30 mars 2021. URL : http://journals.openedition.org/conflits/1636 ; DOI : https://doi.org/10.4000/conflits.1636, (consulté le 18.09.2021).

[723] *Idem.*

sophistiquées[724]. Néanmoins, il existe des contraintes sur le terrain de la guerre notamment des violations des droits de l'homme. C'est dans ce contexte que seront étudiées d'une part, la difficile conciliation entre la lutte contre le terrorisme et le respect du droit international humanitaire (A) et d'autre part, les diverses allégations d'atteinte à la vie et à l'intégrité physique et morale des populations civiles (B).

A. Conciliation difficile entre la lutte contre le terrorisme et le respect du droit international humanitaire

L'application des règles du droit humanitaire reste difficile dans un contexte de lutte armée contre le terrorisme. En dépit du fait qu'il existe déjà une définition juridique *a minima* du terrorisme, ce phénomène pourtant mondial[725], le phénomène terroriste reste toujours complexe. Cette complexité est due au fait que la notion de terroriste est éminemment politique, car « *On est toujours le terroriste de quelqu'un* » disait Yasser Arafat, le Chef historique de l'Organisation de Libération de la Palestine[726]. « *Terroriste pour les uns, combattant de la liberté pour d'autres* »[727]. Aucun acteur d'un conflit donné ne se veut et encore moins ne se proclame terroriste[728]. Pourtant et dans une très large mesure, le terrorisme exprime « la logique du faible au fort » et parfois, l'inverse[729]. Un terrorisme mal cerné par le droit qui, même s'il trace les contours du régime de terrorisme, ne parvient paradoxalement pas à le définir clairement[730].

Les États eux-mêmes, parce qu'ils recourent dans certaines circonstances ou alors, et c'est le cas le plus fréquent, attendu qu'ils le combattent après lui avoir déclaré la guerre, n'ont pas un réel intérêt à ce que le terrorisme soit juridiquement cerné ; que ses critères de définition soient rigoureusement fixés en droit[731]. Il s'agit donc d'un phénomène difficile à cerner par le droit en général et le droit humanitaire en particulier.

Au-delà de ce qui précède, le terrorisme reste et demeure une pratique sauvage et horrible, car les terroristes font un usage indiscriminé et injustifiable de la violence, causant de graves dommages humains et matériels, dans l'intention de créer la terreur au sein de la population. En sus, les

---

[724] Entretien avec le Colonel Docteur Didier SIPA NDONGMO, Directeur de la Justice Militaire auprès du Ministère de la Défense du Cameroun, le 26 Août 2021.
[725] Entretien avec le Colonel Docteur Didier SIPA NDONGMO, Directeur *Idem.*
[726] Jean Noël ATEMENGUE, « Terrorisme et droit international humanitaire : une relation ambivalente », *in* Alain Didier OLINGA dir., *Droit international, droits nationaux et lutte contre le terrorisme en Afrique*, *op.cit.*, p.107.
[727] *Idem.*
[728] *Idem.*
[729] *Idem.*
[730] *Idem.*
[731] *Idem.*

terroristes rejettent toutes les valeurs de la civilisation humaine pour imposer leur propre idéologie ou vision politique.

Dans un tel environnement, l'application du droit humanitaire devient particulièrement exigeante en période de lutte antiterroriste. En d'autres mots, c'est vraiment une grosse contrainte pour l'État, sujet de droit international, de respecter rigoureusement le droit humanitaire dans une situation où l'ennemi en face recourt régulièrement à la barbarie contre les populations civiles et à la destruction de l'État en l'occurrence les services publics, les installations humanitaires, les hôpitaux, les forces de sécurité et de défense et des biens publics. Le risque est qu'à un moment donné, l'État se décourage et refuse parfois d'appliquer certaines règles du droit humanitaire.

L'autre réelle difficulté à l'application stricte du droit international humanitaire dans la lutte armée antiterroriste résiderait dans l'identification des groupes terroristes. Avec certitude, les Conventions de Genève définissent restrictivement la guerre comme un conflit armé opposant des États et n'admettent pas la possibilité d'une guerre contre les groupes terroristes[732]. Ces derniers revendiquent très souvent des filiations ou des allégeances extrêmement différentes et variées, ce qui rend très difficile leur identification et la qualification de leurs membres en tant que combattants agissant pour le compte d'un groupe organisé en chaîne de commandement[733]. En conséquence, certains États refusent encore de reconnaitre aux terroristes le « *statut de combattant* ». Tel est par exemple le cas des États-Unis qui ont fait prévaloir un principe de suprématie du droit interne sur le droit humanitaire[734]. L'exemple le plus parlant est évidemment celui des prisonniers de Guantanamo, désignés comme « *combattants illégaux* » par le droit interne américain[735]. De cette manière, les États-Unis ont écarté l'application du droit humanitaire qui protège, d'une manière absolue, les prisonniers de guerre.

Toutefois, l'absence d'application du droit humanitaire dans un contexte de lutte antiterroriste peut être dangereuse pour la vie et la sécurité des populations civiles. Comme l'a fait d'ailleurs observer le Rapporteur spécial sur les exécutions extrajudiciaires, sommaires ou arbitraires, « *la rhétorique du "tirer pour tuer" et ses équivalents font peser une menace lourde et durable sur les approches de la répression fondées sur les droits de l'homme. L'expression "tirer pour tuer", comme "élimination ciblée", est utilisée pour*

---

732 Jean Noël ATEMENGUE, « Terrorisme et droit international humanitaire : une relation ambivalente », *in* Alain Didier OLINGA dir., *Droit international, droits nationaux et lutte contre le terrorisme en Afrique*, *op.cit.*, p.111.
733 *Ibidem.*, p.113.
734 Herbert Emmanuel MBA AKI NZE, *Lutte contre le terrorisme et droits de l'homme*, Univ Européenne, 2012, p.81.
735 *Idem.*

désigner une approche nouvelle et suggérer que, face au terrorisme, il est vain d'agir dans le cadre de la loi »[736]. Il poursuit encore : « *Cependant, le droit des droits de l'homme autorise déjà le recours à la force meurtrière lorsque cela est strictement nécessaire pour sauver des vies humaines. La rhétorique du "tirer pour tuer" ne sert donc qu'à évincer des normes juridiques claires au profit d'un permis de tuer mal défini, qui risque de semer la confusion chez les membres des forces de l'ordre, met des innocents en danger et permet de justifier des erreurs tout en évitant de s'attaquer aux problèmes véritablement difficiles que pose la menace en question »*[737].

Malgré tout, l'État camerounais s'efforce de respecter quelques règles de droit humanitaire, par exemple la protection des éléments de Boko Haram capturés et les combattants armés qui ont accepté de se rendre à l'armée. Il a été créé une Commission Nationale de Désarmement, de Démobilisation et de Réintégration par le Décret n° 2018/719 du 30 novembre 2018, placée sous l'autorité du Premier ministre, Chef du gouvernement. La mission de cet organe est d'organiser, d'encadrer et de gérer le désarmement, la démobilisation et la réintégration des ex-combattants du Boko Haram et des groupes armés des Régions du Nord-Ouest et du Sud-Ouest désireux de répondre favorablement à l'offre de paix du Chef de l'État en déposant les armes[738]. Selon une source, la prise en charge des ex-combattants n'est pas encore effective parce qu'il y a encore un manque criant de moyens matériels et humains[739].

B. Allégations d'atteinte à la vie et à l'intégrité physique et morale des populations civiles

Le caractère sacré des droits fondamentaux est reconnu à tout être humain que l'on soit en situation normale ou de conflit à l'instar de la lutte armée contre le terrorisme[740]. Ce caractère sacré des droits fondamentaux demeure un principe cardinal dans un État de droit même si le droit des droits de l'homme autorise parfois le recours à la force meurtrière lorsque cela est strictement nécessaire pour sauver des vies humaines. Selon une défenseure

---

[736] Haut-commissariat des Nations Unies aux Droits de l'homme, *Droits de l'homme, terrorisme et lutte antiterroriste*, *op.cit.*, p. 32.

[737] *Idem.*

[738] Commission Nationale des Droits de l'Homme et des Libertés du Cameroun, *Rapport de 2018*, *op.cit.*, p.158.

[739] Entretien avec NJIKAM Emmanuel, Expert Société Civile et Gouvernance à la Délégation de l'Union Européenne Cameroun et Ancien Expert à la Commission Nationale des droits de l'homme, le 14.09.2021.

[740] Cf. Le préambule du Charte des Nations Unies de 1945.

des droits humains, certaines restrictions aux droits humains doivent être l'ultime recours[741].

Pourtant, l'armée fait l'objet de plusieurs critiques notamment sur les atteintes aux libertés publiques. Il y a lieu, d'abord, d'observer les nombreuses arrestations arbitraires où les personnes suspectes y compris de nombreux civils sont détenues dans les prisons plusieurs mois voire des années avant d'être relâchées sans culpabilité[742]. Ensuite, dans ses Observations finales concernant le cinquième rapport périodique du Cameroun le 6 novembre 2017, le Comité des droits de l'homme de l'ONU fait la déclaration suivante : « *Tout en reconnaissant la nécessité pour l'État partie d'adopter des mesures pour lutter contre le terrorisme, le Comité est particulièrement préoccupé par c) les informations selon lesquelles de nombreux abus, tels que des détentions arbitraires, tortures ou exécutions extrajudiciaires, seraient commis au nom de la lutte contre le terrorisme* » au Cameroun[743].

Pour le reste, la Commission Nationale des Droits de l'Homme et des Libertés (CNDHL) allègue que les Forces de Défense et de Sécurité, ainsi que les combattants des groupes séparatistes ont porté atteinte à la vie et à l'intégrité physique et morale des personnes dans les régions du Nord-Ouest et du Sud-Ouest en 2018. En ce qui concerne les atteintes à la vie, cette Commission estime que : « *sur 193 civils tués dans les deux Régions susvisées, 114 sont imputables aux groupes séparatistes, 69 aux Forces de Défense et de Sécurité (FDS) et 10 dont les auteurs restent inconnus* »[744]. Et concernant les atteintes à l'intégrité physique et morale des personnes dans les régions anglophones et à l'Extrême-Nord, les groupes terroristes ont posé plusieurs actes de violence tels que des enlèvements, des disparitions forcées, de prises d'otages, y compris les nombreux actes de violences physiques ou morales, viols, cas de blessés parmi les populations civiles[745]. Tandis que du côté des Forces de Défense et de Sécurité, on note des cas de disparitions forcées, des bévues, des cas d'arrestation arbitraire, des cas de garde à vue illégale et de détention abusive mettant en cause des éléments de la Gendarmerie et de la police, etc.[746].

---

741 Entretien avec Cyrille Rolande BECHON, Militante des droits de l'homme, Directrice Exécutive de l'ONG Nouveaux Droits de l'homme Cameroun et formatrice aux droits humains à Amnesty International et Front Line Defenders, le 17.09.2021.

742 *Idem.*

743 CCPR/C/CMR/CO/5, pp.2-3.

744 Commission Nationale des Droits de l'Homme et des Libertés du Cameroun, *Rapport de 2018*, *op.cit.*, p.158.

745 *Idem.*, pp.164-198.

746 *Ibidem.*, pp.44-55.

Section 2. Dérive de la sécurité maximale et les violations multiples des libertés publiques

En période de lutte contre le terrorisme, l'équilibre entre la sécurité et la liberté est totalement rompu à cause de l'urgence sécuritaire. Les organisations de défense des droits de l'homme se plaignent régulièrement à propos des violations des libertés publiques dans le contexte de lutte contre le terrorisme au Cameroun. Il s'agit entre autres : des fichages informatiques ; des possibilités d'investigation dans la vie privée des individus ou de repérage de l'ensemble de leurs activités ; du développement de la vidéo-surveillance ; des restrictions des libertés de circulation, des réunions et des manifestations publiques ; du contrôle des communications téléphoniques ; des détentions arbitraires ; des internements administratifs ; de la violation des correspondances, des atteintes au droit à la vie, intégrité physique et morale ; du jugement des civils par des tribunaux militaires ; des menaces et intimidations des acteurs non étatiques ; des arrestations des opposants politiques et des journalistes, du contrôle de la presse, de la limitation de mouvements des capitaux… Bref, le verrouillage du champ d'exercice des libertés publiques au sein de l'espace public.

Sans toutefois vouloir justifier ces mesures liberticides, ces travaux de recherche tentent de trouver une explication scientifique soit à ce raidissement sécuritaire de l'État, soit à cet état d'effervescence sécuritaire, soit à cette société inquiète et vacillante par rapport à certains aspects de la convivialité socio-politique[747]. Autrement dit, ceci pourrait permettre de comprendre les raisons qui poussent au rétrécissement de l'espace public par l'État dans le contexte de lutte contre le terrorisme sans toutefois vouloir les cautionner. *A priori*, la première raison pourrait consister dans les méthodes de guerre asymétriques utilisées par les terroristes[748]. Pour donc contrecarrer la menace terroriste, l'État prend des mesures fortes pour restreindre l'exercice des droits et libertés. L'autre raison peut être également une recherche effrénée de la protection de l'ordre établi par le régime ou le pouvoir en place contre toute forme de déstabilisation[749].

Il est, cependant, question de dépasser toutes ces raisons sus-évoquées pour convoquer deux théories de guerre à l'ennemi à savoir : la théorie de l'ennemi invisible et la théorie de la menace permanente. Ceci reste un essai d'analyse ou explication du comportement de l'État en période de guerre asymétrique,

---

[747] Claude ASSIRA, « Le journaliste camerounais et la non dénonciation », *Juris Périodique*, n°112, 2017, p. 169.

[748] Entretien avec le Colonel Docteur Didier SIPA NDONGMO, Directeur de la Justice Militaire auprès du Ministère de la Défense du Cameroun, le 26 Août 2021.

[749] Entretien avec Me Alice NKOM, Avocate au Barreau du Cameroun et Militante des droits de l'homme et Présidente du REDHAC le 1er Septembre 2021.

et non encore une élaboration des théorèmes. En d'autres termes, il s'agit des cas d'école qui permettent de démontrer la façon dont un État peut souvent réagir en période de lutte antiterroriste. Ces deux théories pourraient s'imposer dans le contexte actuel de lutte contre le terrorisme. Elles entrainent malheureusement une forte restriction du champ des libertés publiques dans le contexte de lutte antiterroriste ou encore de troisième guerre mondiale contre le terrorisme.

Tout d'abord, la théorie de l'ennemi invisible est la théorie polémique agitée par des partis de droite et d'Extrême droite en Europe et aux États-Unis d'Amérique[750]. Aujourd'hui, cette théorie est répandue dans plusieurs États à travers le monde en période de lutte contre le terrorisme. C'est une « *Une théorie qui fait référence à un ennemi invisible présent au sein de l'État* »[751]. En d'autres termes, il existe nécessairement un ennemi, virtuel ou invisible, qu'il vienne de l'intérieur ou de l'extérieur de l'État[752]. À titre d'illustration, après les attentats du 11 septembre 2001, les États-Unis d'Amérique ont adopté une politique de l'ennemi invisible en contrôlant ou espionnant tout le monde y compris leurs propres alliés. En 2003, ils sont également entrés en guerre contre l'Irak alors qu'il n'existait en l'état aucune preuve sur le bien-fondé des accusations de la possession des armes atomiques ou nucléaires par le gouvernement de Saddam Hussein. Tout ceci peut être considéré comme une parfaite illustration de l'application de la théorie de l'ennemi invisible.

Cette théorie s'applique également en France. Elle part d'une idée selon laquelle il existe nécessairement un ennemi qui représente une menace potentielle pour la sécurité nationale. Dans cet État, la théorie de l'ennemi invisible a évolué sous le concept de radicalisation qui participe, à la réalité, d'un processus de désignation de l'ennemi intérieur[753]. Elle a commencé dans un contexte de guerre coloniale en Indochine. Dans ce contexte colonial, le pays s'est distingué dans la construction de la menace intérieure liée à des

---

[750] Lire à ce sujet, l'intégralité du discours du Premier ministre français Manuel Valls après l'attentat contre Charlie Hebdo dans le Journal français le Figaro, Publié le 14/01/2015, disponible à l'adresse : https://www.lefigaro.fr/politique/le-scan/citations/2015/01/14/25002-20150114ARTFIG00383-le-discours-de-manuel-valls-apres-l-attentat-contre-charlie-hebdo.php, (consulté le 21.09.2021).

[751] Emmanuel HUET - L'Avenir, « 5e colonne » : l'ennemi invisible », *L'avenir.net*, 27-06-2015, disponible à l'adresse : « https://www.lavenir.net/cnt/dmf20150626_00670174, (consulté le 19.09.2021).

[752] Caroline GUIBET LAFAYE, *« La construction de l'ennemi : usages politiques contemporains de la notion de radicalisation, Terrorisme en France, en Turquie, en Italie et en Allemagne dans les années 1970 »,*
Nov. 2016, Leipzig, Allemagne ». hal-01524254, 17 May 2017, p.3 et s., disponible à l'adresse : file:///C:/Users/user/AppData/Local/Temp/ConstructionEnnemiRadic%20(1).pdf, (consulté 19.09.2021).

[753] *Idem.*

courants de migration venant d'Afrique du Nord[754]. Par la suite, ce vocable de radicalisation a été utilisé pour dénoncer les actions des adversaires politiques à l'instar de l'extrême gauche, de l'extrême-droite et des syndicats. À la fin, à partir de 2003, le vocabulaire de la radicalisation passe progressivement du champ politique (l'extrême gauche/extrême-droite) au champ social[755].

Au Cameroun, la théorie de l'ennemi invisible se manifeste à travers le double visage de subversion et du terrorisme. Le subversif peut être traité de terroriste et vis-versa. On peut analyser cela au travers de certains faits ou agissements du pouvoir politique.

On remarque d'abord une attitude de méfiance généralisée vis-à-vis de certaines catégories sociales ou de la population en général. Pour le premier cas, on constate une peur à l'égard de certains acteurs comme les leaders d'opinion, des partis politiques et de la société civile qui se caractérise par un refus de dialogue. Ces leaders sont parfois considérés à tort ou à raison comme des ennemis de l'Etat. On l'aperçoit à travers des discours ou communications radicaux. Or, avant l'arrivée du terrorisme, ces acteurs étaient considérés comme des opposants au pouvoir.

L'entrée en scène du terrorisme au Cameroun marque un tournant décisif dans la perception métaphysique des dangers dans cet État. Les adversaires politiques d'hier sont devenus des dangers publics, des ennemis de la paix et de la stabilité ou encore des ennemis qui travailleraient de connivence avec l'extérieur pour déstabiliser le pays. Ce virage sécuritaire traduit une période de peur folle engendrée par une grande suspicion, qui est d'ailleurs venue s'ingérer dans l'imaginaire de la conscience populaire, et amener avec eux un cortège infini d'ennemis eux aussi invisibles, tenus pour responsables des malheurs de la survie de la grande nation camerounaise. Cet environnement met malheureusement en péril les libertés publiques qui, elles, continuent à être violées dans l'indifférence ou sans aucune indignation collective.

À titre d'illustration, au moins trois cent cinquante (350) membres et partisans du principal parti d'opposition au Cameroun, dont son vice-président, ont été arrêtés dans le pays, après qu'ils eurent tenté d'organiser des manifestations interdites par les autorités publiques. Si certains membres dudit parti ont été remis en liberté, quarante-sept (47) militants du principal parti d'opposition ont été condamnés à la prison ferme. On peut citer par exemple les cadres de ce parti politique que sont Alain FOGUE TEDOM et Olivier BIBOU NISSACK. Les peines privatives de libertés se situent d'un an à 7 ans d'emprisonnement ferme.

On peut également citer le cas des quatre activistes du Mouvement Stand Up for Cameroon condamnés le 31 décembre 2022 à seize mois de prison

---

[754] *Ibidem.*, p.2.
[755] *Ibidem.*, p.6.

ferme pour insurrection. Ces derniers avaient été arrêtés le 22 septembre 2020 à la sortie d'une réunion hebdomadaire au siège du parti d'opposition du Cameroon People's Party (CPP) située dans la ville Douala.

Derrière ces lourdes peines de condamnations, on pourrait d'ailleurs voir ici une volonté d'imposer de manière illimitée la puissance de l'État face à des forces politiques d'opposition qui ont décidé de ne pas se soumettre à son autorité comme la majeure partie des forces politiques ayant choisi la voie de faire la politique au sein des institutions ou de faire une alliance ou encore une allégeance vis-à-vis du parti au pouvoir. Les méthodes de répression choisies pour mater cette résistance-là vont au-delà de l'État de droit. On est là en présence d'un rapport de force entre les détenteurs du pouvoir de l'État et ses ennemis.

À cela s'ajoute aussi une forte répression contre d'autres types d'ennemis à savoir les syndicats, les défenseurs des droits de l'homme, les activistes, les journalistes ou encore les leaders d'opinion. Cette cohorte d'ennemis dénonce qu'ils sont souvent victimes des enlèvements, menaces, écoutes téléphoniques, séquestrations, tortures. On peut également citer le cas de Samuel Wazizi, un journaliste camerounais mort en prison après 10 mois de détention. Celui-ci avait été accusé d'être un terroriste par les autorités du Cameroun. Il a disparu depuis le 7 août 2019, date à laquelle il a été transféré d'un commissariat de police de Buea, à une installation militaire située dans la même ville.

Par ailleurs, on constate une peur de l'État vis-à-vis de ses propres citoyens.

La peur de l'ennemi intérieur amène le pouvoir à se méfier de tout le monde. Il y a une croyance forte qu'il existe des ennemis invisibles du peuple au sein de la population. Ces ennemis sont censés être présents au coin de la rue, dans la forêt ou dans chaque immeuble. Ces nouveaux types d'ennemis n'ont aucune forme précise. Ils se retrouvent partout, mais personne ne sait où ils sont véritablement. En raison de leur présence supposée, on peut se permettre de prendre toutes les mesures sécuritaires, notamment la surveillance généralisée, les écoutes téléphoniques, les arrestations arbitraires, les exécutions extrajudiciaires, etc. Cette peur est alimentée par des médias de propagandes et renforcée dans les réseaux sociaux. Il y a comme une sorte de neurasthénie qui s'installe dans les esprits : comment reconnaitre un ennemi intérieur de l'État si personne ne s'en revendique, mais chacun peut se voir accusé, puis arrêté ? C'est à la lumière de ces craintes et des réactions qu'elles génèrent qu'on mesure le degré d'effervescence sécuritaire de cette époque. Il est bien vrai que l'État camerounais est un payé qui a été marqué par des tensions sécuritaires depuis ses indépendances. Mais depuis les trois dernières décennies, l'on avait cru que la période socio-sécuritaire de la guerre d'indépendance au Cameroun pendant les années 1950-1960 était déjà révolue.

D'un autre côté, la théorie de la menace permanente est une théorie émotionnelle et alarmiste développée souvent en France par les partis politiques de droite et d'Extrême-droite aussi en Europe et dans le monde. Cette théorie de la sécurité recommande d'être toujours en alerte contre une menace imminente ou grave qui pèse sur l'État. Aussi, demande-t-elle d'anticiper sur les actions d'un ennemi connu ou désigné. Pour anticiper sur cette menace, il faudrait alors utiliser tous les moyens dont l'État dispose pour sécuriser son territoire contre toutes ces graves menaces intérieures et extérieures. Dans cet environnement sécuritaire, le dispositif de riposte reste essentiellement basé sur le renforcement en permanence de la défense nationale de manière à répondre fortement à toute attaque de l'ennemi identifié[756]. C'est le tout sécuritaire ou encore le raidissement sécuritaire, et une euphémisation dans le discours politico-sécuritaire. Le spectre du terrorisme et les multiples crises sont une aubaine pour renforcer les mesures sécuritaires à l'instar du renforcement du budget alloué à la défense. La défense et la sécurité représentent le troisième poste du budget de la nation après les secteurs sociaux et les infrastructures productives au Cameroun. Le budget « Défense et sécurité » en 2022 est en hausse de plus de 30 milliards FCFA par rapport à l'année 2021[757]. Pour eux, la démocratie doit pouvoir se défendre. Ainsi, l'État démocratique mute en un État-caserne car, la démocratie doit se défendre contre ses ennemis internes et externes. Face à une telle ambiance au sein de l'État, les droits humains peuvent être perçus comme un frein à la démocratie et à l'État de droit étant donné que l'État fait face à l'urgence de protéger les personnes et leurs biens. Selon les défenseurs du complexe militaro-industriel, les populations ont plus besoin de sécurité que les prétendus droits humains. Tout cela est dû à la nature de l'appareil idéologique qui caractérise l'État : le complexe militaro-industriel fait en sorte que les intellectuels, les militaires ou les médias fassent du discours sur la sécurité l'unique discours qui vaille d'être tenu. En effet, l'État du Cameroun a placé le prétendu besoin de sécurité au centre de son échelle de valeurs et s'est toujours présenté comme une oasis de démocratie et de civilisation » dans cet univers de barbarie que représentent les groupes terroristes et extrémismes violents. Dans un tel contexte, l'exercice du pouvoir autoritaire est accentué

Dans la théorie de l'ennemi invisible, tout le monde est potentiellement considéré comme un ennemi de l'État. Ici, l'ennemi a un visage inconnu. Il se

---

[756] Augmentation régulière du budget de défense et sécurité, achats de nouveaux équipements militaires, renforcement des moyens et pouvoirs des services de renseignements, attaque préventive en territoire ennemi, restriction de l'espace public, etc.
[757] Afrimag, Cameroun : Yaoundé muscle son budget de défense, https://afrimag.net/cameroun-yaounde-muscle-son-budget-de-defense/, (consulté le 02.08.2023).

retrouve forcément quelque part ou n'importe où au sein de l'État, même si l'on a aucune information véritable ou un début d'information sur son existence. Et dans la théorie de la menace permanente, il est question de mobiliser toutes les ressources nécessaires (militaires, de répression, et de renseignement) pour anticiper les attaques d'un ennemi connu ou identifié qui peuvent venir de l'intérieur ou de l'extérieur de l'État.

En fait, comme tous les États du monde, l'État camerounais adopte ces deux théories pour faire face aux multiples menaces politico sécuritaires dans le contexte mondial de lutte contre le terrorisme[758]. On peut également percevoir ces théories-là dans l'extension de la définition des actes de terrorisme au Cameroun. Certainement, des termes flous ont été introduits dans la loi camerounaise antiterroriste de 2014 tels que « *susceptible de* », « *perturber le fonctionnement normal des services publics* » ou alors « *apologie du terrorisme* », « *la prestation de services essentiels aux populations ou de créer une situation de crise au sein des populations* » ; « *de créer une insurrection générale dans le pays* ». Dans un milieu de guerre asymétrique, cette énumération extensive des actes de terrorisme peut permettre de sanctionner les ennemis invisibles qui se cachent nécessairement quelque part au sein de l'État.

Malheureusement, ces théories peuvent être périlleuses pour les libertés publiques dans le contexte de lutte contre le terrorisme. En fait, ceci crée une atmosphère délétère où l'exercice des libertés publiques demeure incompatible avec l'agenda sécuritaire de l'État. Ainsi, il sera abordé tour à tour la banalisation des dispositions antiterroristes : de l'approche judiciaire à l'approche sécuritaire **(Paragraphe 1)** et l'accommodation de l'opinion publique à la violation du droit des libertés publiques dans le contexte de la lutte anti-terroriste **(Paragraphe 2).**

Paragraphe 1. Banalisation des dispositions antiterroristes : de l'approche judiciaire à l'approche sécuritaire

Si les attentats terroristes du 11 septembre 2001 ont marqué un tournant décisif dans les politiques de sécurité internationale, les attaques de Boko Haram contre le Cameroun et la guerre dans les deux régions du Nord-Ouest et du Sud-Ouest ont contribué au raidissement sécuritaire de l'État camerounais. Habituellement occultée du débat public, cette non-nouveauté de la menace terroriste se trouve inversée dans les arguments des défenseurs

758 cf. l'interview du Professeur NTUDA EBODE, Géostratège et Directeur du Centre de recherche d'études politiques et stratégiques (CREPS), Yaoundé 2-Soa, à Cameroon Tribune, le 29 juillet 2021, disponible à l'adresse : https://www.cameroon-tribune.cm/article.html/41405/fr.html/-la-menace, (consulté le 19.09.2021) ; l'islam, les questions liées à l'islam devant lesquelles s'efface progressivement la considération des luttes sociales…

de nouvelles politiques antiterroristes, qui justifient l'adoption de nouvelles mesures, parfois fort attentatoires aux libertés publiques, au nom justement de la protection des populations face à une menace « nouvelle » et particulièrement grave[759]. La législation camerounaise en est un parfait exemple, mais il n'est pas le seul danger pour les libertés publiques puisque la quasi-totalité des pays africains a adopté des législations plus ou moins liberticides.

La législation camerounaise met clairement en lumière deux grandes étapes en matière de justice pénale dans le contexte de lutte contre le terrorisme. Avant 2014, le Cameroun était encore soucieux de maintenir son cadre juridique interne qui était basé sur la recherche d'un équilibre entre la sécurité et les libertés. Après les premières vagues d'attentats entre 2013 et 2014, la législation camerounaise a pris une trajectoire sécuritaire. « *La lutte contre le terrorisme irrigue désormais l'ensemble de la vie sociale. La sécurité devient désormais le fil conducteur, la justification présentée comme incontestable de toutes les mesures antiterroristes. La dialectique sécurité / liberté est désormais une sorte de lieu commun, susceptible d'être invoquée pour fonder toute une série de restrictions aux libertés publiques, y compris au droit humanitaire* »[760]. Dans ce contexte marqué par le primat sécuritaire, tout discours des droits de l'homme est carrément suspecté de protéger les terroristes[761]. Ainsi, il y aura donc élargissement de la compétence *ratione materiae* des tribunaux militaires concernant le jugement des civils (**A**) et le durcissement des mesures de lutte armée (**B**).

A. Élargissement de la compétence rationae materiae des tribunaux militaires concernant le jugement des civils

Il y a lieu de constater qu'il y a une tentation plus grande d'élargir la compétence *ratione materiae* des tribunaux militaires en période de lutte contre le terrorisme au Cameroun. Et dans cette extension, il y a également les affaires concernant les personnes civiles. Ainsi, ces juridictions spéciales sont devenues prioritaires en matière de jugement des civils au détriment des tribunaux de droit commun[762]. Même les simples infractions qui peuvent être jugées devant un tribunal de droit commun sont parfois requalifiées afin que les juridictions militaires deviennent compétentes[763]. Ainsi, le civil peut être

---

[759] Anastassia TSOUKALA, « La légitimation des mesures d'exception dans la lutte antiterroriste en Europe », *op.cit.*, p.25.

[760] Roseline LETTERON, « l'Etat de droit face au terrorisme », *op.cit.*, p.254.

[761] Alain Didier OLINGA dir., *Droit international, droits nationaux et lutte contre le terrorisme en Afrique*, *op.cit.*, p.658.

[762] Entretien avec Me Alice NKOM, Avocate au Barreau du Cameroun et Militante des droits de l'homme et Présidente du REDHAC le 1er Septembre 2021.

[763] *Idem.*

poursuivi pour une longue liste d'infractions devant les tribunaux militaires. Il s'agit entre autres :

- *« Des crimes contre l'humanité et du crime de génocide, dont l'attribution de la juridiction exclusive au tribunal militaire reste énigmatique ;*
- *Des infractions de piraterie et actes illicites contre la sûreté de la navigation maritime et des plates-formes, actes qui d'ordinaire de par le monde relèvent de la compétence des juridictions pénales ordinaires ;*
- *Des infractions relatives aux actes de terrorisme et à la sûreté de l'État. De fait, de par la loi n° 2014/028 du 23 décembre 2014 portant répression des actes de terrorisme, la déclinaison des infractions qui y est contenue montre que les civils sont inévitablement concernés, au regard de la nature des actes incriminés, notamment, le financement des actes de terrorisme, le blanchiment des produits des actes de terrorisme, le recrutement et la formation des personnes en vue de leur participation aux actes de terrorisme, l'apologie des actes de terrorisme ;*
- *Des infractions à la législation sur les armes de 1re, 2e, 3e et 4e catégories telles que spécifiées dans la loi portant régime général des armes et munitions au Cameroun... Il en est ainsi des infractions commises à l'aide des armes de 1re, 2e, 3e et 4e catégorie, du vol avec port d'arme à feu, des infractions commises par des personnes civiles dans un établissement militaire, et ayant porté atteinte soit aux équipements ou installations militaires, soit à l'intégrité physique d'un militaire, ou ayant troublé le fonctionnement du service ; des infractions relatives à l'achat, l'importation, la vente, la confection, la distribution, le port ou détention d'effets ou d'insignes militaires ; des infractions connexes aux précédentes infractions »*[764].

Il convient de noter d'ailleurs que ces différents actes figurent dans l'article 8 de la loi n° 2017/012 du 12 juillet 2017 portant Code de justice militaire au Cameroun. « *Leur seule énumération atteste de la banalisation de la justice militaire, voire de son ordinarisation* »[765]. Il faut, pourtant, relever que les mineurs âgés de 18 ans et les étrangers bénéficiant des privilèges de juridiction ou d'immunités diplomatiques ne sont point justiciables devant les juridictions militaires bien qu'ayant commis des infractions sus-énumérées[766]

---

764 Alain Didier OLINGA, « La Résistance entêtée d'une « Exception » condamnée : le jugement des civils par les tribunaux militaires en droit camerounais », *in* Magloire ONDOA et Patrick Edgard ABANE ENGOLO dir., *L'exception en droit Mélanges en l'honneur de Joseph OWONA*, *op.cit.*, pp.47-48.

765 *Idem.*

766 *Idem.*

B. Durcissement des mesures de lutte armée

Les États font généralement recours à des institutions d'exception pour affronter le terrorisme contemporain encore appelé « *nouveau terrorisme* »[767]. En fait, au lendemain du 11 septembre, entre résignation et intransigeance, les autorités politiques occidentales se sont ostensiblement mobilisées en usant du vocable de l'exceptionnel tant pour qualifier la menace que pour légitimer la nature de la réponse à y apporter : « *à menace exceptionnelle, mesures exceptionnelles* »[768]. Les autorités camerounaises ont également été emportées par cette dynamique antiterroriste mondiale. Cette dernière est devenue une contrainte dans leur agenda politique et sécuritaire. Pourtant, la dynamique antiterroriste s'avère politiquement très délicate : les gouvernants se félicitent devoir adopter des mesures à la fois fermes et efficaces, au risque sinon d'être accusés de laxisme, et nourrissent par là même la surenchère sécuritaire.

L'insécurité ressentie appelle l'intensification du pouvoir coercitif, pénal et répressif[769]. Dès lors, le « *terrorisme* » s'est progressivement imposé comme l'une des figures majeures de la menace contemporaine avant d'être hissé, au lendemain du 11 septembre 2001, au rang de menace stratégique pour la paix et la sécurité collective[770]. Par exemple, de nombreuses voix se sont élevées pour affirmer que les attentats sans précédent du 11 septembre 2001 plaçaient les États-Unis dans une situation équivalente à celle qu'ils avaient connue après le torpillage du Lusitania ou le bombardement de Pearl Harbor, c'est-à-dire à une situation de guerre[771].

De nombreux États occidentaux et du Tiers-Monde à l'instar du Cameroun ont mêmement adopté cette politique sécuritaire américaine. En effet, après les exactions de la secte islamique Boko Haram dans l'Extrême-Nord du Cameroun notamment les prises d'otage, le Chef de l'État camerounais a fait une déclaration de guerre contre Boko Haram, le 17 mai 2014 selon laquelle : « *Le Cameroun adhère au schéma classique de lutte contre le terrorisme (faire la guerre) consacré par les États-Unis, dès 2001* »[772]. Ceci s'est

---

[767] Bernard MANIN, « Le paradigme de l'exception Et si la fin du terrorisme n'était pas pour demain ? L'État face au nouveau terrorisme », *in* Sandrine Baume, Biancamaria Fontana, eds, Les Usages de la Séparation des Pouvoirs - The Uses of the Separation of Powers , Paris, Michel Houdiard, 2008, p. 135.

[768] Colombe CAMUS, « La lutte contre le terrorisme dans les démocraties occidentales : état de droit et exceptionnalisme », *op.cit.*, p.10.

[769] *Idem.*

[770] *Ibidem.*, p.9.

[771] Christian CHOCQUET, « Le terrorisme est-il une menace de défense ? », *Cultures & Conflits [En ligne]*, 44 | hiver 2001, mis en ligne le 22 mars 2006, p.2, consulté le 30 mars 2021. URL : http://journals.openedition.org/conflits/732 ; DOI : https://doi.org/10.4000/conflits.732.

[772] Félicité KOURRA OWONA MFEGUE, « Droit international et lutte contre le terrorisme de Boko haram au Cameroun », *in* Alain Didier OLINGA dir., *Droit international, droits nationaux et lutte contre le terrorisme en Afrique*, *op.cit.*, p.618.

accompagné par un renforcement des opérations militaires sur le terrain au détriment des mesures répressives. Par exemple, la timidité des condamnations juridiques du terrorisme de Boko Haram prouve bien cette victoire du politico-militaire sur le juridique[773]. Les nombreuses déclarations à cet égard des représentations diplomatiques comme la France par la voie de son ambassadeur et/ou du ministre camerounais de la Communication dévoilent l'incapacité du droit à canaliser un phénomène éminemment politique[774]. En sus, il y a une forme de résistance socioculturelle à l'application des droits de l'homme au Cameroun.

Paragraphe 2. Accommodation de l'opinion publique à la violation du droit des libertés publiques dans le contexte de la lutte anti-terroriste

Le contexte de lutte contre le terrorisme est un climat de peur, car la barbarie ou l'extrême violence des terroristes d'un côté, et de l'autre côté le degré de violence d'État en guise de riposte aux attentats terroristes, créent une situation de peur généralisée au Cameroun. Cette situation amène les populations à abdiquer leurs droits ou à renoncer à l'exercice de leurs libertés. Ces populations préfèrent intérioriser les préjudices subis et s'accommodent des violations de leurs libertés en période de lutte contre le terrorisme au Cameroun. Aussi, il sera question d'analyser tour à tour l'abdication des droits et libertés par les citoyens (**A**) et la banalisation de la violation des libertés publiques au sein de l'opinion (**B**).

A. Abandon par les citoyens de l'exercice de leurs droits et libertés

Selon le Lexique des termes juridiques, l'abandon « *est un acte juridique par lequel une personne renonce à un droit. L'abandon suppose une intention, à la différence de la perte* »[775]. Le Vocabulaire juridique définit encore ce concept comme le « *Fait de délaisser une personne, un bien ou une activité, au mépris d'un devoir* »[776]. En période de lutte contre le terrorisme au Cameroun, l'abandon par les citoyens de l'exercice de leurs droits peut avoir diverses raisons. On peut citer entre autres : la peur (1), l'ignorance (2), le rejet de la culture des droits de l'homme (3) et la pauvreté (4).

---

773 Félicité KOURRA OWONA MFEGUE, *Idem.*

774 *Ibidem.*, pp.618-619.

775 Serge GUINCHARD, Thierry DEBARD dir., *Lexique des termes juridiques*, Dalloz, Paris, 25 édition, 2017-2018, p.24.

776 Gérard CORNU, *Vocabulaire juridique*, Coll. Dictionnaires Quadrige Puf, 08/01/2020.

1. Peur comme source d'abandon par les citoyens de l'exercice de leurs droits

Il y aurait une grande peur qui amènerait les populations à l'abandon de l'exercice de leurs droits en période de lutte contre le terrorisme au Cameroun. Cette peur est entretenue par le climat sécuritaire actuel. En effet, l'opinion publique camerounaise est hantée par le spectre d'une mondialisation du Djihad véhiculé par l'alliance entre DAESH et Boko Haram dans la région du Sahel[777]. L'arrivée probable dans les pays riverains du Lac Tchad de combattants étrangers externalisant un conflit jusqu'à présent localisé a été largement évoquée par les médias[778]. Ces supputations ont d'ailleurs été à l'origine d'une ambiance délétère alternant entre psychose générale, kongossa ou discours populaires/ imagerie collective d'une part et banalisation de la violation du droit d'autre part[779].

La récurrence et l'aggravation des actes terroristes dans la sous-région ont également amplifié cette peur. À côté du Djihad instauré par Boko Haram, les mesures sécuritaires et répressives prises par l'État ont elles aussi installé une certaine peur au sein de la population. En fait, il existe de nombreuses restrictions légales à l'exercice des libertés publiques au Cameroun. Avec la définition extensive des actes de terrorisme prévue par la loi antiterroriste de 2014, les citoyens ont peur d'être accusés de défiance à l'égard des pouvoirs publics[780]. Dans leur esprit, revendiquer leurs droits équivaut à s'opposer à l'ordre établi. Cette peur est également perceptible du côté des acteurs non étatiques, car ceux-ci pensent que le cadre juridique est plus répressif et ne permet pas d'exercer leurs activités en toute liberté[781]. Dans cette ambiance générale, les citoyens y compris plusieurs acteurs de la société civile renoncent à toutes revendications de leurs libertés.

2. Déficit d'éducation comme source d'abandon par les citoyens de l'exercice de leurs droits

L'ignorance au sujet des instruments des droits de l'homme et de leurs mécanismes peut expliquer pourquoi les citoyens et la majorité des acteurs

[777] Félicité KOURRA OWONA MFEGUE, « Droit international et lutte contre le terrorisme de Boko haram au Cameroun », *in* Alain Didier OLINGA dir., *Droit international, droits nationaux et lutte contre le terrorisme en Afrique*, *op.cit.*, p.617.

[778] *Idem.* Cette rumeur a été démentie par un droit de réponse de l'Ambassadrice de France au Cameroun dans les colonnes de l'hebdomadaire *Repères*, édition du 15 juillet 2015 (n°431).

[779] *Idem.*

[780] Entretien avec Sylvie Jacqueline NDONGMO, Militante des droits de l'homme, Présidente de WILPF Cameroon, le 31 Août 2021 ; entretien avec Roland TSAPI, Journaliste et Membre du Syndicat National des Journalistes du Cameroun, le 1er Septembre 2021.

[781] Entretien avec NJIKAM Emmanuel, Expert Société Civile et Gouvernance à la Délégation de l'Union Européenne Cameroun et Ancien Expert à la Commission Nationale des droits de l'homme, le 14.09.2021.

non étatiques ne revendiquent pas leurs libertés. Tout d'abord, de l'avis d'un sociologue, le Cameroun n'est pas une société où les citoyens sont sensibles à leurs droits, car ceux-ci n'ont pas appris à les revendiquer[782]. La raison en est que le système éducatif camerounais est autoritaire depuis la cellule familiale en passant par l'école jusqu'à la vie professionnelle[783].

Ensuite, « *certains membres des organisations de défense des droits de l'homme comme ceux du secteur public ont des carences parce qu'ils ne sont pas suffisamment outillés aux instruments de garantie des droits fondamentaux. Cela s'expliquerait par le fait que les formations de ce type ont un coût onéreux. Or, en termes de ratio, il est évident que le nombre de personnes qualitativement formées est nettement inférieur au nombre requis quantitativement. Ce déficit constitue un obstacle majeur à la promotion et à la protection des droits fondamentaux par les OsC et par les agents de l'État* »[784]. D'autres raisons peuvent justifier cet abandon des droits comme le rejet de la culture des droits de l'homme.

3. Rejet de la culture des droits de l'homme : un rapport de conflictualité entre la tradition et la modernité

Lorsqu'on essaye de creuser en profondeur le problème du refus de l'exercice des libertés publiques par les citoyens en période normale ou dans un contexte de lutte antiterroriste, l'on peut voir une forme de résistance ou de rejet par ces citoyens de la culture des droits de l'homme qui reste toujours considérée comme une culture occidentale[785]. Avec beaucoup de recul, il est possible de constater l'existence d'un rapport dialectique entre la pensée occidentale et la pensée africaine des droits de l'homme. Cette dialectique se manifesterait sur l'opposition entre l'individu et le peuple ou encore entre les droits et les devoirs[786]. Aussi, les droits de l'homme seraient alors une histoire venue de l'occident qui n'a rien à voir avec les réalités internes au Cameroun.

Dans les cultures africaines, il y a une primauté du groupe sur les libertés individuelles. L'ethnologie montre bien que l'Afrique avait une conception des libertés induisant d'autres formes de participation à la vie politique durant la période précoloniale qui étaient assez différentes de la conception

---

782 Entretien avec le Professeur Claude ABE, Socio-politiste et leader d'opinion, le 08 Septembre 2021.

783 *Idem.*

784 Nouveaux droits de l'homme Cameroun, *Liberté d'association au Cameroun : l'urgence de protéger un droit fondamental, op. cit.*, p.76.

785 Entretien avec la Professeure Marie-Thérèse MENGUE, Sociologue, le 24 juin 2021.

786 Paul-Gérard POUGOUE, « Lecture de la Charte Africaine des Droits de l'Homme et des Peuples », *in* Denis MAUGENEST, Paul-Gérard POUGOUE dir., *Droits de l'Homme en Afrique centrale, op.cit.*, p.35 et s.

européenne[787]. En fait, les structures politiques africaines étaient de types communautaristes ou collectivistes. Et dans ces structures, le groupe n'est pas une entité abstraite plus que l'individu n'est une réalité autonome ; ils sont l'un et l'autre et l'un par l'autre[788]. Cette opposition culturelle provoque malheureusement un certain rejet des droits humains.

Ce rejet est également perceptible au niveau de l'application du droit des libertés publiques par l'État camerounais. En fait, l'adhésion par les pays africains aux instruments des droits de l'homme n'est que factice. Derrière l'adhésion de l'État, il n'y a pas une réelle volonté d'appliquer les normes écrites en matière des droits de l'homme. Maurice KAMTO a effleuré cette question en observant que, pour les États africains nouvellement indépendants, disposer d'une Constitution était un élément du standing international[789]. Selon cet auteur : « *Prétendre entrer dans la société internationale sans constitution eût été... un peu comme se présenter à une soirée sans costume de bal* »[790]. Qu'en est-il de la pauvreté comme entrave à l'exercice des libertés publiques ?

4. Pauvreté comme entrave à l'exercice des libertés publiques

En réalité, le contexte de pauvreté ambiant peut être une source d'abandon par les citoyens de l'exercice de leurs droits. L'aggravation de la crise anglophone, où une partie de la population a décidé de prendre les armes, ainsi que les attentats répétés de la secte islamiste Boko Haram à l'Extrême-Nord ont contribué à l'aggravation de la vulnérabilité des populations et ont diminué encore le niveau de vie au Cameroun. Dans ce contexte de survie, il est difficile que le discours des droits de l'homme passe étant donné que la priorité pour le citoyen est de trouver d'abord des moyens de subsistance. D'ailleurs, on écoute généralement dans la rue les propos suivants : « *laissez-*

---

[787] Lire à ce sujet Fatsah OUGERGOUZ, *La Charte Africaine des Droits de l'Homme et des peuples, Une approche juridique des droits de l'homme entre tradition et modernité*, Coll. International, Paris, Puf, 1993, p. 15 ; Xavier DIJON, « Les Masques du droit en Afrique, Une lecture européenne des sources de la norme », *op.cit.*, 571 et s. C'est de manière très clairvoyante que Cheikh Anta Diop exprime cette appréhension en affirmant en effet que "la société envahit tout l'espace personnel privé disponible : de sorte que les névroses des sociétés occidentales sont dues à un excès de solitude, tandis que celles des sociétés africaines ou communautaires en général doivent être recherchées dans un excès de vie communautaire même" (Cheikh Anta Diop, *Civilisation ou barbarie, Paris*, Présence Africaine, 1981 p. 152).

[788] Raymond VERDIER, "Féodalités et collectivismes africains - Étude critique", *Présence Africaine*, N° XXXIX, 4e trimestre, 1961, pp. 79-100, cité par Fatsah OUGERGOUZ, *La Charte Africaine des Droits de l'Homme et des peuples, Une approche juridique des droits de l'homme entre tradition et modernité*, op.cit., p.5 et s.

[789] Pierre Fabien NKOT, *Perversion politique du droit et construction de l'État unitaire au Cameroun, op.cit.*, p.272.

[790] Maurice KAMTO, *Pouvoir et Droit en Afrique, op. cit.*, p. *202,* cité par Pierre Fabien NKOT, *op.cit.*, p. 274.

moi avec vos problèmes des droits de l'homme, je veux d'abord trouver de quoi manger ».

Cette situation de pauvreté reste encore criante dans certaines zones comme l'Extrême-Nord du Cameroun. Dans cette région en particulier et dans le grand-nord en général, il y a une extrême pauvreté. L'origine de cette extrême pauvreté est liée aux mariages précoces, à l'absence d'éducation et à la grande rareté de l'emploi. Dans ce contexte, l'épanouissement personnel devient très difficile. Parler des droits de l'homme serait une chimère à cause de l'absence d'éducation et de l'extrême pauvreté[791]. En fait, le contexte actuel est marqué par la désaffection des populations vis-à-vis des questions des libertés publiques, précisément les libertés de réunion et de manifestation publiques, du fait d'un déficit criant de culture politique et de l'inefficacité des politiques actuelles à transformer positivement les conditions de vie des populations, notamment en créant des emplois pour une population de jeunes en croissance rapide[792].

B. Banalisation de la violation des libertés publiques au sein de l'opinion sous le prétexte de la lutte antiterroriste

Il y a lieu d'observer une banalisation des mesures de lutte antiterroriste au Cameroun. En fait, le discours officiel qui prime en cette période est celui de l'urgence sécuritaire. Un auteur fait d'ailleurs une observation selon laquelle, il y a « *des discours qui ont saturé presse d'opinion et revues spécialisées, tels que ceux sur « l'hyperterrorisme », les conflits asymétriques, la menace globale et qui visent à monopoliser les opinions publiques et les institutions représentatives de façon à les convaincre de la nouvelle nature du conflit qui s'est engagé, des changements organisationnels qu'il induit au sein des architectures de sécurité et des inéluctables restrictions en matière de libertés publiques qui s'imposent pour la sécurité de tous* »[793]. La question que l'on pourrait alors se poser est de savoir : jusqu'où peut-on réduire certaines libertés publiques au nom du droit à la sécurité ? À propos de cette question, il y a lieu de dire que l'aubaine terroriste entraine inéluctablement de fortes restrictions des libertés publiques. Cette aubaine du phénomène terroriste consiste, pour les pays soumis à cette menace, à étendre le champ d'application des mesures antiterroristes au-delà de leur sphère d'origine[794].

---

791 Angèle Patience ATSAMA BINDZI, Ancienne Substitut Procureur de la République près les Tribunaux de Mora et du Mayo-Sava et actuellement Substitut Procureur de la République près les Tribunaux de NGOUMOU, Mefou AKONO, le 12.09.2021.

792 Friedrich Ebert Stiftung, *Les jeunes et l'engagement en politique*, Manuel d'information et de formation, Friedrich Ebert Stiftung, Yaoundé (Cameroun), 2014, Yaoundé – Cameroun, p.4.

793 Jean-Paul HANON, « Militaires et lutte antiterroriste », *op.cit.*, p.2.

794 Roseline LETTERON, « l'Etat de droit face au terrorisme », *op.cit.*, p.256.

Cette tentation peut sembler naturelle, car elle témoigne de la volonté d'accroître la sécurité des personnes et des biens[795]. Elle prend en compte le caractère diffus d'une menace susceptible de frapper n'importe où et n'importe quand, par des attentats dont les auteurs peuvent aussi bien être des ressortissants étrangers que des citoyens du pays en apparence parfaitement intégrés[796]. À cause de l'aubaine terroriste, l'on constate un certain unilatéralisme des pouvoirs publics se manifestant en pratique par l'absence d'une véritable consultation des acteurs non étatiques sur les grandes questions affectant la sécurité nationale et les droits de l'homme[797]. De même, il se crée un climat de méfiance entre les institutions publiques et les acteurs non étatiques où les premiers accusent les seconds de vouloir comploter avec les ennemis extérieurs à l'État du Cameroun. Dans ce climat de suspicion, l'exercice des libertés demeure difficile dans un contexte de lutte contre le terrorisme.

Au regard de ce qui précède, il y a lieu de relever que les libertés publiques sont difficilement exerçables dans un contexte de lutte contre le terrorisme au Cameroun malgré leur effectivité au plan juridique. Ceci est certainement dû à certains défis et contraintes socio-sécuritaires. À cela, l'on peut ajouter encore les questions d'obstacles politiques et culturels, car il y a une faible culture des droits de l'homme au Cameroun à cause de la prédominance du passé précolonial et colonial. Les rapports existants entre valeurs culturelles ancestrales et modernes sont conflictuels. Ainsi, il est nécessaire d'engager un certain nombre de réformes pouvant permettre de contribuer à une effectivité concrète des libertés publiques dans le contexte de lutte contre le terrorisme au Cameroun.

---

[795] *Idem.*

[796] *Idem*

[797] Entretien avec Cyrille Rolande BECHON, Militante des droits de l'homme, Directrice Exécutive de l'ONG Nouveaux Droits de l'homme Cameroun et formatrice aux droits humains à Amnesty International et Front Line Defenders, le 17.09.2021.

TITRE 2

UNE NÉCESSAIRE AMÉLIORATION DES CONDITIONS D'EXERCICE DES LIBERTÉS PUBLIQUES DANS UN CONTEXTE DE LUTTE CONTRE LE TERRORISME AU CAMEROUN

Les contraintes et défis relevés au titre précédent nécessitent la mise en place de plusieurs réformes pour rendre effectif l'exercice des libertés publiques en période de lutte antiterroriste. Une analyse approfondie de l'effectivité des libertés publiques dans le contexte de lutte contre le terrorisme au Cameroun montre qu'il y a un lien entre le non-respect des droits de l'homme et la montée du terrorisme ou alors la naissance des crises en général. Les situations de non droit et l'absence d'État de droit peuvent être à l'origine de multiples conflits en Afrique en général et au Cameroun en particulier[798]. Les propositions, qui suivent, visent à renforcer la protection des libertés publiques dans un contexte de lutte contre le terrorisme au Cameroun. Il est donc urgent de travailler pour la nécessité d'une application concrète des instruments de protection des libertés publiques dans la lutte contre le terrorisme **(Chapitre 1)** ainsi que le renforcement nécessaire des mécanismes de protection des libertés publiques dans un contexte de lutte contre le terrorisme **(Chapitre 2)**.

---

[798] Entretien avec Edith KAHBANG WALLA en tant que leader d'opinion et représentant du Mouvement *Stand Up For Cameroon,* le 1er Septembre 2021.

CHAPITRE 1.

NÉCESSITÉ D'UNE APPLICATION CONCRÈTE DES INSTRUMENTS DE PROTECTION DES LIBERTÉS PUBLIQUES DANS LA LUTTE CONTRE LE TERRORISME

Les contraintes et défis socio-sécuritaires rendent difficile la mise en œuvre des libertés publiques dans le contexte de lutte contre le terrorisme, car l'urgence sécuritaire semble devenir la norme fondamentale. Dans ce cadre, les mesures exceptionnelles viennent remettre en question les différents acquis obtenus par les citoyens grâce à la mise en place d'un cadre juridique de protection des droits de l'homme. Cet état de choses laisse tout simplement conclure que les garanties juridiques ne sont pas effectives au regard de la profusion des écueils juridiques à l'expression des libertés publiques[799]. Il est donc nécessaire de travailler pour une application concrète des instruments de protection des libertés publiques dans la lutte antiterroriste au Cameroun. Aussi, l'on parlera d'abord des approches pour une prise en compte pratique des libertés publiques dans le contexte de lutte antiterroriste (**Section 1**). Ensuite, la nécessité d'une révision de la législation antiterroriste au Cameroun pour une meilleure prise en compte de l'exercice des libertés publiques (**Section2**).

Section 1. Approches pour une prise en compte pratique des libertés publiques dans le contexte de lutte antiterroriste

La mise en œuvre des libertés publiques au sein d'un État dépend parfois de l'approche qu'il adopte. En effet, si ce dernier opte pour une approche sécuritaire, la question du respect des libertés publiques n'aura que peu d'intérêts, voire aucun intérêt ; tandis qu'avec l'approche basée sur les droits humains, l'humain est placé alors au centre de toute politique y compris dans la politique sécuritaire. Aussi, il devrait y avoir une prise en compte et un respect des particularités culturelles dans toutes les mesures que l'État prend pour lutter contre le terrorisme. L'approche basée sur les droits de l'homme permet de lutter efficacement contre le terrorisme. Au Cameroun, il existe une

---

[799] Nouveaux Droits de l'Homme Cameroun, *Les libertés publiques au Cameroun, Des acquis hypothéqués !* Rapport d'étude nationale sur les Libertés fondamentales au Cameroun, *op.cit.*, p.30.

prise en compte des droits et libertés dans les mesures de lutte contre le terrorisme, mais celles-ci sont faiblement prises en compte au plan opérationnel ou dans la mise en œuvre des politiques sécuritaires. Il sera donc abordé ici la question de l'intégration de l'approche basée sur les droits dans l'exercice des libertés publiques (**Paragraphe 1)** et la réflexion sur les critères permettant une distinction claire entre des actes terroristes et des infractions liées à l'exercice d'une manifestation pacifique (**Paragraphe 2).**

Paragraphe 1. Intégration de l'approche basée sur les droits dans l'exercice des libertés publiques

Dans cette rubrique, il est question de mener une réflexion sur la façon d'intégrer les garanties en matière de libertés publiques dans la planification, la mise en œuvre, le monitoring et l'évaluation des actions de l'État en matière de lutte contre le terrorisme. Il est important de souligner que l'État fait plusieurs efforts pour intégrer les droits humains dans les politiques de maintien de l'ordre à travers l'élaboration de guides. L'on peut citer ici le Guide de l'Instructeur : le droit et les principes humanitaires applicables au contexte des opérations de maintien de l'ordre[800]. Ce guide prend en compte les règles humanitaires et les droits humains. Néanmoins, son application n'est pas effective sur le terrain. Aussi, pour renforcer cette application, il est préconisé une éducation à la citoyenneté et aux droits de l'homme (**A**) et l'amélioration de l'accès à la justice au Cameroun (**B**).

A. Éducation à la citoyenneté et aux droits de l'homme

L'éducation à la citoyenneté et aux droits de l'homme vise à « *donner aux individus les moyens de participer activement et de façon autonome à la société. Elles partagent un attachement à la démocratie et aux droits humains comme bases d'une vie meilleure pour tous* »[801]. Son objectif premier est d'encourager à l'action citoyenne et politique. L'éducation à la citoyenneté encourage à s'engager pour le vivre-ensemble et à rechercher collectivement des réponses aux problématiques de la société[802]. Elle aborde des questions de pouvoir et de droit ainsi que les causes et effets de l'action citoyenne et politique[803].

---

[800] Ministère de la Défense du Cameroun, *Guide de l'Instructeur : le droit et les principes humanitaires applicables au contexte des opérations de maintien de l'ordre*, Imprimerie Saint Paul de Yaoundé-Cameroun, 2018, 45 pages.

[801] Cf. Éducation 2021, *L'éducation à la citoyenneté et aux droits humains*, disponible à l'adresse : https://www.education21.ch/fr/edd/approches/education-a-la-citoyennete, (consulté le 23.09.2021).

[802] *Idem.*

[803] *Idem.*

L'observation générale faite aujourd'hui serait le déficit criant d'éducation des acteurs et des citoyens en matière de citoyenneté et des droits de l'homme au Cameroun. Une Organisation non gouvernementale relève dans un rapport récent que :

« *Autant les acteurs de la société civile que ceux du secteur public ont une faible éducation en matière de libertés publiques... Certains membres des organisations de défense des droits de l'homme comme ceux du secteur public ont des carences parce qu'ils ne sont pas suffisamment outillés aux instruments de garantie des droits fondamentaux. Cela s'expliquerait par le fait que les formations de ce type ont un coût onéreux...* »[804].

Ce constat reste alarmant dans la mesure où le déficit de formation en matière des droits de l'homme constitue un obstacle majeur à la promotion et à la protection des droits fondamentaux par les acteurs non étatiques et par les agents publics. En effet, il n'est pas possible d'assister, d'accompagner une personne et de veiller à l'application des droits humains sans connaître réellement de quoi il est question. L'absence des connaissances des droits de l'homme peut également permettre d'expliquer en partie les multiples violations observées au Cameroun en matière des droits de l'homme que ce soit dans les opérations de maintien de l'ordre, la vie quotidienne ou encore dans les lieux de privation de liberté.

Pour conclure, il est urgent de renforcer l'éducation à la citoyenneté et aux droits de l'homme. Cette éducation doit être insérée dans le système éducatif de manière effective à travers l'introduction des cours spécifiques sur l'éducation à la citoyenneté et aux droits de l'homme partant de l'école primaire jusqu'à l'université. Au niveau des centres de formation étatiques, il existe des enseignements sur les droits de l'homme. Cependant, ils sont dispensés comme de simples enseignements magistraux, ce qui ne permet guère de retenir grand-chose par l'agent public. Pour s'assurer de l'effectivité de l'éducation à la citoyenneté et aux droits de l'homme, l'État peut faire appel aux éducateurs spécialisés. On pourrait exiger que les agents de l'État soient en contact avec des services en charge des droits de l'homme au cours de leurs stages professionnels. Concernant les élèves-magistrats, il est indispensable qu'ils effectuent une partie de leur stage dans les lieux de privation de liberté. Ce contact permettra une prise de conscience générale de leur rôle dans la construction d'une justice sociale. En outre, pour les agents de l'État et les acteurs de la société civile, il faudrait régulièrement des recyclages afin de leur permettre d'actualiser leurs connaissances à propos des droits de l'homme. Aussi, il serait donc nécessaire d'augmenter les fonds alloués à la

[804] Nouveaux droits de l'homme Cameroun, *Liberté d'association au Cameroun : l'urgence de protéger un droit fondamental*, *op. cit.*, p.76.

promotion des droits de l'homme en accompagnant cela avec une volonté politique ferme pour que les intentions s'accompagnent d'actes concrets.

Par ailleurs, l'État aurait intérêt à renforcer des approches éducatives particulièrement dans l'Extrême-Nord Cameroun ou dans tout le septentrion en général en y intégrant les programmes éducatifs modernes dans les écoles coraniques[805]. Dans ces zones-là, l'école coranique est parfois préférée à l'école moderne. En plus, l'absence de l'État dans les zones frontalières. L'on découvre très peu d'écoles. Et quand bien même il y en a, elles ne sont pas dotées de matériaux adéquats (absence de bâtiments, pas d'enseignants, pas de fournitures scolaires, etc.). D'importants besoins sont observés notamment en abris et en articles ménagers essentiels, sécurité alimentaire, eau potable, santé, éducation et protection. En outre, il y a une grande insécurité. Dans un tel environnement, les groupes d'extrémismes violents profitent de la quasi-absence de l'État pour endoctriner les populations, en particulier les enfants et les femmes. L'absence de contrôle de l'éducation cède place à un endoctrinement islamiste. Ces différentes propositions d'action pourraient davantage renforcer la culture des droits de l'homme au Cameroun. Pourtant, pour parvenir à ces fins, l'État devrait au préalable associer tous les acteurs religieux, traditionnels, les élites et tous les autres acteurs clés pour concevoir la faisabilité d'un tel projet.

Certes, une difficulté peut survenir à l'application d'une approche éducative dans les écoles coraniques. Une telle difficulté est liée à la liberté de religion, car c'est une liberté fondamentale au Cameroun. Deux grandes objections peuvent, en revanche, être soulevées pour battre en brèche cet argument. La première objection est liée aux questions de sécurité nationale. Il faut encore rappeler que pour des raisons de sécurité nationale, l'État a été amené à restreindre la liberté religieuse au Cameroun notamment l'interdiction du voile islamique intégral et les restrictions de la liberté de culte afin d'éviter les grands rassemblements à l'Extrême-Nord. La seconde raison est que l'éducation demeure une question de souveraineté nationale. C'est un instrument qui permet à l'État de construire une citoyenneté active et une conscience collective. Aucun système éducatif parallèle ne peut donc être toléré par l'État s'il est opposé aux politiques nationales en matière éducative.

Enfin, l'État devrait mettre en place ou favoriser la mise en place de politiques d'éducation populaire en matière de citoyenneté et des droits de l'homme. Il peut le faire soit par ses services publics soit par l'intermédiaire de la Commission des droits de l'homme du Cameroun ou par les organisations de la société civile. Il y a également une possibilité pour l'État

---

805 Angèle Patience ATSAMA BINDZI, Ancienne Substitut Procureur de la République près les Tribunaux de Mora et du Mayo-Sava et actuellement Substitut du Procureur de la République près les Tribunaux de NGOUMOU, Mefou AKONO, le 12.09.2021.

de passer par les médias pour sensibiliser au maximum les masses sur les questions des droits de l'homme au Cameroun.

B. Favoriser l'accès à la justice au Cameroun

Les chapitres antérieurs de ces travaux ont permis de connaître les efforts fournis par l'État relatifs à l'accès à la justice au Cameroun. Néanmoins, il existe encore de nombreux obstacles à l'accès à la justice au plan pratique à cause notamment de la corruption endémique dans tous les secteurs de la vie publique aujourd'hui. Malheureusement, le secteur de la justice semble être considéré comme l'un des secteurs les plus corrompus au Cameroun[806]. Tout cela annihile ou plombe les efforts de l'État, de la société civile et des partenaires du Cameroun sous la garantie du droit à un procès équitable. À cela, il faudrait ajouter les problèmes d'indépendance de la justice à cause de l'immixtion de l'exécutif dans le pouvoir judiciaire.

Aussi, pour favoriser l'accès à la justice au Cameroun, il faudrait renforcer l'application des règles du droit à un procès équitable. Cela peut se passer préalablement par une révision du cadre légal au Cameroun. Tout d'abord, les questions de garde à vue et de détention provisoire constituent les lieux et les moments où le droit à un procès équitable reste souvent menacé au plan pratique. De plus en plus, l'on observe des détentions de longue durée allant de plusieurs semaines à plusieurs années. Il serait alors souhaitable de limiter peut-être dans la durée la garde à vue administrative ainsi que la garde à vue pour infraction de terrorisme au Cameroun. Et en cas de flagrant délit, il serait souhaitable que l'État puisse veiller à ce que les recours des justiciables en cas de détention pour flagrant délit par le Procureur de la République soient effectifs. Enfin, il faudrait accroître la volonté politique pour lutter avec fermeté contre la corruption dans le milieu judiciaire au Cameroun.

Paragraphe 2. Critères permettant une distinction claire entre actes terroristes et infractions liées à l'exercice d'une manifestation pacifique

À la lecture de la loi n° 2014/028 du 23 décembre 2014 portant répression des actes du terrorisme au Cameroun, il n'est pas clairement indiqué la différence entre des actes terroristes et des infractions liées à l'exercice d'une manifestation, laissant alors planer l'incertitude ou la confusion totale. Avec peu de recul, l'on pourrait être tenté de croire que le législateur ne semble pas vouloir distinguer les actes répréhensibles posés par des manifestants lors d'une manifestation pacifique et les actes terroristes dans le contexte de lutte

---

806 Source : https://www.lebledparle.com/fr/societe/1106014-corruption-au-cameroun-voici-le-top-5-des-ministeres-les-plus-corrompus-selon-la-conac, (consulté le 23.09.2021).

contre le terrorisme au Cameroun. Ainsi, la différence pourrait se situer au niveau de la nature de la faute commise (**A**) et du but poursuivi (**B**).

A. Nature de la faute commise

Bien qu'il existe encore plusieurs débats sur la notion de réunion publique au Cameroun, le législateur camerounais conçoit la réunion publique comme suit : « *À un caractère public, toute réunion qui se tient dans un lieu public ou ouvert au Public* »[807]. Tandis qu'est considérée comme manifestation publique selon l'esprit de la loi : « *tous les cortèges, défilés, marches et rassemblements de personnes et, d'une manière générale, toutes les manifestations sur la voie publique* »[808]. Aussi, le premier élément de distinction, entre des infractions liées à l'exercice d'une manifestation pacifique d'une part et d'autre part des actes terroristes, peut être lié au caractère pacifique de la réunion ou de la manifestation publique. Selon les Lignes Directrices sur la Liberté d'Association et de Réunion en Afrique, « *'Pacifique' s'entend comme concept englobant tout comportement qui irrite ou offense ainsi que tout comportement qui entrave, ralentit ou bloque temporairement les activités de tierces parties* »[809]. Néanmoins, ces lignes directrices apportent quand même une réserve selon laquelle : « *Les actes de violence isolés ne signifient pas qu'un rassemblement dans son ensemble n'est pas pacifique* »[810].

En dehors de ces cas, la manifestation devient alors violente. Cependant, il existe à ce stade plusieurs sanctions pénales déjà prévues pour sanctionner les manifestations violentes en droit camerounais. Il s'agit entre autres. Premièrement, l'article n° 10 de la loi n° 90 /055 du 19 décembre 1990 fixant le régime des réunions et des manifestations publiques au Cameroun qui stipule que : *« Sont punis des peines prévues à l'article précédent, les organisateurs de toute manifestation publique sans déclaration requise ou après notification de l'interdiction légale »*. Ainsi, l'article 231 du Code pénal camerounais dispose qu' : « *est puni d'un emprisonnement de quinze (15) jours à six (06) mois et d'une amende de cinq mille (5000) à cent mille (100 000) francs, celui qui a) participe à l'organisation d'une réunion publique qui n'a pas été préalablement déclarée ; b) fait une déclaration de nature à tromper les autorités sur les conditions ou l'objet de la réunion ; c) avant le dépôt de la déclaration ou après l'interdiction légale d'une manifestation, adresse, par quelque moyen que ce soit, une convocation à y*

---

[807] Cf. article 2 de la loi n°90 /055 du 19 décembre 1990 fixant le régime des réunions et des manifestations publiques au Cameroun.

[808] cf. article 6 alinéa 1er de la loi n°90 /055 du 19 décembre 1990 fixant le régime des réunions et des manifestations publiques au Cameroun.

[809] Voir L'article 70 alinéa a des Lignes Directrices sur la Liberté d'Association et de Réunion en Afrique, Mai 2017, p.25.

[810] Voir article 70 alinéa b des Lignes Directrices, *op.cit.*, p25.

prendre part ; d) fait une déclaration incomplète ou inexacte de nature à tromper sur les conditions de la manifestation projetée ». Deuxièmement, il y a également des dispositions juridiques qui condamnent des attroupements (article 232 du Code pénal), attroupement armé (article 233 du Code pénal).

Il s'agit d'une première étape, mais celle-ci n'est pas encore suffisante pour que l'infraction commise devienne automatiquement un acte terroriste. En effet, c'est à partir d'un certain degré de violence que l'on commence déjà à parler d'actes de terrorisme. Ce niveau peut être lié à un degré de violence posé lors de la manifestation violente. Aussi, il faut que l'acte puisse causer la mort ou de graves blessures corporelles à des civils ou à des non-combattants, de mettre en danger l'intégrité physique, d'occasionner des dommages corporels ou matériels, des dommages aux ressources naturelles, à l'environnement ou au patrimoine culturel. Après l'accomplissement de ces éléments matériels par les manifestants, il faut également l'élément intentionnel.

B. But poursuivi

Lorsque le but d'un tel acte est, de par sa nature ou son contexte, d'intimider une population, ou de forcer un gouvernement ou une organisation internationale à prendre une quelconque mesure ou à s'en abstenir[811], cette intention devient clairement une intention terroriste. Au Cameroun, le législateur a cherché à élargir l'intention terroriste à presque toutes les revendications à caractère politique. Il s'agit : « *dans l'intention : 1. a) d'intimider la population, de provoquer une situation de terreur ou de contraindre la victime, le gouvernement et/ou une organisation nationale ou internationale, à accomplir ou à s'abstenir d'accomplir un acte quelconque, à adopter ou à renoncer à une position particulière ou à agir selon certains principes ; 2. b) de perturber le fonctionnement normal des services publics, la prestation de services essentiels aux populations ou de créer une situation de crise au sein des populations ; 3. c) de créer une insurrection générale dans le pays* »[812]. Cette définition est en grande partie comme il a été suffisamment démontré ci-dessus, inspirée par l'article 1er paragraphe 3 de la Convention de l'OUA sur la Prévention et la lutte contre le terrorisme adoptée à Alger en juillet 1999[813]. La notion d'actes de terrorisme est éminemment politique.

---

[811] Clément BOURSIN, « Au Cameroun, lutte contre le terrorisme, rime avec restriction des libertés », *Tribune publiée à l'origine sur le Monde Afrique*, 13 février 2015, *op.cit.*, p.2.
[812] Lire article 2 de la loi n°2014/028 du 23 Décembre 2014 portant répression des actes de terrorisme au Cameroun.
[813] La définition donnée par la Convention d'Alger a déjà été analysée ci-dessus.

En conclusion donc, c'est à partir des deux éléments à savoir la nature de l'infraction et l'intention politique qu'il est possible de faire la différence entre actes terroristes et infractions liées à l'exercice d'une manifestation pacifique.

Section 2. Nécessité d'une révision de la législation antiterroriste au Cameroun pour une meilleure prise en compte de l'exercice des libertés publiques

Tout au long de cette recherche, il a été démontré que la mise en œuvre de la législation antiterroriste camerounaise met en péril l'exercice des libertés publiques. Aussi, pour une révision de cette législation, il faudrait des préalables nécessaires à l'élaboration d'une définition d'actes de terrorisme (**Paragraphe 1)** et un Plaidoyer pour l'internalisation et la reconnaissance des lignes directrices sur la liberté d'association et de réunion en Afrique **(Paragraphe 2).**

Paragraphe 1. Préalables nécessaires à l'élaboration d'une définition

Les nombreuses lacunes perçues sur l'incrimination des actes de terrorisme amènent à la recherche de quelques éléments qui permettront la révision de l'article 2 de la loi n° 2014/028 du 23 décembre 2014 portant répression des actes de terrorisme au Cameroun. En fait, plusieurs acteurs non étatiques rencontrés sur le terrain estiment que la loi antiterroriste en elle-même reste assez objective dans le sens qu'elle vise à répondre promptement à une menace imminente, le terrorisme. Le problème se trouverait par contre dans la définition des actes de terrorisme considérée comme un *« fourre-tout »*[814]. La définition de l'acte terroriste est lacunaire, on peut dire qu'elle est trop extensive et globalisante, induisant d'importants risques de dérives de la part des forces de l'ordre et des autorités judiciaires[815]. Dans le cadre de la révision de l'article 2 de la loi n° 2014/028 du 23 décembre 2014 portant répression des actes de terrorisme au Cameroun, l'on proposera des éléments à prendre en compte en vue d'une meilleure définition de la loi (**A**) et la nécessité d'une approche inclusive lors d'une éventuelle révision de la loi antiterroriste (**B**).

---

[814] Réseau Camerounais des organisations des droits de l'homme(RECODH), *Projet "Loi anti-terrorisme et espace civique des OSC au Cameroun" Contribution de la société civile à la consolidation de l'Etat de droit par le renforcement des capacités des acteurs sur le cadre légal portant sur la liberté de réunion et de manifestation publiques au Cameroun*, atelier national de plaidoyer sur la loi antiterroriste et son impact sur l'espace civique de la société civile au Cameroun, Yaoundé - Centre Jean XXIII de Mvolyé, 12 septembre 2019, p.9

[815] Réseau Camerounais des organisations des droits de l'homme(RECODH), *Idem.*

A. Éléments à prendre en compte dans le cadre d'une éventuelle définition des actes de terrorisme

Dans le cadre des enquêtes sur le terrain, il a été fait état des informations selon lesquelles, il y aurait des réflexions en cours en vue d'une nouvelle loi sur le terrorisme au Cameroun[816]. C'est dans ce contexte que ces suggestions sont données.

Au nombre des suggestions, l'on peut citer entre autres :

1. Prise en compte du critère d'appartenance ou d'imputation à un groupe terroriste dans la qualification d'actes de terrorisme

Comme le remarquait encore Josep Martial ZANGA, « *définir le terrorisme est aussi difficile que le combattre, et le droit a du mal à remédier à cette situation parce qu'il est lui-même un élément du problème* »[817]. La prise en compte du critère d'appartenance ou d'imputation à un groupe terroriste dans la qualification d'actes terroristes peut permettre de résoudre l'énigme qui existe dans la définition des actes de terrorisme en droit camerounais. Le droit est le terrain des batailles idéologiques[818]. On sait également que, par défaut d'accord sur la définition du terrorisme au sein de l'Assemblée générale de l'ONU, le Projet de Convention générale sur le terrorisme a connu un enlisement retentissant. Les points d'achoppement sont entre autres la légitimité des combattants de la liberté et de lutte des indépendances nationales, l'épineuse question du terrorisme d'État et le défaut de consensus sur l'extradition en matière de terrorisme notamment sous fond de mobile politique[819]. À défaut donc d'une entente cordiale sur la définition du terrorisme, chaque pays a donné une définition propre du terrorisme.

Malheureusement, il y a très souvent des risques d'instrumentalisation de la définition d'actes de terrorisme à des fins politiques et sécuritaires comme notamment vouloir à tout prix protéger les régimes ou pouvoirs en place. À cause d'une définition trop large des actes de terrorisme, toute grève, manifestation ou appel à la désobéissance civile peut être assimilé à un acte de terrorisme sur le plan légal. Au-delà du risque élevé d'instrumentalisation de l'infraction de terrorisme à des fins politiques, il pourrait y avoir aussi une difficile distinction entre cette infraction et les autres infractions relevant du droit commun.

---

816 Information reçue auprès des fonctionnaires sous anonymat.

817 Martial Josep ZANGA, « L'insaisissable visage du terrorisme : jalons pour une définition universelle du terrorisme à partir des législations nationales africaines », », *in* OLINGA Jean-Didier dir., *Droit international, droits nationaux et lutte contre le terrorisme en Afrique*, *op.cit.*, p.85.

818 *Idem.*

819 *Ibidem.*, pp.85-86.

Comme solutions aux problèmes relevés ci-dessus, on peut ajouter à la définition actuelle d'actes de terrorisme, le critère d'appartenance ou d'imputation à un groupe terroriste dans la qualification des actes de terrorisme. Autrement dit, un acte de terrorisme devrait être relié à un groupe terroriste pour être dûment considéré comme un acte de terrorisme par le législateur. Dans le même cadre, la prise en compte du critère d'appartenance ou d'imputation à un groupe terroriste dans la qualification d'actes de terrorisme va permettre d'éviter une extension trop large des actes de terrorisme en droit camerounais et garantir par la même occasion le principe de sécurité juridique.

2. Limitation de la durée de garde à vue pour terrorisme

De fait, le législateur camerounais peut s'inspirer de l'article 12 alinéa 1er de la loi n° 2017-12 du 12 juillet 2017 portant Code de justice militaire au Cameroun pour limiter également la garde à vue pour terrorisme. Selon cette disposition juridique : « c*) le délai de la garde à vue est de quarante-huit (48) heures renouvelables une fois » ; d) à l'expiration du délai fixé au paragraphe c ci-dessus, la garde à vue peut, sur autorisation écrite du Commissaire du Gouvernement, être prorogée de deux autres périodes de quarante-huit (48) heures chacune ; f) mention de chaque prorogation est faite dans le procès-verbal* ».

3. Problème de réglementation de la détention provisoire

Le législateur est resté silencieux sur la procédure de la mise en détention provisoire pour infraction de terrorisme au Cameroun. L'article 12 al. 1 b de la loi n° 2005/007 du 27 juillet 2005 portant Code de procédure pénale autorise le Commissaire du Gouvernement à prendre « des mandats de détention provisoire en cas de flagrant délit ». Cependant, il n'y a aucune information sur la mise en détention provisoire en dehors des cas de flagrant délit. Or, dans la pratique, c'est le Commissaire du Gouvernement qui décerne encore les mandats de détention provisoire pour des raisons de sécurité nationale même lorsqu'il n'y a pas de flagrant délit. Il est donc souhaitable que dans la future loi sur le terrorisme, si elle arrivait, le législateur puisse donner des clarifications précises sur l'autorité compétente pour décerner les mandats de détention provisoire. Il est resté jusqu'alors silencieux sur la procédure de la mise en détention provisoire pour infraction liée au terrorisme.

4. Institutionnalisation de l'instruction judiciaire en matière de terrorisme

Les nombreuses arrestations qui ont lieu dans les zones de crise notamment en régions anglophones ou dans l'Extrême-Nord du Cameroun démontrent qu'il est urgent d'instituer une instruction judiciaire pour permettre d'assurer le droit à un procès équitable en matière de terrorisme.

B. Inclusion des acteurs publics et privés

De par l'observation directe, on constate une sorte de méfiance entre les acteurs étatiques et les acteurs non étatiques dans le contexte de lutte contre le terrorisme au Cameroun. Or, ce défaut d'unanimité, crée de réels problèmes sur l'accès à l'information et la sensibilisation citoyennes en cette période délicate. La communication tourne plutôt autour des dissensions entre les acteurs. Il serait souhaitable de relire et réviser la loi anti-terroriste dans une approche inclusive en impliquant par des concertations les acteurs de la société civile ainsi que les communautés religieuses et traditionnelles, avec un accent sur la redéfinition de la notion d'actes de terrorisme.

Il est également important de souligner que la consultation, que pourraient faire les pouvoirs publics, devrait être réellement inclusive et non une consultation de façade sans volonté d'une réelle concertation. Les acteurs non étatiques, quant à eux, devraient faire preuve de responsabilité et avoir une réelle envie de collaborer pour défendre un intérêt commun.

Paragraphe 2. Plaidoyer pour la reconnaissance des lignes directrices sur la liberté d'association et de réunion en Afrique

La protection effective des libertés de réunion et de manifestation publique dans le contexte de lutte antiterroriste au Cameroun mérite que l'on puisse internaliser et appliquer des principes et directives qui protègent efficacement ces libertés publiques en période de lutte contre le terrorisme. Il est important de citer par exemple l'internalisation et l'application effectives des lignes directrices sur la liberté d'association et de réunion en Afrique (**A**) ainsi que les Directives et principes sur le droit à un procès équitable et à l'assistance judiciaire en Afrique (**B**).

A. Internalisation et application effectives des lignes directrices sur la liberté d'association et de réunion en Afrique

Pour rendre effectif l'exercice des libertés de réunion et de manifestation publique au Cameroun, il est souhaitable d'internaliser et appliquer effectivement les lignes directrices sur la liberté d'association et de réunion en Afrique.

L'élaboration des Lignes Directrices, répond aux dispositions pertinentes de la Charte africaine des droits de l'homme et des peuples (la Charte africaine) qui en son Article 45(1) (b) stipule que la Commission africaine, a pour mission de « *formuler et élaborer, des principes et règles...* », « *qui permettent de résoudre les problèmes juridiques relatifs à la jouissance des droits de l'homme et des peuples et des libertés fondamentales* »[820].

Ces lignes directrices donnent un certain nombre de recommandations aux États dans l'élaboration et la mise en œuvre des politiques de maintien de l'ordre. Tout d'abord, en ce qui concerne le régime de mise en place des interdictions générales, « *l'application générale des restrictions, y compris l'interdiction des rassemblements à certains moments de la journée ou en certains lieux, n'est permise qu'en dernier recours, si cette interdiction est conforme au principe de proportionnalité. L'organisation de réunions dans des espaces publics à proximité de zones résidentielles, ainsi que la tenue de réunions nocturnes sont traitées au cas par cas, plutôt que d'être interdites en tant que telles* »[821]. Ou encore les États ne sauraient imposer « *de restrictions externes qui limitent l'exercice du droit à la liberté de réunion pacifique, comme les restrictions indues à la liberté de mouvement, y compris sur le plan transnational* »[822].

Ensuite, les directives refusent toutes sortes de discriminations politiques, ethniques ou raciales dans le cadre de la réglementation des réunions et des manifestations publiques : « *L'État ne fait pas de discrimination à l'égard des réunions sur la base d'autres motifs illégitimes, notamment le sexe, la race, la couleur, l'origine ethnique ou sociale, les caractéristiques génétiques, la langue, la religion ou les convictions politiques ou toute autre opinion, l'appartenance à une minorité nationale, le statut migratoire, la propriété, le statut socioéconomique, la naissance, le handicap, l'âge, l'orientation sexuelle ou l'identité de genre* »[823].

B. Internalisation et application effectives des Directives et principes sur le droit à un procès équitable et à l'assistance judiciaire en Afrique

L'internalisation des Directives et principes sur le droit à un procès équitable et à l'assistance judiciaire en Afrique va permettre de garantir de manière concrète le droit à un procès équitable en Afrique. Les juridictions peuvent également s'inspirer des différentes clarifications données par ces

---

[820] Voir Avant-propos des Lignes Directrices sur la Liberté d'Association et de Réunion en Afrique, *op.cit.*, p.4.

[821] L'article 83 des Lignes Directrices sur la Liberté d'Association et de Réunion en Afrique, *op.cit.*, p.28.

[822] L'article 84 des Lignes Directrices sur la Liberté d'Association et de Réunion en Afrique, *op.cit.*, p.28.

[823] L'article 80 des Lignes Directrices sur la Liberté d'Association et de Réunion en Afrique. *Op.cit.*, p.27.

principes et directives pour prendre des décisions allant dans le sens d'une meilleure protection des libertés publiques en période de lutte antiterroriste.

Aussi, la *« résolution sur le Droit à un procès équitable et à l'assistance judiciaire, proclame solennellement les présents Directives et principes sur le droit à un procès équitable et à l'assistance judiciaire en Afrique et demande instamment qu'aucun effort ne soit ménagé en vue de les faire largement connaître de chaque individu en Afrique, de les promouvoir et protéger par les organisations de la société civile, les juges, les avocats, les magistrats du parquet, les universitaires et leurs associations professionnelles, et en vue de leur incorporation dans la législation nationale des États parties à la Charte et de leur respect par ces derniers »* [824]: le Droit à être équitablement et publiquement entendu ; la Publicité des audiences et informations relatives aux procédures judiciaires ; Instance juridictionnelle indépendante ; Instance juridictionnelle impartiale ; formation judiciaire ; droit à un recours effectif ; archives des instances juridictionnelles et accès du public ; *locus standi ;* rôle des magistrats du parquet ; accès aux avocats et aux services juridiques ; aide et assistance judiciaire ; indépendance des avocats ; collaboration transfrontalière entre professionnels de la justice ; accès aux services judiciaires ; droit des civils à ne pas être jugés par un tribunal militaire ; dispositions applicables à l'arrestation et à la détention ; dispositions applicables aux procédures relatives aux accusations pénales ; des enfants et du droit à un procès équitable…

Tous ces principes généraux sont explicités de manière détaillée afin de permettre au personnel judiciaire de comprendre dans chaque principe de quoi il est question. Il y a donc une bonne clarification et lisibilité de la norme. De plus, les justiciables peuvent demander l'annulation d'une procédure en se fondant sur ces Principes et Directives.

L'application concrète des instruments de protection des libertés publiques dans la lutte contre le terrorisme peut contribuer à améliorer l'exercice des libertés publiques dans le contexte de lutte contre le terrorisme au Cameroun. Ceci passe par l'intégration effective des approches permettant une prise en compte pratique des libertés publiques et la révision de la législation antiterroriste au Cameroun.

---

[824] L'article 80 des Lignes Directrices sur la Liberté d'Association et de Réunion en Afrique. *Ibidem.*, p.1.

CHAPITRE 2.

NÉCESSAIRE RENFORCEMENT DES MÉCANISMES DE PROTECTION DES LIBERTÉS PUBLIQUES DANS UN CONTEXTE DE LUTTE CONTRE LE TERRORISME

Dans un contexte de lutte contre le terrorisme où les libertés publiques sont limitées pour des raisons sécuritaires, seuls les mécanismes de garantie des droits de l'homme peuvent diminuer les abus de droit et autres violations injustifiables des libertés publiques. Et en cas d'abus, ces mêmes mécanismes peuvent sanctionner leurs auteurs. Or, ces mécanismes de protection des libertés publiques restent faibles tant sur plan organique que sur le plan fonctionnel. Aussi, il y a urgence à les renforcer pour améliorer davantage les conditions d'exercice des libertés publiques dans la lutte antiterroriste camerounaise. L'on parlera tour à tour du renforcement des mécanismes de contrôle non-juridictionnels **(Section 1)** et le renforcement des mécanismes de contrôle juridictionnels **(Section 2).**

Section 1. Renforcement des mécanismes de contrôle non-juridictionnels

Au Cameroun, les mécanismes non juridictionnels de garantie des droits de l'homme existent. Pourtant, ils ont montré leurs limites en période de lutte contre le terrorisme, ce qui nécessite alors leur réajustement sur les plans organique et fonctionnel. Le concept de « *protection non juridictionnelle* » peut-être cerné de façon négative, c'est- à dire par opposition à la fonction de juger[825]. Selon Bénédicte DELAUNAY, les garanties non juridictionnelles constituent « *des garanties destinées à défendre des droits par des moyens non juridictionnels, c'est-à-dire en dehors de la fonction de juger dans les juridictions* »[826]. À la différence des organes de protection juridictionnels, les organes non juridictionnels se joignent à des instances de surveillance, qui « *ne délivrent pas de jugements, mais seulement des rapports,*

---

[825] Adam-Ramsès ABOMO AKONO, « La protection non juridictionnelle des droits de l'homme et des libertés au Cameroun », *Village de la justice, La communauté des métiers de droit*, 1ère Parution : 30 novembre 2020, p.4, disponible à l'adresse : https://www.village-justice.com/articles/IMG/pdf_protection_non_juridictionnelle_des_d_h_et_l_p_au_cmr_.pdf, (consulté le 22.09.2021).

[826] *Idem.*

recommandations, opinions, juridiquement non contraignants »[827]. Cette protection, en effet, n'est que la suite de la protection juridictionnelle, permettant à tout individu même en dehors des juridictions de faire prévaloir ses droits violés[828]. En réalité, il existe une pléthore de mécanismes de garantie non juridictionnelle des droits de l'homme au Cameroun. Or, seulement deux parmi ces mécanismes seront abordés dans le cadre de cette rubrique à savoir la Commission des droits de l'homme du Cameroun **(Paragraphe 1)** et la Direction des droits de l'homme et de la coopération internationale en matière de protection des libertés publiques dans la lutte contre le terrorisme **(Paragraphe 2).**

Paragraphe 1. Nécessaire renforcement de l'autonomie de la Commission des droits de l'homme

Afin de promouvoir une protection non juridictionnelle efficace des libertés publiques dans le contexte de lutte antiterroriste au Cameroun, il conviendrait de renforcer l'autonomie organique et fonctionnelle de la Commission des droits de l'homme du Cameroun en abrégé « *CDHC* ». En tant qu'institution nationale pour la promotion et la protection des droits de l'homme, cette Commission a connu des réformes importantes avec l'avènement de la loi n° 2019/014 du 19 juillet 2019 portant création, organisation et fonctionnement de la Commission des droits de l'homme du Cameroun. À titre d'illustration, le mandat de la Commission a d'abord été renforcé par une meilleure clarification des compétences en matière de promotion et de protection des droits de l'homme[829].

Ensuite, il y a eu une extension des incompatibilités pour garantir plus d'indépendance des commissaires[830]. En outre, tous les quinze membres de la Commission sont désormais des membres permanents, ce qui ne l'était pas avant parce qu'à part le Président et le Vice-Président, les autres membres de la Commission pouvaient travailler à temps partiel[831]. Enfin, la Commission est devenue un Mécanisme National de Prévention de la torture du Cameroun, en abrégé « *MNPT* », ce qui lui donne le pouvoir de visiter par exemple tous les lieux de détention y compris dans les chefferies traditionnelles[832].

Malgré toutes ces avancées notoires, la Commission des droits de l'homme a encore des limites aux plans organique et fonctionnel. Dans ses Observations

---

827 Adam-Ramsès ABOMO AKONO, *Idem.*

828 *Idem.*

829 Gabriel NONETCHOUPO, Chef de Division de Protection et de Promotion des Droits de l'Homme et des Libertés auprès de la Commission des Droits de l'Homme du Cameroun, Expert à l'Office des Nations Unies contre la drogue et le crime, le 08 juillet 2021.

830 *Idem.*

831 *Idem.*

832 *Idem.*

finales concernant le cinquième rapport périodique du Cameroun le 6 novembre 2017, le Comité des droits de l'homme de l'ONU fait la déclaration suivante : « *Le Comité accueille favorablement la réaccréditation au statut « A » de la Commission nationale des droits de l'homme et des libertés auprès de l'Alliance globale des institutions nationales des droits de l'homme. Il s'inquiète toutefois des informations indiquant que la Commission n'est pas perçue comme un organe totalement indépendant et en particulier : a) du processus non participatif et peu transparent de sélection de ses membres ; b) de la présence parmi ses membres de parlementaires ou sénateurs disposant du droit de vote ; et c) des informations faisant état de moyens financiers limités et de restrictions d'accès à certains lieux de détention (art. 2)* »[833].

D'où un nécessaire renforcement de son autonomie au plan organique (**A**) et fonctionnel (**B**).

A. Renforcement de l'autonomie organique de la Commission des droits de l'homme

Il serait judicieux de garantir l'indépendance de la Commission des droits de l'homme du Cameroun sur le plan organique. En effet, le processus de désignation des membres de cette Commission pose encore problème. Premièrement, l'article 12 alinéas 2 et 3 de la loi n° 2019/014 du 19 juillet 2019 portant création, organisation et fonctionnement de la Commission des droits de l'homme du Cameroun dispose que : « *(02) Les membres de la Commission sont choisis parmi des personnalités de nationalité camerounaise résidant sur le territoire national, jouissant de leurs droits civiques et politiques, reconnues pour leur intégrité morale, leur honnêteté intellectuelle et ayant des connaissances avérées en matière des droits de l'homme (3) Le Président, le Vice-président et les membres de la Commission sont nommés par décret du Président de la République pour un mandat de cinq (05) ans renouvelables une fois, sur proposition des administrations, associations et organismes socioprofessionnels auxquels ils appartiennent* ».

Or, le problème, qui se pose ici, est que la loi reste silencieuse sur le processus de désignation des membres de la Commission. Plus encore, l'on ne sait pas si le Président de la République est lié (avis obligatoire) ou non (avis consultatif) par les propositions qui sont faites par des organisations publiques et socioprofessionnelles. Ceci n'est pas conforme à l'esprit des Principes de Paris[834] qui prônent une procédure de sélection et de désignation

---

[833] CCPR/C/CMR/CO/5, *op.cit.*, p.2.

[834] Principes concernant le statut des institutions nationales pour la promotion et la protection des droits de l'homme (les Principes de Paris), Résolution 48/134 adoptée par l'Assemblée générale le 20 décembre 1993.

des dirigeants et des membres de la Commission qui soit inclusive et transparente. Ces principes à caractère non contraignant stipulent que : « *La composition des institutions nationales et la désignation de leurs membres, par voie élective ou non, doivent être établies selon une procédure qui présente toutes les garanties nécessaires pour assurer la représentation pluraliste des forces sociales (de la société civile) concernées par la promotion et la protection des droits de l'homme, en particulier grâce à des pouvoirs permettant une coopération effective avec des représentants* ou *grâce à la présence de représentants :*

a) Des organisations non gouvernementales compétentes dans le domaine des droits de l'homme et de la lutte contre la discrimination raciale, des syndicats, des organisations socio-professionnelles intéressées, groupant par exemple des juristes, des médecins, des journalistes et des personnalités scientifiques ;

b) Des courants de pensée philosophiques et religieux ;

c) D'universitaires et d'experts qualifiés ;

d) Du parlement ;

e) Des administrations (auquel cas ces représentants ne participent aux délibérations qu'à titre consultatif). »

Aussi, les acteurs de la société civile suggèrent que ce soient les corps professionnels qui proposent eux-mêmes leurs représentants au sein de la Commission[835]. Ils peuvent le faire à travers un processus de désignation décidé par les acteurs issus d'un même corps social. Ceci peut donner une certaine légitimité aux mandataires de ces corps au sein de la Commission, tout en permettant de garantir également l'indépendance des membres de cette Commission.

Par ailleurs, au cours des travaux préparatoires à l'adoption de la loi n° 2019/014 du 19 juillet 2019 portant création, organisation et fonctionnement de la Commission des droits de l'homme du Cameroun, il avait été proposé la création d'un Comité technique chargé de recevoir toutes les candidatures. Après réception de celles-ci, ledit Comité aurait filtré ces candidatures et aurait proposé au Président de la République des profils sérieux. Malheureusement, cette idée fut écartée au moment de l'adoption de

---

[835] Entretien avec Philippe NANGA, Educateur aux droits humains et Coordinateur de l'ONG Un Monde Avenir le 31 août 2021 ; Entretien avec Cyrille Rolande BECHON, Militante des droits de l'homme, Directrice Exécutive de l'ONG Nouveaux Droits de l'homme Cameroun et formatrice aux droits humains à Amnesty International et Front Line Defenders, le 17.09.2021 ; entretien avec Roland TSAPI, Journaliste et Membre du Syndicat National des Journalistes du Cameroun, le 1er Septembre 2021.

la loi n° 2019/014 du 19 juillet 2019[836]. Ceci peut être interprété comme un recul en matière d'indépendance de la Commission.

B. Renforcement de l'autonomie fonctionnelle de la Commission des droits de l'homme

Les Principes de Paris disposent que : « *Les institutions nationales doivent disposer d'une infrastructure adaptée au bon fonctionnement de leurs activités, en particulier de crédits suffisants. Ces crédits doivent leur permettre de se doter de leur propre personnel et de leurs propres locaux, afin d'être indépendantes du gouvernement et de n'être pas soumises à un contrôle financier qui pourrait compromettre cette indépendance* ». Autrement dit, pour avoir une autonomie réelle au plan fonctionnel, la Commission doit avoir des ressources financières, humaines et matérielles suffisantes qui lui permettent de jouer efficacement son rôle. Ces ressources restent vraiment insuffisantes malgré une augmentation des missions et activités de cette Commission[837]. Aussi, dans son rapport en 2018, la Commission déclare que quelques entraves majeures au bon fonctionnement de cette institution *« ont fait l'objet des débats par les Membres réunis en Assemblée Générale concernent notamment : le non-respect de la loi n° 2004/016 du 22 juillet 2004 portant création, organisation et fonctionnement de la CNDHL par certaines autorités, l'insuffisance des ressources financières allouées au fonctionnement de la CNDHL et les difficultés de plus en plus persistantes que la CNDHL rencontre lorsqu'elle veut accéder à certains lieux de privation de liberté »*[838].

Paragraphe 2. Renforcement des pouvoirs de la Direction des droits de l'homme et de coopération internationale en matière de protection des libertés publiques dans la lutte contre le terrorisme

Les compétences de la Direction des droits de l'homme et de coopération internationale en matière de protection des libertés publiques dans la lutte contre le terrorisme ont été davantage renforcées à travers le décret n° 2012/389 du 19 septembre 2012 portant organisation du ministère de la Justice. Il n'est plus nécessaire de revenir sur ces compétences abordées dans

[836] Gabriel NONETCHOUPO, Ancien Chef de Division de Protection et de Promotion des Droits de l'Homme et des Libertés auprès de la Commission des Droits de l'Homme du Cameroun, Expert à l'Office des Nations Unies contre la drogue et le crime, le 21 Septembre 2021.
[837] *Idem.*
[838] Commission Nationale des Droits de l'Homme et des Libertés du Cameroun, *Rapport de 2018*, *op.cit.*, p.16.

la première partie de cet ouvrage. Cette importante Direction a besoin de voir ses moyens renforcés pour jouer efficacement son rôle sur le terrain. D'où une augmentation des ressources humaines (**A**) et matérielles (**B**).

A. Augmentation des ressources humaines de la Direction

En tant qu'une des directions du ministère de la Justice, la Direction des droits de l'homme et de la Coopération internationale doit remplir avec efficacité et efficience les missions qui lui sont dévolues sous l'autorité du ministre de la Justice Garde des Sceaux. Elle a pour principale mission de représenter l'État auprès des mécanismes internationaux et régionaux de garantie des droits de l'homme. Elle doit aussi accompagner l'État dans la mise en œuvre de ses engagements internationaux et régionaux. De façon détaillée, cette Direction est régulièrement sollicitée concernant les cas de violations des droits humains. Elle est également appelée à accompagner régulièrement les administrations sur le volet des droits humains. Enfin, elle est chargée de veiller à l'application des accords internationaux en matière des droits de l'homme ou lorsque l'État est saisi d'une plainte. Afin d'être en mesure de mener à bien ses activités sur le terrain et d'accomplir ses lourdes fonctions, cette Direction a besoin de ressources humaines bien formées en nombre suffisant.

B. Augmentation des ressources matérielles et financières de la Direction

Dotée d'une expertise en matière des droits humains, la Direction des droits de l'homme et de la Coopération internationale dispose en son sein d'une Sous-Direction des droits de l'homme qui joue également un rôle clé dans la promotion des droits humains dans le contexte de lutte contre le terrorisme au Cameroun. Aussi, elle est chargée entre autres de « *L'information et la sensibilisation des administrations, organismes publics et privés, des personnels des services judiciaires et de l'administration pénitentiaire aux normes de promotion et protection des droits de l'homme* »[839]. En pratique, la sous-Direction des droits de l'homme et de la Coopération internationale a organisé plusieurs formations qui ont permis d'outiller le personnel judiciaire sur les questions des droits de l'homme dans un contexte de terrorisme. Ce type de formation est nécessaire pour la simple raison que beaucoup d'acteurs judiciaires ont encore de faibles connaissances en matière de protection des droits de l'homme. Cependant, pour régulièrement tenir ces types de formation, et ainsi former le plus grand nombre, des ressources matérielles et financières sont nécessaires.

839 cf. article 42 al.1 du décret n° 2012/389 du 19 Septembre 2012 portant organisation du ministère de la Justice.

Section 2. Renforcement des mécanismes juridictionnels

Les mécanismes juridictionnels existants ont montré leur faible efficacité au plan pratique dans le contexte de la lutte antiterroriste au Cameroun, d'où une recherche de solutions pour renforcer leurs capacités. La garantie juridictionnelle des droits et libertés est un des piliers de l'État de droit. Selon l'article 16 de la Déclaration des Droits de l'Homme et du Citoyen de 1789 : « *Toute société dans laquelle la garantie des droits n'est pas assurée, ni la séparation des pouvoirs déterminée, n'a point de Constitution* ». Cet article résume à la fois la séparation des pouvoirs et la garantie des libertés. La réunion en une seule formulation de ces deux concepts n'est en aucun cas fortuite : la séparation des pouvoirs n'a de sens qu'associée à la garantie des droits, assurée notamment par le juge[840]. La réciproque vaut également : « *sans séparation des pouvoirs, la garantie des droits ne s'afficherait que comme valeur théorique, alors même que cette garantie témoigne de la nature de l'État* »[841]. Ainsi, il n'existe aucune constitution sans une garantie véritable sinon les libertés publiques prévues par cette constitution ne seront que de vœux pieux. Aussi, il y a lieu de renforcer d'abord les pouvoirs du juge constitutionnel en matière de garantie des libertés publiques **(Paragraphe 1).** Ensuite, il faut renforcer l'autonomie des juridictions militaires et de droit commun **(Paragraphe 2).**

Paragraphe 1. Renforcement des pouvoirs du juge constitutionnel en matière de garantie des libertés publiques

Au cours des analyses précédentes notamment lors de la première partie de cet ouvrage, il a été démontré que la protection constitutionnelle était effective au plan juridique au Cameroun à travers l'existence du Conseil constitutionnel au plan organique et fonctionnel. Cependant, cette juridiction rencontre un certain nombre de défis au plan pratique tels que la complexité de son mode de saisine **(A)** et le problème de la limitation des mandats de ses membres **(B)**. Il est donc nécessaire de renforcer ce mécanisme juridictionnel pour que son effectivité soit réelle.

---

840 Joël ANDRIANTSIMBAZOVINA, Hélène GAUDIN, Jean-Pierre MARGUENAUD, Stéphane RIALS, Fréderic SUDRE, *Dictionnaire des droits de l'homme*, *op.cit.*, p.447.
841 *Idem.*

A. Assouplissement des conditions de saisine du Conseil constitutionnel : La possibilité d'ouvrir la saisine aux citoyens

Le système juridique camerounais a opté pour un contrôle de constitutionnalité des lois *a priori*. La saisine de cette juridiction spéciale est extrêmement sélective, car, elle est seulement réservée à certaines catégories de personnes. Aussi, selon les dispositions prévues par l'article 47 alinéa 2 de la Constitution de la République du Cameroun du 02 juin 1972, révisée par la loi n° 96/06 du 18 janvier 1996, celle-ci modifiée et complétée par la loi n° 2008/01 du 14 avril 2008, le Conseil constitutionnel peut être saisi : « *par le Président de la République, le Président de l'Assemblée Nationale, le Président du Sénat, un tiers des députés ou un tiers des Sénateurs. Les Présidents des exécutifs régionaux peuvent saisir le Conseil Constitutionnel lorsque les intérêts de leur région sont en cause* ». Ce mode de saisine rend difficile une effectivité de protection des libertés publiques au plan pratique puisqu'il n'y a aucune possibilité pour le citoyen de saisir directement ce Conseil qui se trouve pourtant théoriquement au cœur de la garantie de ses droits et libertés.

En fait, dans un article à l'intitulé provocateur, « *À quoi servent les constitutions africaines ? Réflexions sur le constitutionnalisme africain* », Pierre-François Gonidec, dressant le bilan de trente années de pratiques constitutionnelles, s'interrogeait sur l'utilité même des Constitutions africaines[842]. Un tel sentiment, qui laissait apparaître le scepticisme de l'auteur sur l'évolution du constitutionnalisme africain, était relayé par une rhétorique forgée autour des notions suivantes : déclin du constitutionnalisme, constitutionnalisme rédhibitoire, constitutionnalisme formel et irrationnel[843]. Ce constat alarmant montre à suffisance la faiblesse du pouvoir de contrôle du Conseil constitutionnel en matière de libertés publiques en Afrique en général et au Cameroun en particulier. De fait, depuis la naissance du Conseil constitutionnel en 1996, il n'y a jamais eu un seul contrôle de constitutionnalité des lois au Cameroun à cause du phénomène de la majorité parlementaire. Cette faiblesse de l'opposition et l'ultra dominance de la vie politique par la majorité au pouvoir ne favorisent pas l'effectuation du contrôle de constitutionnalité des lois.

Dans ces conditions, il est nécessaire d'assouplir les conditions de saisine du Conseil constitutionnel afin que les citoyens puissent également saisir ce Conseil à travers le contrôle *a posteriori*. Ce type de contrôle est effectué aux

---

842 Karim DOSSO, « Les pratiques constitutionnelles dans les pays d'Afrique noire francophone : cohérences et incohérences », *Presses Universitaires de France* | *« Revue française de droit constitutionnel »* 2012/2 n° 90 | p.58.
843 *Idem.*

États-Unis, France, Italie, Bénin, Italie, etc. L'on abordera succinctement les systèmes de contrôle français, italien et béninois.

En France et en Italie par exemple, le contrôle a posteriori de constitutionnalité des lois est « *la possibilité de tout justiciable de soulever devant son juge* » ou par lui « *la question de la constitutionnalité de la loi applicable au litige dont il est partie* »[844]. L'article 134 de la Constitution italienne dispose que : « *la question de constitutionnalité d'une loi ou d'un acte ayant force de loi de la République relevée d'office ou soulevée par l'une des parties au cours d'un procès, et non considérée par le juge comme manifestement infondée, est renvoyée à la Cour constitutionnelle afin qu'elle puisse la trancher.*[845] » ; tandis que de l'article 61-1 de la Constitution française de 1958 stipule : « *Lorsque, à l'occasion d'une instance en cours devant une juridiction, il est soutenu qu'une disposition législative porte atteinte aux droits et libertés que la Constitution garantit, le Conseil constitutionnel peut être saisi de cette question sur renvoi du Conseil d'État ou de la Cour de cassation qui se prononce dans un délai déterminé.* »[846]. Ceci pourrait contribuer à une effectuation des libertés publiques dans le contexte de lutte contre le terrorisme.

Pour ce qui concerne la République béninoise, il aura fallu attendre la contestation du pouvoir autoritaire et le délitement du constitutionnalisme marxiste qui le fonde, pour voir émerger une Cour dont les mensurations correspondent parfaitement à celles conçues à Vienne 14 et certifiées à Aix[847]. L'effondrement du monolithisme politique en 1989 et l'érection d'un nouvel ordre politique fondé sur les vertus du constitutionnalisme libéral permirent à cette nouvelle juridiction de prendre solidement ancrage dans le paysage institutionnel du Bénin[848]. Le système béninois reconnait le contrôle a posteriori qui est ouvert à tous les saisissants y compris aux citoyens et n'autorise la contestation de la constitutionnalité de la loi qu'après sa promulgation[849]. Ce nouveau contrôle vient compléter le contrôle a priori qui permet d'attaquer la loi avant même qu'elle ait accédé à la vie juridique. Il n'est ouvert qu'aux parlementaires et au président de la République et s'exerce obligatoirement avant leur entrée en vigueur, sur les lois organiques, les lois ordinaires et les règlements intérieurs de l'Assemblée nationale, du Conseil

---

844 Elena BESSIN – PENNINI, « Le contrôle a posteriori de constitutionnalité des lois en France et en Italie en matière civile et aspects procéduraux », *Université Paris Nanterre*, 21/07/2016, disponible à l'adresse : https://blogs.parisnanterre.fr/article/le-controle-posteriori-de-constitutionnalite-des-lois-en-france-et-en-italie-en-matiere, (consulté le 19.12.2022).

845 Traduction de J.-J. Pardini « Question prioritaire de constitutionnalité et question incidente de constitutionnalité : ab origine fidelis », Pouvoirs, 2011/2 (n° 137), p. 102.

846 Voir en ce sens J.-J. Pardini, *op. cit.*, p. 107.

847 Frédéric Joël AÏVO, « La Cour constitutionnelle du Bénin », *Presses Universitaires de France | « Revue française de droit constitutionnel »*, 2014/3 n° 99 | p. 717.

848 *Idem.*

849 *Ibidem.*, p.734.

économique et social, de la Haute autorité de l'audiovisuel et de la communication[850]. Mais comme si ces mesures ne suffisaient pas à rattraper une loi contraire à la Constitution ou d'une constitutionnalité douteuse et à purger l'ordre juridique de tout acte inconstitutionnel, le constituant, visiblement instruit des dérapages du passé, habilite la Cour à s'autosaisir et se saisir d'office des cas de violation de la loi fondamentale[851].

B. Limitation du mandat des membres du Conseil constitutionnel

La loi N° 96/06 du 18 janvier 1996 portant révision de la Constitution du 02 juin 1972 à travers son article 51 alinéa 1er garantissait une certaine indépendance du Conseil constitutionnel. Au terme de cet article : « *Le Conseil constitutionnel comprend (11) membres désignés pour un mandat de neuf (9) ans renouvelable* ». Par cette disposition, le constituant camerounais a entendu protéger le Conseil constitutionnel en offrant à ses membres le confort du mandat, surtout la durée[852].

Or, cette disposition a été révisée par la loi N° 2008/001 du 14 avril 2008 modifiant et complétant certaines dispositions de la loi n° 96/06 du 18 janvier 1996 portant révision de la constitution du 02 juin 1972. L'article 51 Nouveau de ce texte juridique stipule que : « *Le Conseil Constitutionnel comprend onze (11) membres désignés pour un mandat de six (6) ans éventuellement renouvelable* ». Ce renouvellement de mandat peut être une menace pour l'indépendance des membres du Conseil constitutionnel puisque certains membres peuvent être tentés de plaire à ceux qui les ont nommés dans l'espoir d'un éventuel renouvellement de mandat. Dans ce contexte, la garantie des droits et libertés pourrait être menacée dans la mesure où le principe de séparation de pouvoir est altéré. Ainsi, il est peut-être souhaitable de revenir à la limitation dans le temps des mandats des membres du Conseil constitutionnel telle que prévue par l'article 51 alinéa 1er de la loi N° 96/06 du 18 janvier 1996 portant révision de la Constitution du 02 juin 1972.

Paragraphe 2. Renforcement de l'autonomie des juridictions militaires et de droit commun

Il y a une nécessité de réformer la justice au Cameroun. En effet, le constituant camerounais reconnait la justice comme un pouvoir au même titre

---

850 *Idem.*

851 Frédéric Joël AÏVO, *Ibidem.*, p.734.

852 Marcelin NGUELE ABADA, « L'indépendance des juridictions constitutionnelles dans le constitutionnalisme des États francophones post guerres froides : L'exemple du Conseil constitutionnel camerounais », The *free AfricaBib App for Android is available here*, 2010, p.50.

que les autres pouvoirs, il est aussi reconnu aux magistrats du siège une certaine indépendance puisqu'ils *« ne relèvent dans leurs fonctions juridictionnelles que de la loi et de leur conscience »*[853]. Néanmoins, les exceptions affaiblissent cette indépendance. Ces dernières limitent grandement l'indépendance des magistrats, d'où l'urgence du renforcement de l'indépendance organique (A) et fonctionnelle (B) de la justice au Cameroun.

A. Renforcement de l'indépendance organique de la justice

Un besoin de renforcement de l'indépendance organique de la justice se fait sentir au Cameroun. En effet, plusieurs instances internationales des droits de l'homme proposent que le principe de la séparation des pouvoirs ne soit plus menacé par l'influence de l'exécutif sur le judiciaire. De fait, dans ses Observations finales concernant le cinquième rapport périodique du Cameroun le 6 novembre 2017, le Comité des droits de l'homme de l'ONU déclare : « *L'État partie devrait prendre toutes les mesures nécessaires pour préserver, dans la loi et dans la pratique, l'indépendance du pouvoir judiciaire, et en particulier : a) faire disparaitre toutes les formes d'ingérence du pouvoir exécutif dans le pouvoir judiciaire et enquêter de manière efficace sur les allégations concernant de tels faits ; b) redoubler d'efforts pour combattre la corruption dans le système judiciaire et poursuivre et punir les responsables, y compris les juges qui pourraient être complices ; c) envisager de revoir la composition et le fonctionnement du Conseil national supérieur de la magistrature en vue de garantir et d'assurer l'impartialité de la justice ; et d) réformer son cadre législatif afin de s'assurer que les tribunaux militaires ne puissent pas juger des civils.*»[854].

La Commission africaine des droits de l'homme et des peuples à travers la Communication 266/03 : Kevin Mgwanga Gunme et al / Cameroon, a fait aussi plusieurs recommandations à l'État du Cameroun. Il s'agit par exemple de : « *réformer le Conseil judiciaire supérieur en veillant à ce qu'il soit composé de personnalités autres que le Président de la République, le ministre de la Justice et les membres de l'Exécutif.* »[855].

Enfin, pour ce qui concerne l'indépendance organique des tribunaux militaires au Cameroun, l'on peut proposer que les magistrats militaires soient directement dépendants du Conseil supérieur de la Magistrature au même titre que les magistrats civils. Dès lors, ils verront leur carrière gérée au même titre que leurs homologues civils par le Conseil. Ceci n'est que normal puisqu'il

---

[853] Article 37 alinéa 2 de la loi N° 2008/001 du 14 avril 2008 modifiant et complétant certaines dispositions de la loi n° 96/06 du 18 janvier 1996 portant révision de la constitution du 02 juin 1972.

[854] CCPR/C/CMR/CO/5, *op.cit.*, p.7.

[855] Communication 266/03 : Kevin Mgwanga Gunme et al / Cameroon, p.25

s'agirait là d'une continuité de la volonté de l'État de faire absolument appliquer des règles de protection des droits de l'homme à l'intérieur des tribunaux militaires. Sur le plan opérationnel, le Conseil supérieur de la magistrature pourrait être réorganisé afin de permettre aux magistrats militaires de siéger également au sein dudit Conseil.

B. Renforcement de l'indépendance fonctionnelle de la justice

L'observation de la réalité du terrain montre qu'il est urgent de travailler sur l'indépendance de la justice sur le plan fonctionnel. De prime abord, un accent devrait être mis sur l'amélioration des conditions de travail du personnel judiciaire. Dans un premier temps, il y aurait lieu de procéder à l'amélioration de leurs conditions salariales. En effet, un personnel judiciaire, qui n'a pas une bonne rémunération salariale c'est-à-dire un salaire qui lui permet de vivre décemment ou de satisfaire ses besoins vitaux (manger, s'habiller, payer le loyer, envoyer ses enfants à l'école, épargner, etc.), peut être tenté de recourir à la corruption s'il n'a pas peut-être un métier parallèle. Malheureusement, cela a un impact sur l'indépendance de la justice. Ensuite, il faudrait donner des moyens supplémentaires pour permettre le bon fonctionnement du service public de la justice. Ceci permettrait d'augmenter le personnel judiciaire de manière à satisfaire les usagers, de contribuer à l'amélioration du cadre de travail, d'avoir des interprètes et assesseurs en nombre suffisant, d'aménager et de construire des lieux de détention, etc.

CONCLUSION GÉNÉRALE

La réflexion sur « ***l'effectivité des libertés publiques dans un contexte de lutte contre le terrorisme au Cameroun*** » avait pour objet fondamental la conciliation entre la liberté et la sécurité dans le contexte de lutte contre le terrorisme au Cameroun. Un tel but est très difficile, voire impossible à atteindre *a priori*. En effet, s'il est d'abord difficile de garantir un minimum de libertés publiques en période de guerre, comment les garantir dans le contexte de lutte antiterroriste où l'ennemi invisible « le terrorisme » peut déstabiliser un État à tout moment ?

Cette question demeure encore plus préoccupante dans la mesure où il n'existe pas, en l'état actuel, une définition du terrorisme acceptée de manière consensuelle au plan universel. Ainsi, le terme « terrorisme » est un truisme, car, « *On est toujours le terroriste de quelqu'un* » disait Yasser Arafat, le chef historique de l'Organisation de Libération de la Palestine[856]. « *Terroriste pour les uns, combattant de la liberté pour d'autres* »[857]. Étant donné qu'il s'agit d'une pratique horrible ou humainement inacceptable, aucun belligérant ne voudrait se considérer comme un terroriste même s'il pose de temps à autre des actes de terrorisme. Les États préfèrent, quant à eux, déclarer la guerre aux groupes terroristes afin de légitimer les actes de violence qu'ils posent dans le théâtre des conflits. De l'autre côté, les terroristes recourent à la politique du bouc émissaire. Autrement dit, ils instrumentalisent la religion et les questions politiques, économiques et sociales pour justifier leurs actes de violence. Dans ce contexte, la notion de terroriste reste très politiquement connotée[858]. Cette connotation politique est encore prouvée à travers la perception endogène du terrorisme au Cameroun. On peut par exemple se demander qui est finalement « *terroriste* » au Cameroun. Cette interrogation semble d'autant plus pertinente que l'arrivée de la guerre contre Boko Haram a créé beaucoup de non-dits. Boko Haram a été perçu à la fois comme une menace terroriste internationale, mais également comme une sorte de conspiration politique organisée ou orchestrée par des forces politiques tant extérieures qu'intérieures pour déstabiliser l'ordre du gouvernement en place. Aussi, de l'avis d'un intellectuel, Boko Haram est devenu un prétexte ou un moyen de résoudre l'équation de la longévité au pouvoir du Président actuel au

---

[856] Jean Noël ATEMENGUE, « Terrorisme et droit international humanitaire : une relation ambivalente », *in* Alain Didier OLINGA dir., *Droit international, droits nationaux et lutte contre le terrorisme en Afrique*, *op.cit.*, p.107.
[857] *Idem.*
[858] *Idem.*

Cameroun[859]. Autrement dit, une occasion de faire partir un adversaire politique ou un dirigeant qui a siégé près de quarante années au pouvoir. Au-delà de nombreuses rumeurs, cette thèse conspirationniste contre l'État camerounais a été renforcée le 24 juillet 2015 par la nouvelle interpellation d'un homme de race blanche présumé terroriste et ayant eu pour projet de se faire exploser dans la grande mosquée de Tsinga (Yaoundé) ou encore la libération de neuf (09) Français détenus à la Direction générale aux renseignements extérieurs (DGRE) et soupçonnés de collaboration avec Boko Haram[860]. Il y a lieu de citer encore l'éventualité que l'organisation terroriste Boko Haram frappe dans les grandes villes du Sud ou d'autres régions du Cameroun[861]. Toutes ces nouvelles ont défrayé la chronique créant une certaine peur contre un dangereux ennemi invisible au Cameroun.

À défaut d'une définition claire et limpide du terrorisme, l'État camerounais, comme beaucoup d'États africains, a procédé à une approche essentiellement énumérative des actes terroristes. Or, cette approche, comme le déplorent les acteurs non étatiques, est essentiellement globalisante. Avec une telle situation, l'exercice de certaines libertés publiques protégées par l'ordre juridique camerounais, telles les libertés de réunion et de manifestation publiques, peut être fortement restreint. Aussi, deux opinions totalement divergentes ou inconciliables se divisent au sujet de l'effectivité des libertés publiques au Cameroun. Selon les acteurs publics, le pays fait face à la menace terroriste et par conséquent les restrictions actuelles des libertés publiques sont normales. Donc, ceux qui agitent le problème de la limitation des libertés publiques dans le contexte de lutte contre le terrorisme au Cameroun ouvrent un faux débat. De l'autre côté, les acteurs non étatiques (acteurs de la société civile et acteurs politiques issus de l'opposition) pensent que, dans le contexte actuel, l'exercice des libertés publiques est impossible parce que l'État s'est saisi de la lutte antiterroriste comme une aubaine pour restreindre drastiquement le champ de l'exercice des libertés publiques. Ils ajoutent également qu'il existe une sorte d'instrumentalisation du droit à des fins politiques parce que la législation antiterroriste actuelle est une épée de Damoclès suspendue contre toutes les voix dissidentes par rapport au régime en place. D'où la problématique suivante : quel est le degré d'effectivité des libertés publiques dans le contexte de lutte contre le terrorisme au Cameroun ?

Il est possible de défendre l'idée selon laquelle l'effectivité des libertés publiques est paradoxale dans le contexte de lutte antiterroriste, car, l'on postule qu'il existe une effectivité des libertés publiques au plan juridique

---

859 Entretien avec le Professeur Claude ABE, Socio-politiste et leader d'opinion, le 08 Septembre 2021.
860 Félicité KOURRA OWONA MFEGUE, « Droit international et lutte contre le terrorisme de Boko Haram au Cameroun », *in* Alain Didier OLINGA dir., *Droit international, droits nationaux et lutte contre le terrorisme en Afrique*, *op.cit.*, p.615.
861 *Idem.*

tandis qu'elle reste mitigée au plan pratique pour des raisons politico-sécuritaires et culturelles.

Cette hypothèse a été vérifiée à travers un certain nombre d'outils de recherche scientifique à savoir la méthode juridique et les techniques de recherche tels que la recherche documentaire et les entretiens.

Ces méthodes ont permis de constater l'écart existant entre la théorie et la pratique du droit dans le contexte de lutte contre le terrorisme au Cameroun. En fait, il y a théoriquement un cadre juridique international et national qui intègre d'une façon effective les libertés publiques – libertés de réunion et de manifestation publiques - dans le cadre de la lutte contre le terrorisme au Cameroun. Malgré le fait qu'il existe dorénavant un double système juridique à savoir le droit répressif du terrorisme et le droit des droits de l'homme, la multiplicité des instruments juridiques et des mécanismes mis en place par ces deux systèmes prend en compte de manière effective les libertés publiques. Le Cameroun les a intégrés dans son *corpus* juridique et a également pris en compte de façon concrète la protection des libertés publiques dans ses mesures répressives et de lutte armée contre le terrorisme. Aussi, les libertés consacrées peuvent être considérées comme des acquis dont les citoyens peuvent jouir et disposer en temps normal dans le respect de la réglementation en vigueur.

Cependant, les enquêtes sur le terrain ont permis de comprendre que la garantie des libertés publiques pose d'énormes difficultés. En effet, les acteurs interrogés sur le terrain, qu'ils soient publics ou privés, restent tous unanimes sur le fait qu'en pratique, les textes juridiques qui protègent les libertés publiques ont du mal à être exercés dans le contexte de lutte contre le terrorisme à cause d'un certain nombre de contraintes ou défis sécuritaires sans oublier les limites d'ordre socioculturel. Les nombreux acquis ou libertés reconnues, à travers la consécration des règles juridiques, peuvent être remis en question pour des raisons sécuritaires puisque l'exception devient la règle sur le plan pratique dans un contexte de lutte contre le terrorisme.

Hormis cela, plusieurs pesanteurs socioculturelles font également obstacle à la mise en œuvre des libertés publiques en période de lutte contre le terrorisme. D'abord, l'influence culturelle est encore forte au Cameroun. Beaucoup de citoyens vivent encore sous le poids de leurs coutumes et traditions. Les sociétés traditionnelles n'ont pas la même conception de la liberté que les sociétés modernes. En Afrique subsaharienne en général et au Cameroun en particulier, le groupe domine sur l'individu. Ce dernier ne se conçoit pas comme un être isolé, mais il vit à l'intérieur d'un groupement de personnes où il a trouvé des règles déjà établies par ses ancêtres. Le pouvoir étant quelque chose de sacré ou de divin, celui-ci ne peut en aucune manière être profané par qui que ce soit sous peine de subir la colère ou encore le courroux des ancêtres ou des dieux. À tout seigneur tout honneur, « *le chef de la tribu sera entouré du profond respect dû aux personnages sacrés puisqu'il entretient un contact privilégié avec le monde spirituel des ancêtres et des esprits* »[862]. Il s'agit de la cosmologie africaine… Il existe des formes spécifiques de participation à la vie sociale à l'intérieur des communautés à savoir le consensus, la participation, l'argumentaire de la palabre, et un sens inné de l'équité et de la juste mesure[863]. Tout ceci ne cadre pas avec la réalité culturelle du monde occidental qui a une conception individualiste et anthropocentrique de l'homme.

Ensuite, il y a une forte hiérarchisation des sociétés africaines avec une différenciation marquée des rôles des adultes d'une part, et des enfants d'autre part, le poids des représentations traditionnelles[864]. Au plan politique, François Bayart parle de la division entre les cadets et les aînés sociaux. Alors qu'il démontre qu'au Cameroun, les systèmes précoloniaux d'inégalités et de domination poursuivent leur devenir historique sous le couvert des institutions modernes, l'auteur écrit que la richesse paraît y : *« avoir été mesurée d'une manière assez générale au nombre de gens dont on pouvait se targuer de disposer. Cette vision des choses, qui faisait des relations de clientèle un aspect fondamental des sociétés politiques, amenait en outre les systèmes d'inégalité et de domination* à *épouser étroitement les rapports de parenté. Les dépendants étaient… Les cadets, les fils et les femmes…* »[865]. Cette réalité est encore perceptible dans les zones rurales où il y a un taux d'analphabétisme élevé. Dans ces zones en particulier, il y a une forte ignorance des droits. Les manifestations à caractère politique sont peu suivies lorsqu'elles visent à s'opposer à l'ordre établi, car les populations considèrent que le pouvoir des autorités vient des dieux ou des divinités.

Cette différence culturelle avec l'occident peut expliquer les fortes réticences des citoyens à l'exercice de leurs libertés

D'autres facteurs ont également été évoqués par les acteurs à savoir la pauvreté et la faible éducation aux droits de l'homme. Ces deux facteurs freinent l'exercice des libertés publiques dans le contexte de lutte contre le terrorisme au Cameroun. En effet, dans un contexte où la grande majorité des populations y compris les acteurs publics et de la société civile ignorent les instruments de protection des droits de l'homme tout comme les mécanismes qui les protègent, il leur est presque impossible de les exercer ou de les revendiquer tout simplement.

---

[862] Xavier DIJON, « Les Masques du droit en Afrique, Une lecture européenne des sources de la norme », *Revue de droit international et de droit comparé*, *op.cit.*, p. 574.
[863] Mbog BASSONG, *les fondements de l'état de droit en Afrique précoloniale*, Harmattan, Paris, 2007, p.287.
[864] Pierre Fabien NKOT, *Perversion politique du droit et construction de l'État unitaire au Cameroun*, *op.cit.*, p. 294.
[865] *Idem.*

La pauvreté des populations vient encore aggraver le problème puisque la plupart des citoyens travaillent dans le secteur informel où ils sont appelés à chercher leur pain quotidien. Peu de citoyens ont le courage ou le temps d'aller manifester dans la rue au risque de ne pas trouver de quoi manger pour le lendemain. En réalité, la majorité des citoyens n'établit pas toujours le lien entre l'exercice des libertés publiques – telles les libertés de réunions et de manifestation – et l'éventuelle amélioration de leur situation socioéconomique.

Par ailleurs, les acteurs étatiques et non étatiques ont des points de désaccord persistants au niveau des obstacles politiques. Selon les acteurs étatiques, la politique sécuritaire actuelle est commandée par l'urgence de la menace terroriste. La guerre contre le terrorisme étant asymétrique, le niveau d'alerte en matière de sécurité est maximal. Cela peut justifier les nombreuses restrictions des libertés publiques en particulier les libertés de réunion et de manifestation publiques sur tout le territoire national. De l'avis des acteurs non étatiques, il y a une volonté réelle d'instrumentaliser la lutte antiterroriste pour restreindre le champ des libertés publiques au Cameroun. L'on aurait pu comprendre que toutes les réunions et manifestations soient interdites. Pourtant, il y a une interdiction des réunions et manifestations à géométrie variable, car les partis politiques d'opposition se voient interdire régulièrement leurs manifestations publiques tandis que le parti au pouvoir et ses alliés organisent leurs réunions et manifestations publiques sans obstacle. Les deux positions sont valables dans le cadre de cette recherche. En effet, le risque d'une menace terroriste imminente peut amener les pouvoirs publics à restreindre l'exercice des libertés publiques en l'occurrence les libertés de réunion et de manifestation publiques. Cependant, il peut y avoir parfois des dérives autoritaires ou des abus de pouvoir de certains agents concernant l'application de la loi.

Par ailleurs, l'instrumentalisation du droit a occupé une place fondamentale au sein de cette étude. En fait, il a été constaté une certaine attitude de défiance de l'État camerounais vis-à-vis du droit moderne, ou alors une volonté à tout prix d'instrumentaliser ce droit moderne. Ainsi, l'adhésion à des instruments internationaux n'est qu'un effet d'opportunisme visant à s'attirer les faveurs de l'Occident notamment pour avoir une bonne image sur le plan international, bénéficier des investissements étrangers ou des aides internationales. Ceci dénote aussi une sorte de méfiance des autorités envers les droits de l'homme qui pour la plupart sont considérés comme des valeurs venues d'ailleurs et imposées en Afrique. C'est la raison pour laquelle, il n'y a pas une réelle volonté d'appliquer les règles qui ont été adoptées. Aussi, le souci de préserver l'intérêt supérieur de l'État, l'ordre établi passe avant le respect des libertés publiques au plan pratique. L'État camerounais est d'abord soucieux de préserver l'unité nationale, le développement national et la sécurité collective. Les libertés publiques se relèguent en arrière-plan.

Au regard de ce qui précède, dans le contexte de lutte contre le terrorisme au Cameroun, la nécessité de réaménager le droit positif interne en matière de protection des libertés publiques s'impose, afin que son dispositif devienne plus efficace pour un exercice amélioré des libertés publiques. Pour y parvenir, ce réaménagement doit conduire non seulement à un réaménagement des mécanismes tant substantiels que juridictionnels, mais également à un renforcement de l'éducation à la citoyenneté et aux droits de l'homme, une révision de la notion d'actes de terrorisme et une prise en compte effective de la sécurité humaine dans l'action gouvernementale.

Le Cameroun comme toute l'Afrique d'ailleurs a besoin de connaître ou de comprendre son histoire[866]. Il s'agit d'un passage obligatoire pour que les Africains puissent s'approprier leur présent et se projeter dans le futur avec l'assurance d'un peuple. Ainsi, les difficultés que l'Afrique rencontre par rapport à l'Asie dans le développement se trouvent beaucoup à ce niveau[867]. En Asie, on étudie son passé à l'école. Or, en Afrique, on étudie l'histoire des blancs qui fait que les Africains rentrent dans l'histoire par l'esclavage et la colonisation, comme victimes. Alors qu'il existe une histoire riche avant cela, pleine de pages sombres, mais aussi de pages éclairées. Sans s'appuyer sur ce qui fait la force du peuple africain (et camerounais dans ce cas) et tout en étant conscient des dangers que ce peuple doit fuir pour ne pas retomber dans les erreurs du passé, il n'y aura pas d'appropriation du présent ni de projection dans le futur. Une réelle appropriation de l'histoire du peuple camerounais pourrait amener à réinventer une société propre avec une conception des libertés publiques acceptée par tous.

Au-delà de ce qui précède, cette recherche a mis à jour le caractère polémique du sujet. La thématique abordée divise l'opinion entre les partisans du pouvoir et ceux de l'opposition au régime. Que l'on se trouve dans les médias, dans la rue, le milieu universitaire, etc., le sujet de l'effectivité des libertés publiques dans un contexte de terrorisme est débattu. La difficulté était donc d'éviter d'être traité de partisan par l'un ou l'autre camp. L'enjeu de cette recherche était de conserver une position de neutralité. Cette position a été à chaque reprise rappelée aux acteurs sur le terrain lors des nécessaires rencontres.

L'autre difficulté était liée au contexte morose, le climat de peur dans lequel l'étude a été réalisée. Par exemple, la plupart des acteurs anglophones sollicités pour des entretiens individuels ont eu peur de s'exprimer. Cependant, un leader d'opinion issu du Nord-Ouest-Cameroun s'est exprimé à visage découvert, alors que trois acteurs de la société civile n'ont pas souhaité voir leurs noms apparaître dans l'étude. Concernant la situation de la

---

[866] Entretien avec Enrico SBORGI, Attaché - Chargé de programmes d'appui gouvernance à la Délégation de l'Union européenne au Cameroun et en Guinée Equatoriale, le 14.09.2021.
[867] *Idem.*

protection des libertés publiques dans le contexte de lutte contre Boko Haram, un voyage a été effectué à l'Extrême-Nord Cameroun notamment dans la ville de Maroua le 25 septembre 2021 pour être au fait de la réalité sur le terrain en essayant d'échanger avec des personnes sur place. Ces acteurs ont tenu à s'exprimer sous anonymat...

Il en ressort également que l'objet de cette étude est paradoxal, car le terrorisme est un objet juridique insaisissable par le droit[868]. Le droit est mal à l'aise face au terrorisme. La guerre contre le terrorisme est considérée, *a priori*, comme une guerre juste. Or, pour évoluer, le droit international humanitaire a dû se libérer, sans succès total, de la guerre juste[869]. Dans ces conditions où l'on parle encore de guerre juste pour qualifier la lutte antiterroriste, la protection des libertés publiques paraît être une chimère. En effet, beaucoup d'États qualifient implicitement ou même explicitement les terroristes comme des combattants illégaux. Les États semblent aussi, pour la plupart, considérer l'ennemi terroriste comme un ennemi invisible qui peut se retrouver partout dans l'État y compris au sein des populations. Toutes ces doctrines rendent difficile l'effectivité des libertés publiques dans un contexte de lutte contre le terrorisme dans le monde en général et particulièrement au Cameroun.

Cependant, la guerre sans limites contre l'ennemi terroriste n'entraine-t-elle pas le basculement vers un État autoritaire ? Dans un ouvrage récent intitulé : « *Pour la liberté - répondre au terrorisme sans perdre raison* », François SUREAU rappelait à juste titre que, face à la menace terroriste, la tentation est grande pour le pouvoir de piétiner les libertés publiques telles que la liberté de réunion, la liberté de manifestation, la liberté d'opinion, la liberté de penser, la liberté d'aller et venir, le droit à un procès équitable...Bref, toutes « ces *libertés sont consubstantielles à l'existence d'une société démocratique, dont le premier devoir de l'État est de garantir le perfectionnement incessant. C'est l'éducation de l'homme à la raison politique de Kant. Ce devoir, l'État le méconnait ici, ruinant, sous prétexte de sécurité immédiate, ce mouvement même de la connaissance et du choix qui seul, à la fin, est susceptible de protéger notre société du péril qui la menace* »[870].

L'opinion de l'auteur ci-dessus amène à aller au-delà de ce sujet. En effet, il est très difficile de respecter scrupuleusement les libertés publiques dans un contexte de lutte contre le terrorisme puisque généralement c'est la recherche de la sécurité immédiate à travers la protection des services publics et la

---

[868] Alain Didier OLINGA dir., *Droit international, droits nationaux et lutte contre le terrorisme en Afrique*, *op.cit.*, p.655.
[869] *Ibidem.*, pp.665-656.
[870] François SUREAU, *Pour la liberté - Répondre au terrorisme sans perdre raison*, Tallandier, 31/08/2017, p.19.

sécurité des populations et de leurs biens, qui passent avant toute chose. Ceci reste observé dans les pays comme le Cameroun. Néanmoins, il est temps de mettre également l'accent sur la prévention du terrorisme, car les libertés publiques sont mieux protégées encore si l'approche préventive est suffisamment intégrée dans les politiques sécuritaires de lutte antiterroriste.

En dépit du fait que le Cameroun travaille avec des partenaires internationaux comme le Programme des Nations Unies pour le développement (PNUD), le Haut-Commissariat des Nations unies pour les réfugiés (HCR) ou encore le Fonds des Nations unies pour la population (UNFPA), il ne s'est pas encore doté d'une Stratégie Nationale de Prévention de la Radicalisation et de l'Extrémisme Violent. Ceci peut avoir des conséquences néfastes pour la protection effective des libertés publiques puisqu'il existe un lien étroit entre le non-respect des droits de l'homme et l'extrémisme violent. En fait, depuis plusieurs années, le Cameroun fait face à la montée en puissance de l'extrémisme violent. Cette radicalisation est une cause essentielle qui multiplie les foyers de crises mettant en péril l'exercice des libertés publiques.

La situation se complexifie encore avec le retour en masse des anciens combattants de Boko Haram et certains ex-combattants ambazoniens au Cameroun. Plusieurs ex-combattants préfèrent se rendre aux autorités camerounaises où certains sont insérés dans le Comité National de Désarmement, de Démobilisation et de Réintégration (DDR) tandis que d'autres ex combattants Boko Haram retournent directement dans les communautés. Malheureusement, les Comités Nationaux de Désarmement, de Démobilisation et de Réintégration (DDR) ne disposent pas de suffisamment de moyens techniques et matériels pour s'occuper de ces milliers de combattants. Par exemple, dans un centre DDR à Meri qui comptait environ cent cinquante (150) ex-combattants, on est passé à plus de deux mille (2000) ex-combattants de Boko Haram. Ce retour s'explique par l'assassinat du Chef du groupe Boko Haram Abubakar Shekau par l'organisation État islamique en Afrique de l'Ouest (Iswap). Les enjeux sécuritaires et surtout de la protection des libertés publiques sont immenses puisque ces ex combattants représentent un risque potentiel pour la garantie des libertés sans oublier les autres citoyens victimes d'extrémisme violent.

Toutes les analyses amènent à approfondir la réflexion à propos de ce sujet de travail. En fait, les États sont tenus de respecter le droit. Or, le droit n'est qu'un idéal. D'où la question de savoir jusqu'à quel point l'État est-il tenu de respecter les lois sur les libertés publiques ? Les présents travaux montrent que l'obligation de respecter le droit des libertés publiques cesse à partir du moment où les intérêts fondamentaux ou supérieurs de l'État sont menacés. Une telle idée trouve son fondement dans la notion de souveraineté même qui est définie comme « *la puissance absolue et perpétuelle d'une République* »[871].

Force est de constater que les États se cachent derrière leurs souverainetés pour mettre une barrière à l'exercice des droits et libertés, ce qui fait d'ailleurs dire que ces droits ne sont que des vœux, de simples promesses. En s'inscrivant dans cette même logique, Jean BODIN affirme que « *les promesses obligent, car la force contraignante d'une promesse repose sur le droit naturel ; mais, en cas de nécessité, l'obligation cesse en vertu des principes universels de la nature* ». Bodin dit également que , « *face aux instances inférieures ou au peuple, le Prince est engagé aussi longtemps que l'accomplissement de sa promesse correspond à l'intérêt du peuple, mais il n'est plus lié si la nécessité est urgente* »[872].

En revanche, l'expression « *nécessité urgente* » ou souveraineté est très floue. Seul l'État peut déterminer les contours de cette notion-là. En revenant sur le contexte du Cameroun, on pourrait donc affirmer sans risque qu'il serait difficile dans ces conditions de déterminer le point d'équilibre entre liberté et sécurité dans le contexte de lutte contre le terrorisme tant il est vrai que la sécurité est prédominante dans la pratique.

Dans ce contexte, n'est-il pas permis de penser que les libertés publiques seront plus effectives en développant la prévention du terrorisme plutôt qu'exclusivement la lutte antiterrorisme ?

---

[871] Jean BODIN, *Les Six livres de la République*, ERREUR PERIMES Fayard, 1576.
[872] Carl SCHMITT, Théologie politique (1922), *op.cit.*, p.18.

POSTFACE

Les dernières décennies écoulées ont été marquées par des crises profondes et interdépendantes, qui ne cessent de s'amplifier et de s'aggraver. Parmi les problèmes sécuritaires auxquels le monde entier est confronté, il y a le terrorisme qui reste considéré comme la première menace à la paix et à la sécurité internationales. Des États comme le Cameroun sont sérieusement confrontés à cette nébuleuse et obligés d'adopter des stratégies de lutte contre le phénomène. L'ouvrage de M TANG M. intitulé ''Effectivité des libertés publiques dans un contexte de lutte contre le terrorisme au Cameroun'' arrive à point nommé.

Les Nations Unies recommandent aux États à travers une stratégie de lutte contre le terrorisme, de veiller au respect des instruments juridiques internationaux protecteurs des droits humains et les libertés publiques. Le Cameroun faisant partie du concert des nations, a souscrit à cette exigence connaissant les défis liés aux risques du rétrécissement de l'espace d'exercice des droits fondamentaux. Dès lors, le défi essentiel des acteurs de la lutte contre le terrorisme devient la capacité desdits acteurs, à trouver le juste milieu entre « une lutte efficace contre le terrorisme tout en garantissant la protection des libertés ».

L'ouvrage de M. TANG MATHIEU revêt un intérêt crucial à partir du moment où il fait une évaluation de la prise en compte des libertés publiques dans la lutte contre le terrorisme. En cherchant à concilier la protection de ces libertés et la lutte contre le terrorisme, l'auteur met en lumière les difficultés que l'État, garant de la protection des droits, connaît dans ce combat. L'auteur utilise la méthode empirique, recueillant directement les données auprès des acteurs sur le terrain et s'appuie sur des cas jurisprudentiels, pour ainsi donner à son travail une originalité.

Pour rappel, la lutte contre le terrorisme est généralement duale : opérationnelle et judiciaire. La lutte opérationnelle est conduite par des forces militaires sur le théâtre des opérations et la lutte judiciaire devant la juridiction compétente. Lors de chacune de ces luttes, la problématique de la protection des libertés reste entière. Malheureusement, l'auteur dans son ouvrage ne s'attarde pas sur les mesures préventives contre le terrorisme susceptibles de garantir efficacement la protection des libertés publiques. Cette orientation aurait pu amener l'auteur à indiquer mesures de prévention du terrorisme.

Colonel-Magistrat Didier SIPA (PhD. Law)

BIBLIOGRAPHIE GÉNÉRALE

I. Manuels, traités, recueils, dictionnaires et cours

A. Manuels

Commission Internationale des Juristes, *La lutte contre le terrorisme et les droits de l'homme devant les tribunaux, Guide d'application de la Directive européenne 2017/541 relative à la lutte contre le terrorisme à l'intention des juges, des procureurs et des avocats*, publié par l'Union européenne, novembre 2020, 50 pages.

MARTHOZ J-P., *Les médias face au terrorisme : manuel pour les journalistes,* Unesco, 7, place de Fontenoy, 75352 Paris 07 SP, France, 2017, 116 pages.

Ministère de la Défense du Cameroun, *Guide de l'Instructeur : le droit et les principes humanitaires applicables au contexte des opérations de maintien de l'ordre*, Imprimerie Saint Paul de Yaoundé-Cameroun, 2018, 45 pages ;

Office des Nations Unies contre la Drogue et le Crime (ONUDC), *Manuel sur la gestion des détenus extrémistes violents et la prévention de la radicalisation violente en milieu carcéral Série de Manuels sur la justice pénale*, Nations Unies, New York, 2017, 168 pages.

Office des Nations Unies contre la Drogue et les Crimes (UNODC), *Programme de formation juridique contre le terrorisme (Module 2 Le cadre juridique universel contre le terrorisme)*, Nations Unies New York, 2010, 120 pages.

Office des Nations Unies contre la Drogue et les Crimes (UNODC), *Questions les plus fréquemment posées sur les aspects du droit international touchant la lutte contre le terrorisme*, Nations Unies New York, 2009, 120 pages.

Office des Nations Unies contre la Drogue et les Crimes (UNODC), en collaboration avec l'Équipe spéciale de lutte contre le terrorisme de l'Organisation des Nations Unies, *Utilisation de l'Internet à des fins terroristes*, Nations Unies, New York, 2014, 179 pages.

Office des Nations Unies contre la Drogue et les Crimes (UNODC), *Guide législatif pour le régime juridique universel contre le terrorisme*, Nations Unies, New York, 2008, 60 pages.

Office contre la Drogue et le Crime des Nations Unies (UNIDOC), *Symposium sur la mise en œuvre de la Stratégie antiterroriste mondiale des Nations Unies*, Centre international de Vienne, Autriche, 17 et 18 mai 2007, 203 pages.

B. Traités

CHARLOT P., DROIN N., ESPAGNO-ABADIE D., *Le Traité de droit constitutionnel de Léon Duguit*, Tome 119, Institut Francophone pour la Justice et la Démocratie, 11/2020.

DUGUIT L., *Traité de droit constitutionnel. Les libertés publiques*. 2e édition, Hachette Bnf, 01/09/2018, 716 pages.

HENNEBELL., TIGROUDJA H., *Traité de droit international des droits de l'homme*, Pedone, 2e édition, 11/2018, 1720 pages.

KAMTO M., *Traité de droit constitutionnel et institutions politiques au Cameroun, Presses Universitaires du Cameroun*, 2021, 865 pages.

ONDOA M., Traité de *Droit constitutionnel et institutions politiques du Cameroun* : *Tome V : La déconstruction du présidentialisme*, Independently Published, 7 févr. 2021 - 808 pages.

C. Recueils

Cahiers africains des droits de l'homme, n° 14 et n° 15

Revue Africaine des Sciences Juridiques de 2014 à 2016.

Revue africaine sur le terrorisme, *une Revue du centre africain d'études et de Recherche sur le terrorisme*, vol. 7, publiée par le Centre Africain d'Études et de Recherche sur le Terrorisme (CAERT), Alger, Algérie (ci-après dénommé le centre), décembre 2019, 236 pages.

D. Dictionnaires

ALLAND D., RIALS St. dir., *Dictionnaire de la culture juridique*, PUF, août 2014, 1649 ;

ANDRIANTSIMBAZOVINA J.,GAUDIN H.,MARGUENAUD J-P., RIALS St., SUDRE F., *Dictionnaire des droits de l'homme*, Presses Universitaires de France, Paris, 2008, 1120 pages ;

ARNAUD A- J (éd.), *Dictionnaire encyclopédique de théorie et de sociologie du droit*, Paris, Librairie Générale de Droit et de Jurisprudence et Story Scientia, 1988, 487 pages ;

CHAGNOLLAUD D., DRAGO G., *Dictionnaire des droits fondamentaux*, Dalloz, 2010, 750 pages ;

CORNU G., *Vocabulaire juridique*, Association Henri Capitant (13e édition), PUF, 01/2020, 1092 pages ;

Dictionnaire universel (français), EDICEF ; 5e édition broché – 1 août 2008, 1408 pages ;

DEBBASCH Ch. et DAUDET Y., Lexique politique : états, vie *politique* et relations internationales, *Dalloz, Paris*, 4e édition, *1984*, 416 pages ;

PRELLE M-G., *Dictionnaire des libertés publiques*, L'Hermès Broché – 26 février 1985 ;

GUINCHARD S., DEBARD Th. dir., Lexique des termes juridiques, Dalloz, Paris, 25 édition, 2017-2018, 2158 pages.

E. Cours

BARBE V., *Droit des libertés fondamentales, Cours intégral et synthétique, Gualino* / Mémentos, juin 2020, 224 pages ;

MOHAMMED BEDJAOUI, « L'humanité en quête de paix et de développement, Cours général de droit international public (2004) », *Annuaire Français de Droit International*, Année 2008 54 pp. 747-753.

BIOYX., *Droits fondamentaux et libertés publiques Cours - tests d'évaluation - Index thématique des jurisprudences*, LGDJ / Cours / Droit public, 6e édition, octobre 2020, 1020 pages.

II. Ouvrages

A. Ouvrages généraux

ALBARET M., DECAUX E., LEMAY-HEBERT N., PLACIDI-FROT D., *Les grandes résolutions du Conseil de sécurité des Nations Unies*, Dalloz, 1re édition, 2012, 672 pages ;

AMSELEK P., *Méthode phénoménologique et théorie du droit,* Paris, LGDJ, 1964, 464 pages ;

AUVERGNON P., BOKALLI V. E., BOUKONGOU J. D., et al., *De l'esprit du droit africain : mélanges en l'honneur de Paul Gérard POUGOUÉ*, Kluwer Law International, 04/2014, 802 pages ;

BARRAUD B., *La recherche juridique Sciences et pensées du droit*, © L'Harmattan, 2016. 5-7, rue de l'Ecole-Polytechnique, 75005 Paris, 552 pages ;

BERGEL J-L., *Méthodologie juridique*, 2e édition mise à jour, Thémis droit, PUF, Mars 2016, 456 Pages ;

BERGEL J-L., *La Théorie générale du droit*, Dalloz, 5e éd., 2012, 400 pages.

BRIMO A., *les grands courants de la philosophie du droit et de l'État*, Les éditions A. Pédone, Éditions A. Pedone (1 janvier 2018), Paris, 533 pages ;

BRIMO A., *les grands courants de la philosophie du droit et de l'État*, Les éditions A. Pédone, 3e édition, Paris, 1978, 575 pages ;

BOUKONGOU J. D. dir., *Humanité et liberté en Afrique Centrale*, tome n° 3, Presses de l'UCAC, 30/11/2013, 244 pages ;

BOURDIEU J., *Pacifier et punir- Les crimes de guerre et l'ordre juridique international*, Actes de la recherche en sciences sociales N° 173, Seuil, 2008, 123 pages ;

CARREAU D., MARRELLA F., *Droit international*, éditions A. Pedone 2012, 11e édition, 730 pages ;

CHAMPEIL-DESPLATS V., *Théorie générale des droits et libertés, Perspective analytique*, Dalloz, 10/2019, 452 pages ;

CHAMPEIL-DESPLATS V., *Méthodologies du droit et des sciences du droit*, Dalloz, 07/2016, 438 pages ;

COMBACAU J., SUR S., *Droit international public*, Lgdj, Précis Domat, 13e édition, 24 décembre 2019, 882 Pages ;

CARTUYVELS Y., BAILLEUX A., BERNARD D., DUMONT H., HACHEZ I. et MISONNE D., dir., *Le droit malgré tout Hommage à François Ost*, Presses de l'Université Saint-Louis, 2018, 956 pages ;

DE FROUVILLE O., DECAUX E., *Droit international public*, Dalloz, 12e édition, 11/2020, 643 pages ;

DUPUYP-M., KERBRAT Y., *Droit international public*, Dalloz, 15e édition, 08/2020, 962 pages ;

FAVOREU L., GHEVONTIAN R., GAÏA P., Collectif Dalloz, *Droit constitutionnel*, Dalloz, 23e édition, 16/09/2020, 1160 pages ;

FLAUSS J-F. et ABDELGAWAD E. L., *l'application nationale de la Charte africaine des droits de l'homme et des peuples*, Bruyant, 2004, 272 pages ;

GILBERT G., *Les grandes crises internationales de droit*, Seuil, 09/1994, 319 pages ;

HAMMARBERG Th., *Droits de l'homme en Europe : la complaisance n'a pas sa place, Conseil de l'Europe*, 2011, 414 pages ;

KRYNEN J., *Le Droit saisi par la Morale*, © Presses de l'Université Toulouse 1 Capitole, 2005, 352 pages ;

OLINGA A. D. dir., *Cameroun la crise anglophone sous le prisme du droit international*, Harmattan, 2019, 336 pages ;

ONDOA M. et ABANE ENGOLO P. E. dir., *L'exception en droit Mélanges en l'honneur de Joseph OWONA*, L'Harmattan, Paris, 2021, 794 pages ;

OWONA J., *Droits constitutionnels et régimes politiques africains*, Paris, Berger Levrault, 1985, 410 pages ;

PETROPOULOU A., *Liberté et sécurité : les mesures antiterroristes et la Cour européenne des droits de l'homme*, Pédone, 2014, 574 pages ;

RUZIE D., TEBOUL G., *Droit international public*, Dalloz, 25e édition, 08/2019, 380 pages ;

SANTULLI C., *Introduction au droit international*, Éditions A. Pedone, 2013, 310 pages ;

TCHAKOUAJ-M. dir., *Les tendances de la nouvelle procédure pénale camerounaise, Presses universitaires d'Afrique*, Volume 1, 2007, 396 pages ;

TOUSCOZ J., *Le principe d'effectivité dans l'ordre international*, Paris, Librairie générale de droit et de jurisprudence, 1964, V, 280 pages.

VASAK K., *Les dimensions internationales des droits de l'homme*, Manuel destiné à l'enseignement des droits de l'homme dans les universités, UNESCO, Paris, 1978, 792 pages.

B. Ouvrages spéciaux

ABANE ENGOLO P. E., *Traité de contentieux administratif au Cameroun*, Harmattan, 13 mars 2019, 402 pages ;

ABEGA S. C., *Société civile et réduction de la pauvreté*, Éditions Clé, Yaoundé, 1999, 208 pages ;

ABIABAG ISSA, *Les droits de l'homme et libertés publiques*, Éditions du FASST, Yaoundé, 1998, 305 pages ;

ALBARET M., DECAUX E., LEMAY-HEBERT N., PLACIDI-FROT D., *Les grandes résolutions du Conseil de sécurité des Nations unies*, Dalloz, - 1re édition, 11/2012, 613 pages ;

ATANGANA AMOUGOU J-L. dir., *Le Cameroun et le droit international*, Pedone, 2014, 376 pages ;

BAMBA GAYE S., *Connexions entre groupes djihadistes et réseaux de contrebande et de trafics illicites au Sahel*, Friedrich Ebert Stiftung, Centre de Compétence Afrique Subsaharienne, Sénégal, 2017, 32 pages ;

BANNELIER K. et CHRISTAKIS Th. (dir.), *Le droit international face au terrorisme : Après le 11 septembre 2001*, Éditions A. Pedone (1 octobre 2002),356 pages ;

BIGO D., *Terrorisme, guerre, sécurité intérieure, sécurité extérieure*, Éditions Universitaires européennes, 01/11/2018, 260 pages ;

BINYOUM J., *Le contentieux de la légalité en droit administratif camerounais,* Université des Sciences sociales de Toulouse, Faculté de Droit (1 janvier 1979), 256 pages ;

BIYA P., *Pour le libéralisme communautaire*, Favre, 1re édition, 1988, 158 pages ;

BOUKONGOU J. D. dir., *Protection des droits de l'homme en Afrique. Manuels des formateurs*, Yaoundé, Presses de l'UCAC, Collection Apprendre, 2007, 195 pages.

CHAMPEIL-DESPLATS V., LOCHAK D., *À la recherche de l'effectivité des droits de l'homme*, Presses universitaires de Paris Nanterre, 2008, 266 pages ;

CONAC G., *L'Afrique en transition vers le pluralisme politique*, Paris Economica, Coll. la vie du droit en Afrique, 1993, 517 pages ;

DE CLAUDIO IELMINI, *Le Léviathan et le Terroriste, droits de l'homme universels ou univers des hommes sans droits ?* Esprit frappeur, 12/2004, 482 pages ;

DELMAS-MARTY M., *Libertés et sûreté dans un monde dangereux*, Seuil, coll. « La couleur des idées », 2010, 272 pages ;

DIJON X., *Les droits tournés vers l'homme*, Éditions du CERF, Paris, 15/09/2009, 170 pages ;

DJIAZET MBOU MBOGNING S., *Le Code camerounais de procédure pénale à l'épreuve des droits de l'homme*, Cahiers de la Quinzaine de Yaoundé n° 15, Institut Catholique de Yaoundé, Département de droit canonique, 2008, 55 pages ;

DREUILLE J-F. (dir.), *Droit pénal et politique de l'ennemi*, Éditions de l'Université de Savoie, 01/2016, 312 pages ;

EBOUSSI BOULAGA F., *La démocratie de transit au Cameroun*, Éditions L'Harmattan, Études africaines, 1997, 456 pages.

ENOH MEYOMESSE, *L'État et la répression de la démocratie au Cameroun de l'époque coloniale à aujourd'hui*, Edk books, Yaoundé-Cameroun, 2016, 74 pages ;

ESSOUSSE E., *La liberté de la presse écrite au Cameroun Ombres et lumières*, Harmattan Cameroun, Coll. Afrique subsaharienne Cameroun communication, médias, 2008, 366 pages ;

FAVOREU L. et al. *Droit des libertés fondamentales*, Dalloz, 7e édition, 16/12/2015, 774 pages.

FATSAH OUGERGOUZ, *La Charte Africaine des Droits de l'Homme et des peuples, Une approche juridique des droits de l'homme entre tradition et modernité*, Coll. International, Puf, Paris, 1993, 477 pages.

FLAUSS J-F. et ABDELGAWAD E. L., *l'application nationale de la Charte africaine des droits de l'homme et des peuples*, Bruyant, Bruxelles, 2004, 272 pages.

Friedrich Ebert Stiftung, *Les jeunes et l'engagement en politique*, Manuel d'information et de formation, Friedrich Ebert Stiftung, Yaoundé (Cameroun), 2014., Yaoundé – Cameroun, 54 pages.

Friedrich Ebert Stiftung, *Le conflit Boko Haram au Cameroun Pourquoi la paix traîne-t-elle ?* Séries FES sur la Paix et la Sécurité en Afrique N° 21, décembre 2017, Yaoundé – Cameroun, 36 pages.

Friedrich Ebert Stiftung Cameroun et Afrique centrale, *Terrorisme et piraterie De nouveaux enjeux sécuritaires en Afrique Centrale*, Presses Universitaires d'Afrique, Mars 2010, 241 pages.

Friedrich Ebert Stiftung, *Crises et conflits en Afrique de l'Ouest : quelle politique sécuritaire face aux menaces ?* Publié à l'adresse : http://library.fes.de/pdf-files/bueros/senegal/11465.pdf, 2014, 44 pages.

GLENNON M. J. (ed. lit.), SUR S. (ed. lit.), *Terrorisme et droit international*, Martinus Nijhoff Publishers, 2008, 697 pages.

HENNETTE-VAUCHEZ St. et ROMAN D., *Droits de l'Homme et libertés fondamentales*, Dalloz, 3e édition, 2017, 836 pages.

Haut-commissariat des Nations Unies aux Droits de l'homme, *Droits de l'homme, terrorisme et lutte antiterroriste*, Fiche information No 32, publié par la Section de la paix et de la sécurité du Département de l'information – DPI/2439B/Rev.2 –décembre 2007, 82 pages ;

HENNEBEL L., VANDERMEERSCH D., *Juger le terrorisme dans l'État de droit*, Bruylant (Émile), 2009, 541 pages.

HERMANT D. et BIGO D., *Les politiques de lutte contre le terrorisme*, Fernando Reinares Editor, 2001.

ISSAKA DANGNOSSI, *La cour pénale internationale à l'épreuve de la répression en Afrique : des préjugés aux réalités*, Harmattan, Coll. Études africaines, Paris, 2015, 208 pages.

KAMTO M., *Pouvoir et droit en Afrique noire, Essai sur les fondements du constitutionnalisme dans les États d'Afrique francophone*, Bibliothèque Africaine et Malgache, L.G.D.J, Paris, 1987, 545 pages.

KAMTO M., *La Charte africaine des droits de l'homme et des peuples et le protocole y relatif portant création de la cour africaine des droits de l'homme et des peuples*, sous la dir., Commentaire article par article, Ed. Bruylant, Bruxelles, 2011, 1628 pages.

KEBA M'BAYE, *Les droits de l'homme en Afrique*, Paris, Ed. A. Pedone, 1992, 312 Pages.

Hermine KEMBO TAKAM GATSING, *Le système africain de protection des droits de l'homme, un système en quête de cohérence*, Harmattan, Paris, Mars 2014, 202 pages ;

KEUTCHA TCHAPNGA C., *Le régime juridique des associations en droit public camerounais*, L'Harmattan, 2013, 202 pages ;

KENGNE FOKAM, Le *problème de l'unité nationale au Cameroun*, 1986, éd. Harmattan, Coll. Points de vue concrets Afrique subsaharienne Cameroun actualité sociale et politique, 165 pages.

KUENGIENDA M., *Crise de l'État en Afrique et modernité politique en question*, Harmattan, Coll. Études africaines, (Afrique subsaharienne actualité sociale et politique sciences politiques), 2008, 212 pages.

LECLERC Cl., *Libertés publiques*, 4e éd., Paris, Litec, 2000, 310 pages ;

LETTERON R., *libertés publiques*, Independently published, 2019, 729 pages.

LETTERON R. dir., *La liberté de la presse écrite au XXIe siècle*, Cnrs, Coll. Biblis, 2017, 300 pages ;

MAHOUVE M. et KEMBOTAKAM GASTING H., *Les droits de l'homme au cœur de la procédure pénale camerounaise entre volonté humaniste et tentations répressives*, Éditions Bruylant, Bruxelles, 2016, 588 pages.

https://www.eyrolles.com/Accueil/Auteur/raymond-carre-de-malberg-80888/MALBERG R-C., *Contribution à la théorie générale de l'État*, Paris, Sirey, tome I, 1920, 837 pages ;

MARTIN J-C., *Les règles internationales relatives à la lutte contre le terrorisme*, Bruylant, Bruxelles, 2006, 618 pages.

MAUGENEST D. et POUGOUE P-G. dir., *Droits de l'homme en Afrique centrale*, Yaoundé-Paris, UCAC-Karthala, 1995, 283 pages.

MAUGENEST D., BOUKONGOU J. D., *Vers une société de droit en Afrique centrale (1990-2000) : actes du colloque des 14-16 novembre 2000*, Université catholique d'Afrique centrale, Presses de l'UCAC, Yaoundé, 459 pages.

MBA AKI NZEH. E., *Lutte contre le terrorisme et droits de l'homme*, Univ Européenne, 2012, 144 pages.

MBONGO P., *Libertés et droits fondamentaux*, Berger-Levrault, 20/04/2015, 600 pages ;

MELLON Ch., « *Éthique et violence des armes* », Paris, Assas Éditions, 1995, 126 pages ;

MINKOA SHE A., *Droits de l'homme et droit pénal au Cameroun*, Economica, Paris, 321 pages.

MBODOU SEID, *le terrorisme transfrontalier au lac Tchad pour lutter efficacement contre Boko Haram*, Harmattan, (Collection : harmattan Congo Brazzaville Afrique subsaharienne Tchad défense, armée, sécurité géopolitique, relations internationales, diplomatie), 2020, 216 pages.

MBOG BASSONG, *Les fondements de l'état de droit en Afrique précoloniale*, Harmattan, Paris, 2007, 386 Pages.

MORANGE J., *Droits de l'homme et libertés publiques*, PUF, coll. « Droit fondamental », 2000, 464 pages ;

MOUELLE KOMBI N., *la démocratie dans la réalité camerounaise, libertés, légitimité et modernité politique sous Paul Biya*, DIANOÏA, Afrique subsaharienne Cameroun sciences politiques, septembre 2013, 370 pages ;

MOUELLE KOMBI N., *La guerre préventive et le droit international*, Dianoïa, novembre 2011, 144 pages ;

NGA EFOUBA S., *Du Cameroun britannique à la crise anglophone*, Harmattan, Paris, 2018, 187 pages ;

NGOLE PHILIP NGWESE J. BINYOUM, *Éléments de contentieux administratif camerounais*, l'Harmattan, 2010, 5-7 rue de l'École polytechnique, 75005 Paris, 264 pages.

NGOM B. Saaliu, *Les Droits de l'homme et l'Afrique*, Feni XX réédition numérique (Silex) (1 janvier 1983), 113 pages ;

NLEP R-G., *L'administration publique camerounaise : contribution à l'étude des systèmes africains d'administration publique*, LGDJ, 1986, Coll. Bibliothèque africaine et malgache, 1985, 406 pages.

NKOT P. F., *Usages politiques du droit en Afrique : Le cas du Cameroun*, Bruylant, Bruxelles, 1erNovembre 2005, 212 pages.

Nouveaux Droits de l'homme Cameroun, *Les libertés publiques au Cameroun : guide des pratiques sur la protection des libertés publiques au Cameroun*, les presses des éditions Pyramide international Éditions, mars 2019, 94 pages.

Nouveaux droits de l'homme Cameroun, *Libertés publiques au Cameroun : Guide des pratiques sur la protection des libertés publiques au Cameroun*, les presses des éditions Pyramide international Éditions, mars 2019, 94 pages ;

OLINGA A. D., *La Constitution de la République du Cameroun*, 2e édition revue et corrigée, PUCAC, Yaoundé, 2003, 272 pages.

OLINGA A. D. (dir), *Droit international, droits nationaux et lutte contre le terrorisme en Afrique*, Presses de l'UCAC, Yaoundé-Cameroun, octobre 2017, 665 pages ;

OLINGA A. D. (dir.), La *protection internationale des droits de l'homme en Afrique : dynamique, enjeux, perspectives : trente ans après l'adoption de la Charte africaine des droits de l'homme et des peuples*, Éditions CLÉ, Yaoundé, 2012, 321 pages ;

ONDOA M. et ABANE ENGOLO P. E., dir., *Les fondements du droit administratif camerounais*, CERCAF, l'Harmattan, 2016, 342 pages.

ONDOA M., *Introduction Historique Au Droit camerounais : La Formation Initiale. Éléments Pour Une Théorie de l'Autonomie Des droits Africains*, Éditions le Kilimandjaro (EDKL), 2013, 319 pages.

ONDOA M. et ABANE ENGOLO P. E., *Les transformations contemporaines du droit public en Afrique*, Harmattan, Paris, 2018, 216 pages ;

ONDOA M., *Le droit de la responsabilité publique dans les États en développement : contribution à l'étude de l'originalité des droits postcoloniaux*, Paris, L'Harmattan, 2010, 413 pages ;

PASSELET S., *Prévention des conflits et lutte contre le terrorisme en Afrique*, Broché, 178 pages.

RIVERO J., *Les libertés publiques*, Tome 1 : Les droits de l'homme, Presses Universitaires de France – PUF, 1 octobre 1991, 318 pages ;

RIVERO J., MOUTOUH H., *Libertés publiques tome II*, PUF, 25/07/2003, 280 pages ;

ROBERT J., *Les violations de la liberté individuelle commises par les agents publics et le problème des responsabilités*, Librairie générale de droit et de jurisprudence, Paris, 1955, 328 pages ;

SINDJOUN L., *Les grandes décisions de la justice constitutionnelle africaine - Droit constitutionnel jurisprudentiel et politiques constitutionnelles au prisme des systèmes politiques africains*, Bruylant (*Émile), 13/10/2009, 598 pages ;*

YAWAGA Sp., *La Justice Militaire au Cameroun : Réflexions à partir d'une discussion article par article*, Les éditions du Schabel, Yaoundé-Cameroun, 2019, 236 pages ;

SUDRE Fr., *Droit international et européen des droits de l'homme*, 3èmeédition, Paris, PUF, 1989, 302 pages ;

THIACA THIAW, *La protection internationale des droits de l'homme dans les situations de crise en Afrique : le droit à l'épreuve des faits*, Harmattan, Coll. Études africaines, 441 pages.

TAMEKAMTA A. Z., *Lutte contre BokoHaram et restriction des droits de l'homme au Cameroun effets et contre-effets*, source Google, 11 pages.

TANKEU M., *L'administration de la justice au Cameroun vers un dépassement de la colonialité*, Harmattan Cameroun, Coll. Harmattan Cameroun (Afrique subsaharienne Cameroun droit, justice), 17 décembre 2019, 242 pages.

TAVERNIER P., *Regards sur les droits de l'homme en Afrique*, Harmattan, 75005 Paris, 2008, 307 pages ;

YAWAGA Sp., *L'information judiciaire dans le code camerounais de procédure pénale*, Yaoundé, PUA, Collection Vade-mecum, 2007, 226 pages.

YOGO Ed. Ep., YEBOUET Henry BOAH, *Terrorisme et droits de l'homme au Sud du Sahara*, Harmattan, Collection : Études africaines (Afrique subsaharienne défense, armée, sécurité géopolitique, relations internationales, diplomatie), 2019, 246 pages.

ZOGO NKADA S-P., *Le nouveau constitutionnalisme africain et la garantie des droits socioculturels des citoyens : cas du Cameroun et du Sénégal*, P.U.F, 270 pages.

WALLINE J., *Droit administratif*, Dalloz, Précis, 25e édition, 27 août 2014, 780 pages.

III. Thèses, mémoires et études

A. Thèses

ABOU SENE KABOU P., *Libertés fondamentales et terrorisme transfrontalier en Afrique*, Thèse de doctorat en droit public, Université Toulouse Capitole, décembre 2019, 849 pages ;

AL KAABI Juma, *La gestion de la menace terroriste. Le système français de prévention et de répression*, Thèse de doctorat en droit public, L'Université Jean Moulin Lyon 3, 03/05/2017, 381 pages ;

ATANGANA AMOUGOU J-L., *L'État et les libertés publiques au Cameroun*, Thèse de doctorat en droit public, Université Jean Moulin Lyon 3, 1999, 342 pages.

BAMBARA S. Th., *La sécurité humaine, paradigme de garantie de la paix et de la sécurité internationales*, Thèse de doctorat en droit public, Université de Normandie, 2018, 544 pages.

BELOMO ESSONO P. Ch., *L'ordre et la sécurité publics dans la construction de l'État au Cameroun*, Thèse de doctorat en Sciences politiques. Institut d'études politiques de Bordeaux ; Université Montesquieu -Bordeaux IV, 2007, 522 pages.

CISSEL Osséni, *La problématique de l'État de droit en Afrique de l'Ouest : analyse comparée de la situation de la Côte d'Ivoire, de la Mauritanie, du Libéria et de la Sierra Leone*, Thèse de doctorat en Droit mention Droit public, Université de Paris XII Val-de-Marne, 2009, 323 pages ;

COUDERT C., *Réflexions sur le concept de fondamentalité en droit public français*, Thèse de doctorat en droit en droit public, Université d'Auvergne, Juin 2011, 480 pages ;

El Hadji Malick SANGHARE, *La réception du droit international des droits de l'homme au Sénégal*, Thèse de doctorat en droit public, Université de Grenoble, 2014, 365 pages.

GERVIER P., *La limitation des droits fondamentaux constitutionnels par l'ordre public*, Thèse de doctorat en droit, Université Montesquieu – Bordeaux IV, 5 décembre 2013, 663 pages ;

GHANEM-LARSON A., *Essai sur la notion d'acte terroriste en droit international pénal*, Thèse de doctorat en droit option Droit public international, Université d'AIX-MARSEILLE-III, 2011, 644 pages.

HARIVEL J., *Libertés publiques, libertés individuelles, risques et enjeux de la société numérique*, Thèse en droit public, Université de Paris 1 Sorbonne, 2018, 633 pages ;

KALIEU ELONGOY. R., « Organisation judiciaire du Cameroun », *in Répertoire quinquennal OHADA*, 2006 – 2010, T. 1, pp. 93-122.

KAMENI G. M., *la vie privée en droit camerounaise*, Thèse de doctorat en droit privé délivrée par l'Université de Toulouse 1 Capitole en cotutelle internationale avec l'Université de Douala, le 23 février 2013, 660 pages.

MAKOUGOUM A., *Ordre public et libertés publiques en droit public camerounais : contribution à l'étude de la construction de l'État de droit au Cameroun depuis 1990*, Thèse de doctorat en droit public, Université de Yaoundé 2-Cameroun, Année académique 2013-2014, 721 pages.

MBANDJI MBENA E., *les droits fondamentaux de l'enfant en droit camerounais*, Thèse de doctorat en droit privé, délivrée par l'Université de Toulouse 1 Capitole en cotutelle internationale avec l'Université de Douala, le 23 février 2013, 667 pages.

MENDY Ad., *La lutte contre le terrorisme en droit international*, Thèse de doctorat en Droit international, Université de Reims, 2008, 906 pages.

MINKOA SHE A., *Essai sur l'évolution de la politique criminelle au Cameroun depuis l'indépendance*, Thèse de doctorat d'État en droit, Tome 1, Université de Strasbourg, 1987, 515 pages.

MOKAM D., *Les associations régionales et le nationalisme camerounais 1945-1961*, Thèse de doctorat en histoire, Faculté des Arts, Lettres et Sciences humaines, Université de Yaoundé 1-Cameroun, Année académique 2004-2005, 694 pages.

MOUKOKO H., *L'ONU et la promotion des droits de l'homme en Afrique. Le cas de l'Afrique subsaharienne francophone*, Thèse de doctorat en droit, Université de Normandie, 2016, 600 pages.

NJOYA J., *Unité nationale et mutations politiques : essai sur une régulation symbolique et conservatrice du système politique camerounais (1982 – 2000)*, Thèse présentée et soutenue publiquement en vue de l'obtention du doctorat d'État en science politique, Université de Yaoundé II, année académique 2006 – 2007, 550 pages.

NGANDO SANDJE R., *État et nation dans le constitutionnalisme africain Étude thématique,* Thèse de doctorat en droit public, Université de Bourgogne, juin 2013, 670 pages ;

NGUELE ABADA M., *État de droit et démocratisation : contribution à l'étude de l'évolution politique et constitutionnelle au Cameroun,* Thèse de doctorat en droit public à l'Université de Paris I Panthéon-Sorbonne, 1994, Tome II, 979 pages.

NGUESSELE ISSEME L.P., *L'apport de la Cour suprême au droit administratif camerounais,* Thèse de doctorat en droit public interne, Université de Yaoundé II, septembre 2010, 691 pages.

NKOTP. F., *Perversion politique du droit et construction de l'État unitaire au Cameroun,* Thèse en Science politique, Université Laval, 383 pages.

OKOKO Gh., *La « guerre contre le terrorisme international » et le droit international humanitaire au lendemain des attentats du 11 septembre 2001,* Thèse de doctorat spécialité droit international, Université Grenoble Alpes, 25 mai 2016, 489 pages.

ONANA M., *Les droits fondamentaux de la personne âgée au Cameroun,* Thèse de doctorat en droit, Université catholique d'Afrique Centrale de Yaoundé-Cameroun, année académique 2017-2018, 243 pages.

ONDOUA A., *Sociologie du corps militaire en Afrique noire : Le cas du Cameroun,* Thèse en sciences politiques, Université de Rennes 1, Janvier 2013, 458 pages ;

OSMAN Ziad, *Les approches juridiques de la lutte antiterroriste : les nouvelles extensions du droit international, la coopération européenne et les réglementations du monde arabe, Thèse en droit public,* Université de Lille 2 – Droit et Santé, Le 17 janvier 2011, 533 pages ;

ROBERT E., *L'État de droit et la lutte contre le terrorisme dans l'Union européenne, Mesures européennes de lutte contre le terrorisme suite aux attentats du 11 septembre 2001,* Thèse de doctorat en droit, Université Lille 2, 2012, 365 pages.

NGANDO SANDJE R., *État et Nation dans le constitutionnalisme africain : étude thématique,* Thèse en droit public, en Cotutelle entre l'Université de Bourgogne et l'Université de Douala, 2013, 671 pages ;

THIAM K., *Le contrôle de l'exécutif dans la création de l'État de droit en Afrique francophone.* Thèse en droit public, Université de Bordeaux, HAL, 2018, 407 pages.

TSIKLITIRAS S., La protection effective des libertés publiques par le juge judiciaire en droit français, L.G.D.J, Tome 155, 01/01/1991, 386 pages.

RIVRON S., *La notion d'Indirect Rule*, Thèse Droit. Poitiers : Université de Poitiers, 2014, 314 pages.

SCHMIDT N. A., *La limitation des droits fondamentaux en droit constitutionnel comparé*, Thèse en droit, Faculté de droit de l'Université de Neuchâtel, 2011, 341 pages ;

ZWOLINSKA Monika, *sécurité et libertés fondamentales des communications électroniques en droit français, européen et international*, Thèse en vue de l'obtention du Doctorat en Droit, Université Nice Sophia Antipolis, 2015, 584 pages.

B. Mémoires

ADOUA S., *La lutte contre le terrorisme et le respect des droits de l'homme*, Mémoire de Master 2 Droits de l'homme et libertés fondamentales Université d'Orléans, 2004 ;

BELBARA B., *La dynamique des droits de la défense dans le code de procédure pénale. Cas de la préparation du procès*, Mémoire de DEA droit privé, spécialité : Droit pénal et Sciences criminelles, Université de Ngaoundéré, 17 octobre 2008 ;

BAUMBERGER M., *L'influence de la lutte contre le terrorisme sur le droit d'asile en Allemagne et en France*, Mémoire pour le Master 2 Recherche Droit public comparé, Université Paris II Panthéon-Assas, le 11 juin 2019, 107 pages ;

BOYOGUINO GUIEGOU Ph., *La protection de la liberté d'expression en période de crise humanitaire en Afrique : l'expérience du Mali*, Mémoire de Master 2 en droits de l'homme et action humanitaire, Université Catholique d'Afrique Centrale, année 2013-2014, 91 pages ;

DUREL B., *L'Examen périodique universel du Conseil des droits de l'homme, à l'exemple de celui de mai 2008 concernant la Suisse*, Mémoire de Master, Faculté de droit, Université de NEUCHÂTEL, janvier 2009, 86 pages ;

HEMENI KEOU C., *L'effectivité du droit de participer à la gestion des affaires publiques au Cameroun*, Mémoire de Mémoire de Master 2 en droits de l'homme et action humanitaire, Université Catholique d'Afrique Centrale, année 2009-2010, 80 pages ;

KAMDEM KAAM B. A., *Le DIH et la protection des populations civiles au Cameroun : approche comparée des conflits de Bakassi et de BokoHaram*, Mémoire de Master 2 en droits de l'homme et action humanitaire, Université Catholique d'Afrique Centrale, année 2016-2017, 79 pages ;

NGO BAHA E., *Les droits de la défense au cours de l'information judiciaire au Cameroun*, Mémoire de Master 2 en droits de l'homme et action humanitaire, Université Catholique d'Afrique Centrale, année académique 2013-2014.

NGUIMA MANG Igor L., *La prohibition internationale de la torture à l'épreuve de la lutte contre le terrorisme*, Mémoire de Master 2 en droits de l'homme et action humanitaire, Université Catholique d'Afrique Centrale, année 2009-2010, 79 pages ;

NGOLLE III Lionel Raynald, *Loi antiterroriste de 2014 portant répression des actes de terrorisme et liberté de manifestation publique au Cameroun*, Mémoire de Master 2 en droits de l'homme et action humanitaire, Université Catholique d'Afrique Centrale, année 2019-2020, 91 pages ;

KILIYA KAMWANGA D., *Les mécanismes internationaux de protection et l'effectivité des droits de l'homme*, Mémoire de DEA Droit de la personne et de la démocratie, Université D'ABOMEY-CALAVI (Bénin) 2005 ;

JIEKAK MOUGOUE S. N., *L'émergence de la notion de sécurité humaine dans la protection internationale des droits de l'homme*, Master en droits de l'homme et action humanitaire, Université Catholique d'Afrique Centrale, 2004-2005, Yaoundé-Cameroun ;

MIKLA NGONDJO R. N., *La mobilisation du DIH dans le règlement du conflit frontalier entre le Cameroun et le Nigéria*, Mémoire de Master 2 en droits de l'homme et action humanitaire, année académique 2010-2011, 85 pages.

MINTOOGUE J. Y., *L'"indigène" comme acteur politique. Militantisme et formes de participation politiques dans l'Union des Populations du Cameroun (UPC). 1948-1955*, Mémoire de Master 2 Recherche, spécialité « Études africaines » Année universitaire 2010-2011, 120 pages ;

NINON M., *Le rôle du juge constitutionnel dans le cadre de la lutte contre le terrorisme au regard de la protection des libertés individuelle et d'aller et venir. Étude comparée : France & Royaume-Uni*, Master de Droit Public Comparé, Université de Paris II PANTHEON-ASSAS, 2014, 103 pages ;

NNOMBA Dimale, C., *Les atteintes à l'intégrité physique des personnes en Droit pénal au Cameroun*, Mémoire de DEA en Droit Privé Fondamental, FSJP, Université de Douala, Cameroun, 2006/2007 ;

NTOMBA DIPITA F., *La loi portant répression du terrorisme et la liberté de la presse au Cameroun*, Mémoire de Master 2 en droits de l'homme et action humanitaire, Université Catholique d'Afrique Centrale, année 2017-2018, 95 pages ;

OJONG Th., *L'infraction politique en droit pénal camerounais*, Mémoire de DEA de droit privé fondamental, Université de Douala – 2005, disponible à l'adresse : https://www.memoireonline.com/03/10/3219/m_Linfraction-politique-en-droit-penal-camerounais13.html, (consulté le 11 septembre 2021).

RICHARD JACOB P., *L'idée de liberté politique chez Spinoza*, Mémoire présenté à la Faculté des Arts et Sciences en vue de l'obtention du grade de maitrise en philosophie, option recherche, Université de Montréal, septembre 2014, 112 pages ;

SANATOU CHINTOUE, *Les normes internationales du travail dans le contexte de démocratie pluraliste au Cameroun : le cas de la liberté syndicale*, Mémoire de Maîtrise en Relations internationales, Institut des Relations internationales du Cameroun (IRIC), Université de Yaoundé II-Cameroun, Yaoundé, Octobre 1994, 116 pages ;

SIKELI J-P., *La lutte contre le terrorisme en droit international*, Université d'Abidjan-Cocody - DEA droit public 2006 ;

ZBIGNIEW DIME LI NLEP P., *La garantie des droits fondamentaux au Cameroun*, Université Abomey-Calavi, Bénin, D.E.A en droit international des droits de l'Homme, 2004 ;

ZOGO MVOAH S. A., *La protection des droits de l'homme et des libertés dans le code de procédure pénale camerounais*, Mémoire de DEA, FSJP Douala, 2005 – 2006.

IV. Articles

ABA'A OYONOJ-C., « Les mutations de la justice à la lumière du développement constitutionnel de 1996, *Afrilex*, 2000/01, 23 pages ;

ABOMO AKONOA-R., « La protection non juridictionnelle des droits de l'homme et des libertés au Cameroun », *Village de la justice, La communauté des métiers de droit*, 1re Parution : 30 novembre 2020, 25 pages, disponible à l'adresse : https://www.village-justice.com/articles/IMG/pdf_protection_non_juridictionnelle_des_d_h_et_l_p_au_cmr_.pdf, (consulté le 22.09.2021).

ATEMENGUE J. N., « Le pouvoir de police administrative du Président de la République au Cameroun : réflexion sur les fondements de tordre juridique », *Verfassung und Recht in Übersee*, Volume 35, 2002, pp.81-107.

ABDOU MUHIMA M., « État de droit et terrorisme en Afrique Centrale : quels enjeux pour la République Démocratique du Congo ? », *KAS African Law Study Library*, 2016, pp. 9-35, disponible à l'adresse : https://www.nomos-elibrary, (consulté le 15.03. 2021).

ANDREU-GUZMAN F., « Terrorisme et droits de l'homme N° 2 ; Nouveaux défis et vieux dangers », *Commission Internationale des Juristes, Occasional papers N° 3*, March 2003, pp. 150-152.

ANDREU-GUZMAN, F., « Military jurisdiction and international law, Military courts and gross human rights violations (vol.1) », *International Commission of Jurists*, Geneva, 2004, 396 pages.

ANDRIANTSIMBAZOVINA J., « La protection des libertés, fondement de la compétence du juge administratif ? », *Revue générale du droit*, Chronique de droit des libertés, 2019, 20 pages, disponible à l'adresse :

https://www.revuegeneraledudroit.eu/wpcontent/uploads/ER_2019_ANDRIANZIMBAZOVINA.pdf, (consulté le 16.08.2021).

ATANGANA AMOUGOU J-L., « Avancées et limites du système africain de protection des droits de l'homme : la naissance de la cour africaine des droits de l'homme et des peuples », *Droits fondamentaux*, n° 3, janvier – décembre 2003, pp.175-178, disponible à l'adresse : https://www.crdh.fr/wpcontent/uploads/la_naissance_de_la_cour_africaine_des_droits_de_lhomme_et_des_peuples_0.pdf, (consulté le 18.07.2021).

BASILIEN-GAINCHE M-L., « État d'urgence et lutte contre le terrorisme. La mécanique de l'entropie », *DA, Journal du droit administratif*, disponible à l'adresse : http://www.journal-du-droit-administratif.fr, 2016, (consulté le 19.05.2021).

BEHRENDT ch., « Les notions de monisme et de dualisme », *in* BEHRENDT Chr., BOUHON Fr., *Introduction à la Théorie générale de l'État-Manuel,* Bruxelles, Larcier, 2009, pp.867-879.

BIGO D., « L'impossible cartographie du terrorisme », *Cultures & Conflits* [En ligne], Articles inédits, mis en ligne sur Open Édition Journals, le 25 février 2005,7 pages, disponible à l'adresse : https://journals.openedition.org/conflits/1149 (consulté le 30 avril 2019) ;

BIGO D., « La voie militaire de la "guerre au terrorisme" et ses enjeux », *Cultures & Conflits* [En ligne], 44 | hiver 2001, mis en ligne le 22 mars 2006, 12 pages. Disponible à l'adresse : URL : http:// journals.openedition.org/conflits/730 ; DOI : 10.4000/conflits.730, (consulté le 21. 12.2020) ;

BIKIE Fabrice R., « Le droit pénal à l'aune du paradigme de l'ennemi, Réflexion sur l'État démocratique à l'épreuve de la loi camerounaise n° 2014/028 du 23 décembre 2014 portant répression des actes de terrorisme », *La Revue des droits de l'homme* [En ligne], 11 | 2017, mis en ligne le 23 décembre 2016, disponible à l'adresse : URL :

http://journals.openedition.org/revdh/2789 ; DOI : https://doi.org/10.4000/revdh.2789, (consulté le 08 juillet 2020).

BIGOMBE LOGO P. et *MENTHONG* H-L., « Crise de légitimité et évidence de la continuité politique », *Politique africaine*, 1990, pp.15-23 ;

BILOUNGA St. Th. « L'État camerounais à la croisée des chemins de l'État de droit et de l'État de police (à propos de la loi du 23 décembre 2014 portant répression des actes de terrorisme) », *Recht in Afrika – Law in Africa – Droit en Afrique* 19 (2016), pp.139-161 ;

BONNET J., ROBLOT-TROIZIER A., « Droits fondamentaux et libertés publiques », *Lextenso | Les Nouveaux Cahiers du Conseil constitutionnel*, 2016/3 N° 52 | pp. 71-91 ;

BRAIBANT Guy, « L'État face aux crises », *in Pouvoirs, n° 10,* 1979, pp. 5-9 ;

Boubacar BA, « Le préambule de la Constitution et le juge constitutionnel en Afrique », *Revue électronique, Afrilex*, 2016, 36 pages ;

BOUKOUGOU J. D., « Indépendance du pouvoir judiciaire et protection des droits de l'homme au Congo à la lumière des deux décisions de la Cour suprême du 2 Août 1996 », *Penant*, n° 825, septembre-décembre 1997, pp. 310-334.

CALLEJON Cl., « Les principes des nations unies sur l'administration de la justice par les tribunaux militaires : pour une justice militaire conforme au droit international », *Droits fondamentaux*, n° 6, Janvier-Décembre 2006, 16 pages, disponible à l'adresse électronique : https://www.crdh.fr/wpcontent/uploads/les_principes_des_nations_unies_sur_ladministration_de_la_justice_par_les_tribunaux_militaires.pdf, (consulté le 04.06.2021).

CHOCQUET Chr., « Le terrorisme est-il une menace de défense ? », *Cultures & Conflits [En ligne]*, 44 | hiver 2001, mis en ligne le 22 mars 2006, 33 pages, (consulté le 30 mars 2021). URL : http://journals.openedition.org/conflits/732 ; DOI : https://doi.org/10.4000/conflits.732.

CAMUS C., « La lutte contre le terrorisme dans les démocraties occidentales : état de droit et exceptionnalisme », *IRIS éditions | « Revue internationale et stratégique »* 2007/2 N°66 | pages 9 à 24, disponible à l'adresse : https://www.cairn.info/revue-internationale-et-strategique-2007-2-page-9.htm, (consulté le 14.09.2021).

CARPENTIER M., « État d'exception et dictature », *Tracées Revue des Sciences Humaines*, 2011, pp. 75-93, publié sur Open Édition Journals, disponible à l'adresse : https://journals.openedition.org/traces/5060, (consulté le 28.08.2021).

CERDA-GUZMAN C., « La Constitution : une arme efficace dans le cadre de la lutte contre le terrorisme ? », *Dans Revue française de droit constitutionnel2008/1 (n° 73)*, pp. 41 à 63 ;

CERDA-GUZMAN C., « La lutte contre le terrorisme en droit constitutionnel étranger : vers un nouvel équilibre entre sécurité et libertés ? », RDLF

2015, chron. n° 14, disponible à l'adresse : http://www.revuedlf.com, (consulté le 10.03.2021) ;

CHAMPEIL-DESPLATS V., « Des « libertés publiques » aux « droits fondamentaux » : effets et enjeux d'un changement de dénomination », *Jus Politicum*, n° 5 [http://juspoliticum.com/article/Des-libertes-publiques-aux-droits-fondamentaux-effets-et-enjeux-d-un-changement-de-denomination-290.html ;

CHAMPEIL-DESPLATS V., « Le Conseil constitutionnel a-t-il une conception des libertés publiques ? », *Jus politicum. Revue de droit politique*, N° 7, 2012, p. NC ;

CHAMPEIL-DESPLATS V., « Contrôle de l'administration, libertés publiques, relations avec les citoyens », *Revue française de l'administration publique*, 2019, pp. 239 - 250 ;

CHAMPEIL-DESPLATS V. *La notion de droit « fondamental » et le droit constitutionnel français »*, Recueil Dalloz Sirey, 1995, 42e Cahier-chronique, pp. 342-329 ;

CILLIERS J., « l'Afrique et le terrorisme », *De Boeck Supérieur* | « Afrique contemporaine » 2004/1 n° 209, pp. 81-100.

CONAC G., « le juge et la construction de l'État de droit en Afrique francophone », *in Braibant, L'État de droit*, CONAC G., *mélanges en l'honneur de Guy Braibant*,1996, Sudoc, pp. 105-119 ;

CORTEN O., « La banalisation de la torture comme un instrument de lutte contre le terrorisme : comme au cinéma ? », *Dans Revue interdisciplinaire d'études juridiques* 2017/2 (Volume 79), pp. 229-251.

COT J-P. et PELLET A. (dir.), *LA CHARTE DES NATIONS UNIES Commentaire article par article*, Economica/Bruylant, Paris, 2005, pp.327-336, disponible à : https://www.sfdi.org/wp-content/uploads/2016/03/cot-Pellet.pdf, (consulté le 20.06.2021) ;

DECAUX E., « quatrième session : la compétence matérielle des juridictions militaires », *in Expert consultation on human rights consideration relating to the administration of justice through military tribunals and the role of the integral judicial system in combating human rights violations,* Genève, 24 novembre 2014, 09 pages, disponible à l'adresse : https://www.ohchr.org/Documents/Issues/AdministrationJustice/Consultation2014/Presentatin Decaux.pdf, (consulté le 04.06.2021).

DOSSO K., « Les pratiques constitutionnelles dans les pays d'Afrique noire francophone : cohérences et incohérences », *Presses Universitaires de France* | *« Revue française de droit constitutionnel »* 2012/2 n° 90 | pp.57-85.

DELMAS-MARTY M., COSTEJ-F., « Politique criminelle et droits de l'homme : vers une logique floue », *Dans Revue interdisciplinaire d'études juridiques* 1990/1 (Volume 24), pp.1-24.

DEVLIN-FOLTZ Z., « Les États fragiles de l'Afrique : vecteurs de l'extrémisme, exportateurs du terrorisme », *Bulletin de la sécurité africaine, n° 6*, Washington DC, août 2010.

DIJON X., « Les Masques du droit en Afrique, Une lecture européenne des sources de la norme », *Revue de droit d'opinion international et de droit comparé, RDIDC* 2009, n° 4, p. 567-601.

DIMIER V., « De la France coloniale à l'outre-mer », *Dans Pouvoirs*2005/2 (n° 113), pp. 37-57.

DONFACK SOKENG L., « Les incertitudes de la notion de "libertés publiques" », *in Annales de la Faculté des sciences juridiques et politiques de l'Université de Dschang*, Yaoundé, Presses universitaires d'Afrique, Tome 1, vol. 2, 1997, 38 pages.

DREUILLE J-F., « Le droit pénal de l'ennemi : éléments pour une discussion », *Jurisprudence. Revue critique*, Université de Savoie, 2012, pp. 149-164. hal-01479079, disponible à l'adresse : https://hal.archives-ouvertes.fr/hal-01479079/document(consulté le 28 Février 2021).

EDIMO F., « L'incrimination du terrorisme en droit pénal camerounais », *Juridical Tribune* Volume 6, Issue 1, June 2016, pp. 164-174.

EDIMOF., « Le droit de grâce du Président de la République en Afrique noire francophone », *Juridical Tribune*, Volume 5, Issue 1, June 2015, pp.69-82.

ETRILLARD Cl., « Les libertés d'expression en France ». In : Revue juridique de l'Ouest, 2005, pp. 107 à 158 ;

EBA NGUEMA N., « La Commission africaine des droits de l'homme et des peuples et sa mission de protection des droits de l'homme », La Revue des droits de l'homme [En ligne], 11 | 2017, 18 pages, mis en ligne le 05 janvier 2017, (consulté le 08 juillet 2020). URL : http://journals.openedition.org/revdh/2844 ; DOI : https://doi.org/10.4000/revdh.2844.

FERRERO J., « La liberté de manifestation en droit international : illustration des limites de l'emprise du droit international sur les pratiques nationales », *Jus Politicum*, n° 17, disponible à l'adresse : http://juspoliticum.com/article/La-liberte-de-manifestation-en-droit-international-illustration-des-limites-de-l-emprise-du-droit-international-sur-les-pratiques-nationales-1138.html ;

FOKOUÉ., « De l'idéal démocratique de l'équilibre à la réalité politique du déséquilibre des pouvoirs », Les Annales de droit [En ligne], 14 | 2020, pp. 37-68, mis en ligne le 01 juin 2021, consulté le 01 juin 2021. URL :

http://journals.openedition.org/add/1807 ; DOI : https://doi.org/10.4000/add.1807.

FRAGNON J., « Le 11 septembre réécrit l'histoire, interrogations ? », *Revue pluridisciplinaire en sciences sociales*, 2005, n° 1.

GEHR W., 2012. "Le cadre juridique universel de la lutte contre le terrorisme nucléaire," *Bulletin de droit nucléaire, Éditions OCDE*, vol. 2007(1), pp. 5-15.

GLENNON MICHAEL J., « Le crime d'agression : une définition sans rime ni raison une approche américaine » ;

GIUDICELLI-DELAGE G., « Droit pénal de la dangerosité - Droit pénal de l'ennemi », *Dalloz | « Revue de science criminelle et de droit pénal comparé »*, 2010/1 N° 1 | pp. 69-80 ;

GONIDEC P. F., « Un régime dominé par la stature du président Ahidjo », *Le Monde diplomatique*, août 1976, p.21.

GONIDEC P. F., « De la dépendance à l'autonomie : l'État sous tutelle du Cameroun ». *In : Annuaire français de droit international,* volume 3, 1957. pp. 597-626 ;

GOZZI M-H., « La lutte universelle contre le terrorisme : quelle morale pour nos États de droit ? », In KRYNEN J., *Le Droit saisi par la Morale*, © Presses de l'Université Toulouse 1 Capitole, 2005, pp.113-130 ;

GAZIBO Mamoudou, « L'instabilité en Afrique et ses déterminants », *in Introduction à la politique africaine*, Presses de l'Université de Montréal, Année d'édition : 2010, Publication sur Open Edition Books : 23 janvier 2018, pp. 167-189 ;

GRANGE N., « le Paradoxe du terrorisme. Pour une théorie des passions politiques », *La Documentation française* | « Les Champs de Mars » 2011/2 N° 22 | pp. 31-50. Article disponible en ligne à l'adresse : https://www.cairn.info/revue-les-champs-de-mars-ldm-2011-2-page-31.htm ;

GUIMDO B-R, « Le droit d'accès à la justice administrative au Cameroun : contribution à l'étude d'un droit fondamental », *in Revue Africaine des Études Juridiques*, FSJP, Université de Yaoundé II Soa, vol 4 n° 1, pp. 169-2016 ;

GUIMDO B-R, « Réflexions sur les assises juridiques de la liberté religieuse au Cameroun », *Les Cahiers de droit*, Volume 40, numéro 4, 1999, pp. 791–819, disponible à l'adresse : https://www.erudit.org/fr/revues/cd1/1999-v40-n4-cd3820/043578ar/, (consulté le 18.06.2021) ;

GUIMDO B-R., « La responsabilité politique du gouvernement dans la Constitution camerounaise », *Revue de la Recherche Juridique (RRJ)* Droit prospectif, N° XXXII- 120 – (120e numéro), 2007, p.2099-2119.

GUISWE N., « La garantie de protection non juridictionnelle des droits de l'Homme au Cameroun », *Village de la justice, La communauté des métiers de droit*, août 2019, disponible à l'adresse : https://www.village-justice.com/articles/garantie-protection-non-juridictionnelle-des-droits-homme-cameroun,32173.html, (consulté le 04.08.2021).

HANNACHI Ah., « La théorie du droit pénal de l'ennemi - «Feindstrafrecht » de Günther Jakobs »,

HANON J-P., « Militaires et lutte antiterroriste », Cultures & Conflits [En ligne], 56 | hiver 2004, mis en ligne le 07 janvier 2010, 17 pages, consulté le 30 mars 2021. URL : http://journals.openedition.org/conflits/1636 ; DOI : https://doi.org/10.4000/conflits.1636, (consulté le 18.09.2021).

KAMTO M., « Une justice entre tradition et modernité », *in Afrique contemporaine*, n° 156, avril 1990, pp. 57-63.

KAMTO M., « Les mutations de la justice camerounaise à la lumière des développements constitutionnels de 1996 », *in Revue africaine des sciences juridiques*, Volume 1, N° 1, 2000, pp.9-20.

KAMTO M., « L'énoncé des droits dans les constitutions des États africains francophones », RJA, 1991, n°s 2-3, pp. 7-24.

KAMTO M., « Révision constitutionnelle ou écriture d'une nouvelle constitution », *Lex Lata,* n° 23-24, févr. Mars 1996, pp. 17-20.

Kim Lane SCHEPPELE, « Le droit de la sécurité internationale, Le terrorisme et l'empire sécuritaire de l'après-11 septembre 2001 », *Actes de la recherche en sciences sociales 2008/3 (n° 173)*, pp. 28-43.

KLEIN P., « Le Conseil de sécurité et la lutte contre le terrorisme : dans l'exercice de pouvoirs toujours plus grands ? », *Revue québécoise de droit international (Hors-série)*, 2007, pp. 133-147.

KEUDJEU DE KEUDJEU J. R., « L'effectivité de la protection des droits fondamentaux en Afrique subsaharienne francophone », *Revue CAMES/SJP*, n° 001/2017, 129 pages.

KONTCHOU KOUOMEGNI A., « Idéologies et institutions politiques : l'impact de l'Unité nationale sur l'État camerounais », *in Dynamiques et finalités des droits africains*, Dir. CONAC G., 1980, Economica, Paris, pp. 442-463.

KONTCHOU KOUOMEGNI A., « Le droit public camerounais, instrument de construction *de l'unité nationale »*, *RJPIC,* n° 4, 1979, pp. 415 – 419.

LANFRANCHI M-P., « La valeur juridique en France des résolutions du Conseil de sécurité », *in Annuaire français de droit international*, volume 43, 1997. pp. 31-57, disponible à l'adresse : https://www.persee.fr/docAsPDF/afdi_0066-3085_1997_num_43_1_3433.pdf, (consulté le 30.06.2021).

LE COUSTUMER J-Chr., « La norme et l'exception. Réflexions sur les rapports du droit avec la réalité », *Cahiers de la recherche sur les droits fondamentaux [En ligne]*, 6 | 2008, pp. 19-28, mis en ligne le 11 décembre 2020, consulté le 13 décembre 2020. URL : http://journals.openedition.org/crdf/6802 ; DOI : https://doi.org/10.4000/crdf.6802.

LETTERON R., « l'État de droit face au terrorisme », *Annuaire français de relations internationales (AFRI)*, disponible à l'adresse : https://www.afri-ct.org/wp-content/uploads/2009/12/15_Letteron_Terrorisme.pdf, pp.245-261, (consulté le 02 décembre 2021).

LETTERON R., « *L'universalité des droits de l'homme : apparences et réalités* », AFRI, Volume 2, 2001, pp. 146-164.

MAHOUVE M., « Le cadre juridique international et national de lutte contre le terrorisme : une perspective camerounaise », *in Revue générale de droit comparé*, Año 2010, Vol. 87, Numéro 1, pp.73-130.

MANIN B., « Le paradigme de l'exception Et si la fin du terrorisme n'était pas pour demain ? L'État face au nouveau terrorisme », *in* BAUME S., Biancamaria Fontana, eds, Les Usages de la Séparation des Pouvoirs - The Uses of the Separation of Powers, Paris, Michel Houdiard, 2008, pp. 135-171.

MARTIN P-M., « Crise du terrorisme, crise de l'État de droit », © *Presses de l'Université Toulouse 1 Capitole*, 2012, pp. 67-73.

MATIP N. Fl., Cameroun : « Une analyse juridique de la mutation constitutionnelle du 10 avril 2008 », *Institute for Security Studies*, 14 September 2009, 11 pages.

MBEMBE A., « Pouvoir des morts et langage des vivants : Les errances de la mémoire nationaliste au Cameroun », *Politique Africaine* n° 22, 1986, *pp.37-72.*

MBENGUE NGUIME M., « Pratiques démocratiques au Cameroun actuel : étude comparée avec la période de l'accession à l'indépendance », *Outre-Mers. Revue d'histoire,* Année 2010/ 368-369/ pp.115-135 ;

MINCKE Ch., « Effets, Effectivité, Efficience et Efficacité du droit : le pôle réaliste de la validité », *Université Saint-Louis - Bruxelles | « Revue interdisciplinaire d'études juridiques »* 1998/1 Volume 40, pp.115-151 ;

MINKOA SHE A., « Ruptures et permanences de l'identité de subversif au Cameroun : le droit pénal au secours de la science politique ? », *Polis. Revue camerounaise de Science Politique*, vol 1, numéro spécial, février 1996 ;

MOUANGUE KOBILA J., « La loi camerounaise antiterrorisme » *Juris-zoom*, publication du 28 mai 2012, disponible à l'adresse : http://www.journal-ledroit.net/index.php/juris-zoom/1260-pr-mouangue-kobila-la-loi-camerounaise-antiterrorisme, (consulté le 08.02.2021).

MOUANGUE KOBILA J., « Le Préambule du texte constitutionnel du 18 janvier 1996 : de l'enseigne décorative à l'étalage utilitaire », *In Lex Lata, n° 023-024*, 1996, pp. 33-38 ;

MOUANGUE KOBILA J., « Vérités et mensonges sur la loi camerounaise contre le terrorisme », *Cameroonwebnews*, le décembre 16, 2014, 7 pages, disponible à l'adresse : https://www.lemonde.fr/afrique/article/2015/02/13/au-cameroun-lutte-contre-le-terrorisme-rime-avec-restriction-des-libertes_4575989_3212.html, (consulté le 07.04.2021) ;

MOUANGUE KOBILA J., « Dixième anniversaire des attaques du 11 septembre 2001 : bilan de la gestion de la lutte contre le terrorisme par le Conseil de Sécurité des Nations unies », *Revue québécoise de droit international*, Volume 24, numéro 1, 2011, pp.349-405 ;

MUSHONGA MAYEMBE C., « La protection des droits de l'homme : entre théories et renoncements. Cas de lutte contre le terrorisme », Village de la Justice, 12 juin 2019, disponible à l'adresse : https://www.village-justice.com/articles/proposition-publication-article-ligne-dans-votre-revue,31739.html, (consulté le 12.09.2021).

NDAM Ib., « La protection du droit à un procès dans un délai raisonnable dans l'espace Ohada », *Revue semestrielle d'Études, de Législation, de Jurisprudence et de Pratique Professionnelle en Droit des affaires & en Droit Communautaire*, N° 2 - Mars 2013, disponible à l'adresse : https://revue.ersuma.org/no-2-mars-2013/doctrine-20/La-protection-du-droit-a-un-proces, (consulté le 13.09.2021).

NGUELE ABADA M., « Ruptures et continuités constitutionnelles en République du Cameroun : Réflexions à propos de la reformes du 18 janvier 1996 », Revue Juridique et Politique Indépendance et coopération, vol. 50, 1996, pp. 272-293 ;

NKOA F. N., « Le traitement pénal de la délinquance des mineurs : le statu quo contestable du législateur pénal camerounais ». *Revista Misión Jurídica, 12*, (16), pp. 97-112 ;

NTIMBA L. D., *Le greffe dans le système répressif camerounais*, Mémoire de DEA droit privé fondamental, Université de Douala, 2006.

RIOUX J-F. dir., « La sécurité humaine. Une nouvelle conception des relations internationales », *Études internationales, Les détroits maritimes : des enjeux stratégiques majeurs Volume 34*, numéro 2, juin 2003 ;

OLINGA A. D., « L'aménagement de droits et libertés dans la Constitution camerounaise révisée », *Revue Universelle des Droits de l'Homme*, 1996, vol. 8, n° 4-7 ;

OLINGA A. D., *Un parti politique d'opposition est-il banal ? Le régime juridique des partis politiques*, publié par Codesria, pp. 102-166. Sur le site : https://codesria.org/IMG/pdf/chapter3 ;

OLINGA A. D., « L'Afrique face à la globalisation des techniques de protection des droits fondamentaux », Présence Africaine Nouvelle série, No. 159 (1er Semestre 1999), 19 pages ;

OLINGA A. D., « Vers une garantie constitutionnelle crédible des droits fondamentaux », *in* MELONE St., MINKOA SHE A., SINDJOUN L., *La réforme constitutionnelle du 18 janvier 1996 au Cameroun : aspect juridiques et politiques, Yaoundé, Fondation Friedrich EBERT, 1996,* pp. 320-346 ;

OUMBAP., *« l'effectivité du rôle du conseil de paix et de sécurité de l'union africaine dans la résolution des conflits », Revue africaine d'études politiques et stratégiques*, 2014, pp.139-176. ⟨hal-01319654⟩ ;

OUMBA P., « Les mécanismes de contrôle et de garantie des droits de l'homme », *archives-ouvertes (HAL)*, Master. Droit international des droits de l'homme, Cameroun. 2016, 33 pages, disponible à l'adresse : https://hal.archives-ouvertes.fr/cel-01319645/document, (consulté le 07.07.2021) ;

OUMBA P., *« La Cour internationale de justice et la problématique des droits de l'homme », Humanité et liberté en Afrique centrale*, 2009, *archives-ouvertes (HAL)*, Tome 1, pp.147-162, disponible à l'adresse : https://hal-auf.archives-ouvertes.fr/hal-00831419/file/LA_COUR_INTERNATIONALE_DE_JUSTICE_ET_LA_PROBLA_MATIQUE_DES_DROITS_DE_L_HOMME.pdf, (consulté le 15.07.2021) ;

ONDOUA A., « L'Internalisation des Constitutions en Afrique subsaharienne francophone et la protection des droits fondamentaux », *Revue trimestrielle des droits de l'homme*, ISSN 0777-3579, Année 25, N°. 98 (Avril 2014), 2014, pp. 437-457 ;

ONDOA M., « Ajustement structurel et réformes du fondement théorique des droits africains postcoloniaux : L'exemple camerounaise », *RASJ,* vol 2, n° 1, 2001, pp. 75-118 ;

OUEDRAOGOA., « Standard et standardisation : la normativité variable en droit international », *Revue québécoise de droit international*, Volume 26, Numéro 1, 2013,pp. 155–186, disponible à l'adresse : https://www.erudit.org/fr/revues/rqdi/2013-v26-n1-rqdi05176/1068105ar/, (consulté le 16.08.2021).

OWONA J., « L'institutionnalisation de la légalité d'exception dans le droit public camerounais », *Revue juridique et politique : indépendance et coopération*, Cameroun, Volume 29, pp 3-48 ;

OWONA J., « L'influence du constitutionnalisme soviétique en Afrique », *RJPIC*, 1983, pp. 740-762 ;

POUGOUE P-G., « La Commission africaine des droits de l'homme entre son passé et son avenir », *in L'effectivité des droits fondamentaux dans les pays de la communauté francophone*, Actes du colloque international de Port-Louis, Ile Maurice, 29 et 30 septembre-1er octobre 1993, éd. AUPELF-UREF, Montréal, 1994, pp. 529-532 ;

RANGEON F., « Réflexion sur l'effectivité du droit », *in les usages sociaux du droit*, Paris, PUF, 1989, pp. 126-149 ;

REZAI SHAGHAJI, D. (2015). « Les crimes de jus cogens, le refus de l'immunité des hauts représentants des états étrangers et l'exercice de la compétence universelle ». *Revue québécoise de droit international / Quebec Journal of International Law / Revista quebequense de derecho internacional*, 28(2), pp. 143–171. https://doi.org/10.7202/1067719ar, disponible à l'adresse : https://www.erudit.org/en/journals/rqdi/1900-v1-n1-rqdi05143/1067719ar.pdf, (consulté le 29.08.2021) ;

RIVERO J., « les garanties constitutionnelles des droits de l'homme en droit français », *Revue internationale de droit comparé,* 1977, pp. 9-23 ;

ROUDIER K., « Le Conseil constitutionnel face à l'avènement d'une politique sécuritaire », *Lextenso | « Les Nouveaux Cahiers du Conseil constitutionnel »*, 2016/2 N° 51 | pages 37 à 50 ;

ROUDIER K., « Le contrôle de constitutionnalité de la législation antiterroriste. Étude comparée des expériences espagnole, française et italienne », *Nouveaux Cahiers du Conseil constitutionnel n° 37* - octobre 2012, 5 pages ;

ROUVILLOIS F., « L'efficacité des normes Réflexions sur l'émergence d'un nouvel impératif juridique », *Fondation pour l'innovation politique*, novembre 2016, 56 pages ;

SASSOLI M., « La guerre contre le terrorisme, le droit international humanitaire et le statut de prisonnier de guerre », *Canadian Yearbook of International Law/Annuaire canadien de droit international*, Volume 39, 2002, pp. 211 - 252.

SINDJOUN L., « Les pratiques sociales dans les régimes politiques africains en voie de démocratisation : hypothèses théoriques et empiriques sur la Paraconstitution », *RCSP*, Vol. 40 : 2, Jan/juin 2007, 465 pages ;

SINDJOUN L., « L'action internationale de l'Assemblée nationale du Cameroun : éléments d'analyse politiste (Note) ». *Études internationales*, 24(4), pp. 813–844. https://doi.org/10.7202/703242a, disponible à l'adresse : https://www.erudit.org/en/journals/ei/1900-v1-n1-ei3055/703242ar.pdf, (consulté 30.07.2021).

SINDJOUNL., « Les nouvelles constitutions africaines et la politique internationale : contribution à une économie internationale des biens politico-constitutionnels », Études *internationales*, Volume 26, numéro 2, 1995, pp.329-345, disponible à l'adresse : https://www.erudit.org/en/journals/ei/1900-v1-n1-ei3067/703666ar.pdf, (consulté le 19.06.2021).

SINDJOUN L. (1996). « La civilisation internationale des mœurs : éléments pour une sociologie de l'idéalisme structurel dans les relations internationales ». *Études internationales*, 27(4), 841–859. https://doi.org/10.7202/703666ar, disponible à l'adresse : file:///C:/Users/user/Downloads/703666ar.pdf, (consulté le 15.09.2021).

SAINT-BONNET F., « L'état d'exception et la qualification juridique », *Cahiers de la recherche sur les droits fondamentaux [En ligne]*, 6 | 2008, pp. 29-38, mis en ligne le 11 décembre 2020, (consulté le 15 décembre 2020). URL : http://journals.openedition.org/crdf/6812 ; DOI : https://doi.org/10.4000/crdf.6812.

SHASHI Tharoor, « Les droits de l'Homme sont-ils universels ? », téléchargeable sur le lien : pointdebasculecanada.ca/les-droits-de-lhomme-sont-ils-universels-par-shashi-tharoor/.

SIZAIRE V., « Le juge administratif et la protection des libertés. Éléments pour une garde partagée », *RDLF* 2019 chron. n° 27, 9 pages, disponible à l'adresse : http://www.revuedlf.com/droit-administratif/le-juge-administratif-et-la-protection-des-libertes-elements-pour-une-garde-partagee, (consulté le 09.08.2021).

TAVERNIER P., « Le caractère obligatoire de la résolution 598 (1987) du Conseil de sécurité relative à la guerre du Golfe », *EJIL (1990) 278*, pp.1-8, disponible à l'adresse : http://www.ejil.org, (consulté le 29.06.2021).

T. GATSIE-A., « Le contrôle juridictionnel des mesures de police en droit administratif camerounais », *Les Annales de droit, Presses universitaires de Rouen et du Havre*, 2019, 28 pages.

T. GATSI E-A., « L'ordre public en droit public français et camerounais : regards croisés sur un labyrinthe juridique », *In : Revue internationale de droit comparé*, Vol. 69 N° 4,2017, pp. 961-999.

TOKWENE A DJOKOU ELOUBWE ILATE, « Le droit pénal militaire camerounais : combat inégalitaire entre normalisation et spécialisation d'un droit exceptionnel », *The Military Law and the Law of War Review*, Volume 57,2018-2019, 17 pages, disponible à l'adresse : http://www.ismllw.org/REVIEW/2018-2019%20ART%20Ilate.php, (consulté le 03.06.2021).

TOUSCOZ J., « Le principe d'effectivité dans l'ordre international ». *In : Revue internationale de droit comparé.* Vol. 17 N° 3, Juillet-Septembre 1965. pp. 811-812 ;

TREMBLAY G., « Les libertés publiques en temps de crise », *Les Cahiers de droit*, Volume 13, numéro 3, Faculté de droit de l'Université Laval, 1972, pp. 401-418.

TREMBLAY G., « Les situations d'urgence qui permettent en droit international de suspendre les droits de l'homme », *Les Cahiers de droit*, Volume 18, numéro 1, Faculté de droit de l'Université Laval, 1977, 60 pages.

TSOUKALA A., « La légitimation des mesures d'exception dans la lutte antiterroriste en Europe », *Cultures & Conflits [En ligne],* 61 | printemps 2006, mis en ligne le 17 mai 2006, pp.25-50. URL : http://journals.openedition.org/conflits/2036 ; DOI : https://doi.org/10.4000/conflits.2036, disponible à l'adresse : https://journals.openedition.org/conflits/2036?lang=en, (consulté le 30 mars 2021).

TUNC A., « L'application du droit des États par les Juridictions fédérales des États-Unis ». *In : Revue internationale de droit comparé.* Vol. 3 N° 1, janvier-mars 1951. pp. 5-35.

VALSAK K., « Les droits de l'homme et l'Afrique : vers les institutions africaines pour la protection internationale des droits de l'homme ? », *RBDI*, Bruylant, 1967, pp.459-478, disponible à l'adresse : http://rbdi.bruylant.be/public/modele/rbdi/content/files/RBDI%201967/RBDI%201967-2/Etudes/RBDI%201967.2%20-%20pp.%20459%20%C3%A0%20478%20-%20Karel%20Vasak.pdf

VERMEULEN S., « Brève histoire de la terreur », (collaboration Laurence Naeff), *in revue Regard conscient Septembre 2002* No 5, pp.1-3. Aussi article publié sur : http://www.regardconscient.net.

VERON J-B., « L'Afrique postindépendances : 50 ans de crises ? L'exemple de Madagascar », *Cairn Info*, Dans Afrique contemporaine 2010/3 (n° 235), pp. 115-126.

ZANI M., « Le Conseil des droits de l'homme des Nations Unies : un mécanisme d'affaiblissement ou de renforcement des procédures de contrôle ? », Études *internationales, 39(3),* 2008, 433–452, disponible à l'adresse : https://doi.org/10.7202/019308ar, (consulté le 08.07.2021).

V. Textes et lois

A. Textes officiels

1. Textes internationaux

Charte des Nations Unies, signée à San Francisco le 26 juin 1945, et entrée en vigueur le 24 octobre 1945 ;

Charte Africaine des droits de l'homme et des peuples a été adoptée en 1981 à Nairobi (Kenya) et entrée en vigueur le 28 octobre 1986 ;

Charte Africaine de la Démocratie, des Élections et de la Gouvernance adoptée 30 janvier 2007 ;

Charte Africaine des droits et du bien-être de l'enfant, adoptée à Addis-Abeba (Éthiopie), Juillet1990 ;

Convention relative aux droits de l'enfant, adoptée le 20 novembre 1989 et entrée en vigueur le2 septembre 1990 ;

Convention du Conseil de l'Europe pour la prévention du terrorisme, Varsovie, 16.V.2005

Convention contre la torture et autres peines ou traitements cruels, inhumains ou dégradants, adoptée le 10 décembre 1984 et entrée en vigueur le 26 juin 1987 ;

Convention de sauvegarde des droits de l'homme et des libertés fondamentales de 1950, telle qu'amendée par les Protocoles nos 11 et 14, complétée par le Protocole additionnel et les Protocoles nos 4, 6, 7, 12, 13 et 16 ;

Convention relative aux infractions et à certains autres actes survenant à bord des aéronefs, signée à Tokyo le 14 septembre 1963 et entrée en vigueur le 04 décembre 1969 ;

Convention internationale pour la répression du financement du terrorisme, adoptée par l'Assemblée générale le 9 décembre 1999 ;

Convention internationale contre la prise d'otages, adoptée par l'Assemblée générale le 17 décembre 1979 ;

Convention pour la répression d'actes illicites dirigés contre la sécurité de l'aviation civile (Montréal, 23 septembre 1971) ;

Convention des Nations Unies contre la criminalité transnationale organisée, New York, 15 novembre 2000 ;

Convention internationale pour la répression des attentats terroristes à l'explosif, adoptée par l'Assemblée générale des Nations Unies le 15 décembre 1997 ;

Déclaration universelle des droits de l'homme du 10 décembre 1948 ;

Pacte international relatif aux droits civils et politiques adopté à New York le 16 décembre 1966 ;

Pacte international relatif aux droits économiques, sociaux et culturels est un traité international multilatéral adopté le 16 décembre 1966 ;

Pacte mondial de coordination contre le terrorisme des Nations Unies signé le 23 février 2018 par le Secrétaire général et arrêté d'un commun accord avec 36 chefs des entités des Nations Unies, ainsi qu'avec INTERPOL et l'OMD ;

Principes concernant le statut des institutions nationales pour la promotion et la protection des droits de l'homme (les Principes de Paris), Résolution 48/134 adoptée par l'Assemblée générale le 20 décembre 1993.

Protocole facultatif se rapportant à la Convention contre la torture et autres peines ou traitements cruels, inhumains ou dégradants, New York, janvier 2003 ;

Protocole pour la répression des actes illicites de violence dans les aéroports servant à l'aviation civile internationale, complémentaire à la Convention pour la répression d'actes illicites dirigés contre la sécurité de l'aviation civile, faite à Montréal le 23 septembre 1971, signé à Montréal le 24 février 1988 ;

Protocole à la Convention de l'OUA sur la prévention et la lutte contre le terrorisme, ADDIS-ABEBA (Éthiopie), le 08 juillet 2004 ;

Protocole à la Charte Africaine des droits de l'homme et des peuples relatif aux droits des femmes, adoptée à Maputo (Mozambique), le11 juillet 2003 ;

Protocole de 2005 relatif au Protocole pour la répression d'actes illicites contre la sécurité des plates-formes fixes situées sur le plateau continental, établi à Londres le 14 octobre 2005 ;

Protocole de 2005 relatif à la Convention pour la répression d'actes illicites contre la sécurité de la navigation maritime, établi à Londres le 14 octobre 2005 ;

Protocole additionnel à la Convention du Conseil de l'Europe pour la prévention du terrorisme, entré en vigueur en 2017 ;

Résolution 1373 du Conseil de sécurité adoptée le 28 septembre 2001 ;

Résolution 2178 du Conseil de sécurité des Nations Unies adoptée le 24 septembre 2014 ;

Résolution 1566 du Conseil de sécurité des Nations Unies adoptée le 8 octobre 2004 ;

Résolution 58/187, « Protection des droits de l'homme et des libertés fondamentales dans la lutte antiterroriste », adoptée par l'Assemblée générale des Nations Unies le 22 mars 2004 ;

Résolution 60/288 « La stratégie antiterroriste mondiale de l'Organisation des Nations Unies » adoptée l'Assemblée générale des Nations Unies le 20 septembre 2006.

Règlement CEMAC N° 08/05-UEAC-057-CM-13 portant adoption de la Convention relative à la lutte contre le terrorisme en Afrique Centrale

Règlement n° 1/CEMAC/UMAC/CM Portant Prévention et Répression du Blanchiment des Capitaux et du Financement du Terrorisme et de la Prolifération en Afrique Centrale

2. Textes nationaux

Constitution de la République du Cameroun du 02 juin 1972, révisée par la loi n° 96/06 du 18 janvier 1996, celle-ci modifiée et complétée par la loi n° 2008/01 du 14 avril 2008 ;

Décret n° 2012/389 du 19 septembre 2012 portant organisation du ministère de la Justice

Loi n° 67/LF/69 portant organisation générale de la défense ;

Loi n° 90/047 du 19 décembre 1990 relative à l'État d'urgence ;

Loi n° 2014/028 du 23 décembre 2014 portant répression des actes du terrorisme au Cameroun ;

Loi n° 2017/012 du 12 juillet 2017 portant Code de Justice militaire au Cameroun ;

Loi n° 2016/007 du 12 juillet 2016 portant Code Pénal ;

Loi n° 67/lf/1 du 12 juin 1967 portant Code pénal ;

Loi n° 90/053 du 19 décembre 1990 portant sur la liberté d'association au Cameroun ;

Loi n° 90 /055 du 19 décembre 1990 fixant le régime des réunions et des manifestations publiques au Cameroun ;

La loi N° 2006/16 du 29 décembre 2006 portant organisation et fonctionnement de la Cour suprême ;

Loi n° 90/056 du 19 décembre 1990 portant sur la création des partis politiques au Cameroun ;

La loi de 1990 sur la Communication Sociale au Cameroun ;

Loi n° 92-007 du 14 août 1992 portant Code du Travail ;

Loi n° 99/014 du 22 décembre 1999 régissant les organisations non gouvernementales au Cameroun ;

Loi n° 2005/007 du 27 juillet 2005 portant Code de procédure pénale au Cameroun ;

Loi n° 2010/012 du 21 décembre 2010 relative à la cybersécurité et la cybercriminalité au Cameroun ;

Loi n° 2019/014 du 19 juillet 2019, l'État crée la Commission des Droits de l'Homme du Cameroun.

B. Jurisprudences

1. Jurisprudences internationales

Avis adoptés par le Groupe de travail de l'ONU sur la détention arbitraire à sa quatre-vingt-cinquième session (12-16 août 2019) Avis n°46/2019, concernant ManchoBibixy Tse (Cameroun) ;

Communication n°1813/2008 Ebenezer Derek MBONGO AKWANGA c/ Cameroun rendue le 22 mars 2011 ;

CCPR/C/79/Ad.116, 4 novembre 1999, 5 pages ;

CCPR/C/CMR/CO/5, 30 novembre 2017, 9 pages ;

CCPR/C/GC/32,23 août 2007, 24 pages ;

HRI/GEN/1/Rev.9 (Vol. I), 27 Mai 2008, pp.215-2018 ;

Communication CADHP334/2006 (Egyptian Initiative for PersonalRights et Interights c./ République Arabe d'Egypte) ;

Communication 1813/2008/Ebenezer Derek MBONGO AKWANGA c/Cameroun, rendue le 22 mars 2011 ;

Communication CADHP 266/03 Kevin Mgwanga Gunme et al / Cameroon, 27 Mai 2009 ;

Communication CADHP 224/98 Media Rights Agenda c./ Nigéria, 06 Novembre, 2000 ;

Communication No. 228/99Law Office Of Ghazi Suleiman v Sudan, [2003] ACHPR 47 ; (29 May 2003) ;

Communication CADHP 287/04 Titanji Duga Ernest (pour le compte de Cheonumu Martin et autres) c./ Cameroun ;

Résolution adoptée par le Conseil des droits de l'homme S-23/1 Les atrocités commises par le groupe terroriste BokoHaram et leurs effets sur les droits de l'homme dans les pays touchés ;

Résolution sur la situation des droits de l'homme en République du Cameroun - CADHP/Rés. 395 (LXII) 2018 ;

Résolution sur la poursuite des violations des droits de l'homme en République du Cameroun - CADHP/Rés. 405 (LXII) 2018 ;

395 Résolution sur la situation des droits de l'homme en République du Cameroun - CADHP/Rés. 395 (LXII) 2018 ;

Résolution sur la détérioration de la situation des droits de l'homme au Cameroun pendant la période Covid-19 - CADHP / Rés. 442 (LXVI) 2020 ;

Résolution sur la situation des droits de l'homme en République du Zimbabwe - CADHP / Rés. 443 (LXVI) 2020 ;

Open Society Justice Initiative (au nom de Pius NJAWENOUMENI) / Cameroun - 290/04 ;

2. Jurisprudences nationales

Jugement n° 206/CRIM/20du 21 septembre 2020, affaire ministère public c. FABASSOU Etienne et six autres ;

Jugement n° 152/CRIM/018 du 25 mai 2018, affaire ministère public c. Mancho bbc et six autres ;

Jugement n° 37/CRIM/17 du 08 février 2017, affaire ministère public c. Ahmed ABABA ;

Jugement n° 184/CRIM/21 du 31.08.2017, affaire ministère public c. NKONGGHO Felix et autres ;

Affaire des deux syndicalistes nommés Jean Collins NDEFOSSOKENG et de Joseph DEUDIE arrêtés le 16 janvier 2015 pour « apologie du crime, sédition, et activité terroriste » ;

Affaire CFJ/CAY, arrêt n° 163/A/ du 8 juin 1971, affaire compagnie commerciale et immobilière africaine des chargeurs réunis c/ État du Cameroun ;

Arrêt n° 45 du 22 février 1973, affaire : Bindzi Omgba ClémentC/Dame Mewoli Justine ;

Arrêt N° 11-HCC/D1 du 21 mars 2006 relative à la loi N° 2005-035 sur la ratification du Statut de Rome ;

CC, décision n° 85-1987 DC, 25 janvier 1985, loi relative à l'état d'urgence en Nouvelle-Calédonie et dépendances ;

CFJ/CAY arrêt n°98 du 27 janvier 1970, Obame Etémé Joseph contre République Fédérale du Cameroun

CE., 28 juin 1918, Heyriès, GAJA 8e éd., n° 35 ;

C. Rapports, communications et avis

1. Rapports

ABDELGAWAD E. L. dir., *Juridictions militaires et tribunaux d'exception en mutation : perspectives comparées et internationales*, Rapport final, UMR de droit comparé (université paris 1 – CNRS), Paris, mai 2007, 210 pages, disponible àhttp : //www.gip-recherche-justice.fr/wp-content/uploads/2014/07/04-40-RF.pdf, (consulté le 04.06.2021).

Amnesty International, *Une tournure tragique violence et atteintes aux droits humains dans les régions anglophones du Cameroun*, Rapport de synthèse présenté en 2017, 40 pages, disponible à l'adresse :

https://www.amnesty.org/download/Documents/AFR1784812018FRENCH.PDF, (consulté le 16.06.2021).

Amnesty International, *Maroc ET Sahara Occidental Lutte contre le terrorisme » et recours à la torture : le cas du centre de détention de Témara*, Index AI : MDE 29/004/2004, 25 pages.

BRUNEL M., MILLER El., *Les mesures de lutte contre le terrorisme face aux droits de l'Homme*, Rapport publié par la clinique juridique EUCLID de l'Université Paris Nanterre, Mai 2018, 89 pages, disponible à l'adresse : https://antiterrorisme-droits-libertes.org/IMG/pdf/rapport_les_mesures_de_lutte_contre_le_terrorisme_face_aux_droits_de_l_homme_-onu_-euclid.pdf, (consulté le 2.06.2021).

Commissariat Général aux Réfugiés et aux Apatrides, *Cameroun La crise anglophone : situation sécuritaire, 1er octobre 2019 (mise à jour)*, 73 pages, disponible à l'adresse : https://www.cgvs.be/sites/default/files/rapporten/coi_focus_cameroun._la_crise_anglophone._situation_securitaire.pdf, (consulté le 18.09.2021).

CICR, *Droit international humanitaire : questions et réponses*, Documents et publications du CICR, 15 mai 2004, disponible à l'adresse :

https://www.icrc.org/fr/doc/resources/documents/faq/terrorism-faq-050504.htm,(consulté le 02.06.2021).

CICR, *Le droit international humanitaire et les défis posés par les conflits armés contemporains*, Rapport présenté XXVIIIe lors de la Conférence internationale de la Croix-Rouge et du Croissant-Rouge, 2-6 décembre 2003, 74 pages, disponible à https://www.icrc.org/fr/publication/4427-international-humanitarian-law-and-challenges contemporary-armed-conflicts, (consulté le 02.06.2021).

Coalition des organisations de la société civile pour les droits de l'homme et la paix dans les régions anglophones et dans d'autres régions affectées, *Massacre de Ngarbuh : des graves crimes contre l'humanité qui nous interpellent tous !* Rapport N° 001/ 2020, 15 pages ;

Commission Nationale des Droits de l'Homme et des Libertés du Cameroun, *Rapport de 2018*, 229 pages, sur le site Internet : https://acdhdp.org, (consulté le 11.03.2021) ;

Voir le document E/CN.4/2006/58, 13 janvier 2006, 27 pages ;

Conseil des droits de l'homme de l'ONU, *Résumé des débats tenus pendant la consultation d'experts sur l'administration de la justice par les tribunaux militaires et le rôle de l'ensemble de l'appareil judiciaire dans la lutte contre les violations des droits de l'homme*, Rapport annuel du Haut-Commissaire des Nations Unies aux droits de l'homme et rapports du Haut-Commissariat et du Secrétaire général, vingt-huitième session, Assemblée Générale de l'ONU, 29 janvier 2015, 18 pages ;

Conseil de sécurité de l'ONU, *La situation en Afrique centrale et les activités du Bureau régional des Nations Unies pour l'Afrique centrale*, Rapport du Secrétaire général, 29 novembre 2019, 18 pages, disponible à l'adresse :

https://reliefweb.int/sites/reliefweb.int/files/resources/S_2019_913_F.pdf, (consulté le 12.05.2021).

Conseil de sécurité de l'ONU, *Rapport du Secrétaire général sur les efforts déployés par le système des Nations Unies pour aider les organismes nationaux, sous-régionaux et régionaux en Afrique à lutter contre le terrorisme*, Nations Unies, 09 janvier 2014, https://www.refworld.org/cgibin/texis/vtx/rwmain/opendocpdf.pdf?reldoc=y&docid=52f21bdb4, (consulté le 07.06.2021).

Nations Unies, *Rapport du Conseil des droits de l'homme*, Session d'organisation (6 décembre 2019), 266 pages, disponible à l'adresse : https://www.refworld.org/cgi-bin/texis/vtx/rwmain/opendocpdf.pdf?reldoc=y&docid=5a1d57bc4, (consulté le 12.05.2021).

Fatima NIANG et Frédéric BERNARD, *Colloque sur les droits humains Mécanismes régionaux et mise en œuvre universelle*, Genève : Université de Genève - Global Studies Institute, 2014, 140 pages.

Fédération Internationale pour les Droits Humains, *Mesures antiterroristes contraires aux droits humains Quand l'exception devient la règle*, France rapport de mission internationale, juin 2016, 48 pages, disponible à l'adresse : https://www.fidh.org/IMG/pdf/rapportfrance-hd1_def.pdf, (consulté 23.08.2021).

Fédération internationale des ligues des droits de l'homme (FIDH), *Guide pratique : la Cour africaine des droits de l'homme et des peuples vers la Cour africaine de justice et des droits de l'homme*, Fédération internationale des ligues des droits de l'Homme – FIDH / 5, avril 2010, 222 pages, disponible à l'adresse :

https://www.fidh.org/IMG/pdf/GuideCourAfricaine.pdf, (consulté 19.07.2021).

FIDH, *L'anti-terrorisme à l'épreuve des droits de l'Homme : les clés de la compatibilité, Violations des droits de l'Homme en Afrique subsaharienne au motif de la lutte contre le terrorisme : une situation à hauts risques*, Impression FIDH - Dépôt légal Mai 2008 - N° 483, Paris – France CCP Paris, novembre 2007, 44 pages.

Ministère de la Justice du Cameroun, *Rapports sur l'état des Droits de l'Homme au Cameroun*, République du Cameroun (De 2005 à 2017) ;

Nations Unies, *Rapport de la Conférence de Haut Niveau des Nations Unies sur la lutte contre le terrorisme*, Siège des Nations Unies, New York, 28-29 juin 2018, disponible à l'adresse : https://www.un.org/counterterrorism/ctitf/sites/www.un.org.counterterrorism.ctitf/files/18-14992-F-Report-Counter-Terrorism-FR.pdf, (consulté le 07.06.2021).

NOUVEAUX DROITS DE L'HOMME Cameroun, *Les libertés publiques au Cameroun, Des acquis hypothéqués !* Rapport d'étude nationale sur les Libertés fondamentales au Cameroun, 2019, 84 pages.

Nouveaux droits de l'homme Cameroun, *Liberté d'association au Cameroun : l'urgence de protéger un droit fondamental*, Rapport d'Étude nationale, @ Mai 2021 @Copyrights : NDH-Cameroun, 114 pages.

Nouveaux Droits de l'Homme Cameroun, *Cameroun : Les populations civiles prises pour cible dans la crise anglophone*, Rapport sur les violations et les abus des droits humains en 2020, Pyramide internationale, 11 décembre 2020, 81 pages ;

Rapport du Secrétaire général sur l'activité de l'Organisation (A/75/1, 75e session) Publié par l'Organisation des Nations Unies New York, New York 10017, États-Unis d'Amérique, 2020, 77 pages, disponible à l'adresse : https://www.un.org/annualreport/files/2020/09/Annual-report-SG-2020-FR-Complete-Web.pdf, (consulté le 03.06.2021).

République du Cameroun, *Quatrième et cinquième rapports périodiques attendus en 2011, soumis en un seul document Cameroun*, annexe 1, 57 pages, disponible à l'adresse : https://tbinternet.ohchr.org/Treaties/CEDAW/Shared%20Documents/CMR/INT_CEDAW_ADD_CMR_13389_F.pdf, (consulté le 09.08.2021).

Réseau des Défenseurs des Droits Humains en Afrique Centrale (REDHAC), *La situation des droits humains, les libertés fondamentales, la situation des défenseurs des droits humains, les crises sociopolitiques et sécuritaires et les élections en Afrique centrale*, Rapport présenté au Forum des ONGs et 66e session de la Commission Africaine des Droits de l'Homme et des Peuples (CADHP) Webinaire live 09-10 juillet 2020 - BANJUL-GAMBIE, 6 pages.

Réseau camerounais des organisations des droits de l'homme(RECODH), *Projet "Loi anti-terrorisme et espace civique des OSC au Cameroun" Contribution de la société civile à la consolidation de l'État de droit par le renforcement des capacités des acteurs sur le cadre légal portant sur la liberté de réunion et de manifestation publiques au Cameroun*, Atelier national de plaidoyer sur la loi antiterroriste et son impact sur l'espace civique de la société civile au Cameroun, Yaoundé - Centre Jean XXIII de Mvolyé, 12 septembre 2019, 36 pages.

Réseau des Défenseurs des Droits Humains en Afrique Centrale (REDHAC), *République du Cameroun : manifestation pacifique du 22 septembre 2020*, Déclaration du REDHAC, le 24 septembre 2020, Douala-Cameroun, 4 pages.

Stand Up For Cameroon, *Cameroun : Rapport Sur Les Droits Humains*, Mai 2021, 42 pages.

Union Africaine, *47e rapport d'activités de la Commission africaine des droits de l'homme et des peuples*, 65e session ordinaire, Gambie / Banjul / date : July 16 to July 30, 2019, disponible à l'adresse :

https://www.achpr.org/public/Document/file/French/47th%20Activity%20Report%20%20FRANCAIS.pdf, (consulté le consulté le 11.03.2021).

Union Africaine, *45e rapport d'activités de la Commission africaine des droits de l'homme et des peuples*, 63e session ordinaire, Gambie / Banjul / Date : July 30 to August 08,2018, disponible à l'adresse :

https://archives.au.int/bitstream/handle/123456789/6852/45th%20Activity%20Report_FRE.pdf?sequence=1&isAllowed=y, (consulté le 11.03.2021).

Union Africaine, *44e rapport d'activités de la Commission africaine des droits de l'homme et des peuples*, 62e Session ordinaire, Mauritanie / Nouakchott / Date : April 25 to May 09, 2018, disponible à l'adresse : file:///C:/Users/SAMUEL/AppData/Local/Temp/actrep44_2018_fra.pdf, (consulté le 11.03.2021).

2. Communication et avis

Comité international de la Croix-Rouge, « Protection des civils dans les conflits armés », Conseil de sécurité des Nations Unies, 3977e séance - Déclaration de M. Cornelio Sommaruga, Président, Comité international de la Croix-Rouge (CICR), New York, le 12 février 1999, disponible à l'adresse :

https://www.icrc.org/fr/doc/resources/documents/misc/5fzgu2.htm, (consulté le 19.08.2021).

Commission Africaine des droits de l'homme et des peuples, *Les Principes et directives sur les droits de l'homme et des peuples dans la lutte contre le terrorisme en Afrique*, 42 pages, disponible à l'adresse : https://www.achpr.org/public/Document/file/French/principes_et_directives_sur_les_droits_de_lhomme_et_des_peuples_dans_la_lutte_contre_le_terrorisme_en_afrique.pdf, (consulté le 07.07.2021).

Colloque *Des droits fondamentaux à l'obsession sécuritaire : mutation ou crépuscule des libertés publiques ?* Organisé par l'Institut Michel-Villey pour la culture juridique et la philosophie du droit en collaboration avec l'Institut Carré de Malberg de l'Université de Strasbourg, Paris, 14 mai 2010.

CONAC G. dir., *L'Afrique en transition vers le pluralisme politique*, Acte du colloque, Centre d'Études Juridiques et Politiques du Monde Africain, Paris, 12-13 décembre 1990, 53 pages, disponible à l'adresse : https://storage.googleapis.com/cantookhub-media-eden/6d/511c3634374dcdba2f5f5117cdf93f1708977b.pdf, (consulté le 20.06.2021).

DONGFACK SOKENG L., *à la recherche de l'État de droit. Notion. Acceptions. Applications*, Communication au colloque de la CIB, Yaoundé, Palais des Congrès, 07-12-2016, 9 pages.

FAVOREU L., « Universalité des droits fondamentaux et diversité culturelle in L'effectivité des droits fondamentaux dans les pays de la communauté francophone », Colloque international de l'Ile Maurice, 29 Septembre-1er Octobre 1993, Ed. Aupelf-Uref, 1994, p. 48, *in* CABRILLAC R., FRISON-ROCHE M-A., REVET Th. (dir.), *Libertés et droits fondamentaux*, 13e édition, Paris, Dalloz, 2007 ;

MOYRAND A., *Réflexions sur l'introduction de l'État de l'État de droit en Afrique francophone*, Communication au troisième Congrès annuel de la Société africaine de droit international et comparé à Arusha (Tanzanie) des 2 au 5 avril 1991 et dont le thème portait sur « Constitutionnalisme et droits de l'homme en Afrique », pp. 854-878.

OLINGA A. D., *Justice constitutionnelle et contentieux électoral : quelle contribution à la sérénité de la démocratie élective et à l'enracinement de l'État de droit ? Le cas du Cameroun, in Thème : Comment la justice constitutionnelle peut-elle permettre un meilleur enracinement des valeurs démocratiques et d'État de droit ?* Conférence Panafricaine des Présidents des Cours Constitutionnelles et Institutions Comparables sur le Renforcement de l'État de Droit et la Démocratie à travers la Justice Constitutionnelle, Marrakech (Maroc) 26 – 28 novembre 2012, 19 pages.

Résolution n° 88 sur la Protection des Droits de l'Homme et de l'État de Droit dans la Lutte contre le Terrorisme - CADHP/Res.88(XXXVIII) 05.

République du Cameroun, Notes Verbales no L44/Lg/NV / ACA/MC du 21 juin 2019 et no271/L9/NV/ACA/MC du 15 octobre 2019, site Internet de la Commission Africaine des droits de l'homme et des peuples, disponible à l'adresse : https://www.achpr.org/fr_activityreports/viewall?id=51, (consulté le 11.03.2021).

ROUDIER K., *Le droit constitutionnel et la légalité de l'infraction de terrorisme*, Communication dans le cadre de l'atelier n° 2 : Le renouveau du droit constitutionnel par les droits fondamentaux, disponible à l'adresse : https://www.google.com, (consulté le 10.03.2021).

D. Autres documents

BARON L., « Nigéria : Boko Haram, c'est qui ? C'est quoi ? », *Afrique Djihadisme en Afrique L'actualité au Nigéria*, TV 5 Monde, 22 février 2014, disponible à l'adresse : https://information.tv5monde.com/afrique/nigeria-boko-haram-c-est-qui-c-est-quoi-4931, (consulté le 09.09.2021).

BBC News Afrique, Cameroun : restriction des libertés dans le sud-ouest, 29 septembre 2017, disponible à l'adresse : https://www.bbc.com/afrique/region-41442934, (consulté le 28.08.2021).

BOURSIN Cl., « Au Cameroun, lutte contre le terrorisme, rime avec restriction des libertés », *Tribune publiée à l'origine sur le Monde Afrique*,Publié le 13 février 2015, disponible à l'adresse : https://www.lemonde.fr/afrique/article/2015/02/13/au-cameroun-lutte-contre-le-terrorisme-rime-avec-restriction-des-libertes_4575989_3212.html, https://journals.openedition.org/revdh/1808?file=1, (consulté le 28.05.2021).

BURGAUD F. (Supervision), *Les principes de confiance légitime et de sécurité juridique en droit européen Interprétation et portée en droit de l'Union européenne et en droit de la Convention européenne des droits de l'homme*, Service de Documentation, des Études et du Rapport de la Cour de Cassation Bureau du droit européen, 27 octobre 2015, 7 pages.

CREDOF, *la place des libertés face à la lutte contre le terrorisme*, en partenariat avec la Ligue des droits de l'homme – section université Nanterre, 2015, 48 pages, disponible à l'adresse : https://journals.openedition.org/revdh/1808?file=1, (consulté le 05.05.2021).

DELMAS-MARTY M., « Nous basculons vers un droit pénal de la sécurité, qui traite le suspect en criminel », publiée sur le *Journal le Monde*, 29 octobre 2020, disponible à l'adresse : https://www.lemonde.fr/idees/article/2020/10/23/mireille-delmas-marty-nous-basculons-vers-un-droit-penal-de-la-securite_6057057_3232.html,(consulté le 29.10.2020) ;

Doc du juriste, "La liberté est la règle et les restrictions de police, l'exception" Corneille, commissaire du gouvernement, 1917, disponible à l'adresse : https://www.doc-du-juriste.com/droit-public-et-international/droit-administratif/dissertation/liberte-regle-restrictions-police-exception-corneille-commissaire-gouvernement-1917-457660.html, (consulté le 16.09.2021).

Droits de l'homme, *droits civils et politiques : Comité des droits de l'homme*, fiche n° 15 (Revue 1, 80 pages, disponible à l'adresse :

https://www.ohchr.org/Documents/Publications/FactSheet15rev.1fr.pdf, (consulté le 13.07.2021) ;

EBOKO F., « Cameroun : acteurs et logiques des émeutes de 2008 », disponible à l'adresse : https://www.cetri.be/Cameroun-acteurs-et-logiques-des, (consulté le 26.08.2021).

Global Counter Terrorism Forum (GCTF), *Recommandations de Glion sur l'utilisation de mesures administratives fondées sur l'état de droit dans le contexte de la lutte contre le terrorisme*, Forum Mondial contre le terrorisme, 25 sept. 2019, 15 pages, disponible à l'adresse : https://www.thegctf.org/LinkClick.aspx?fileticket=7Ed5R-ZB_fI%3D&portalid=1, (consulté le 14.08.2021).

GUIMDO DONGMO B-R., *Cours de droit administratif général 2*, dispensé en 2e année droit, Université de Yaoundé II-Cameroun, année 2019-2020, pp.63-96.

GUIMDO DONGMO B-R., *Cours de Contentieux Administratif « des Affaires »*, en Master Contentieux et Arbitrage des Affaires (MCAA), Faculté des Sciences juridiques et politiques, Université Catholique d'Afrique centrale, Institut catholique de Yaoundé, Année académique 2020/2021, 53 pages.

Hommage à la République, Cameroun, les nouvelles armes de la justice, trimestriel bilingue d'analyses et d'informations générales, 2017.

Institut international pour la paix, *L'extrémisme violent : Vers une stratégie de prévention dans l'espace francophone*, Organisation Internationale de la Francophonie, janvier 2016, 16 pages, disponible à l'adresse :

https://reliefweb.int/sites/reliefweb.int/files/resources/1601_Violent-Extremism.pdf, (consulté le 05.06.2021).

Jacques DEVEAUX, « Boko Haram, Enjeu de politique intérieure au Cameroun », *France info : Afrique*, publié le 17 septembre 2014, disponible à l'adresse :

https://www.francetvinfo.fr/monde/afrique/cameroun/boko-haram-enjeu-de-politique-interieure-au-cameroun_3068373.html, (consulté le 10.09.2021).

JEANCLOS Y., Loi « sécurité globale » : « La France devient le premier pays sécuritaire de l'Union européenne », *Journal le Monde*, *Erreur ! Référence de lien hypertexte non valide.* KAUFFMANN S., « Indispensable pour permettre à la démocratie de prospérer, la liberté d'expression, dévoyée et manipulée, peut aussi la miner », *Le journal le Monde*, 21 octobre 2020, 3 pages, disponible à l'adresse :

https://www.lemonde.fr/idees/article/2020/10/21/indispensable-pour-permettre-a-la democratie-de-prosperer-la-liberte-d-expression-devoyee-et-manipulee-peut-aussi-la miner_6056815_3232.html, (consulté le 29.10.2020).

Ministère de l'Administration territoriale et de la décentralisation (MINATD), *Recueil des textes juridiques*, République du Cameroun, Yaoundé, 2011, 475 pages, disponible à l'adresse : http://bibliotheque.pssfp.net/livres/RECEUIL_DES_TEXTES_JURIDIQUES_MINATD.pdf, (consulté le 29.09.2020).

MATHIEUO., « Cameroun : Paul Biya accusé d'instrumentaliser une loi antiterroriste à des fins politiques », Jeune *Afrique*, le 16 janvier 2015, disponible à l'adresse :

https://www.jeuneafrique.com/35267/politique/cameroun-paul-biya-accus-d-instrumentaliser-une-loi-antiterroriste-des-fins-politiques, (consulté le 28.05.2021).

République du Cameroun, Stratégie Nationale de Développement 2020-2030 : Pour la transformation structurelle et le développement inclusif SND30, janvier 2020, p.120, disponible à l'adresse :

http://cdnss.minsante.cm/sites/default/files/Strat%C3%A9gie%20Nationale%20de%20D%C3%A9veloppement%20SND30_Fench.pdf, (Consulté le 03.09.2021).

TABLE DES MATIÈRES

Structures éditoriales du groupe L'Harmattan

L'Harmattan Italie
Via degli Artisti, 15
10124 Torino
harmattan.italia@gmail.com

L'Harmattan Hongrie
Kossuth l. u. 14-16.
1053 Budapest
harmattan@harmattan.hu

L'Harmattan Sénégal
10 VDN en face Mermoz
BP 45034 Dakar-Fann
senharmattan@gmail.com

L'Harmattan Cameroun
TSINGA/FECAFOOT
BP 11486 Yaoundé
inkoukam@gmail.com

L'Harmattan Burkina Faso
Achille Somé – tengnule@hotmail.fr

L'Harmattan Guinée
Almamya, rue KA 028 OKB Agency
BP 3470 Conakry
harmattanguinee@yahoo.fr

L'Harmattan RDC
185, avenue Nyangwe
Commune de Lingwala – Kinshasa
matangilamusadila@yahoo.fr

L'Harmattan Congo
219, avenue Nelson Mandela
BP 2874 Brazzaville
harmattan.congo@yahoo.fr

L'Harmattan Mali
ACI 2000 - Immeuble Mgr Jean Marie Cisse
Bureau 10
BP 145 Bamako-Mali
mali@harmattan.fr

L'Harmattan Togo
Djidjole – Lomé
Maison Amela
face EPP BATOME
ddamela@aol.com

L'Harmattan Côte d'Ivoire
Résidence Karl – Cité des Arts
Abidjan-Cocody
03 BP 1588 Abidjan
espace_harmattan.ci@hotmail.fr

Nos librairies en France

Librairie internationale
16, rue des Écoles
75005 Paris
librairie.internationale@harmattan.fr
01 40 46 79 11
www.librairieharmattan.com

Librairie des savoirs
21, rue des Écoles
75005 Paris
librairie.sh@harmattan.fr
01 46 34 13 71
www.librairieharmattansh.com

Librairie Le Lucernaire
53, rue Notre-Dame-des-Champs
75006 Paris
librairie@lucernaire.fr
01 42 22 67 13